경찰행정법 Ⅱ

설계경 著

법률출판사

머리말

　본서는 경찰행정법Ⅰ에 이어 경찰행정의 조직 및 작용과 행정구제에 관한 내용을 수록하였다. 경찰행정법Ⅰ의 주된 내용이 행정법의 일반론에 대한 것이라면, 본서는 경찰행정을 위한 경찰행정의 조직과 경찰작용 및 구제에 관한 세부적인 내용을 수록하였다.

　본서의 주된 내용은 경찰행정의 절차에 관한 내용이므로 본서에 앞서 경찰행정법Ⅰ의 이론부분을 숙지한 후, 본서를 접한다면 경찰행정법의 전체적인 내용을 파악하는데 있어서 훨씬 쉬울 것이라 생각한다.

　본서의 내용을 간략히 서술하자면, 제1편에서는 행정조직에 관하여 총제적인 기술을 하였으며, 동시에 공무원과 관련하여 권리와 의무 및 책임에 관하여 간략하게 정리하였다. 그리고 제2편 경찰작용법의 분야에서는 경찰행정법Ⅰ에서 언급한 행정작용의 일반적인 내용은 간략하게 서술하고, 경찰행정과 관련된 내용으로 압축하여 설명하였다. 제3편 경찰구제법 분야에서는 경찰직용도 행정작용의 일부분이므로 행정의 전 분야와 관련되는 행정상 손해전보와 행정상 쟁송 등의 내용을 수록하였다.

　본서의 특징은 수험생뿐만 아니라 행정법을 공부하는 여러분들에게 행정법을 쉽게 이해할 수 있도록 복잡한 이론을 생략하고 간략하게 집필하였다.

　본서는 다음과 같은 의도 내지 문제의식을 가지고 집필하였다.

　첫째, 이해하기 쉬운 기본서가 되고자 하였다.

　방대한 행정법의 이론을 추상적 논리로 전개하지 않고, 행정법을 처음 배우는 사람도 쉽게 이해할 수 있도록 관련판례를 함께 예시하여, 실제생활 및 행정실무에 도움이 되고자 접근하였다.

둘째, 간결하고 정치한 이론서가 되고자 하였다.

외국의 불필요한 이론을 피하고, 우리 실정에 맞는 행정법이론의 정립에 필요한 내용에 관해서만 간략하게 소개하여 정치한 기본에 충실한 역할이 되도록 하였다.

셋째, 현실에 맞는 교과서가 되고자 하였다.

행정실무사례뿐만 아니라, 판례 및 헌법재판소 결정, 나아가 행정심판 재결과 행정부 유권해석까지 적절하게 소개하여, 가능한 한 우리의 현실에 맞는 교과서가 되고자 하였다.

넷째, 기본서 및 최종 수험서가 되고자 하였다.

실정법과 학설·판례를 유기적으로 결합시켜 독자 스스로가 이해하는 데 중점을 두었으며, 또한 양적으로 최소한의 필요한 분량으로 하였고, 질적으로는 최고수준의 이론을 전개하여 훌륭한 길잡이가 되도록 하였다. 이는 각종 고시 및 공무원을 준비하는 수험생뿐만 아니라, 실무에도 필요한 교과서가 되도록 최선을 다 하였다.

끝으로 본 교과서를 편찬함에 있어서 많은 교과서 등을 참고하였는바, 김남진 교수님, 김동희 교수님, 김철용 교수님, 박규하 교수님, 박균성 교수님, 박윤흔 교수님, 석종현 교수님, 유상현 교수님, 홍정선 교수님 등 여러 교수님들께 감사드립니다. 아울러 본 저서를 편찬하게 도움을 주신 법률출판사 김용성 사장 이하 직원 여러분께 심심한 감사를 드립니다.

2019년 2월
저 자

차 례

제1편 행정조직 ·····························15

제1장 행정조직법 통칙 ·····················18

제1절 행정조직법의 의의 ·······················18

제2절 행정조직 ·····························19

   Ⅰ. 현대 행정조직의 특질 ····················19

   Ⅱ. 행정조직의 유형 ······················21

   Ⅲ. 우리나라 행정조직법의 기본원리 ··············23

제2장 행정기관 ·························26

제1절 행정기관의 의의 및 종류 ··················26

   Ⅰ. 행정기관의 의의 및 성질 ··················26

   Ⅱ. 행정기관의 종류 ······················28

제2절 행정관청 ···························31

   Ⅰ. 행정관청의 권한 ······················31

   Ⅱ. 행정관청의 권한의 대리 ··················33

Ⅲ. 행정관청의 권한의 위임 ·········· 39

Ⅳ. 행정관청 상호간의 관계 ·········· 44

제3장 국가행정조직법 ·········· **52**

제1절 중앙행정조직 ·········· **52**

Ⅰ. 개설 ·········· 52

Ⅱ. 대통령 ·········· 53

Ⅲ. 대통령 직속 중앙행정기관 ·········· 55

Ⅳ. 국무회의 ·········· 58

Ⅴ. 국무총리 ·········· 59

Ⅵ. 행정각부 ·········· 61

제2절 국가지방행정조직 ·········· **67**

Ⅰ. 개설 ·········· 67

Ⅱ. 보통지방행정기관 ·········· 67

Ⅲ. 특별지방행정기관 ·········· 68

제4장 공무원법 ·········· **72**

제1절 개설 ·········· **72**

Ⅰ. 공무원의 개념 ·········· 72

Ⅱ. 공무원의 종류 ·········· 73

Ⅲ. 공무원제도 ·········· 75

Ⅳ. 우리나라 공무원제도의 특징 ·········· 76

제2절 공무원관계의 발생 · 변경 · 소멸 ·········· **79**

Ⅰ. 공무원관계의 발생 ·········· 79

Ⅱ. 공무원관계의 변경 ·········· 85

Ⅲ. 공무원관계의 소멸 ……………………………………88

Ⅳ. 불이익처분에 대한 구제 …………………………92

제3절 공무원의 권리 ……………………………………**95**

Ⅰ. 개설 …………………………………………………95

Ⅱ. 신분상의 권리 ……………………………………95

Ⅲ. 재산상의 권리 ……………………………………97

제4절 공무원의 의무 ……………………………………**100**

Ⅰ. 개설 …………………………………………………100

Ⅱ. 공무원의 주요의무 ………………………………101

제5절 공무원의 책임 ……………………………………**112**

Ⅰ. 개설 …………………………………………………112

Ⅱ. 행정상의 책임 ……………………………………113

Ⅲ. 형사상의 책임 ……………………………………122

Ⅳ. 민사상의 책임 ……………………………………124

제2편 경찰작용법 ……………………………………**127**

제1장 서설 ……………………………………………………**130**

제1절 경찰의 연혁과 개념 ……………………………**130**

Ⅰ. 형식적 의미의 경찰 ………………………………131

Ⅱ. 실질적 의미의 경찰 ………………………………131

제2절 경찰의 종류 ………………………………………**135**

Ⅰ. 행정경찰과 사법경찰 ……………………………135

Ⅱ. 보안경찰과 협의의 행정경찰 ··· 135

Ⅲ. 예방경찰과 진압경찰 ··· 136

Ⅳ. 고등경찰(정치경찰)과 보통경찰 ··· 136

Ⅴ. 평시경찰과 비상경찰 ··· 137

Ⅵ. 국가경찰과 지방자치체경찰 ··· 137

제2장 경찰권의 발동 ·· 140

제1절 경찰권 발동의 근거 ··· 140

Ⅰ. 개설 ··· 140

Ⅱ. 경찰권 발동의 근거 ··· 140

제2절 경찰권 발동의 한계 ··· 148

Ⅰ. 법규상의 한계 ··· 148

Ⅱ. 조리상의 한계 ··· 149

Ⅲ. 한계론의 재검토 ··· 157

제3장 경찰작용의 형태 ·· 160

제1절 개설 ·· 160

제2절 경찰하명 ··· 160

Ⅰ. 의의 ··· 160

Ⅱ. 경찰하명의 종류 ··· 161

Ⅲ. 경찰하명의 요건 ··· 162

Ⅳ. 경찰하명의 효과 ··· 162

제3절 경찰허가 ··· 163

Ⅰ. 의의 ··· 163

Ⅱ. 경찰허가의 성질 ··· 163

Ⅲ. 경찰허가의 종류 ···164

Ⅳ. 경찰허가의 상대방 및 출원 ···166

Ⅴ. 경찰허가의 효과 ···166

Ⅵ. 허가의 소멸 ···169

Ⅶ. 경찰허가의 양도 ···169

제4절 경찰행정의 실효성확보수단 ···170

Ⅰ. 개설 ···170

Ⅱ. 경찰강제 ···171

Ⅲ. 경찰벌 ···176

Ⅴ. 새로운 의무이행 확보수단 ···177

제3편 경찰구제법 ·······································179

제1장 개설 ··182

제2장 사전구제 ···184

제1절 행정절차 ···184

Ⅰ. 서설 ···184

Ⅱ. 행정절차의 발달 ···186

Ⅲ. 우리나라의 행정절차법 ···188

제2절 행정정보공개와 개인정보보호 ·······································203

Ⅰ. 개설 ···203

Ⅱ. 행정정보공개 ···204

Ⅲ. 개인정보보호 ···213

제3절 고충민원처리제도 ··217

Ⅰ. 개설 ··217

Ⅱ. 국민고충처리위원회 ··218

제3장 사후구제제도 ··**224**

제1절 행정상 손해전보 ··224

제1항 행정상 손해배상 ··224

Ⅰ. 개설 ··224

Ⅱ. 공무원의 위법한 직무집행행위로 인한 손해배상 ··········229

Ⅲ. 영조물설치·관리의 하자로 인한 손해배상 ··············241

제2항 행정상 손실보상 ··249

Ⅰ. 개설 ··249

Ⅱ. 손실보상의 요건(원인) ··253

Ⅲ. 손실보상의 기준 ··256

Ⅳ. 손실보상의 방법 및 절차 ··264

제3항 수용유사침해·수용적 침해 및 희생보상청구권 ··········267

Ⅰ. 개설 ··267

Ⅱ. 수용유사침해에 대한 보상 ··267

Ⅲ. 수용적 침해에 대한 보상 ··269

Ⅳ. 희생보상청구권 ··270

제4항 공법상의 결과제거청구권 ··272

Ⅰ. 개설 ··272

Ⅱ. 법적 근거 ··273

Ⅲ. 결과제거청구권의 성립요건 ··273

Ⅳ. 결과제거청구권의 내용 ··275

Ⅴ. 쟁송절차 ···276

제2절 행정상 쟁송 ···276

제1항 행정쟁송의 개관 ···276

Ⅰ. 행정쟁송의 의의 ···276

Ⅱ. 행정쟁송제도의 발달 ··277

Ⅲ. 행정쟁송제도의 기능 ··277

Ⅳ. 행정쟁송의 종류 ···278

제2항 행정심판 ···281

Ⅰ. 행정심판의 의의 ···281

Ⅱ. 행정심판의 기능 ···284

Ⅲ. 행정심판법상의 행정심판의 종류 ···284

Ⅳ. 행정심판의 대상 ···287

Ⅴ. 행정심판기관 ···292

Ⅵ. 당사자와 관계인 ···297

Ⅶ. 행정심판의 청구 ···302

Ⅷ. 행정심판의 심리 ···308

Ⅸ. 행정심판의 재결 ···312

Ⅹ. 행정심판청구의 고지제도 ···317

제3항 행정소송 ···321

제1관 개설 ···321

Ⅰ. 행정소송의 의의 ···321

Ⅱ. 행정소송의 특수성 ··321

제2관 행정소송의 한계 ··325

Ⅰ. 개설 ···325

Ⅱ. 사법의 본질에서 오는 한계 ··325

Ⅲ. 권력분립에서 오는 한계 ·····················328

제3관 행정소송의 종류 ·····················330

Ⅰ. 성질에 따른 분류 ·····················330

Ⅱ. 내용에 따른 분류 ·····················331

제4관 취소소송 ·····················333

Ⅰ. 재판관할 ·····················333

Ⅱ. 당사자 ·····················335

Ⅲ. 취소소송의 소익(원고적격) ·····················338

Ⅳ. 취소소송의 대상 ·····················346

Ⅴ. 취소소송의 제기요건 ·····················357

Ⅵ. 취소소송의 제기효과(집행부정지) ·····················361

Ⅶ. 예외적 행정심판전치주의 ·····················369

Ⅷ. 취소소송의 심리 ·····················374

Ⅸ. 취소소송의 판결 ·····················379

제5관 무효등확인소송 ·····················390

Ⅰ. 개설 ·····················390

Ⅱ. 재판관할 ·····················391

Ⅲ. 당사자 ·····················391

Ⅳ. 소송제기 ·····················393

Ⅴ. 심리 ·····················394

Ⅵ. 판결 ·····················395

Ⅶ. 선결문제 ·····················396

제6관 부작위위법확인소송 ·····················398

Ⅰ. 개설 ·····················398

Ⅱ. 재판관할 ·····················399

Ⅲ. 당사자 ···399

Ⅳ. 소송제기 ···401

Ⅴ. 심리 ···402

Ⅵ. 판결 ···404

제7관 당사자소송 ···405

Ⅰ. 의의 ···405

Ⅱ. 종류 ···405

Ⅲ. 특수성 ···408

제8관 객관적 소송 ···411

Ⅰ. 민중소송 ···411

Ⅱ. 기관소송 ···413

찾아보기 / 417

참고문헌 / 423

제1편 행정조직

제1장
행정조직법 통칙

제1절 행정조직법의 의의
제2절 행정조직

제1장 행정조직법 통칙

제1절 행정조직법의 의의

행정조직법이란 행정주체의 조직에 관한 법이다. 여기서 행정주체란 행정을 집행하고 있는 국가 또는 자신의 사무를 자치적으로 행하는 공공단체(지방자치단체, 공공조합, 영조물법인, 공재단 등)처럼 그 상대방의 관계에 있는 행정객체에 대하여 행정을 행하는 자를 의미한다. 행정조직법은 이와 같은 행정주체의 조직에 관한 법을 말하며, 구체적으로는 다음의세 가지 의미로 구분되고 있다.

1. 광의의 행정조직법

광의의 행정조직법은 '국가 또는 공공단체 등 행정주체의 조직에 관한 모든 법'을 총칭한다. 즉, 행정기관의 설치 · 폐지 · 구성 · 권한 및 행정기관 상호간의 상하관계와 대등관계 등에 관한 법과 이들 행정기관을 구성하는 인적 요소(공무원), 물적 요소(공물) 및 인적 · 물적종합시설(영조물)에 관한 법을 포함한다.

따라서 광의의 행정조직법에는 국가행정의 기관과 조직에 관한 국가행정조직법, 자치단체의 기관과 조직에 관한 자치행정조직법, 공법상 법인의 조직과 구성에 관한 공공단체조직법이 포함된다. 이 뿐만 아니라 공물법 및 영조물법이 모두 포함된다.

2. 협의의 행정조직법

협의의 행정조직법은 '국가 또는 공당단체 등의 조직에 관한 법'만을 의미한다. 즉, 광의의행정조직법에 해당하는 행정조직의 인적 요소인 공무원법 부분과 행정조직의 물적 요소인공물법 및 영조물법이 제외된 개념으로서 국가와 지방자치단체 기타 공공단체의 조직과 구성에 관한 법을 말한다.

따라서 협의의 행정조직법은 국가행정조직법, 자치행정조직법 및 공공단체조직법이 포함되는 개념이며, 일반적으로 행정조직법이라 함은 이를 말한다. 협의의 행정조직법을 행정기구법이라 부르기도 한다.[1]

3. 최협의의 행정조직법

최협의의 행정조직법은 '국가의 조직에 관한 법'만을 의미한다. 즉, 행정조직법을 가장 좁은 의미에서 파악하는 개념으로서 협의의 행정조직법 중 자치행정조직법과 공공단체조직법을 제외한 순수한 국가행정조직법만을 의미한다.

제2절   행정조직

Ⅰ. 현대 행정조직의 특질

행정조직은 행정의 각 부문에 걸친 연락·조정을 도모하면서 전체로서 조화 있는 행정을 통일적으로 신속하게 처리할 수 있도록 합리적·능률적이어야 한다. 이에 따라 현대 행정조직은 통일성·계층성, 책임성, 전문성, 민주성 등의 특질을 갖는다.

1. 행정조직의 통일성 · 계층성

오늘날 방대한 행정조직을 통합하여 능률적으로 목적을 달성하기 위해서는 상·하행정조직간에 명령·복종체계에 의한 전체적으로 조화롭고 통일성이 유지되어야 한다. 또한 이를 유지·존속하기 위하여 하나의 정점을 구심력으로 하는 계층성이 요구된다. 행정조직은 이

---

1) 김도창, 일반행정법론(하), 45면; 박윤흔, 행정법강의(하), 3∼4면; 이상규, 신일반행정법론(하), 41면.

와 같은 점에서 입법조직이나 사법조직과 구분된다.

2. 행정조직의 책임성

행정기관의 효율적인 운영과 능률성을 확보하기 위해서는 신속한 사무처리와 책임의 소재를 명확하게 할 필요가 있다. 이를 위하여 행정집행을 단독의 공무원의 책임 하에 두는 독임형 조직을 원칙으로 하고 있다. 그러나 예외적으로 판단의 신중·공정을 우선하기 위하여 계층적 계열로부터 이탈하여 각종 위원회와 같은 합의형 조직을 구성할 경우도 있다. 예컨대 국토계획의 심의를 위한 국토정책위원회, 손실보상액의 결정을 위한 토지수용위원회 등이 있다.

3. 행정조직의 전문성

현대 복리국가에서는 국민의 생활영역의 대부분에 행정적 관여가 이루어지고 있으며, 그 영역도 점차 세분화되고 있다. 특히 복지·특허·환경·원자력 등 전문화된 행정수요에 대응하여 행정조직이 전문화되고 있으며, 담당공무원의 업무에 대한 전문화도 요청되고 있다. 따라서 행정조직의 전문성을 최대한 발휘할 수 있게 하여야 하며, 이를 담당하는 공무원도 담당분야에서 전문가적 능력을 갖추어야 한다. 행정조직의 전문화를 위하여 직업공무원제도가 채택되고 있다.

4. 행정조직의 민주성

행정조직의 근본목적은 국민에 대한 봉사에 있으므로 행정조직은 국민에 의한 민주적 통제 하에 놓여 있어야 한다. 행정의 민주성 확보를 위해서는 무엇보다도 행정조직의 민주성이 보장되어야 한다. 우리나라는 민주성의 제도적 보장을 위하여 행정조직의 구성에 있어서의 선거제도, 의회에 의한 임명동의와 탄핵제도, 지방자치제도, 공무원제도 등을 도입하고 있다.

Ⅱ. 행정조직의 유형

행정조직은 각국의 정치적 · 사회적 · 행정적 요청에 따라 변천되어 온 것이므로 일률적으로 설명할 수는 없다. 그러나 행정조직은 대체로 다음과 같이 몇 가지 대칭적 유형으로 나누어 설명할 수 있다.

1. 중앙집권형과 지방분권형

중앙집권형은 행정권력을 중앙 또는 상급기관에 집중시키는 것을 말한다. 이에 반하여 지방분권형은 행정권력을 지방에 분산시키거나 이양시키는 것을 말한다. 지방분권형은 다시 ① 국가로부터 독립된 지방자치단체를 설립하여 자기 고유의 자치권을 부여하는 자치분권과 ② 국가에 직접 예속된 지방행정기관에 행정권한을 분장하는 데에 불과한 권한분권으로 구분할 수 있다. 자치분권은 지방행정의 특수성을 바탕으로 하는 적재적소의 행정을 수행하게 하며, 자주적으로 행정을 행하는 주민자치라는 민주적 요청에 잘 부합된다. 또한 중앙집권형에서 야기되는 권력의 집중, 경제적 부의 편중 및 인구의 집중이라는 정치적 · 경제적 · 사회적 문제를 합리적으로 해결할 수 있게 한다. 이에 반하여 권한분권은 지방의 구체적 사정도 고려하면서 국가의 행정을 신속하고 통일적으로 수행할 수 있는 장점이 있다.

2. 권력통합형과 권력분산형

권력통합형은 행정권을 가능한 한 단일기관에 통합하거나 집중시키는 것을 말한다. 이러한 권력통합형은 일원적 행정의 수행에 이바지하는 면은 있지만 행정의 전문화 및 권력의 미분화라는 측면에서 보면 여러 가지 병리적인 현상도 나타난다. 행정조직의 독임제와 대통령제가 이에 해당한다. 이에 반하여 권력분산형은 행정권을 서로 대립하는 여러 기관에 분산시키는 조직형태를 말한다. 의원내각제와 합의제 등이 이에 해당한다.

권력통합형은 강력한 행정수행이 요구되는 전시 또는 비상시에 요구되는 조직형태이다. 이에 반하여, 권력분산형은 행정권력의 남용과 부패를 방지하며 국민의 자유와 권리의 보장에 기여하는 조직형태이다. 오늘날에는 권력분산형이 일반적인 조직형태라고 할 수 있다.

3. 관치행정형과 자치행정형

관치행정형은 국가가 스스로의 기관으로 하여금 행정을 행하게 하는 것을 원칙으로 하는 형태를 말한다. 이에 반하여 자치행정형은 국가 밑에 국가에 대하여 독립적 지위를 가지는 자치단체를 두고, 그에게 일반적·포괄적 수권을 부여하여 그 단체로 하여금 스스로의 기관에 의하여 자기의 사무를 처리하게 하는 형태를 말한다.

4. 직접민주형과 간접민주형

직접민주형은 직접 국민의 의사에 따라 행정을 운영하는 경우를 말한다. 이에 반하여 간접민주형은 국민이 선출한 대표자에 의하여 행정이 운영되는 경우를 말한다. 오늘날에 있어서의 행정은 간접민주형이 원칙이지만, 예외적으로 국민이 직접 의사를 결정하는 국민표결, 국민이 직접 해임하는 국민소환 및 국민이 직접 제도와 장치를 제안하여 행정의 운영에 개입하는 국민발안 등의 직접민주형의 제도도 채택하고 있다.

5. 독임형과 합의형

독임형은 행정을 단독 공무원의 책임 하에 수행하게 하는 것으로서 행정의 소재를 명확히 하며, 행정의 신속·능률·책임규명에 적합한 형태이다. 이에 반하여 합의형은 복수의 공무원의 합의에 의하여 행정을 수행하는 것으로서 행정집행에 있어서 신중·공평·이해조정에 적합한 형태이다.

Ⅲ. 우리나라 행정조직법의 기본원리

우리나라 행정조직법의 기본원리는 헌법이념 및 행정조직에 관한 헌법상의 관계규정을 바탕으로 행정조직의 민주성·법정성·분권성·독임제·직업공무원제 등을 들 수 있다.

1. 민주성

헌법 제1조 제1항은 "대한민국은 민주공화국이다"라고 규정하고 있다. 이 규정에 의하면 행정조직 역시 민주국가원리에 입각하여 구성되며 운영되어야 함은 당연한 것이다. 또한 헌법은 행정의 민주적 통제를 위하여 "국민의 직선에 의한 대통령을 행정부의 수반"(제67조), "국무총리 임명에 대한 국회의 동의"(제86조), "국무총리·국무위원에 대한 국회의 해임건의"(제63조), "대통령·국무총리 등에 대한 국회의 탄핵소추"(제65조) 등을 규정하고 있다.

2. 법정성

법치주의 또는 법치국가원리도 우리 헌법의 기본원리이다. 따라서 행정조직의 설립도 반드시 법률에 의하도록 함으로써 행정부가 자의적으로 설립할 수 없도록 하는 행정조직법정주의를 취하고 있다. 이에 따라 헌법은 행정각부(제96조)·감사원(제100조)·선거관리위원회(제114조)·지방자치단체(제117조) 등 행정조직을 법률로 정하도록 규정하고 있다.

3. 지방분권주의

헌법은 제8장에서 지방자치를 제도적으로 보장하고 있다. 이에 의거하여 지방자치가 실시되어 지방의회와 지방자치단체의 장이 주민의 복지에 관한 사무를 스스로 처리하도록 하고 있다.

4. 독임제

우리나라는 행정의 능률성과 책임성을 담보하기 위하여 모든 행정조직에 있어 독임제를 원칙으로 하고 있다. 그러나 정부조직법 제5조는 "행정기관에는 그 소관사무의 일부를 독립하여 수행할 필요가 있는 때에는 법률로 정하는 바에 따라 행정위원회 등 합의제행정기관을 둘 수 있다"라고 규정하여 예외적으로 합의제 행정기관을 둘 수 있음을 명시하고 있다. 이에 의거하여 토지수용위원회 · 행정심판위원회 · 소청심사위원회 등의 합의제 행정기관이 설치되어 있다.

5. 직업공무원제

헌법 제7조 제2항[2]은 공무원의 정치적 중립과 신분을 보장하고 있으며, 국가공무원법 등 각종 공무원법은 성적주의에 입각한 공무원채용 · 승진제도 등 직업공무원제도를 확립함으로써 행정의 능률성과 공정성을 담보하고 있다.

---

2) 제7조 ① 공무원은 국민전체에 대한 봉사자이며, 국민에 대하여 책임을 진다.
　② 공무원의 신분과 정치적 중립성은 법률이 정하는 바에 의하여 보장된다.

제2장

행정기관

제1절 행정기관의 의의 및 종류
제2절 행정관청

제2장 행정기관

제1절 행정기관의 의의 및 종류

Ⅰ. 행정기관의 의의 및 성질

1. 행정기관의 의의

　행정기관의 개념은 조직적 관점과 작용적 관점의 두 가지 측면에서 파악 할 수 있다. 조직적 관점에서의 행정기관은 행정사무 분배의 단위를 의미하며, 작용 내지 쟁송법적 관점에서의 행정기관은 일정한 권한의 귀속자를 의미한다.[3] 그러나 일반적으로 행정기관이란 널리 행정주체의 행정사무를 담당하는 기관을 말한다. 이러한 의미의 행정기관에는 행정주체의 의사를 결정하고 이를 외부에 표시할 수 있는 권한을 가지는 행정관청뿐만 아니라 그 보조기관 등도 포함된다. 이와 같은 행정기관은 행정주체로서 행정사무를 담당하는 기관이라는 점에서 입법사무를 담당하는 입법기관 및 사법사무를 담당하는 사법기관과 구별된다. 또한 행정기관은 그를 구성하면서 현실적으로 행정업무를 처리하는 공무원과 구별된다.[4]

---

3) 정부조직법은 "중앙행정기관은 이 법과 다른 법률에 특별한 규정이 있는 경우를 제외하고는 부 · 처 및 청으로 한다."라고 규정하고 있는바, 이 경우의 행정기관개념이 전자에 해당하며, 후자의 경우로는 권한의 위임 · 위탁과 관련된 규정상의 행정기관, 행정청으로서의 행정기관 등이 그에 해당한다.

4) 예컨대 세무서장은 국민에 대하여 행정주체인 국가의 조세행정을 수행하는 지위에서 볼 때에는 행정기관이고, 세무서라는 행정기관을 구성하는 자로서 국가에 대하여 근무관계에 있는 지위에서 볼 때에는 공무원이다(박윤흔, 행정법강의(하), 24면).

2. 행정기관의 성질

행정기관이 법인격을 가지느냐에 관하여 이견이 있을 수 있다. 그러나 행정기관은 권한은 가지지만 권리는 가지지 않으며, 기관 그 자체로서는 인격을 가지지 않는다고 보는 것이 다수의 견해이다. 즉, 법인격의 개념을 법률효과의 귀속주체라고 보는 이상 법인격은 국가·지방자치단체·공공조합 등의 행정주체에게만 인정된다. 다만, 예컨대 소송법상 원고와 피고는 권리주체가 되는 것이 보통이나, 취소소송의 피고는 처분청 또는 재결청이 된다. 또한 행정기관 상호간의 관계에 있어서 권한의 위임·협의를 함에 있어서나 기관소송의 당사자로서의 자격이 문제되는 경우에는 행정기관은 자기의 이름으로 행위를 하고, 그 법적 효과도 자신에게 귀속된다. 이러한 경우에는 행정기관에 대하여도 법적 인격성 또는 권리주체성이 인정된다고 볼 여지는 있다.[5]

> **【판례】 서울국제우체국장에 대한 관세부과처분은 당연무효**
>
> 서울국제우체국장은 우편사업을 담당하는 국가의 일개 기관에 불과할 뿐으로서 법률상 담세능력이 있다거나 책임재산을 가질 수 있다고 볼 수 없어 관세법상의 납세의무자가 될 수 없으므로 위 우체국장에 대한 이 사건 관세부과처분은 관세의 납세의무자가 될 수 없는 자를 그 납세의무자로 한 위법한 처분으로서 그 하자가 중대하고 명백하여 당연무효라고 할 것이다(대판 1987.4.28, 86누93).

---

5) 김동희, 행정법Ⅱ, 9면.

Ⅱ. 행정기관의 종류

행정기관은 지위, 권한, 소관사무 등을 기준으로 하여 여러 가지로 분류할 수 있다. 그 주된 기관으로는 다음과 같은 것이 있다.

1. 행정(관)청

행정관청은 "국가를 위하여 그의 의사 또는 판단을 결정하여 이를 외부에 표시할 수 있는 권한을 가진 기관"을 말한다. 그리고 지방자치단체의 의사를 결정하여 이를 표시할 수 있는 기관까지 포함하는 경우에는 행정청이라고 한다.

행정관청이란 행정행위·행정쟁송 등에 등장하는 학문상의 개념이다. 정부조직법상 부·처·청 등을 행정기관이라고 하며, 이들 행정기관의 장인 장관·처장·청장이 바로 행정관청에 해당한다. 행정관청은 일반적으로 독임제의 형태를 갖지만, 합의제기관인 경우도 있다. 예컨대 감사원, 소청심사위원회, 토지수용위원회, 노동위원회 등은 합의제기관이다.

2. 보조기관

보조기관은 행정청에 소속되어 행정청의 권한행사를 보조하는 행정기관을 말한다. 보조기관은 행정에 관한 행정주체의 의사를 결정·표시하는 권한은 없고, 그 결정에 있어서의 보조적 기능만을 수행한다. 행정각부의 차관·본부장·실장·국장·부장·과장 등이 이에 해당한다. 그러나 보조기관도 행정관청의 권한의 위임 또는 대리에 의하여 행정관청의 지위를 가지는 경우도 있다.

3. 보좌기관

보좌기관은 행정관청의 의사결정에 직접 관여하는 계선기관인 보조기관과 달리, 특정 정책의 기획·연구·조사 등을 통하여 간접적으로 의사결정을 보좌하는 참모기관이다. 예컨대 국무총리비서실 · 기획조정실 · 국무조정실, 행정각부의 차관보 등이 이에 해당된다.

　보좌기관은 보조기관의 업무와 성격을 달리하여야 함에도 불구하고 현실적으로는 보조기관과 같이 운영되고 있는 경우가 많다. 따라서 행정실제에 있어서는 양자를 엄격하게 구분하지 않고 있다.

4. 의결기관

　의결기관은 행정관청의 의사를 결정할 권한만 있고, 이를 외부에 표시할 권한은 없는 합의제 행정기관을 말한다. 예컨대 각종 징계위원회 등이다. 그러나 의사를 외부에 표시할 권한까지 보유한 경우에는 합의제 행정관청이 된다. 예컨대 각종 선거관리위원회, 감사원 등이다.

> **【판례】** 대학교수의 임용 여부는 임용권자가 교육법상 대학교수 등에게 요구되는 고도의 전문적인 학식과 교수능력 및 인격 등을 고려하여 합목적적으로 판단할 자유재량에 속하고, 특히 교육공무원법 제25조에서 대학의 장이 교수를 임용 또는 임용 제청함에 있어 대학 인사위원회의 동의를 얻도록 한 것은 교수 임용권자 또는 임용제청권자의 자의를 억제하고 객관적인 기준에 따른 인사질서를 확립함으로써 우수한 교원을 확보함과 동시에 대학의 자치 및 자율권과 교원의 신분보장을 도모하고자 하는 데 있으므로, 대학의 장이 대학 인사위원회에서 임용동의안이 부결되었음을 이유로 하여 교수의 임용 또는 임용제청을 거부하는 행위는 그것이 사회통념상 현저히 타당성을 잃었다고 볼 만한 특별한 사정이 없는 이상 재량권을 일탈 · 남용하였다고 볼 수 없다(대판 2006.9.28, 2004두7818).

5. 집행기관

　집행기관은 행정관청의 명을 받아 국가의사를 실력으로 집행하는 기관을 말한다. 예컨대 경찰공무원 · 소방공무원 · 세무공무원 등이 이에 해당한다. 집행기관이란 넓은 의미의 행정기관을 의미하기도 한다. 지방의회를 의결기관으로 부르고, 지방자치단체에의 장 및 그 소속기관을 집행기관이라 부르는 경우가 이에 해당한다.[6)]

6. 자문기관

자문기관은 행정청의 자문신청 또는 자진하여 행정청에 대하여 의견의 제시를 그 임무로 하는 행정기관이다. 자문기관의 의견은 행정청의 의사를 구속하지 않는다. 하지만 법률상 자문절차가 규정되어 있는 경우에는 이를 거치지 않으면 그 행위는 절차상 하자 있는 행위가 되며, 그 하자는 원칙적으로 취소사유가 된다. 자문기관의 예로는 국가원로자문회의 등이 있다.

7. 감사기관

감사기관은 다른 행정기관의 사무 또는 회계의 위법·부당 여부를 감찰하여 행정운영의 개선·향상을 임무로 하는 기관을 말한다. 감사원은 그 대표적인 예이다.

8. 부속기관

부속기관은 행정기관에 부속하여 이를 지원하는 기관을 말한다. 정부조직법상[7] ① 시험연구기관(임업연구원·국립보건연구원·국립과학수사연구소 등), ② 교육훈련기관(중앙공무원교육원·국가전문행정연수원 등), ③ 문화기관(국·공립도서관, 박물관·극장·국악원 등), ④ 의료기관(국립의료원·경찰병원·보훈병원·결핵병원과 시·도립병원 등), ⑤ 제조기관(국립영상간행물제작소 등), ⑥ 관리보존기관(정부청사관리소·정부기록보존소 등) 등이 있다.

9. 공기업 및 영조물기관

공기업 및 영조물기관이란 공기업이나 영조물의 관리·운영을 담당하는 행정기관을 말한

---

6) 김남진, 행정법Ⅱ, 231면.

7) 제4조(부속기관의 설치) 행정기관에는 그 소관사무의 범위에서 필요한 때에는 대통령령으로 정하는 바에 따라 시험연구기관·교육훈련기관·문화기관·의료기관·제조기관 및 자문기관 등을 둘 수 있다.

다. 공기업기관은 공기업의 경영 또는 영조물의 설치·관리를 위한 행정기관으로서, 철도·체신관서 등이 있다. 반면, 영조물기관에 해당하는 것으로는 국·공립의 대학·병원·도서관·박물관·극장 등이 있다. 공기업기관을 공기업의 형태로서 경영을 담당하고 있다는 점에서 이를 현업기관이라고도 한다.[8]

제2절 행정관청

Ⅰ. 행정관청의 권한

1. 권한의 의의

행정관청의 권한이란 행정관청이 법령상 행정주체의 의사를 결정하고 표시할 수 있는 범위를 말한다. 정부조직법 제2조 제1항[9]에서는 직무범위라는 용어로 사용하고 있으나 이는 행정관청의 권한이며, 행정관청의 관할이라고도 한다. 행정관청은 법령상 그 권한이 인정되는 경우에 그 범위 안에서만 국가의 의사 또는 판단을 결정·표시할 수 있다. 이러한 권한은 의사와 판단의 결정범위라는 점에서, 권리·의무의 법률관계에서 자기의 이익을 위하여 타인게 일정한 주장을 할 수 있는 법률상의 구체적인 힘을 뜻하는 권리와 구별된다.

2. 권한의 한계

행정관청의 권한은 헌법과 법률에 의하여 정하여지므로 여러 면에서 그 권한의 확정과 분배가 분명하게 이루어진다. 행정관청의 권한의 한계는 행정관청의 권한행사의 한계를 의미하는 것으로서, ① 사항적 한계, ② 지역적 한계, ③ 대인적 한계, ④ 형식적 한계 등으로 나누어진다.

---

8) 김동희, 행정법Ⅱ, 12면; 박윤흔, 행정법강의(하), 26면; 석종현, 일반행정법(하), 22면.

9) 제2조(중앙행정기관의 설치와 조직 등) ① 중앙행정기관의 설치와 직무범위는 법률로 정한다.

(1) 사항적 한계

행정관청은 정부조직법과 대통령령인 각 부처 직제 등의 조직법령에 규정된 담당사무의 범위 내에서만 권한을 가진다. 이를 사항적 한계라고 한다. 예컨대 법무부장관은 검찰·행형·인권옹호·출입국관리·기타 법무에 관한 사무를 관장한다(정부조직법 제32조[10] 등). 권한의 사항적 한계를 사물관할 또는 실질적 권한이라고도 하는데, 행정관청의 사물관할이 비교적 일반적인 것인 때에는 보통행정관청(국가행정관청의 지위에서의 특별시장·광역시장·도지사와 시장·군수·구청장 등)이라고 하며, 비교적 특정적인 것인 때에는 특별행정관청(지방국세청장·세무서장 등)이라고 한다.

(2) 지역적 한계

지역적 한계란 행정관청의 권한이 지역적으로 한정되어 미치는 범위를 말한다. 그 권한이 전국에 미치는 경우를 중앙관청이라고 하며, 일부 지역에 한정되는 경우를 지방관청이라고 한다. 각부처장관이 중앙행정청에 속하고, 경찰서장·세무서장 등이 지방행정청에 속한다.

(3) 대인적 한계

대인적 한계란 행정관청의 권한이 미치는 인적 범위에 한계가 있는 경우를 말한다. 예컨대 국방부장관의 권한은 군인·군무원에게만 미치고, 국립대학교총장의 권한은 그 직원과 학생에게만 미치는 것과 같다.

(4) 형식적 한계

행정관청의 권한행사의 형식이 제한되는 경우를 형식적 한계라 한다. 예컨대 행정각부의 장은 부령의 형식으로 행정입법을 할 수 있으나, 국무총리 직속의 처의 장은 헌법상 부령의 형식이 아닌 총리령의 형식으로만 행정입법을 할 수 있는 것과 같다.

---

10) 제32조(법무부) ① 법무부장관은 검찰·행형·인권옹호·출입국관리 그 밖에 법무에 관한 사무를 관장한다.

3. 권한의 효과

(1) 외부적 효과

행정관청이 그 권한의 범위 내에서 행한 행위는 법인격을 가진 행정주체인 국가·지방자치단체 등에게 직접 귀속되는 효과가 발생한다. 따라서 그 행위의 법적 효력은 행정관청 구성자의 교체 내지는 당해 행정관청의 폐지·변경에 의하여도 영향을 받지 않는다.

그러나 권한 밖의 행위는 주체의 하자에 해당되어 무효가 된다. 예컨대 동장이 행한 철거의 대집행계고처분은 당연 무효이다.

(2) 내부적 효과

행정관청의 권한은 법규에 의하여 설정된다. 따라서 행정주체의 내부에 있어서 동급의 행정관청은 물론, 상·하급 행정관청 사이에서도 법령에 의한 위임·위탁·대리의 경우를 제외하고는 대신 행사할 수 없다.

Ⅱ. 행정관청의 권한의 대리

1. 대리의 의의

행정관청의 권한은 스스로 행사하는 것이 원칙이며, 이를 권한불변경의 원칙이라 한다. 이러한 권한불변경의 원칙에 대한 예외로서 권한의 대리가 있다. 행정관청의 권한의 대리란 행정관청의 권한의 전부 또는 일부를 타행정기관이 피대리청을 위한 것임을 표시하여 자기의 이름으로 행하고, 그 행위는 피대리청의 행위로서의 효과가 발생하는 것을 말한다.

권한의 대리는 권한의 대행 또는 직무대행이라고도 한다. 행정관청의 권한을 사고·질병·유고 등의 사유에 의하여 또는 기타 필요에 의하여 다른 행정기관이 대행하는 경우가 있다. 그리고 권한의 대리관계는 행정청과 그의 보조기관 사이에 행하여지는 것이 보통이다. 예컨대 대통령의 권한을 국무총리가 대행하거나 장관의 권한을 차관이 대행하는 것처럼 행정관청과 그의 보조기관 사이에서 행하여지는 것이다.

2. 다른 개념과의 구별

(1) 권한의 위임과의 구별

행정관청의 권한의 대리는 권한의 위임과 구별된다. 양자는 모두 행정관청의 권한을 다른 자가 권한을 대신 행사하는 점에서는 공통성이 있다. 그러나 다음과 같은 점에서 차이점이 있다. 즉, ① 권한의 대리는 권한의 귀속주체 자체가 변경되는 것은 아니지만 권한의 위임은 행정관청의 권한의 일부가 다른 행정기관의 권한으로 이전되는 것이다. ② 권한의 대리는 권한의 귀속 자체가 변경되는 것은 아니므로 반드시 법령의 근거를 요하지 않지만, 권한의 위임은 행정청의 권한의 일부를 다른 행정기관에 부여하는 것으로서 법령에 정하여진 권한을 변경하는 것이므로 항상 법령의 근거를 요한다. ③ 권한의 대리에 있어서는 대리자는 피대리관청의 보조기관이 되는 것이 보통이지만, 권한의 위임에 있어서의 수임기관은 위임관청의 하급관청이 되는 것이 보통이다.

(2) 내부위임(위임전결)과의 구별

권한의 대리는 법률적인 것으로서, 대리관청은 대외적으로 대리행위임을 표시하고 행정관청의 권한을 자기의 명의로 행하게 된다. 이에 대하여 내부위임(전결 또는 대결)은 행정관청이 사무처리의 편의를 위하여 비교적 경미한 권한을 내부적으로만 그 보조기관(국장·과장 등) 또는 하급기관(구청장 등)에게 사실상 위임하여 행사하게 하되, 그 명의는 본래의 행정관청의 이름으로 표시하는 것이다. 그 행위는 대외적으로는 위임관청 행위로 간주된다는 점에서 차이가 있다. 따라서 ① 대리는 대리행위임을 표시는 하되 이를 자기의 명의로 행하는 것이지만, 내부위임은 이를 표시하지 않고 본래의 행정관청의 명의로 행하는 것이다. ② 대리는 외부적·법률적인 것이지만, 내부위임은 내부적·사실상의 것인 점에서 구분된다.

【판례】 ① 내부위임은 위임관청의 명의로 권한 행사

석유사업법 제13조 제3항·제23조 제1항에 의한 시·도지사의 석유판매업 허가취소에 관한 권한은 법령상 시장·군수에게 위임된 것이 아니고 단지 권한위임업무처리지침에 의하여 내부위임되었음에 불과하다면, 군수로서는 이 지침에 따라 도지사의 이름으로 석유판매업의 허가취소에 관한 권한을 사실상 대행하여 행사할 수 있을 뿐이며 자기의 이름으로 그 권한을 행사할 수는 없다(대판 1989. 9. 12, 89누671).

② 전결 같은 내부위임은 법률의 위임이 없는 경우에도 허용

전결과 같은 행정권한의 내부위임은 법령상 처분권자인 행정관청이 내부적인 사무처리의 편의를 도모하기 위하여 그의 보조기관 또는 하급 행정관청으로 하여금 그의 권한을 사실상 행사하게 하는 것으로서 법률이 위임을 허용하지 않는 경우에도 인정되는 것이므로, 설사 행정관청 내부의 사무처리규정에 불과한 전결규정에 위반하여 원래의 전결권자 아닌 보조기관 등이 처분권자인 행정관청의 이름으로 행정처분을 하였다고 하더라도 그 처분이 권한 없는 자에 의하여 행하여진 무효의 처분이라고 할 수 없다(대판 1998. 2. 27, 97누1105).

(3) 대결과의 구별

대결이란 행정청 기타 결재권자의 부재시 및 사고가 있을 때에는 그 직무를 대리하는 자가 대신 결재를 한 다음에 중요한 사항에 관해서는 사후에 결재권자에게 보고하게 하는 것을 말한다.[11] 이는 주로 업무처리의 신속을 위하여 보조기관이 일시적으로 행하게 되는 것으로서, 내부위임과 유사한 제도이므로 대리와의 차이점도 이와 같다.

(4) 대표와의 구별

대표는 대리와 같이 대리·피대리와 같은 대립관계에 있는 것이 아니라, 대표사인 행정청의 행위가 직접 국가 또는 지방자치단체의 행위가 되는 점에서 대리와 구별된다. 예컨대 '국가를 당사자로 하는 소송에 관한 법률' 제2조에 의거하여 국가를 당사자 또는 참가인으로 하는 소송에 있어서 법무부장관이 국가를 대표하는 경우가 여기서 말하는 대표에 해당한다.

---

11) 행정 효율과 협업 촉진에 관한 규정 제10조 제3항.

3. 대리의 종류

행정관청의 권한의 대리는 대리권의 발생원인을 기준으로 임의대리와 법정대리로 나눌 수 있다.

(1) 임의대리(수권대리)

1) 의의

임의대리는 피대리관청의 수권에 의하여 대리관계가 발생하는 경우를 말한다. 이는 상대방의 동의를 요하지 않는 일방적 행위로서 성립하며, 수권대리 또는 위임대리라고도 한다.

2) 근거

임의대리에 있어서 법령의 근거에 관하여 법령에 근거가 있어야 가능하다는 소극설[12]과 권한이 일반적·추상적으로 광범위하게 규정된 경우에는 그 전부를 스스로 행사하여야 한다고 볼 것은 아니므로 그 일부를 수권할 수 있다는 적극설[13]이 있다. 행정관청의 권한은 본래 당해 행정관청이 스스로 행사하여야 함이 원칙이라는 점에서 소극설이 타당하다고 할 수 있다. 그러나 행정현실에서는 법령의 규정이 없는 경우에도 허용되고 있다.

3) 한계

임의대리는 피대리관청의 권한의 일부에 대해서만 수권이 가능하다. 따라서 전부를 수권함은 권한의 변동을 초래하는 것이므로 허용되지 아니한다. 또한 법령에서 개별적으로 피대리관청의 권한으로 지정된 권한은 수권할 수 없다. 예컨대 헌법의 규정에 의한 총리령·부령을 발하는 권한 등이다. 물론 이러한 권한을 제외한 일반적 권한만 수권이 가능하다.

4) 감독 및 책임

임의대리의 경우 대리자는 피대리관청의 책임하에서 그 권한을 행사하는 것이므로, 피대리관청은 대리자에 대하여 감독할 수 있다. 따라서 피대리관청은 대리자의 행위에 대하여 지

---

12) 박윤흔, 행정법강의(하), 35면.

13) 김도창, 일반행정법론(하), 74면; 김동희, 행정법Ⅱ, 17면; 석종현, 일반행정법(하), 26면; 이상규, 신일반행정법론(하) 63면.

휘·감독상의 책임을 진다.

(2) 법정대리

1) 의의

법정대리는 사고·부재 등 법정사실이 발생하였을 때에 구체적인 수권 없이도 법령의 규정에 의하여 당연히 대리관계가 발생하는 것을 말한다. 법정대리의 근거법령으로서는 각 개별법령 외에 일반법으로 '직무대리규정'(대통령령)이 있다. 법정대리는 임의대리와는 달리 수권행위의 문제가 생기지 않지만, 일반적으로 피대리관청의 구성원에게 그 권한을 행사할 수 없을 정도의 사고가 발생한 경우에 인정된다.

2) 종류

법정대리에는 대리자의 지정방법에 따라 협의의 법정대리와 지정대리의 두 종류가 있다.

(가) 협의의 법정대리

협의의 법정대리란 법정사실이 발생하였을 때에 법률상 당연히 대리관계가 발생하는 경우이다(헌법 제71조, 정부조직법 제22조, 직무대리규정 제4조·제5조).

(나) 지정대리

지정대리는 사고 등의 법정사유가 발생하면 지정권자가 대리자를 지정함으로써 대리관계가 발생하는 경우이다. 예컨대 국무총리·부총리가 모두 사고시 대통령이 지명하는 국무위원이 국무총리를 대리하는 것(정부조직법 제22조), 또는 직근 상급행정관청이 사고 행정관청의 차순위 서열자에 대하여 대리지로 지정하는 것(직무내리규정 제4조 제1항) 등을 말한다.

지정대리는 피대리관청의 지위에 있는 자가 존재하고는 있으나 일시적으로 사고가 있어 직무수행이 불가능한 경우에 행하는 것이 보통이다. 그러나 궐위시에도 일시적으로 그 대리자를 지정하는 경우가 있는데 이를 서리[14]라 하여 지정대리와 구분하는 견해[15]도 있다.

---

14) 피대리청의 구성원이 궐위되어 있는 경우의 대리이나, 행정청의 지위에 있는 자에게 사고가 있는 경우의 대리와는 달리 대리되는 자가 없는 점에 특징이 있다. 그러나 피대리청의 지위에 있지 않는 자의 행위가 피대리청의 행위로서의 효과를 발생하는 점은 일반의 대리와 같다.

15) 윤세창, 행정법(상), 518면.

3) 대리권의 범위

법정대리는 임의대리와 달리 피대리관청의 권한의 전부에 미친다.

4) 감독 및 책임

법정대리의 경우 피대리관청은 대리자를 지휘·감독할 수 없으며, 따라서 책임도 지지 아니한다. 그러나 피대리관청이 해외출장·입원 등의 경우에 중요사항에 관하여 대리자를 지휘·감독하는 경우에는 피대리관청도 감독상의 책임을 진다고 하겠다.

4. 복대리의 문제

복대리는 행정관청의 권한의 대리에 있어 대리자가 그 대리권을 다시 다른 자에게 대리하게 하는 것이다. 이러한 복대리가 가능한지에 관하여 문제가 되는바, 법령에 명문규정이 있는 경우에는 그에 따르면 되겠으나, 규정이 없는 경우에는 임의대리와 법정대리로 나누어 검토할 필요가 있다.

(1) 임의대리

임의대리에 있어서는 피대리관청의 구체적 수권이라는 개별적 신뢰관계를 기초로 하여 성립되는 대리관계이므로 복대리는 원칙적으로 부정된다.

(2) 법정대리

법정대리는 대리인에 대한 구체적 신뢰여부와는 관계없이 법에 의하여 직접 성립되며, 대리권도 피대리관청의 권한의 전부에 미치며, 피대리관청의 지휘·감독을 받지 아니하고 대리인이 모든 책임을 진다. 따라서 대리인도 그 대리권의 일부에 대하여는 복대리인을 선임할 수 있다.

5. 대리권의 소멸

임의대리의 경우에는 피대리관청에 의한 대리권 수여의 철회에 의하여 대리권이 소멸한다. 이에 반하여 법정대리의 경우에는 대리권이 발생하게 된 법정사유가 소멸함에 따라 소멸한다. 예컨대 귀국·질병치료·궐위 중인 자의 임명 등이다.

Ⅲ. 행정관청의 권한의 위임

1. 의의

행정관청의 권한의 위임이란 행정관청의 권한의 일부를 다른 행정기관에 실질적으로 이전하여 그 수임기관의 권한으로 행사하게 하는 것을 말한다. 권한이 위임되면 법령에 규정된 권한의 소재가 변경되는 것이므로 반드시 법령의 근거를 요한다. 또한 권한 위임의 범위 안에서 수임기관의 권한이 되고, 수임기관은 이를 자기의 명의와 책임 하에서 행사하게 된다.

2. 다른 개념과의 구별

(1) 권한의 대리와의 구별

행정관청의 권한의 위임과 대리는 그 권한의 이전 여부에 따라서 구별된다. 즉, 권한의 대리는 권한의 이전이 아니고 단지 피대리관청을 위한 권한의 대리행사일 뿐이지만, 권한의 위임은 그 권한 자체가 수임기관에 이전된다. 따라서 권한의 위임은 권한의 대리와는 달리 반드시 법령의 근거를 필요로 한다. 또한 권한의 대리의 경우 보조기관이 대리관청이 되지만, 권한의 위임은 하급행정관청이 수임자가 되는 것이 보통이다.

(2) 권한의 내부위임(위임전결)과의 구별

권한의 내부위임은 행정청이 내부적으로 사무처리의 편의를 도모하기 위하여 그 보조기관 또는 하급 행정기관으로 하여금 그 권한을 사실상 행사하게 하는 것을 말한다. 권한의 위임은 권한의 법적인 귀속을 변경하는 것이지만, 내부위임은 법적인 귀속의 변경을 가져오는 것은 아니다.[16] 따라서 내부위임에 의하여 행하여진 행정행위에 대한 항고소송의 피고는 위

---

16) 행정권한의 위임은 권한의 법적인 귀속을 변경하는 것인 만큼 법률이 위임을 허용하고 있는 경

임관청이 된다. 다만, 내부위임인데도 불구하고 수임관청이 자신의 명의로 행정처분을 하였다면 그 행정처분은 권한 없는 자에 의한 위법 무효인 행정처분이 되므로 이때에는 수임관청을 피고로 하여야 할 것이다.

> **【판례】** ① 내부위임에서의 수임자는 위임관청의 명의로 권한행사
> 행정권한의 위임은 위임관청이 법률에 따라 하는 특정권한에 대한 법정귀속의 변경임에 대하여 내부위임은 행정관청의 내부적인 사무처리의 편의를 도모하기 위하여 그 보조기관 또는 하급행정관청으로 하여금 그 권한을 사실상 행하게 하는 데 그치는 것이므로 권한위임의 경우에는 수임자가 자기의 명의로 권한을 행사할 수 있으나, 내부위임의 경우에는 수임자는 위임관청의 명의로 이를 할 수 있을 뿐이다(대판 1989.3.14, 88누10985).
> ② 내부위임을 받은 수임관청이 자기명의로 행한 처분은 무효
> 내부위임사무의 경우에는 수임관청은 위임관청의 이름으로만 그 권한을 행사할 수 있을 뿐 자기의 이름으로 그 권한을 행사할 수 없는 바, 액화석유가스충전사업의 양도에 따른 사업자지위승계신고를 처리함에 있어 그 사무를 내부위임받은 데 불과한 시장이 그의 이름으로 행한 동 신고수리처분은 권한없는 자의 행위로서 위법 무효인 처분이다(대판 1995.11.28, 94누6475).
> ③ 내부위임을 받은 수임관청이 자기명의로 처분을 행한 경우에는 처분명의자인 수임관청은 피고
> 내부위임이나 대리권을 수여받은 데 불과하여 원행정청 명의나 대리관계를 밝히지 아니하고는 그의 명의로 처분 등을 할 권한이 없는 행정청이 권한 없이 그의 명의로 한 처분에 대하여도 처분 명의자인 행정청이 피고가 되어야 한다(대판 1991.10.8, 91누520).

3. 근 거

행정관청의 권한의 위임은 법령으로 규정한 권한의 변경을 의미하는 것이므로 반드시 법령의 근거를 요한다. 권한의 위임에 관한 일반법인 정부조직법(제6조 제1항)의 권한위임 근거규정에 따라 제정된 '행정권한의 위임 및 위탁에 관한 규정'은 각 개별법에서 중앙행정관청의 권한으로 규정된 각종 인·허가권한 등을 다른 행정기관 또는 지방자치단체의 장에게 위임하고

우에 한하여만 인정되지만, 내부위임의 경우에는 법률이 권한의 위임을 허용하지 않는 경우에도 인정된다(대판 1998.2.27, 97누1105).

있다. 그 외에 지방자치법(제102조 · 제104조)도 국가 또는 상급자치단체의 권한으로 되어 있는 국가사무를 가능한 한 하급자치단체의 장에게 위임하여 처리하도록 권장하는 규정을 두고 있다. 또한 개별법으로는 초 · 중등교육법(제62조), 의료법(제86조) 등이 있다.

대법원은 "권한위임 및 재위임 등에 관한 대강을 정한 일반법인 정부조직법을 권한위임 및 재위임의 일반원칙을 선언한 것에 불과한 것이 아니라 그 근거규정이 된다"(대판 1990. 2. 27, 89누5287)고 보고 있다.

【판례】① 법률이 위임을 허용하고 있는 경우에만 권한의 위임 허용
행정권한의 위임은 행정관청이 법률에 따라 특정한 권한을 다른 행정관청에 이전하여 수임관청의 권한으로 행사하도록 하는 것이어서 권한의 법적인 귀속을 변경하는 것이므로 법률이 위임을 허용하고 있는 경우에 한하여 인정된다고 할 것이다(대판 1992. 4. 24, 91누5792).

② 권한재위임에 관한 규정이 없어도 일반적 근거규정에 의한 재위임 가능
(구)건설업법(1994. 1. 7)제57조1항에 의한 건설부장관의 권한에 속하는 영업정지 등 처분권한은 서울특별시장 · 직할시장 또는 도지사에게 위임되었을 뿐, 시 · 도지사가 이를 구청장 · 시장 · 군수에게 재위임할 수 있는 근거규정은 없으나, 정부조직법 제5조1항(현행 제6조1항)과 이에 기한 행정권한의위임및위탁에관한규정 제4조에 재위임에 관한 일반적인 근거규정이 있으므로 시 · 도지사는 그 재위임에 관한 일반적인 규정에 따라 위임받은 위 처분권한을 구청장 등에게 재위임할 수 있다(대판 1995. 7. 11, 94누4615).

③ 권한재위임에 의한 구청장의 과징금부과는 적법
서울특별시장은 교통부장관의 승인을 얻은 후 규칙이 정하는 바에 따라 재위임하는 것이 가능하고, 서울특별시행정권한위임규칙(규칙 제2657호) [별표] 제17호 (나)목에 의하면 "같은 법에 의한 과징금의 부과 · 징수 권한이 서울특별시장으로부터 구청장에게 재위임"되어 있으므로 구청장은 과징금을 부과할 적법한 권한이 있는 사이다(대판 2000. 2. 8, 97누3767).

4. 형식

권한의 위임은 그 권한을 대외적으로 변경하는 것이기 때문에 이러한 위임사실을 국민들에게 알려 주기 위하여 통상 인 · 허가권을 설정한 당해 개별 법률의 위임근거조항에 근거하

여 위임의 형식을 취하고 있다.

그러나 이러한 개별 법률과 그 하위법령 외에, 정부의 위임확대를 위한 노력에 따라 제정된 일반법인 정부조직법(제6조)과 이에 근거한 '행정권한의 위임 및 위탁에 관한 규정'에 의거하여서도 각 개별법상의 권한을 위임할 수 있도록 함으로써 위임의 방식이 이원화되어 있다.

한편, 정부조직법(제6조)이 "법령이 정하는 바에 의하여 위임할 수 있다"고 규정하고 있으므로 위임여부가 국민에게 공표되지 아니하는 행정규칙에 의거한 위임은 불가능하며, 법규명령으로만 가능하다고 할 것이다.

5. 한계

권한의 위임은 행정관청의 권한의 일부에 대해서만 할 수 있다. 따라서 권한의 전부 또는 주요부분의 위임은 권한의 획정을 무의미하게 하며 위임기관의 존재 자체를 의심스럽게 하는 것이므로 허용되지 아니한다. '행정권한의 위임 및 위탁에 관한 규정' 제3조 제1항에서 인가·허가·등록 등 민원사무와 정책의 집행사무, 일상적으로 반복되는 사무 등을 위임대상 권한으로 예시하고 있다.

6. 상대방

위임은 원칙적으로 ① 보조기관 또는 하급행정관청에 대해 행해지는 것이 통례이나, ② 대등관청 또는 지휘감독계통을 달리하는 하급행정관청, ③ 지방자치단체 또는 그 기관, ④ 사인에 대하여도 위임이 행하여지고 있다. 특히 대등관청에 대한 경우는 위탁이라고 하며, 사인에 대한 것을 민간위탁이라고 한다. 민간위탁은 국민의 권리·의무와 직접 관계되지 아니하는 비권력적인 조사·검사·검정·관리업무 등의 단순 사실행위로서 특수한 분야의 지식·기술을 요하는 사무를 능률성의 견지에서 민간에 위탁하는 것을 말한다. 예컨대 공공시설관리업무의 대행업자에의 위탁, 계획조선 실수요자선정권한의 산업은행총재에의 위탁, 관세감면대상 의약품여부 확인권한의 의약품수출입협회장에의 위탁 등이다.

7. 효과

권한의 위임이 있으면 위임기관은 그 사무를 처리할 권한은 상실되고, 수임기관이 자기의 명의와 책임 하에서 이를 행사한다. 따라서 행정소송의 피고도 수임기관이 된다. 권한의 위임과 관련하여서는 특히 위임청이 수임기관의 권한행사를 지휘·감독할 수 있는지의 문제가 제기된다. 이에 관하여는 수임기관이 위임청의 보조기관이나 그 지휘·감독하에 있는 하급기관인 때에는 위임청은 상급행정청의 본래의 권한에 기하여 이를 지휘·감독할 수 있으나, 대등관청 또는 계통을 달리하는 하급행정관청일 때에는 지휘·감독권이 없다고 본다.[17]

> **【판례】** ① 권한의 위임이나 위탁을 받아 수임행정청이 정당한 권한에 기하여 수임행정청 명의로 한 처분에 대하여는 말할 것도 없고, 내부위임이나 대리권을 수여받은 데 불과하여 원행정청 명의나 대리관계를 밝히지 아니하고는 그의 명의로 처분 등을 할 권한이 없는 행정청이 권한 없이 그의 명의로 한 처분에 대하여도 처분명의자인 행정청이 피고가 되어야 한다(대판 1994.6.14., 94누1197).
> ② 군수와 읍·면장은 상급 행정관청과 하급 행정관청의 관계에 있어 상명하복의 기관 계층체를 구성하는 것이고, 지방자치법이 상급 지방자치단체의 장에게 하급 지방자치단체의 장의 위임사무 처리에 대한 지휘·감독권을 규정하면서 하급 지방자치단체의 장의 자치사무 이외의 사무처리에 관한 위법하거나 현저히 부당한 명령·처분에 대하여 취소·정지권을 부여하고 있는 점에 비추어 볼 때, 동일한 지방자치단체 내에서 상급 행정관청이 하급 행정관청에 사무를 위임한 경우에도 위임관청으로서의 수임관청에 대한 지휘·감독권의 범위는 그 사무처리에 관한 처분의 합법성뿐만 아니라 합목적성의 확보에까지 미친다고 해석된다 할 것이다(대판 1996.12.23, 96추114).

8. 종료

권한의 위임은 법령의 규정에 의하여 직접 위임된 경우에는 당해 규정의 개정·폐지로 종료된다. 또한 위임관청의 구체적·개별적 위임행위에 의하여 위임된 경우에는 위임의 철회로 종료된다. 권한의 위임의 종료와 함께 위임사항에 관한 수임기관의 권한은 소멸하고 그

---

17) 成田賴明, 外 2人 編, 行政法講義(上), 113頁.

사항은 다시 위임관청의 권한에 속하게 된다.

Ⅳ. 행정관청 상호간의 관계

행정관청은 상하관계 또는 대등관계에서 전체로서 행정목적의 통일적 수행에 임하고 있다. 이와 같이 행정관청 상호간의 관계는 일반적으로 상하행정관청 상호간의 관계와 대등행정관청 상호간의 관계로 나누어지기 때문에 이에 관한 관계를 나누어서 고찰하기로 한다.

1. 상하행정관청간의 관계

상하행정관청간에는 권한의 위임과 대리 및 감독관계가 발생한다. 권한의 위임 및 대리관계에 관하여는 앞에서 설명하였으므로 아래에서는 권한감독관계에 관하여만 검토하고자 한다.

(1) 권한감독의 의의
행정관청에 대한 권한감독은 상급관청이 하급관청의 권한행사의 적법성과 타당성을 확보하고 국가의사의 통일적 실현을 도모하기 위하여 행하는 통제적 작용을 말한다. 이와 같이 상급관청이 하급관청에 대하여 통제를 가할 수 있는 법률상의 힘을 감독권이라 한다. 상급관청의 감독권은 상명하복의 기관계층체적 구성에서 상급관청으로서 가지는 일반적인 권한이므로 이에 대한 개별적인 법적 근거를 요하지 않으나, 감독권 자체에 대한 일반적인 근거는 필요하다.[18]

---

18) 정부조직법 제11조 제1항 "대통령은 정부의 수반으로서 법령에 의하여 모든 중앙행정기관의 장을 지휘·감독한다."; 동법 제18조 제1항 "국무총리는 대통령의 명을 받아 각 중앙행정기관의 장을 지휘·감독한다."; 제26조 제3항 "장관은 소관사무에 관하여 지방행정의 장을 지휘·감독한다."; 지방자치법 제167조 제1항 "지방자치단체 또는 그 장이 위임받아 처리하는 국가사무에 관하여는 시·도에 있어서는 주무부장관의, 시·군 및 자치구에 있어서는 1차로 시·도지사의, 2차로 주무부장관의 지도·감독을 받는다."

(2) 권한감독의 범위

상급관청은 하급관청의 권한행사의 적법성 및 타당성까지도 감독할 수 있다. 따라서 하급관청의 재량행위에 대하여도 타당 또는 부당 여부를 감독할 수 있다.

(3) 권한감독의 수단

상급관청의 하급관청에 대한 감독수단으로는 사전적 감독과 사후적 감독, 적극적 감독과 소극적 감독 등이 있다. 그러나 일반적 감독수단으로는 감시권, 훈령권, 인가·승인권, 권한쟁의결정권, 취소·정지권 등이 있다.

1) 감시권

감시권은 상급관청이 하급관청의 사무처리 상황을 파악하기 위하여 보고를 받고 현장방문·확인 및 사무감독을 하는 권한을 말한다. 감시권은 특별한 법적 근거를 요하지 아니하지만, 불필요한 보고와 사무감사의 억제를 위하여 제정된 대통령령인 '행정 효율과 협업 촉진에 관한 규정'과 행정감사규정에 의하여 제한을 받는다.

2) 훈령권

(가) 훈령의 의의

훈령은 상급관청이 하급관청 또는 보조기관의 권한행사를 일반적으로 지휘하기 위하여 발하는 명령을 말하며, 훈령권은 훈령을 발할 수 있는 권한이다. 훈령권은 특별한 법적 근거를 요하지 아니하며 감독권의 일환으로서 당연히 발할 수 있다.

훈령은 상급관청이 하급기관에 대하여 그 소관사무에 관하여 발하는 명령으로서 상·하관청간의 문제이므로 상급공무원이 부하공무원에게 발하는 직무명령과는 구별된다. 또한 훈령은 행정기관에 대하여 발령되는 것이므로 행정기관을 구성하는 공무원이 변경될 경우에도 계속 효력을 갖는다.

(나) 훈령의 성질

다수설 및 판례에 의하면 훈령은 행정조직 내부에 있어 하급기관의 행위를 기속하므로 일종의 행정규칙에 불과하므로 법규의 성질을 가지지 않는다고 한다. 따라서 이에 위반하여 행한 행정행위의 효력에는 아무런 영향을 미치지 아니한다. 하지만 최근에는 재량준칙의 경우에는 직접 법적 구속력을 갖는다고 하거나, 재량준칙 위반시 평등·신뢰보호의 원칙에 위반되어 위법이 되므로 간접적인 법적 구속력을 갖는다고 하는 법규성설도 대두되고 있다.

> **【판례】훈령의 대외적 구속력 부정**
> ① 훈령(국민의 권익보호를 위한 행정절차에 관한 국무총리훈령 제235호)은 상급행정기관이 하급행정기관에 대하여 발하는 일반적인 행정명령으로서 행정기관 내부에서만 구속력이 있을 뿐 대외적인 구속력을 가지는 것은 아니다(대판 1994.8.9., 94누3414).
> ② 서울특별시가 정한 개인택시운송사업면허지침(훈령)은 재량권행사의 기준으로 설정된 행정청 내부의 사무처리준칙에 불과하므로 대외적으로 국민을 기속하는 법규명령의 경우와는 달리 외부에 고지되어야만 효력이 발생하는 것은 아니다(대판 1997.1.21, 95누12941).
> ③ 행정정보공개운영지침(국무총리훈령 제288호)은 공개대상에서 제외되는 정보의 범위를 규정하고 있으나, 국민의 자유와 권리는 법률로써만 제한할 수 있으므로, 이는 법률에 의하지 아니하고 국민의 기본권을 제한하는 것이 되어 대외적으로 구속력이 없다(대판 1999.9.21., 97누5114).

(다) 훈령과 직무명령

직무명령은 행정청이 행정기관의 구성원인 공무원에 대하여 그 직무에 관하여 발하는 것으로서, 출장명령·당직명령 등이 그 대표적인 예이다. 이러한 직무명령은 훈령과 구별된다. 즉, ① 훈령은 행정기관에 대한 명령이므로 발령자인 상급행정청의 구성자나 수명자인 하급행정청 구성자가 변경되더라도 계속하여 효력을 가진다. 이에 반하여 직무명령은 공무원에 대한 명령이므로 수명자인 공무원에게만 효력이 있다. ② 훈령은 하급행정청의 권한행사를 지휘하는 것을 내용으로 하지만, 직무명령은 소속 공무원의 직무수행에 관한 명령이다.[19]

(라) 훈령의 종류

훈령은 여러 관점에서 분류할 수 있는데, '행정 효율과 협업 촉진에 관한 규정' 제4조 제2

---

19) 그러나 훈령도 직무명령의 성질을 동시에 가지는 경우가 있다. 즉, 행정기관에 대한 명령은 결국 행정기관의 구성자인 공무원이 이행하여야 하므로 공무원에 대한 명령의 성질도 겸하게 되는 것이다. 따라서 훈령을 위반하면 결국 그 수명자인 행정기관을 구성하는 공무원에게 징계책임을 묻게 된다(최영규, 경찰행정법, 76면).

호에 의하면 다음과 같이 4가지로 분류할 수 있다. 즉, 협의의 훈령·지시·예규·일일명령 등이다. 여기서 협의의 훈령이란 상당기간에 걸쳐 하급관청의 권한행사를 일반적으로 지휘하기 위하여 발하는 것이며, 지시는 하급관청의 문의 또는 직권에 의하여 개별적·구체적으로 발하는 것이며, 예규는 반복적 행정사무의 처리기준을 제시하는 것이며, 일일명령은 출장·당직·특근·각종 휴가 등의 일일업무에 관한 명령이다.

(마) 훈령의 요건

훈령의 형식적 요건으로서 ① 권한 있는 상급관청이, ② 하급관청의 권한의 범위 내에 속하는 사항에 대하여, ③ 성질상 하급관청의 독립적인 업무처리가 보장되지 아니한 사항에 한하여 발할 수 있다. 반면 실질적 요건으로서 훈령은 적법·타당하고, 실현가능하고, 명백한 것이어야 한다.

(바) 하자 있는 훈령의 효력

하자 있는 훈령에 대하여 하급행정기관이 복종하여야 하는지가 문제 되는바, 훈령의 형식적 요건과 실질적 요건으로 구별할 때, 훈령의 형식적 요건에 하자가 있는 경우에 하급관청은 복종을 거부할 수 있다고 본다. 그러나 훈령의 실질적 요건에 하자가 있는 경우에는 ① 행정행위와 마찬가지로 중대하고 명백한 위법의 경우에만 무효라는 설, ② 명백한 위법의 경우에는 무효라는 설, ③ 단순 위법의 경우에도 무효라는 설 등이 있다.

> **【판례】** 하관은 소속 상관의 적법한 명령에 복종할 의무는 있으나, 그 명령이 참고인으로 소환된 사람에게 가혹행위를 가하는 등과 같이 명백한 위법 내지 불법한 명령인 때에는 이는 벌써 직무상의 지시명령이라 할 수 없으므로 이에 따라야 할 의무는 없다(대판 1988.2.23, 87도2358).

(사) 훈령의 경합

서로 모순되는 둘 이상의 상급관청의 훈령이 경합된 때에는 하급행정기관은 당해 업무에 관한 주관상급관청의 훈령에 따라야 한다. 그러나 주관상급관청이 불명확한 때에는 권한쟁의의 방법으로 해결하여야 한다. 한편, 상급관청이 서로 상하관계에 있는 때에는 행정조직의 계층적 질서의 존중이라는 견지에서 직근상급관청의 훈령에 따라야 할 것으로 생각된다.

3) 인가 · 승인권

인가 · 승인권은 하급관청이 권한행사를 함에 있어 미리 상급관청으로부터 인가 · 승인을 받도록 하여 적법 · 타당성을 담보하려는 예방적 감독수단이다. 인가 · 승인을 받도록 하는 것은 상급관청의 일반적인 감독권에 포함되므로 법령의 근거 없이도 가능하다.

한편, 인가 · 승인을 받도록 법령에 규정된 경우에 이에 위반한 행위는 위법하다. 그러나 법령에 규정되지 아니한 경우에는 단순히 행정주체의 내부관계에 있어서 행하여지는 행위에 불과하므로 하급관청의 행위의 효력에는 영향이 없다.[20]

4) 권한쟁의결정권

하급관청 상호간의 권한에 관한 다툼이 있을 경우에는 쌍방의 하급관청의 공통상급관청이 결정권을 가지며,[21] 그러한 기관이 없는 때에는 쌍방의 상급관청이 협의하여 결정하며, 협의가 이루어지지 않을 때에는 최종적으로는 행정각부간의 주관쟁의로 되어 국무회의의 심의를 거쳐 대통령이 결정하게 된다(헌법 제89조 제10호). 이와 같이 행정조직내부의 권한쟁의는 행정권 스스로에 의하여 해결되어야 하며 법원에 제소할 수 없으며 헌법재판소의 권한쟁의심판의 대상이 되지 않는다. 그러나 국회 · 정부 · 법원 · 중앙선거관리위원회 상호간의 권한쟁의와 국가기관과 지방자치단체간의 권한쟁의 그리고 지방자치단체 상호간의 권한쟁의는 헌법재판소의 권한쟁의심판의 대상이 된다(헌법 제111조 제1항 제4호, 헌법재판소법 제62조 제1항 제1호).

5) 취소 · 정지권

취소 · 정지권은 상급관청이 직권으로 또는 당사자의 행정쟁송 기타의 불복신청에 의하여 하급관청의 위법 · 부당한 행위를 취소하거나 정지하는 것을 말한다. 취소 · 정지권의 행사에는 법적 근거를 필요하지 않는다는 소극설[22]과 법적 근거가 필요하다는 적극설[23]이 대립되

---

20) 박윤흔, 행정법강의(하), 54면; 석종현, 일반행정법(하), 34면.

21) 행정절차법 제6조 제2항; "행정청의 관할이 분명하지 아니한 경우에는 당해 행정청을 공통으로 감독하는 상급행정청이 그 관할을 결정하며, 공통으로 관할하는 상급행정청이 없는 경우에는 각 상급행정청의 협의로 그 관할을 결정한다".

어 있다. 그러나 우리 정부조직법(제11조 제2항·제18조 제2항)과 지방자치법(제169조 등)은 대통령·국무총리·주무부장관 또는 시·도지사 등 상급관청의 하급관청에 대한 일반적인 취소·정지에 관한 근거규정을 둠으로써 적극설의 입장에 있다.

한편, 상급관청에 의한 행정행위의 취소·정지는 대외적 효력을 가지므로 행정쟁송을 통하여 구제 받을 수 있다.

2. 대등관청 상호간의 관계

(1) 권한존중관계

대등관청 상호간에는 서로 다른 관청의 권한을 존중하여야 하며 이를 침범하여서는 아니된다. 대등관청 사이에 그 주관권한에 대하여 쟁의가 있는 경우에는 주관쟁의의 결정방법에 의하여 결정하여야 한다. 행정관청이 그 권한 내에서 행한 행위는 공정력이 인정되기 때문에 중대하고 명백한 하자로 인하여 무효가 아닌 한 다른 행정기관도 이에 구속된다.

행정절차법(제6조 제1항)은 "행정청이 그 관할에 속하지 아니하는 사안을 접수하였거나 이송 받은 경우에는 지체 없이 이를 관할 행정청에 이송하여야 하고 그 사실을 신청인에게 통보하여야 한다. 행정청이 접수 또는 이송을 받은 후 관할이 변경된 경우에도 또한 같다"라고 하여 행정관청 상호간의 권한 존중에 관한 일반규정을 두고 있다.

(2) 상호협력관계

1) 협의

협의는 대등한 권한관계에 있는 행정기관 사이에 의사통일을 도모하는 방법이다. 하나의 사안이 둘 이상이 대등관청의 권한에 속하는 경우에는 이늘 간의 협의에 의하여 처리하게 된다.

협의의 유형은 다음과 같이 3유형으로 분류할 수 있다. 즉, ① 주관행정청이 관계행정청과 협의하는 경우로서, 관계행정청의 의사는 행위의 요소를 이루지 않으므로 협의를 거치지 않고 주관행정청이 일정행위를 한 경우에는 그 행위는 무효가 되지 않으며, 또한 외부에 대해서도 주관행정청의 명의로써 표시된다. ② 둘 이상의 행정청이 공동주관행정청으로서 대

---

22) 박윤흔, 행정법강의(하), 56면.

23) 김도창, 일반행정법론(하), 85면; 류지태/박종수, 행정법신론, 574면; 박윤흔, 행정법강의(하), 55면; 이상규, 신일반행정법론(하) 86면; 석종현, 일반행정법(하), 36면.

등하게 협의하는 경우로서, 대등행정청은 협의에 의하여 공동의 결정에 도달하게 되고 또한 공동명의로 외부에 표시된다. ③ 행정관청이 직접 특정 사업을 경영하고자 하는 경우로서, 사인에게 적용되는 인가·허가·특허에 갈음하여 주관관청의 승인을 얻거나 협의하도록 한 경우이다. 예컨대 '공유수면 관리 및 매립에 관한 법률'(제6조)은 국가·지방자치단체·정부 투자기관이 공유수면을 매립을 하고자 할 경우에는 미리 국토해양부장관과 협의하거나 승인을 얻도록 하고 있다.

2) 사무의 촉탁

사무의 촉탁(위탁)이란 대등관청 사이에 있어서 어느 행정청의 직무상 필요한 사무가 타 행정청의 관할에 속하는 경우, 그 행정청에 위탁하여 처리하게 하는 것을 말한다. 예컨대 세무서장이 체납처분을 재산소재지의 세무서장에게 위탁하는 것과 같다.[24]

3) 행정응원

행정응원은 협의로는 재해·사변 기타 비상시에 처하여, 당해 관청의 요청에 의하여 다른 관청이 자기의 기능의 일부 또는 전부를 동원하여 응원하는 경우를 말한다. 경찰응원(경찰직무응원법 제1조), 소방응원(소방기본법 제11조), 군사응원(위수령 제7조) 등이 이에 해당한다. 이에 대해 대등한 행정관청 사이에서 직무수행상 필요한 특정한 행위(예, 장부서류의 제출, 직원의 파견 등), 필요한 공무원의 파견근무, 기타 일반적 협력 등을 다른 관청에 요구하는 경우가 있는데 이를 광의의 행정응원이라 한다. '행정절차법'상의 행정응원(제8조)이 이에 해당한다.

---

24) 김남진, 행정법Ⅱ, 39면.

제3장

국가행정조직법

제1절 중앙행정조직
제2절 국가지방행정조직

제3장 국가행정조직법

제1절 중앙행정조직

Ⅰ. 개설

1. 중앙행정조직의 의의 및 범위

중앙행정조직의 기본적 구조는 각국의 헌법상의 통치구조 또는 정부형태에 의하여 결정된다. 헌법(제66조 제4항)은 "행정권은 대통령을 수반으로 하는 정부에 속한다"고 규정하여 대통령제 정부형태를 취하고 있다. 따라서 중앙행정조직은 대통령을 정점으로 하여, 대통령의 명을 받아 행정각부를 통할하는 국무총리, 정부의 중요정책을 심의하는 국무회의, 대통령의 통할 하에 행정사무를 분장·처리하는 행정각부와 이들의 부속기관으로 구성되어 있다.

한편, 선거관리위원회는 선거와 국민투표의 공정한 관리 및 정당에 관한 사무를 독자적으로 처리하는 헌법기관이므로 넓은 의미에서는 중앙행정조직에 해당한다. 그러나 행정수반인 대통령에 소속되지 않은 독립된 중앙행정기관이므로 여기서는 제외된다.

2. 중앙행정조직법의 법원

중앙행정조직의 설치는 법률로 정하고, 그 보조기관의 경우 법률로 정하는 것을 제외한 나머지의 보조기관과 보좌기관의 설치는 대통령령으로 정할 수 있다(정부조직법 제2조 제4항). 중앙행정조직에 관한 일반법으로서는 정부조직법이 있으며, 개별법으로서 감사원법·국가안전보장회의법·국정자문회의법·국가정보원법·대통령경호실법 등이 있다. 그리고 그 외에 특정사무를 관장하는 행정위원회의 설치에 관하여는 '독점규제 및 공정거래에 관한 법률'(공정거래위원회), '국가공무원법'(소청심사위원회), '공익사업을 위한 토지 등의 취득 및 보상에 관한 법률'(토지수용위원회), '국토기본법'(국토정책위원회) 등이 있다.

Ⅱ. 대통령

1. 대통령의 지위

대통령은 외국에 대하여 국가를 대표하는 국가원수이며, 행정부의 수반으로서의 지위를 가진다(헌법 제66조 제1항·제4항).

(1) 국가원수로서의 지위

국가원수란 대외적으로 국가를 대표하고, 대내적으로 국민의 통일성과 전체성을 대표할 자격을 가진 국가기관을 의미한다. 대통령은 국가원수로서 헌법상 외교권·국군통수권·계엄선포권·긴급명령권·국민투표부의권·헌법개정안제안권 등을 가진다.

(2) 행정부 수반으로서의 지위

1) 최고행정관청으로서의 지위

대통령은 정부의 최고행정관청의 지위에 있으므로 국무총리를 포함한 모든 중앙행정기관의 장을 지휘·감독하며, 이들의 위법·부당한 명령이나 처분을 취소 또는 중지할 수 있다(정부조직법 제11조[25]).

2) 행정부조직권자로시의 지위

대통령은 국회의 동의를 얻어 국무총리를 임명하고, 국무총리의 제청에 의하여 국무위원을 임명하며, 행정각부의 장을 임명하고, 감사원장 기타 행정부 구성원과 헌법기관의 주요 구성원에 대한 임명권을 가진다(헌법 제86조·87조·94조·98조).

---

25) 제11조(대통령의 행정감독권) ① 대통령은 정부의 수반으로서 법령에 따라 모든 중앙행정기관의 장을 지휘·감독한다.
② 대통령은 국무총리와 중앙행정기관의 장의 명령이나 처분이 위법 또는 부당하다고 인정하면 이를 중지 또는 취소할 수 있다.

3) 국무회의 의장으로서의 지위

대통령은 국무회의의 의장으로서 국무회의를 소집·주재하며 운영을 통할한다(헌법 제88조 제3항[26]).

2. 대통령의 권한

(1) 국정최고책임자로서의 권한

대통령은 국정최고책임자로서 중요정책에 대한 국민투표부의권(헌법 제72조[27]), 헌법개정제안권(제128조[28]), 긴급명령권(제76조[29]) 등을 가진다.

(2) 행정에 관한 권한

대통령의 행정에 관한 권한으로는 외교권(헌법 제73조[30]), 국군통제권(제74조)[31], 계엄선포권(제77조[32]), 공무원임면권(제78조[33]), 영전수여권(제80조[34]), 정당해산제소권(제8조 제4항[35]), 재정에 관한 권한(제54조[36]), 행정감독권, 법령집행권 등을 가진다.

---

26) 제88조 ③ 대통령은 국무회의의 의장이 되고, 국무총리는 부의장이 된다.

27) 제72조 대통령은 필요하다고 인정할 때에는 외교·국방·통일 기타 국가안위에 관한 중요정책을 국민투표에 붙일 수 있다.

28) 제128조 ① 헌법개정은 국회재적의원 과반수 또는 대통령의 발의로 제안된다.
② 대통령의 임기연장 또는 중임변경을 위한 헌법개정은 그 헌법개정 제안 당시의 대통령에 대하여는 효력이 없다.

29) 제76조 ① 대통령은 내우·외환·천재·지변 또는 중대한 재정·경제상의 위기에 있어서 국가의 안전보장 또는 공공의 안녕질서를 유지하기 위하여 긴급한 조치가 필요하고 국회의 집회를 기다릴 여유가 없을 때에 한하여 최소한으로 필요한 재정·경제상의 처분을 하거나 이에 관하여 법률의 효력을 가지는 명령을 발할 수 있다.

30) 제73조 대통령은 조약을 체결·비준하고, 외교사절을 신임·접수 또는 파견하며, 선전포고와 강화를 한다.

31) 제74조 ① 대통령은 헌법과 법률이 정하는 바에 의하여 국군을 통수한다.
② 국군의 조직과 편성은 법률로 정한다.

32) 제77조 ① 대통령은 전시·사변 또는 이에 준하는 국가비상사태에 있어서 병력으로써 군사상의 필요에 응하거나 공공의 안녕질서를 유지할 필요가 있을 때에는 법률이 정하는 바에 의하여 계엄을 선포할 수 있다.

33) 제78조 대통령은 헌법과 법률이 정하는 바에 의하여 공무원을 임면한다.

34) 제80조 대통령은 법률이 정하는 바에 의하여 훈장 기타의 영전을 수여한다.

(3) 입법에 관한 권한

대통령의 입법에 관한 권한으로는 입법관여권(법률안제출권 · 법률안거부권 · 임시국회소집요구권), 긴급명령권, 긴급재정 · 경제명령권 등을 가진다.

(4) 사법에 관한 권한

대통령의 사법에 관한 권한으로 위헌정당해산제소권, 사면 · 감형 · 복권 등을 가진다.

Ⅲ. 대통령 직속 중앙행정기관

1. 감사원

(1) 지위

감사원은 결산 · 회계검사 및 감찰을 하는 기관이다. 즉, 국가의 세입세출의 결산, 국가 및 법률이 정한 단체의 회계검사, 행정기관 및 공무원의 직무에 대한 감찰을 하는 기관이다(헌법 제97조[37]). 감사원은 대통령에 소속된 기관이기는 하지만 직무의 성질상 독립성이 강하게 요청되므로 직무에 관하여는 독립의 지위를 가진다(감사원법 제2조)고 규정되어 있다.

(2) 조직

감사원은 원장을 포함한 5인 이상 11인 이하의 감사위원으로 구성된 합의제행정관청이다

---

35) 제8조 ④ 정당의 목적이나 활동이 민주적 기본질서에 위배될 때에는 정부는 헌법재판소에 그 해산을 제소할 수 있고, 정당은 헌법재판소의 심판에 의하여 해산된다.

36) 제54조 ① 국회는 국가의 예산안을 심의 · 확정한다.
② 정부는 회계연도마다 예산안을 편성하여 회계연도 개시 90일전까지 국회에 제출하고, 국회는 회계연도 개시 30일전까지 이를 의결하여야 한다.
③ 새로운 회계연도가 개시될 때까지 예산안이 의결되지 못한 때에는 정부는 국회에서 예산안이 의결될 때까지 다음의 목적을 위한 경비는 전년도 예산에 준하여 집행할 수 있다.
　1. 헌법이나 법률에 의하여 설치된 기관 또는 시설의 유지 · 운영
　2. 법률상 지출의무의 이행
　3. 이미 예산으로 승인된 사업의 계속

37) 제97조 국가의 세입 · 세출의 결산, 국가 및 법률이 정한 단체의 회계검사와 행정기관 및 공무원의 직무에 관한 감찰을 하기 위하여 대통령 소속하에 감사원을 둔다.

(헌법 제98조 제1항). 현행 감사원법(제3조)은 감사위원의 수를 원장을 포함하여 7인으로 규정하고 있다.

원장은 국회의 동의를 얻어 대통령이 임명하고, 감사위원은 원장의 제청으로 대통령이 임명하며, 그 임기는 모두 4년으로 하며 1차에 한하여 중임할 수 있다(헌법 제98조 제2항·제3항).

(3) 권한

헌법 및 감사원법의 규정에 의하면 감사원은 다음과 같은 주요권한을 갖는다.

1) 결산 및 회계검사권

감사원은 국가·지방자치단체 기타 감사원법이 정한 단체에 대한 결산 및 회계검사권을 가진다(헌법 제99조, 감사원법 제21조 이하).

2) 직무감찰권

감사원은 국가 및 지방자치단체의 행정기관 및 소속공무원 등에 대한 직무를 감찰하는 권한을 가진다(감사원법 제24조).

3) 감사결과에 따른 권한

감사원은 감사결과에 따라 ① 변상책임 유무의 판정, ② 징계 등 요구권, ③ 시정 등 요구권, ④ 개선 등 요구권, ⑤ 고발, ⑥ 재심 등의 권한을 가진다.

4) 감사청구에 대한 결정권

감사원의 감사를 받는 자의 직무에 관한 처분이나 그 밖의 행위에 관하여 이해관계가 있는 자는 감사원에 그 심사의 청구를 할 수 있다(감사원법 제43조 제1항). 감사원은 심리 결과 심사청구의 이유가 있다고 인정하는 경우에는 관계기관의 장에게 시정이나 그 밖에 필요한 조치를 요구하고, 심사청구의 이유가 없다고 인정한 경우에는 이를 기각한다(제46조 제2항).

5) 회계관계법령의 제정, 개폐 및 해석적용에 대한 의견제시권

국가의 각 기관은 ① 국가의 회계관계법령을 제정하거나 개정·폐지하려는 경우, ② 국가의 현금, 물품 및 유가증권의 출납부기에 관한 법령을 제정하거나 개정·폐지하려는 경우, ③ 감사원의 감사를 받도록 하거나 배제·제한하는 등의 감사원의 권한에 관한 법령을 제정하거나 개정·폐지하려는 경우, ④ 자체감사 업무에 관한 법령을 제정하거나 개정·폐지하려는 경우에는 미리 해당 법령안을 감사원에 보내 그 의견을 구하여야 한다(감사원법 제49조 제1항).

한편, 감사원의 감사를 받는 회계사무 담당자가 그 직무를 집행하면서 회계관계법령의 해석상 의문점에 관하여 감사원에 의견을 구할 경우 감사원은 이에 대하여 해석·답변하여야 한다(제49조 제2항).

6) 감사대상기관 이외의 자에 대한 협조요구권

감사원은 필요한 경우에는 이 법에 따른 감사대상 기관 외의 자에 대하여 자료를 제출하거나 출석하여 답변할 것을 요구할 수 있다(감사원법 제50조).

7) 규칙제정권

감사원은 감사에 관한 절차, 감사원의 내부규율과 감사사무처리에 관하여 필요한 규칙을 제정할 수 있다(감사원법 제52조).

2. 국가정보원

국가정보원은 대통령 소속하에 국가안전보장에 관련되는 정보·보안 및 범죄수사에 관한 사무를 담당하는 국가의 중앙행정기관이다(정부조직법 제17조·국가정보원법 제2조).

국가정보원의 직무는 ① 국외 성보 및 국내 보안정보[대공, 대정부전복, 방첩, 대테러 및 국제범죄조직]의 수집·작성 및 배포, ② 국가 기밀에 속하는 문서·자재·시설 및 지역에 대한 보안 업무(각급 기관에 대한 보안감사는 제외한다), ③ '형법' 중 내란의 죄, 외환의 죄, '군형법' 중 반란의 죄, 암호 부정사용의 죄, '군사기밀 보호법'에 규정된 죄, '국가보안법'에 규정된 죄에 대한 수사, ④ 국정원 직원의 직무와 관련된 범죄에 대한 수사, ⑤ 정보 및 보안 업무의 기획 등이다(국가정보원법 제3조).

3. 자문기관

대통령의 자문기관으로서는 국가원로자문회의, 국가안전보장회의, 민주평화통일자문회의, 국민경제자문회의 등이 설치될 수 있다(헌법 제90조).

4. 대통령비서실

대통령비서설은 대통령의 직무를 보좌하기 위한 대통령 직속의 보좌기관이다. 대통령비서실에는 실장 1인을 두되, 실장은 정무직으로 한다(정부조직법 제14조).

Ⅳ. 국무회의

1. 지위

국무회의는 국정의 기본계획 등 헌법 제89조[38])에 규정된 정부의 권한에 속하는 중요한 정

---

38) 국무회의의 심의사항 : ① 국정의 기본계획과 정부의 일반정책, ② 선전·강화 기타 중요한 대외정책, ③ 헌법개정안·국민투표안·조약안·법률안 및 대통령령안, ④ 예산안·결산·국유재산처분의 기본계획·국가의 부담이 될 계약 기타 재정에 관한 중요사항, ⑤ 대통령의 긴급명령·긴급재정경제처분 및 명령 또는 계엄과 그 해제, ⑥ 군사에 관한 중요사항, ⑦ 국회의 임시회 집회의 요구, ⑧ 영전의 수여, ⑨ 사면·감형과 복권, ⑩ 행정각부간의 권한의 획정, ⑪ 정부안의 권한의 위임 또는 배정에 관한 기본계획, ⑫ 국정처리상황의 평가·분석, ⑬ 행정각부의 중요한 정책의 수립과 조정, ⑭ 정당해산의 제소, ⑮ 정부에 제출 또는 회부된 정부의 정책에 관계되는 청원의 심사, ⑯ 검찰총장·합동참모의장·각군참모총장·국립대학교총장·대사 기타 법률이 정한 공무원과 국영기업체 관리자의 임명, ⑰ 기타 대통령·국무총리 또는 국무위원이 제출한 사항.

책에 대한 심의기관이다(헌법 제88조 제1항). 국무회의의 법적 지위에 관하여는 의결기관으로 보는 견해, 자문기관으로 보는 견해 및 그 중간설인 심의기관으로 보는 견해가 있다. 통설은 대통령은 국무회의의 심의결과에 구속되지는 아니하지만 헌법에 규정된 사항은 반드시 국무회의의 심의를 거쳐야 헌법상의 권한을 행사할 수 있다는 점에서 심의기관에 해당한다고 본다.

2. 구성 및 회의

국무회의는 대통령과 국무총리 및 15인 이상 30인 이하의 국무위원으로 구성되며, 그 의장은 대통령이 되며, 부의장은 국무총리가 된다(헌법 제88조 제2항 · 제3항). 국무회의의 운영에 관하여 필요한 사항은 대통령령으로 정한다(정부조직법 제12조 제4항).

한편, 국무회의는 매주 1회 소집하는 정례국무회의와 필요시에 소집하는 임시국무회의로 구분되며, 국무위원은 의장에게 의안을 제출하고 국무회의의 소집을 요구할 수 있다(정부조직법 제12조 제1항 · 제3항). 회의는 구성원 과반수의 출석으로 개의하고 출석위원 3분의 2 이상의 찬성으로 의결한다. 국무회의에는 국무총리실장, 법제처장, 국가보훈처장 그 밖에 법률이 정하는 공무원이 출석하여 발언할 수 있고, 소관사무에 관하여 국무총리에게 의안 제출을 건의할 수 있다(제13조 제1항 · 제2항).

Ⅴ. 국무총리

1. 지위

우리 헌법은 기본적으로 대통령제의 정부형태를 취하면서도, "국무총리는 대통령을 보좌하며, 행정에 관하여 대통령의 명을 받아 행정각부를 통할한다"(제86조 제2항)라고 규정하여 내각책임제적 요소인 국무총리를 두고 있다. 헌법상의 국무총리제는 대통령제의 정부형태를 취하면서도 부통령 대신에 내각책임제적 요소를 가미하고 있는 것으로서, 프랑스의 2원집정부제,[39] 독일과 일본의 의원내각제하의 총리 · 수상제 및 미국식 대통령제 하의 부통령제와도 구별된다. 이러한 점에서 헌법상 국무총리의 지위는 다음의 세 가지로 분류할 수 있다.

---

39) 2원 집정부제란 수상이 외교 등 대통령의 권한을 제외하고는 최종결정권을 가지므로 권력이 처음부터 2원화된 정부형태를 말한다.

(1) 대통령의 보좌기관

국무총리는 대통령을 보좌한다(제86조 제2항[40]). 행정에 대한 최종결정권은 대통령에게 있기 때문에 국무총리는 독자적인 정치적 결정권을 행사하지 못한다. 다만 국무총리는 대통령의 결정을 보좌하며, 보좌의 책임을 명백히 하기 위하여 대통령의 국법상의 행위에 대하여 부서하도록 하고 있다(제82조[41]).

(2) 정부의 제2인자

국무총리는 대통령의 보좌기관이다. 하지만, 대통령의 명을 받아 행정각부통할권을 행사하고, 국무회의의 부의장이 되며(제88조 제3항), 대통령 궐위시에 제1차적으로 권한대행권을 가지고(제71조), 대통령에 대한 국무위원 및 행정각부장관의 임명제청권(제87조 제1항·제94조)과 국무위원 해임건의권(제87조 제3항)을 가진다는 점에서 정부의 제2인자로서의 지위를 가진다.

(3) 중앙행정관청

국무총리는 대통령의 명을 받아 행사하는 행정각부통할권에 근거하여, ① 행정각부의 고유업무를 조정하며(기획·조정·심사분석업무 등), ② 성질상 어느 한 부서에 관장시키는 것이 적절하지 아니한 총괄적 업무를 직접 관장하며, ③ 이들 두 가지 업무의 수행을 위하여 법규명령인 총리령을 제정할 수 있다(제95조). 따라서 국무총리는 각부장관과 같은 중앙행정관청으로서의 지위도 갖는다.

---

40) 제86조 ② 국무총리는 대통령을 보좌하며, 행정에 관하여 대통령의 명을 받아 행정각부를 통할한다.

41) 제82조 : 대통령의 국법상 행위는 문서로써 하며, 이 문서에는 국무총리와 관계 국무위원이 부서한다. 군사에 관한 것도 또한 같다.

2. 권한

국무총리는 ① 행정각부 통할권, ② 국무회의에서의 심의권, ③ 대통령권한대행권, ④ 국무위원·행정각부장관의 임명제청권 및 국무위원 해임건의권, ⑤ 부서권, ⑥ 총리령제정권, ⑦ 국회출석발언권 등을 가진다.

3. 국무총리 직속 중앙행정관청

국무총리 직속의 중앙행정관청으로 법제처, 국가보훈처, 국민권익위원회, 공정거래위원회 등이 있다. 법제처는 국무회의에 상정될 법령안·조약안과 총리령안 및 부령안의 심사와 기타 법제에 관한 사무를 전문적으로 관장하고(정부조직법 제23조 제1항), 국가보훈처는 국가유공자 및 그 유족에 대한 보훈, 제대군인의 보상·보호및 보훈선양에 관한 사무를 관장한다(정부조직법 제22조의2 제1항).

VI. 행정각부

1. 의의

행정각부는 대통령 및 그의 명을 받은 국무총리의 통할 하에 국무회의의 심의를 거친 정부의 정책과 정부의 권한에 속하는 사무를 부문별로 집행하는 중앙행정관청을 말한다.

헌법은 행정각부의 설치와 조직을 법률에 위임하였으며(제96조), 이에 따라 정부조직법이 이를 규정하고 있다. 헌법은 행정각부의 수에 관하여는 규정히고 있지 잊지만, 행성각부의 장은 국무위원 중에서 임명하도록 하였으며(제94조), 국무위원의 수는 15인 이상 30인 이하로 규정하고 있으므로(제88조 제1항), 행정각부도 이 범위 내에서만 설치될 수 있다.

현행 정부조직법상 행정각부는 기획재정부·교육부·과학기술정보통신부·외교부·통일부·법무부·국방부·행정안전부·문화체육관광부·농림축산식품부·산업통상자원부·보건복지부·환경부·고용노동부·여성가족부·국토교통부·해양수산부·중소벤처기업부의 18개부로 조직되어 있다.

2. 행정각부장관의 지위

행정각부에는 장관 1명과 차관 1명을 두되, 장관은 국무위원으로 보하고, 차관은 정무직으로 한다. 다만, 기획재정부 · 과학기술정보통신부 · 외교부 · 문화체육관광부 · 국토교통부에는 차관 2명을 둔다(헌법 제94조, 정부조직법 제22조 제2항). 따라서 행정각부의 장은 국무위원의 지위에서 대통령 · 국무총리와 대등하게 담당업무를 불문하고 모든 국정의 심의에 참여하는 권한과 함께, 행정각부의 장관의 지위에서 대통령 · 국무총리의 지휘 · 감독을 받아 법률로 확정된 당해 부의 사무만을 집행하는 권한을 함께 보유하고 있으며, 양 지위는 구분되어야 한다.

3. 행정각부장관의 권한

행정각부장관의 권한은 각부에 공통적인 것과 그 부에만 고유한 것이 있다. 공통적인 권한으로서 ① 소관사무 및 소속공무원에 대한 지휘 · 감독권, ② 인사권(임용제청권 및 임용권), ③ 부령제정권, ④ 소관 법률안 · 대통령령안의 국무회의 제출권, ⑤ 소관사무에 관한 행정처분권(인 · 허가권 등), ⑥ 국무총리에 대한 타부처 사무와의 조정요청권 등이 있다.

4. 행정각부장관의 소관사무

(1) 기획재정부

기획재정부장관은 중장기 국가발전전략수립, 경제 · 재정정책의 수립 · 총괄 · 조정, 예산 · 기금의 편성 · 집행 · 성과관리, 화폐 · 외환 · 국고 · 정부회계 · 내국세제 · 관세 · 국제금융, 공공기관 관리, 경제협력 · 국유재산 · 민간투자 및 국가채무에 관한 사무를 관장한다. 기획재정부 산하에는 ① 내국세의 부과 · 감면 및 징수에 관한 사무를 관장하기 위하여 국세청을, ② 관세의 부과 · 감면 및 징수와 수출입물품의 통관 및 밀수출입단속에 관한 사무를 관장하기 위하여 관세청을, ③ 정부가 행하는 물자(군수품을 제외한다)의 구매 · 공급 및 관리에 관한 사무와 정부의 주요시설공사계약에 관한 사무를 관장하기 위하여 조달청을, ④ 통계의 기준설정과 인구조사 및 각종 통계에 관한 사무를 관장하기 위하여 통계청을 둔다.

(2) 교육부

교육부장관은 인적자원개발정책, 학교교육·평생교육, 학술에 관한 사무를 관장하며, 교육부에 차관보 1명을 둘 수 있다.

(3) 과학기술정보통신부

과학기술정보통신부장관은 과학기술정책의 수립·총괄·조정·평가, 과학기술의 연구개발·협력·진흥, 과학기술인력 양성, 원자력 연구·개발·생산·이용, 국가정보화 기획·정보보호·정보문화, 방송·통신의 융합·진흥 및 전파관리, 정보통신산업, 우편·우편환 및 우편대체에 관한 사무를 관장한다. 과학기술정보통신부에 과학기술혁신사무를 담당하는 본부장 1명을 두되, 본부장은 정무직으로 한다.

(4) 외교부

외교부장관은 외교, 경제외교 및 국제경제협력외교, 국제관계 업무에 관한 조정, 조약 기타 국제협정, 재외국민의 보호·지원, 재외동포정책의 수립, 국제정세의 조사·분석에 관한 사무를 관장한다.

(5) 통일부

통일부장관은 통일 및 남북대화·교류·협력에 관한 정책의 수립, 통일교육 기타 통일에 관한 사무를 관장한다.

(6) 법무부

법무부장관은 검찰·행형·인권옹호·출입국관리 그 밖에 법무에 관한 사무를 관장한다. 검사에 관한 사무를 관장하기 위하여 법무부장관 소속으로 검찰청을 둔다.

(7) 국방부

국방부장관은 국방에 관련된 군정 및 군령과 그 밖에 군사에 관한 사무를 관장한다. 국방부장관산하에는 ① 징집·소집 그 밖에 병무행정에 관한 사무를 관장하기 위하여 병무청을, ② 방위력 개선사업, 군수물자 조달 및 방위산업 육성에 관한 사무를 관장하기 위하여 방위사업청을 둔다.

(8) 행정안전부

행정안전부장관은 국무회의의 서무, 법령 및 조약의 공포, 정부조직과 정원, 상훈, 정부혁신, 행정능률, 전자정부, 개인정보보호, 정부청사의 관리, 지방자치제도, 지방자치단체의 사무지원·재정·세제, 낙후지역 등 지원, 지방자치단체간 분쟁조정, 선거·국민투표의 지원, 안전 및 재난에 관한 정책의 수립·총괄·조정, 비상대비, 민방위 및 방재에 관한 사무를 관장한다. 행정안전부산하에는 ① 치안에 관한 사무를 관장하기 위하여 경찰청을, ② 소방에 관한 사무를 관장하기 위하여 소방청을 둔다.

(9) 문화체육관광부

문화체육관광부장관은 문화·예술·영상·광고·출판·간행물·체육·관광, 국정에 대한 홍보 및 정부발표에 관한 사무를 관장한다. 문화재에 관한 사무를 관장하기 위하여 문화체육관광부장관 소속으로 문화재청을 둔다.

(10) 농림축산식품부

농림축산식품부장관은 농산·축산, 식량·농지·수리, 식품산업진흥, 농촌개발 및 농산물 유통에 관한 사무를 관장한다. 농림축산식품부산하에 ① 농촌진흥에 관한 사무를 관장하기 위하여 농촌진흥청을, ② 산림에 관한 사무를 관장하기 위하여 산림청을 둔다.

(11) 산업통상자원부

산업통상자원부장관은 상업·무역·공업·통상, 통상교섭 및 통상교섭에 관한 총괄·조정, 외국인 투자, 중견기업, 산업기술 연구개발정책 및 에너지·지하자원에 관한 사무를 관장한다. 특허·실용신안·디자인 및 상표에 관한 사무와 이에 대한 심사·심판사무를 관장하기 위하여 산업통상자원부장관 소속으로 특허청을 둔다.

(12) 보건복지부

보건복지부장관은 보건위생·방역·의정·약정·생활보호·자활지원·사회보장·아동(영·유아 보육을 포함한다)·노인 및 장애인에 관한 사무를 관장한다. 보건복지부장관의 소관사무 중 감염병 및 각종 질병에 관한 방역·조사·검역·시험·연구 및 장기이식관리에 관한 사무를 분장하기 위하여 보건복지부장관 소속으로 질병관리본부를 둔다.

(13) 환경부

환경부장관은 자연환경, 생활환경의 보전, 환경오염방지, 수자원의 보전·이용 및 개발에 관한 사무를 관장한다. 기상에 관한 사무를 관장하기 위하여 환경부장관 소속으로 기상청을 둔다.

(14) 고용노동부

고용노동부장관은 고용정책의 총괄, 고용보험, 직업능력개발훈련, 근로조건의 기준, 근로자의 복지후생, 노사관계의 조정, 산업안전보건, 산업재해보상보험과 그 밖에 고용과 노동에 관한 사무를 관장한다.

(15) 여성가족부

여성가족부장관은 여성정책의 기획·종합, 여성의 권익증진 등 지위향상, 청소년 및 가족(다문화가족과 건강가정사업을 위한 아동업무를 포함한다)에 관한 사무를 관장한다.

(16) 국토교통부

국토교통부장관은 국토종합계획의 수립·조정, 국토의 보전·이용 및 개발, 도시·도로 및 주택의 건설, 해안·하천 및 간척, 육운·철도 및 항공에 관한 사무를 관장한다.

(17) 해양수산부

해양수산부장관은 해양정책, 수산, 어촌개발 및 수산물 유통, 해운·항만, 해양환경, 해양조사, 해양수산자원개발, 해양과학기술연구·개발 및 해양안전심판에 관한 사무를 관장한다. 해양에서의 경찰 및 오염방제에 관한 사무를 관장하기 위하여 해양수산부장관 소속으로 해양경찰청을 둔다.

(18) 중소벤처기업부

중소벤처기업부장관은 중소기업 정책의 기획·종합, 중소기업의 보호·육성, 창업·벤처기업의 지원, 대·중소기업 간 협력 및 소상공인에 대한 보호·지원에 관한 사무를 관장한다.

5. 행정각부 소속 중앙행정관청

행정각부에 직속하여 특정 행정사무를 관장하는 중앙행정관청으로서는 청과 행정위원회 및 기타 행정기관이 있다. 청은 특정사무를 관장하는 경우에만 있으며 모든 행정각부가 다 가지는 것은 아니다. 이 중에서 행정위원회는 체계상으로는 행정각부에 소속되어 있지만, 그 직무에 관하여서는 상당한 독립성을 가지는 것이 보통이다.

(1) 행정관청

청은 각부의 소관업무 중 어느 정도 독자성이 있는 업무를 분장하며, 청장은 소속장관의 일반적 지휘를 받아 소관사무 및 소속공무원에 대한 지휘 · 감독권, 법령안을 장관에게 제출하는 권한 등을 가진다.

현행 정부조직법상 기획재정부소속의 국세청 · 관세청 · 조달청 · 통계청, 법무부소속의 검찰청, 국방부소속의 병무청 · 방위사업청, 행정안전부소속의 경찰청 · 소방청, 문화체육관광부소속의 문화재청, 농림축산식품부소속의 농촌진흥청 · 산림청, 산업통상부소속의 특허청, 환경부소속의 기상청, 해양수산부소속의 해양경찰청 등 17개의 청을 두고 있다.

(2) 행정위원회(합의제행정기관)

정부조직법(제5조)은 "행정기관에는 그 소관사무의 일부를 독립하여 수행할 필요가 있는 때에는 법률로 정하는 바에 따라 행정위원회 등 합의제행정기관을 둘 수 있다"라고 규정하고 있다. 합의제행정기관의 특징은 합의제기관이며, 직무의 독립성이 인정되며, 행정기관의 소관 사무의 일부를 관장하며, 행정청의 지위를 가진다.

현행법상 위원회의 명칭을 가진 기관에는 다음과 같은 세 가지의 종류가 있다. ① 대통령령 또는 조례로 설치되는 자문기관으로, 시험연구기관 · 교육훈련기관 · 문화기관 · 의료기관 · 제조기관 및 자문기관 등이 있으며, ② 의결기관인 위원회로서, 징계위원회, 소청심사위원회, 교육위원회 등이 있고, ③ 합의제행정관청으로서, 감사원 · 중앙선거관리위원회 · 중앙노동위원회 · 중앙토지수용위원회 · 본부배상심의회 · 공정거래위원회 · 특허심판원 · 조세심판원 · 통신위원회 등이 있다.

제2절 국가지방행정조직

I. 개설

국가지방행정조직은 중앙행정기관의 사무 중 일부를 분장시키기 위하여 필요한 경우에 일정한 관할구역을 정하여 지방에 설치한 국가의 행정기관을 말한다. 이에는 보통지방행정기관과 특별지방행정기관의 2종류로 구분된다.

II. 보통지방행정기관

1. 의의

보통지방행정기관은 특정 중앙행정기관에만 소속되지 않고, 그 관할구역 내에서 집행되는 모든 국가행정사무를 관장하는 지방행정기관이다. 현행법상 국가행정사무만을 담당하기 위해 설치된 보통지방행정기관은 없다.

2. 설치

우리나라는 지방의 사무는 지방자치단체가 처리한다는 지방자치의 취시에 따라 국가의 보통지방행정기관은 별도로 설치하지 아니하였다. 따라서 국가의 행정사무 중 지역에서 집행되어야 할 사무(보건·복지·환경·교통·관광·문화·체육·상공업 등 거의 모든 업무)는 지방자치단체의 집행기관인 도지사·시장·군수 등에게 위임하여 처리하고 있다(지방자치법 제102조).

3. 지위

지방자치단체의 집행기관은 본래의 지위인 지방자치단체의 집행기관으로서의 지위와 국가의 보통지방행정기관으로서의 지위를 함께 가지며, 국가사무를 위임받아 집행하는 경우에는 국가기관의 지위에 선다. 그렇기 때문에 국가사무의 처리에 관한 한 중앙행정기관의 장의 지휘·감독을 받는다.

> **【판례】지방행정관청은 지방자치단체의 집행기관과 국가의 보통지방행정기관의 지위를 동시에 가짐**
> 지방자치법의 관련법규정의 취지를 종합하여 보면 국가행정을 수행하기 위한 보통지방행정기관을 따로이 설치하지 아니하고 지방자치단체의 장에게 위임하여 행하고 있으므로 이들은 국가사무를 수임 처리하는 범위 내에서는 국가의 보통지방행정기관의 지위에 있는 것이며, 따라서 이들은 지방자치단체의 집행기관의 지위와 국가의 보통지방행정기관의 지위를 아울러 가진다(대판 1984.7.10, 82누563).

Ⅲ. 특별지방행정기관

1. 의의

특별지방행정기관은 특정 중앙행정기관에 소속되어 그 기관의 소관업무의 일부만을 관장하는 지방행정기관을 말한다. 특별지방행정기관은 특정의 중앙행정기관의 사무를 수행하기 때문에 그 특정의 중앙행정기관의 지휘·감독 하에 있게 된다.

2. 설치

특별지방행정기관은 특히 법률로 정한 경우를 제외하고는 비교적 간편한 절차에 의하여 제정되는 대통령령으로 설치할 수 있도록 하였다(정부조직법 제3조).

현재 특별지방행정기관으로서는 지방경찰청, 지방조달청, 지방산림관리청, 지방병무청, 지방국세청·세무서, 출입국관리사무소, 지방노동청, 지방보훈청 등이 있다.

3. 지위

특별지방행정기관은 소속 중앙행정기관의 장의 지휘·감독을 받아 대통령령 등으로 분장된 사무를 집행한다. 특별지방행정기관의 장의 명령이나 처분이 위법·부당한 경우에는 소속 중앙행정기관의 장은 취소 또는 정지할 수 있다.

제4장
공무원법

제1절 개설

제2절 공무원관계의 발생 · 변경 · 소멸

제3절 공무원의 권리

제4절 공무원의 의무

제5절 공무원의 책임

제4장 공무원법

제1절 개설

Ⅰ. 공무원의 개념

공무원이란 국가 또는 지방자치단체의 공무담당자를 그 기관으로서의 지위를 떠나 인적으로 파악하는 것을 말한다. 공무원은 기관과는 달리 국가 또는 지방자치단체와는 별개의 법인격이 인정되므로, 국가 또는 지방자치단체와의 사이에 일정한 권리·의무관계를 형성하게 된다. 이러한 공무원은 광의의 공무원과 협의의 공무원으로 나누어진다.

1. 광의의 공무원

광의의 공무원이란 국가공무원법 및 지방공무원법의 적용을 받는 공무원뿐만 아니라 국회의원·지방의회의원과 입법부·사법부의 모든 구성원으로서 널리 공무를 담당하는 자를 포함한다. 헌법(제7조 제1항)은 "공무원은 국민전체에 대한 봉사자이며 국민에 대하여 책임을 진다"고 규정하고 있는데, 광의의 공무원개념은 바로 헌법규정상의 공무원개념과 일치한다고 볼 수 있다.

국가공무원법과 지방공무원법은 공무원의 개념을 정의하지 않고, 공무원을 크게 경력직공무원과 특수경력직공무원으로 구분하고 있다(국가공무원법 제2조·지방공무원법 제2조). 경력직공무원은 다시 일반직·특정직 공무원으로 구분되며, 특수경력직공무원은 다시 정무직·별정직 공무원으로 구분되어진다. 여기서 대통령·국회의원·지방자치단체의 장·지방의회의원 등 선거에 의하여 취임하거나, 임명에 있어서 국회의 동의를 요하는 정무직공무원은 광의의 공무원으로 보아야 할 것이다.

2. 협의의 공무원

협의의 공무원은 국가 또는 지방자치단체와 공법상 근무관계에 있는 모든 자로서, 국가공무원법 및 지방공무원법 기타 공무원의 지위 및 신분에 관해 규율하고 있는 각종 공무원법상의 공무원을 말한다. 광의의 공무원에 포함되고 있는 특수경력직공무원으로서의 정무직공무원은 대부분 국가 또는 지방자치단체에 의한 임명이 아니라 국민의 정치적 선택에 의하여 직을 유지하게 되는 것이므로 국가 또는 지방자치단체의 피용자는 아니다. 따라서 정무직공무원은 협의의 공무원에 포함되지 않는다고 할 것이다.

Ⅱ. 공무원의 종류

1. 국가공무원과 지방공무원

공무원은 그 임명주체와 담당사무 등에 따라 국가공무원과 지방공무원으로 구분된다. 국가공무원은 일반적으로 국가에 의하여 임명되고 국가의 사무를 집행하는 공무원을 말한다. 이에 대하여 지방공무원은 지방자치단체에 의하여 임명되고 지방자치단체의 사무를 집행하는 공무원을 말한다. 그러나 국가공무원이라 하여 항상 국가의 사무만을 담당하는 것은 아니고 지방자치단체에 배치되어 지방자치단체의 사무를 집행하는 경우도 있으며, 반면 지방공무원도 반드시 지방자치단체의 사무만을 담당하는 것은 아니다. 국가공무원은 일반적으로 국가공무원법의 적용을 받으며, 지방공무원은 지방공무원법의 적용을 받는다. 그러나 양자의 실질적 구별은 공무원이 근무의무를 지는 행정주체와 보수 기타 경비부담주체를 기준으로 하는 것이 타당하다고 보아야 할 것이다.[42]

2. 경력직공무원과 특수경력직공무원

국가공무원법 및 지방공무원법은 경력직공무원과 특수경력직공무원으로 구분하고, 경력직공무원은 다시 일반직공무원·특정직공무원으로, 특수경력직공무원은 정무직공무원·별

---

42) 김도창, 일반행정법론(하), 207면; 이상규, 신일반행정법론(하) 206면.

정직공무원으로 구분하고 있다.

(1) 경력직공무원

경력직공무원이란 실적과 자격에 따라 임용되고 그 신분이 보장되며 평생 동안(근무기간을 정하여 임용하는 공무원의 경우에는 그 기간 동안을 말한다) 공무원으로 근무할 것이 예정되는 공무원을 말한다. 그 종류로는 일반직 공무원, 특정직 공무원이 있다(국가공무원법 제2조 및 지방공무원법 제2조 제2항).

1) 일반직공무원

일반직공무원이란 기술 · 연구 또는 행정일반에 대한 임무를 담당하며 직군(학예 · 공안 · 행정직 등) · 직렬(행정직군에 있어서의 일반행정 · 재무 · 교육 · 사회 · 문화 · 홍보)별로 분류되며, 계급은 1급 내지 9급으로 구분된다.

2) 특정직공무원

특정직공무원은 법관, 검사, 외무공무원, 경찰공무원, 소방공무원, 교육공무원, 군인, 군무원, 헌법재판소 헌법연구관, 국가정보원의 직원과 특수 분야의 업무를 담당하는 공무원으로서 다른 법률에서 특정직공무원으로 지정하는 공무원을 말한다.

(2) 특수경력직공무원

특수경력직공무원은 경력직공무원 이외의 공무원으로서, 비직업공무원을 말하며, 다음과 같이 세분된다(국가공무원법 제2조 제3항 · 지방공무원법 제2조 제3항).

1) 정무직공무원

정무직공무원은 ① 선거에 의하여 취임하거나 국회 · 지방의회의 동의를 얻어 임명되는 공무원 또는 ② 고도의 정책결정 업무를 담당하거나 이러한 업무를 보조하는 공무원으로서 법률이나 대통령령(대통령비서실 및 국가안보실의 조직에 관한 대통령령만 해당한다)에서 정무직으로 지정하는 공무원을 말한다.

2) 별정직공무원

별정직공무원은 비서관 · 비서 등 보좌업무 등을 수행하거나 특정한 업무 수행을 위하여 법령에서 별정직으로 지정하는 공무원을 말한다. 현재 이에 해당하는 공무원으로서는 국회 전문위원, 감사원 사무차장, 시 · 도 선거관리위원회 상임위원, 국가정보원 기획조정실장, 원자력위원회 상임위원, 각급 노동위원회 상임위원, 해양안전심판원 원장 및 심판관, 비서관 · 비서 등이 있다.

3. 정공무원과 준공무원

정공무원이란 정규의 공무원으로서의 신분을 가지는 자를 말한다. 반면 개별법에서 특정 지위에 있는 자의 행위를 공무에 준하는 것으로 보아 그 업무의 청렴성 등을 보장하기 위하여 이들에게 공무원에 준하는 의무와 책임(형법상 책임 · 배상책임 등)을 부여한 경우에 이들을 준공무원이라 한다.

현행법상 준공무원의 신분을 가지는 자는 한국은행, 한국조폐공사, 한국도로공사, 한국방송광고공사 등 정부투자기관의 임원 및 별정우체국장 등이 있다.

Ⅲ. 공무원제도

근대국가에서는 공무원의 임용은 오직 임용권자에 대하여 충성을 다할 수 있는 자만을 공무의 수행자로 선택하였다. 그 당시의 공무원은 임용을 매개로 하여 군주와 지배복종의 관계에 있는 엽관제라는 공무원제도의 기초가 되었다. 그러나 민주주의 국가 하에서의 공무원은 특정 개인에 대한 복종관계가 아닌 국민 전체에 대한 봉사자로서의 지위를 가지게 됨에 따라 점차 성적제로 정착하게 되었다. 따라서 오늘날의 공무원제도는 계속적 공무의 수행을 가능하게 하는 직업공무원제와 능력과 성적에 따른 임용과 승진을 통하여 공무를 수행하게 하는 성적제도를 원칙으로 하고 있다.

1. 엽관제

엽관제는 정권을 획득한 정당이 자기 정파의 이념과 목적에 충실히 봉사하는 자를 공무원으로 임용하는 제도를 말한다. 이러한 제도는 20세기 초까지 영·미법계 국가에서 채택하였으나, 오늘날 이러한 제도를 채택하고 있는 나라는 없다. 오늘날의 직업공무원제는 엽관제를 배제하는 제도로서, 공무원은 정권교체와 관계없이 행정의 일관성과 독자성을 유지하기 위하여 헌법과 법률에 의하여 공무원의 신분이 보장되는 제도를 말한다. 즉, 공무원의 임용은 공무원 개인의 능력이나 업적에 따라 보장되는 제도가 바로 직업공무원제도인 것이다.

2. 성적제

성적제는 공무원의 임명은 정파나 정실 등의 요소가 아니라 순수한 능력의 실증(시험성적·자격증소지 등)에 의한 것으로서 행정의 전문성·중립성·능률성을 확보하는 데 유리한 제도이다. 우리나라는 물론 세계 각국에서도 경력직공무원에 관하여는 이 제도를 채택하고 있다. 성적제는 인사행정에 있어서의 정치세력에 의한 간섭을 배제하고 개인의 성적을 기초로 하며, 신규채용뿐만 아니라 승진에 있어서도 적용된다.

Ⅳ. 우리나라 공무원제도의 특징

1. 민주적 공무원제도

(1) 국민에 대한 봉사와 책임

헌법에 의거하여 공무원은 국민 전체의 봉사자이며 국민에 대하여 책임을 진다(제7조 제1항43)). 공무원이 국민전체의 봉사자라는 의미는 공무원이 군주 개인에 대한 절대복종의 지위에 있거나 특정 정당의 이익에 봉사하는 것이 아니라, 국민전체의 이익을 위하여 공평무사한 직무수행의 원칙에 따라 근무하여야 한다는 것이다. 따라서 공무원이 처리하는 공무는 민주주의의 원리에 따라야 하고, 그 공무의 처리방법도 주권자인 국민전체의 최대이익에 부합하는 것이어야 한다.

---

43) 제7조 ① 공무원은 국민전체에 대한 봉사자이며, 국민에 대하여 책임을 진다.

또한 공무원은 공무를 수행함에 있어서 고의 또는 과실로 위법한 행위를 하거나 직무를 태만히 하여 손해를 발생한 경우에는 그 임용권자에 대하여 책임을 지는 것이 아니라, 궁극적으로 국민에 대하여 책임을 지는 것이다. 공무원의 책임은 그 성격에 따라 법적 책임과 정치적 책임이 있다. ① 법적 책임에는 대통령 또는 국무총리 등의 공무원이 그 직무를 수행에 있어서 헌법 또는 법률에 위반한 때에는 국회가 탄핵소추를 할 수 있고,44) 헌법재판소의 탄핵심판에 의하여 파면된다. ② 정치적 책임으로서는 선거에 의하여 선임되는 공무원을 국민이 선거에 의하여 심판하는 경우나 국회의 국무총리 및 국무위원의 해임건의 및 불법행위를 한 공무원에 대한 청원의 처리 등이 있다.

(2) 공무담임의 기회균등

공무담임은 국민이 입법 · 행정 · 사법은 물론 국가 · 지방자치단체 · 공공단체의 구성원이 되어 직접 그 직무를 담당하는 것을 말한다. 모든 국민은 헌법 제24조45)에 의거하여 공무담임권을 가지며, 성별 · 종교 · 사회적 신분 등에 의한 차별을 받지 않고 능력에 따라 누구든지 평등하게 공무를 담임할 기회가 보장되어 있다. 공무담임권의 보장은 추상적인 권리의 보장을 의미하는 것이지 구체적인 개인적 공권으로서의 보장은 아니다. 따라서 국민은 일정한 자격이나 시험을 통하여 공무를 수행할 수 있는 지위를 가질 때 비로소 이러한 공무담임권이 구체적으로 실행되는 것이다.

2. 직업공무원제도

직업공무원제도는 헌법과 법률에 의하여 공무원의 신분을 보장하며, 공무원의 임용이 공무원 개인의 능력이나 업적에 따라 보장되는 공무원제도를 말한다. 헌법(제7조 제2항)은 "공무원의 신분과 정치적 중립성은 법률이 정하는 바에 의하여 보장된다"라고 하여 직업공무원제도를 채택하고 있다. 우리나라에서의 직업공무원제도는 다음과 같은 요소에 의하여 뒷받침되고 있다.

---

44) 제65조 ① 대통령 · 국무총리 · 국무위원 · 행정각부의 장 · 헌법재판소 재판관 · 법관 · 중앙선거관리위원회 위원 · 감사원장 · 감사위원 기타 법률이 정한 공무원이 그 직무집행에 있어서 헌법이나 법률을 위배한 때에는 국회는 탄핵의 소추를 의결할 수 있다.

45) 제24조 모든 국민은 법률이 정하는 바에 의하여 선거권을 가진다.

> **【판례】** 헌법 제7조 제2항이 직업공무원제도가 정치적 중립성과 신분보장을 중추적 요소로 하는 민주적이고 법치주의적인 공직제도임을 천명하고 그 구체적 내용을 법률로 정하도록 위임하고 있으므로, 이와 같은 헌법의 위임 및 기속적 방향제시에 따라 지방공무원법이 지방공무원의 종류 및 신분보장에 관하여 규정함에 있어서 직업공무원제의 구체적 내용을 침해하거나 비례의 원칙(과잉금지의 원칙) 또는 신뢰보호의 원칙에 위반되지 아니하는 한 입법재량의 범위 내에 있는 것으로서 이를 위헌·무효의 규정이라 할 수 없다(대판 1997. 3. 14, 95누17625).

(1) 신분보장

공무원의 신분보장은 국민전체에 대한 봉사자로서 공무원이 공무에 전념할 수 있도록 공무원의 직을 보장하는 것을 말한다. 신분보장을 통하여 능력 있는 공무원을 채용하며, 이들로 하여금 평생 공무에 전념할 수 있도록 보장하여 공무의 전문성·능률성을 확보하려는 것이다. 국가공무원법(제68조)은 "공무원은 형의 선고·징계처분 또는 이 법이 정하는 사유에 의하지 아니하고는 그 의사에 반하여 휴직·강임 또는 면직을 당하지 아니한다"라고 규정하여 신분보장을 실현하고 있다.

(2) 정치적 중립성

헌법(제7조 제2항)은 "공무원의 신분과 정치적 중립성은 법률이 정하는 바에 의하여 보장된다"라고 규정하고 있다. 이에 따라 공무원은 국민전체에 대한 봉사자이지 정권을 획득한 특정 정파에 대한 봉사자는 아니므로, 특히 정치적 중립성이 요구된다. 따라서 공무원은 일정한 정치운동과 정치적 집단행위가 금지된다(국가공무원법 제65조·제66조).

(3) 성적주의

성적주의는 공무원의 임면 등에 있어 정치적 고려나 정실을 배제하고, 오직 개인의 성적을 근거로 하여 인사행정을 행하는 원칙을 말한다. 국가공무원법(제26조)은 "공무원의 임용은 시험성적·근무성적, 그 밖의 능력의 실증에 따라 행한다. … "라고 규정함으로써 성적주의를 명시하고 있다.

(4) 능률성

능률성은 공무원이 직무를 의욕적이고 능률적으로 수행할 수 있도록 보장하기 위한 제도이다. 국가공무원법은 ① 보수의 적정화(제46조), ② 사회보장(제77조), ③ 근무성적평정(제51조), ④ 특별승진(제40조의4), ⑤ 제안제도(제53조), ⑥ 상훈·표창제도(제54조), ⑦ 고충처리제도(제76조의2) 등의 여러 제도를 마련하고 있다.

(5) 직위분류제

직위분류제는 1인의 공무원에게 부여할 수 있는 직무와 책임(직위)을 그 직위를 담당하는 어떤 특정인과 관계없이 직무의 객관적인 종류·곤란성 및 책임도에 따라 직렬46)과 직급47)별로 분류하는 제도를 말한다. 직위분류제는 직업공무원제의 필수적 요소는 아니지만, 모든 직위의 공무원을 일정한 통일적 기준에 따라 분류·정리함으로써 동일한 직급에 대해서는 선발요건과 보수를 동일하게 책정하려는 데 있다.

제2절   공무원관계의 발생·변경·소멸

Ⅰ. 공무원관계의 발생

공무원관계의 발생원인은 ① 선거에 의한 경우(예, 국회의원의 당선), ② 법률에 의하여 당연히 성립되는 경우(예, 병역법에 의한 징·소집), ③ 임명에 의한 경우(예, 공무원의 임명) 등이 있다. 이 중 임명에 의한 것이 가장 보편적인 것이므로 임명에 관하여만 검토하고자 한다.

1. 임명의 의의

임명은 특정인에게 공무원으로서의 신분을 부여하여 공무원관계를 발생시키는 행위를 말한다. 이러한 의미의 임명은 임용과 구별되는바, 임용은 공무원관계를 발생·변경·소멸시

---

46) 직렬이란 예컨대 경찰직, 교정직 등과 같이 직무의 종류가 비슷하고, 그 곤란성과 책임의 정도가 다른 직급의 군을 말한다.

47) 직급이란 경무관, 총경, 교정관 등과 같이 직무의 곤란성과 책임도가 상당히 비슷한 직위의 군으로서 동일한 직급에 속하는 직위에 대하여 임용자격·시험·보수 기타 인사행정에 있어서 동일한 취급을 하는 직위분류의 최소단위이다.

키는 모든 행위로서 임명보다 넓은 의미로 사용된다. 즉, 임용은 공무원관계를 발생시키는 신규채용, 공무원관계의 변동인 승진임용·전직·전보·휴직·면직·파면·파견·강임·직위해제·복직 등 공무원관계의 변경·소멸행위까지 포함하는 것이다. 그러나 임용도 좁은 의미에서는 임명의 의미로 쓰인다.

2. 임명의 성질

임명행위의 성질에 관하여는 ① 공법상 계약설, ② 상대방의 동의를 전제로 하는 단독행위설, ③ 쌍방적 행정행위설 등이 대립되어 있다. 생각건대, 공무원의 근무조건 등은 법률에 의하여 일방적으로 결정되며 상대방과의 자유로운 의사의 합치에 의하여 결정될 성질의 것이 아니라는 점에서 순수한 공법상 계약으로는 볼 수 없을 것이다. 또한 단독행위설에 의하면, 상대방의 동의없는 임명행위도 당연무효는 아니며 다만 취소할 수 있을 뿐이라고 하지만, 공무원관계는 반드시 권익만을 부여하는 것이 아니고 포괄적인 근무의무를 부담케 한다는 점을 감안하면 공무원이 되고자 하는 자의 동의는 도외시될 수 없다. 따라서 상대방의 동의는 임명행위의 본질적 요소이며 이를 결하면 당연무효가 되게 함으로써 상대방의 의사를 존중하는 하여야 한다는 점에서 본다면, 쌍방적 행정행위로 보는 견해가 타당하다고 본다. 우리의 통설[48]·판례[49]도 이와 같다.

3. 임명의 요건

(1) 능력요건(소극적 요건)

헌법 제25조는 모든 국민이 누구나 그 능력과 적성에 따라 공직에 취임할 수 있는 균등한 기회를 보장하고 있다. 따라서 누구나 공직이 요구하는 직무능력을 가지는 한 공무원이 될 수 있다.

그러나 공무원이 이러한 능력을 갖추고 있다 하더라도 국가공무원법이 규정하고 있는 결격사유에 해당하는 자는 공무원에 임용될 수 없다. 즉, ① 피성년후견인 또는 피한정후견인, ② 파산선고를 받고 복권되지 아니한 자, ③ 금고 이상의 실형을 선고받고 그 집행이 종료되

---

48) 김도창, 일반행정법론(하), 237면; 김동희, 행정법 Ⅱ, 126면; 박윤흔, 행정법강의(하), 222면; 석종현, 일반행정법(하), 192면.

49) 대판 1962. 11. 8, 62누165.

거나 집행을 받지 아니하기로 확정된 후 5년이 지나지 아니한 자, ④ 금고 이상의 형을 선고받고 그 집행유예 기간이 끝난 날부터 2년이 지나지 아니한 자, ⑤ 금고 이상의 형의 선고유예를 받은 경우에 그 선고유예 기간 중에 있는 자, ⑥ 법원의 판결 또는 다른 법률에 따라 자격이 상실되거나 정지된 자, ⑦ 공무원으로 재직기간 중 직무와 관련하여 형법 제355조 및 제356조에 규정된 죄를 범한 자로서 300만원 이상의 벌금형을 선고받고 그 형이 확정된 후 2년이 지나지 아니한 자, ⑧ 형법 제303조 또는 '성폭력범죄의 처벌 등에 관한 특례법' 제10조에 규정된 죄를 범한 사람으로서 300만원 이상의 벌금형을 선고받고 그 형이 확정된 후 2년이 지나지 아니한 사람, ⑨ 징계로 파면처분을 받은 때부터 5년이 지나지 아니한 자, ⑩ 징계로 해임처분을 받은 때부터 3년이 지나지 아니한 자는 공무원에 임용될 수 없다(국가공무원법 제33조, 지방공무원법 제31조). 이러한 결격사유를 흔히 소극적 능력요건이라고 한다.

한편, 이미 임명된 후에 이러한 사유가 발생되면 별도의 퇴직발령 없이 당연퇴직된다(국가공무원법 제69조). 이는 공무원에 대한 국민의 신뢰확보를 위한 것이며(대판 1997. 7. 8, 96누4275), 임명권자의 과실로 임명당시 결격사유에 해당함을 밝혀내지 못하였다 하더라도 그 임명행위는 당연무효이다(대판 2005. 7. 28, 2003두469).

【판례】 경찰공무원법에 규정되어 있는 경찰관임용 결격사유는 경찰관으로 임용되기 위한 절대적인 소극적 요건으로서 임용 당시 경찰관임용 결격사유가 있었다면 비록 임용권자의 과실에 의하여 임용결격자임을 밝혀내지 못하였다 하더라도 그 임용행위는 당연무효로 보아야 한다(대판 2005. 7. 28, 2003두469).

또한 판례는 결격사유에 해당하는 자임을 간과한 임명행위는 당연무효라 보아야 하고, 따라서 당연무효인 임용행위에 근거하여 사실상 근무하여 왔다 하더라도 퇴직금을 청구할 수 없다(대판 1998. 1. 23, 97누16985)고 판시하고 있다.

> **【판례】** 공무원 임용당시 결격사유가 있었다면 비록 국가의 과실에 의하여 임용 결격자임을 밝혀내지 못하였다고 하더라도 그 임용행위는 당연무효로 보아야 하고, 당연무효인 임용행위에 의하여 공무원의 신분을 취득할 수는 없으므로, 임용 결격자가 공무원으로 임용되어 사실상 근무하여 왔다고 하더라도 적법한 공무원으로서의 신분을 취득하지 못한 자로서는 공무원연금법 소정의 퇴직급여 등을 청구할 수 없으며, 임용 결격사유가 소멸된 후에 계속 근무하여 왔다고 하더라도 그 때부터 무효인 임용행위가 유효로 되어 적법한 공무원의 신분을 회복하고 퇴직급여 등을 청구할 수 있다고 볼 수 없다(대판 1998. 1. 23, 97누16985).

그러나 그 동안 사실상의 공무원으로서 행한 행정행위의 효력은 상대방의 신뢰의 보호와 법적 안정성을 위하여 원칙적으로 유효하다고 하여야 할 것이다(사실상 공무원이론).

외국인에 대하여는 일반적으로 공무담임권이 부정된다고 할 것이다. 다만 국민에게 명령 · 강제하는 공권력행사에 해당되지 아니하는 연구 · 자문 · 대학교육 등의 분야에 있어서는 선별적으로 인정된다. 교육공무원법(제10조의2)은 외국인도 대학교수가 될 수 있도록 하고 있으며, 국가공무원법 제26조의3은 국가기관의 장은 국가안보 및 보안 · 기밀에 관계되는 분야를 제외하고 국회규칙 · 대법원규칙 · 헌법재판소규칙 · 중앙선거관리위원회규칙 또는 대통령령이 정하는 바에 따라 외국인을 공무원으로 임용할 수 있다고 규정하고 있다.

> **【판례】 임용결격자를 당연퇴직하게 하는 것은 공무에 대한 국민의 신뢰확보**
> 국가공무원법 제33조 제1항, 제69조 및 경찰공무원법 제7조 제2항, 제21조가 일정한 유죄판결을 받은 자 등을 국가공무원(경찰공무원 포함)으로 임용된 후에 임용결격자에 해당하게 된 자가 당연퇴직되도록 정하고 있는 것은 그러한 자로 하여금 국가의 공무를 집행하도록 허용한다면 그 공무는 물론 국가 공무의 일반에 대한 국민의 신뢰가 손상될 우려가 있으므로 그러한 자를 공무의 집행에서 배제함으로써 공무에 대한 국민의 신뢰를 확보하려는 것을 목적으로 한다(대판 1997. 7. 8, 96누4275).

(2) 성적요건

공무원으로 임용되기 위해서는 결격사유가 없을 뿐만 아니라 특히 경력직공무원은 일정한 능력요건을 갖추어야 한다. 그 능력은 직무수행능력과 관련된 시험성적 · 근무성적 기타의 능력을 기준으로 한다.

일반적으로 특수경력직공무원은 성적요건이 필요 없으나, 경력직공무원은 시험성적에 의하여 임명한다(국가공무원법 제26조). 시험은 공개경쟁시험에 의함이 원칙이지만, 예외적으로 1급 공무원임명, 외국어능통자·특정자격증소지자, 특정분야의 근무·연구실적이 3년 이상인 자 등을 필요한 관련분야에 임명할 경우에는 특별채용시험에 의할 수 있다(제28조).

> **【판례】① 면접전형에 있어서 면접위원의 판단은 자유재량**
>
> 공무원임용을 위한 면접전형에 있어서 임용신청자의 능력이나 적격성 등에 관한 판단은 면접위원의 고도의 교양과 학식, 경험에 기초한 자율적 판단에 의존하는 것으로서 오로지 면접위원의 자유재량에 속하고, 그와 같은 판단이 현저하게 재량권을 일탈 내지 남용한 것이 아니라면 이를 위법하다고 할 수 없다(대판 1997. 11. 28, 97누11911).
>
> **② 경력요건을 흠결한 공무원 특별임용은 당연무효가 아니라 취소사유**
>
> 소정의 경력을 갖추지 못한 자에 대하여 특별임용시험의 방식으로 신규임용을 한 행위는 취소사유가 된다고 함은 별론으로 하고, 그 하자가 중대·명백하여 특별임용이 당연무효로 된다고 할 수 없다(대판 1998. 10. 23, 98두12932).

4. 임명권자

국가공무원의 임명권은 대통령에게, 지방공무원의 임명권은 지방자치단체의 장에게 있는 것이 원칙이다. 그러나 행정기관 소속 5급 이상 공무원 및 고위공무원단에 속하는 일반직공무원은 소속 장관의 제청으로 인사혁신처장과 협의를 거친 후에 국무총리를 거쳐 대통령이 임용하되, 고위공무원단에 속하는 일반직공무원의 경우 소속 장관은 해당 기관에 소속되지 아니한 공무원에 대하여도 임용제청할 수 있다. 이 경우 국세청장은 국회의 인사청문을 거쳐 대통령이 임명한다(국가공무원법 제32조). 지방자치단체의 장은 이 법에서 정하는 바에 따라 그 소속 공무원의 임명·휴직·면직과 징계를 하는 권한을 가진다(지방공무원법 제6조).

5. 임명절차

일반직공무원을 임명할 때에는 다음의 절차를 거쳐야 한다.

(1) 채용후보자명부의 작성

시험 실시기관의 장은 공개경쟁 채용시험에 합격한 사람을 대통령령등으로 정하는 바에 따라 채용후보자 명부에 등재하여야 한다. 5급 공무원 공개경쟁임용시험에 합격한 사람의 임용후보자 명부의 유효기간은 5년으로 하고, 그 밖의 신규임용후보자 명부의 유효기간은 2년의 범위에서 대통령령으로 정한다. 다만, 시험실시기관의 장은 필요하면 1년의 범위에서 그 기간을 연장할 수 있다(국가공무원법 제38조, 지방공무원법 제36조).

(2) 임용후보자의 추천

시험 실시기관의 장은 채용후보자 명부에 등재된 채용후보자를 대통령령 등으로 정하는 바에 따라 임용권이나 임용제청권을 갖는 기관에 추천하여야 한다. 다만, 공개경쟁 채용시험 합격자의 우선임용을 위하여 필요하면 인사혁신처장이 채용후보자를 근무할 기관을 지정하여 임용하거나 임용제청할 수 있다(국가공무원법 제39조 제1항).

(3) 시보임용

5급 공무원을 신규 채용하는 경우에는 1년, 6급 이하의 공무원을 신규 채용하는 경우에는 6개월간 각각 시보로 임용하고 그 기간의 근무성적·교육훈련성적과 공무원으로서의 자질을 고려하여 정규 공무원으로 임용한다. 다만, 시보 임용 기간 중에 있는 공무원이 근무성적·교육훈련성적이 나쁘거나 이 법 또는 이 법에 따른 명령을 위반하여 공무원으로서의 자질이 부족하다고 판단되는 경우에는 면직시키거나 면직을 제청할 수 있다(국가공무원법 제29조·지방공무원법 제28조).

【판례】시보공무원도 소청심사청구권 인정

교육공무원법상 시보임용에 의한 교육공무원으로서의 지위를 누리면서 그 조건부 채용기간 중 면직 등의 처분이나 징계처분과 같은 신분상의 불이익한 처분을 받거나 또는 시보임용기간 종료 후 정규공무원 내지 교원으로서의 임용이 거부된 경우에는 행정소송 제기를 위한 전치절차로서의 교육공무원법 제52조에 의한 소청심사청구권도 가진다(대판 1990. 9. 25, 89누4758).

---

6. 임명의 형식·효력발생시기

공무원임명행위는 임용장 또는 임명통지서의 교부라는 요식행위에 의함이 일반적이다. 임용장이나 임용통지서의 교부가 임용의 유효요건은 아니고, 임명행위를 형식적으로 표시·증명하는 공증적 효력만을 가지게 된다.[50] 공무원은 임용장이나 임용통지서에 적힌 날짜에 임용된 것으로 보며, 임용일자를 소급해서는 아니 된다(공무원임용령 제6조 제1항·제7조). 다만 ① 재직 중 공적이 현저한 자가 공무로 사망한 때 그 사망 전일을 임용일자로 추서할 경우, ② 휴직기간의 만료 또는 휴직사유가 소멸된 후에도 직무에 복귀하지 않거나 직무를 감당할 수 없어 직권으로 면직할 때 휴직기간의 만료일이나 휴직사유의 소멸일을 임용일자로 하여 면직하는 경우에는 소급하는 것이 허용된다.

Ⅱ. 공무원관계의 변경

공무원관계의 변경이란 공무원의 신분은 그대로 유지하면서 공무원관계의 내용에 변경이 가해지는 것을 말한다. 그 종류에는 다음과 같은 것이 있다.

1. 승진·전직·전보·복직

(1) 승진

승진이란 동일 직렬 내의 상위직급으로 임용되는 것을 말한다. 승진임용은 근무성적평정·경력평정, 그 밖에 능력의 실증에 따른다. 다만, 1급부터 3급까지의 공무원으로의 승진임용 및 고위공무원단 직위로의 승진임용의 경우에는 능력과 경력 등을 고려하여 임용하며, 5급 공무원으로의 승진임용의 경우에는 승진시험을 거치도록 하되, 필요하다고 인정하면 대통령령 등으로 정하는 바에 따라 승진심사위원회의 심사를 거쳐 임용할 수 있다(국가공무원법 제40조·지방공무원법 제39조).

---

50) 김도창, 일반행정법론(하), 222면.

(2) 전직

전직이란 직렬을 달리하는 임명을 말한다. 예컨대 행정사무관에서 외무사무관으로 임명하는 것이다. 공무원을 전직 임용하려는 때에는 전직시험을 거쳐야 한다. 다만, 대통령령 등으로 정하는 전직의 경우에는 시험의 일부나 전부를 면제할 수 있다(국가공무원법 제28조의3, 지방공무원법 제29조의2).

(3) 전보

전보란 동일 직급 내에서의 보직의 변경을 말한다. 예컨대 국세청의 A과 과장에서 B과 과장직으로 옮기는 것이다. 임용권자 또는 임용제청권자는 소속 공무원을 해당 직위에 임용된 날부터 필수보직기간이 지나야 다른 직위에 전보할 수 있다. 이 경우 필수보직기간은 3년으로 하되, '정부조직법' 제2조 제3항 본문에 따라 실장·국장 밑에 두는 보조기관 또는 이에 상당하는 보좌기관인 직위에 보직된 3급 또는 4급 공무원과 고위공무원단 직위에 재직 중인 공무원의 필수보직기간은 2년으로 한다(공무원임용령 제45조 제1항).

(4) 복직

복직이란 휴직·직위해제 또는 정직중에 있는 공무원을 직위에 복직시키는 것을 말한다. 휴직 기간 중 그 사유가 없어지면 30일 이내에 임용권자 또는 임용제청권자에게 신고하여야 하며, 임용권자는 지체 없이 복직을 명하여야 한다. 또한 휴직 기간이 끝난 공무원이 30일 이내에 복귀 신고를 하면 당연히 복직된다(국가공무원법 제73).

2. 휴직·직위해제·강임·정직·감봉

(1) 휴직

휴직이란 공무원으로서의 신분은 보유케 하면서, 일정기간 동안 직무에는 종사하지 못하게 하는 것을 말한다. 따라서 휴직기간이 종료되면 본인의 복귀신고 등에 의하여 당연히 복직을 명하여야 한다(제73조 제2항·제3항).

휴직의 사유로는 ① 신체·정신상의 장애로 장기 요양이 필요할 때, ② '병역법'에 따른 병역 복무를 마치기 위하여 징집 또는 소집된 때, ③ 천재지변이나 전시·사변, 그 밖의 사유로 생사 또는 소재가 불명확하게 된 때, ④ 그 밖에 법률의 규정에 따른 의무를 수행하기 위하여 직무를 이탈하게 된 때, ⑤ '공무원의 노동조합 설립 및 운영 등에 관한 법률' 제7조에 따라 노동조합 전임자로 종사하게 된 때에는 휴직을 명하여야 하고, ㉠ 국제기구, 외국 기관, 국내외의 대학·연구기관, 다른 국가기관 또는 대통령령으로 정하는 민간기업, 그 밖의 기관에 임시로 채용될 때, ㉡ 국외 유학을 하게 된 때, ㉢ 중앙인사관장기관의 장이 지정하는 연구기관이나 교육기관 등에서 연수하게 된 때, ㉣ 만 8세 이하 또는 초등학교 2학년 이하의 자녀를 양육하기 위하여 필요하거나 여성공무원이 임신 또는 출산하게 된 때, ㉤ 사고나 질병 등으로 장기간 요양이 필요한 조부모, 부모, 배우자, 자녀 또는 손자녀를 간호하기 위하여 필요한 때, ㉥ 외국에서 근무·유학 또는 연수하게 되는 배우자를 동반하게 된 때, ㉦ 대통령령 등으로 정하는 기간 동안 재직한 공무원이 직무 관련 연구과제 수행 또는 자기개발을 위하여 학습·연구 등을 하게 된 때에는 휴직을 명할 수 있다(국가공무원법 제71조·제72조).

(2) 직위해제

직위해제란 공무원의 직위를 유지시킬 수 없는 사유가 발생한 경우에 공무원의 신분은 그대로 유지하면서 보직을 해제하는 것을 말한다. 직위해제는 휴직과 달리 본인의 무능력 등에 대한 제재적 의미를 가지는 것이다. 직위해제의 사유로서는 ① 직무수행 능력이 부족하거나 근무성적이 극히 나쁜 자, ② 파면·해임·강등 또는 정직에 해당하는 징계 의결이 요구 중인 자, ③ 형사 사건으로 기소된 자, ④ 고위공무원단에 속하는 일반직공무원으로서 제70조의2 제1항 제2호부터 제5호까지의 사유로 적격심사를 요구받은 자, ⑤ 금품비위, 성범죄 등 대통령령으로 정하는 비위행위로 인하여 감사원 및 검찰·경찰 등 수사기관에서 조사나 수사 중인 자로서 비위의 정도가 중대하고 이로 인하여 정상적인 업무수행을 기대하기 현저히 어려운 자이다(국가공무원법 제73조의3).

> **【판례】** 직위해제처분이 있은 후 면직처분이 된 경우, 전자에 대하여 소청심사청구 등 불복함이 없고 그 처분이 당연무효인 경우도 아닌 이상 그 후의 면직처분에 대한 불복의 행정소송에서 전자의 취소사유를 들어 위법을 주장할 수 없다(대판 1970. 1. 27, 68누10).

(3) 강임

강임이란 같은 직렬 내에서 하위직급에 임명하거나 하위직급이 없는 경우 다른 직렬의 하위직급에 임명하는 것을 말한다.

강임은 불이익처분이므로 본인의 의사에 반하여 할 수 없는 것이 원칙이다. 그러나 임용권자는 직제 또는 정원의 변경이나 예산의 감소 등으로 직위가 폐직되거나 하위의 직위로 변경되어 과원이 된 경우 또는 본인이 동의한 경우에는 소속 공무원을 강임할 수 있다. 이 경우 공무원은 본인의 경력과 해당 기관의 인력 사정 등을 고려하여 우선 임용될 수 있다(국가공무원법 제73조의4).

(4) 정직

정직이란 징계의 일종으로서 1월 이상 3월 이하의 기간을 정하여 직무에 종사하지 못하게 함을 말한다. 정직처분을 받은 자는 그 기간 중 공무원의 신분은 보유하나 직무에 종사하지 못하며 보수의 3분의 2를 감한다. 정직기간이 종료되면 당연히 직무에 복귀하게 된다(국가공무원법 제80조 제3항).

(5) 감봉

감봉이란 징계의 일종으로서 1월 이상 3월 이하의 기간 동안 보수의 3분의 1을 감하는 것을 말한다(국가공무원법 제80조 제4항).

Ⅲ. 공무원관계의 소멸

공무원관계의 소멸이란 공무원의 신분이 종료되어 공무원으로서의 법적 지위에서 완전히 벗어나는 것을 말한다. 공무원관계의 소멸에는 그 원인에 따라서 당연퇴직과 면직의 두 가지가 있다.

1. 당연퇴직

당연퇴직이란 임용권자의 의사와 관계없이 법에 규정된 일정한 사유가 발생하면 당연히 공무원관계가 소멸되는 것을 말한다. 당연퇴직의 사유로는 ① 공무원임명 결격사유의 발생(국가공무원법 제69조), ② 정년(국가공무원법 제74조)·사망·임기종료, ③ 국적상실(외국인도 공무원으로 임명될 수 있는 특정 직위는 제외) 등이 있다. 당연퇴직의 경우의 퇴직발령은 퇴직된 사실을 알리는 것으로서 준법률행위적 행정행위인 관념의 통지에 불과한 것이므로 항고소송의 대상이 되지 않는다고 한다.[51]

【판례】 사실 및 관념의 통지인 당연퇴직의 인사발령은 행정소송의 대상이 아님

① 지방공무원법 제61조의 규정에 의하면 공무원에게 같은 법 제31조 소정의 결격사유가 있을 때에는 당연히 퇴직한다고 되어 있으므로 이러한 당연퇴직의 경우에는 결격사유가 있어 법률상 당연히 퇴직하는 것이지 공무원관계를 소멸시키기 위한 별도의 행정처분을 요하지 아니한다 할 것이며 위와 같은 사유의 발생으로 당연퇴직의 인사발령이 있었다 하여도 이는 퇴직사실을 알리는 이른바 관념의 통지에 불과하여 행정소송의 대상이 되지 아니한다(대판 1992. 1. 21, 91누2687).

② 국가안전기획부장이 법률에 따라 계급정년으로 인한 퇴직인사명령을 한 것은 그들이 법률상 계급정년자에 해당하여 당연히 퇴직하였다는 것을 공적으로 확인하여 알려주는 사실의 통보에 불과한 것이지 징계파면이나 직권면직과 같이 공무원의 신분을 상실시키는 새로운 형성적 행위가 아니어서 항고소송의 대상이 되는 행정처분이 아니다(대판 1994. 12. 27, 91누9244).

③ 주한미군측의 고용해제 통보가 있었다면, 위 번역사들은 군무원관계를 소멸시키기 위한 임면권자의 별도 행정처분을 요하지 아니하고 임기만료로 당연퇴직하였으며, 국방부장관 등이 위 번역사들에 대하여 한 위 직권면직의 인사발령은 그 문언상의 표현에도 불구하고 법률상 당연히 발생된 퇴직의 사유 및 시기를 공적으로 확인하여 알려주는 관념의 통지에 불과할 뿐 군무원의 신분을 상실시키는 새로운 형성적 행위가 아니므로 항고소송의 대상이 되는 행정처분이라고 할 수 없다(대판 1997. 10. 24, 97누1686).

그러나 당연퇴직에 대하여서도 행정쟁송의 제기가 가능하여야 한다. 예컨대 어느 특정공무원이 당연퇴직의 사유에 해당하는지의 여부 및 시기는 반드시 명백한 것이 아니어서 그에 대한 다툼이 있게 된다면, 실무상으로 행하는 퇴직명령은 확인행위에 해당되며, 이러한 확인행위는 소청의 대상이 되는 것이다. 당연퇴직을 이유로 소청을 제기한 자가 소청심사위원회의 결정에 불복하는 경우에는 행정소송을 제기할 수 있으므로 당연퇴직의 경우에도 이러한 방법으로 행정소송의 제기가 가능하다고 보아야 할 것이다.

---

51) 김남진, 행정법Ⅱ, 206면; 김동희, 행정법Ⅱ, 132면; 류지태/박종수, 행정법신론, 603면; 홍정선, 행정법원론(하), 198면.

> **【판례】** 기간제로 임용되어 임용기간이 만료된 국·공립대학의 조교수는 교원으로서의 능력과 자질에 관하여 합리적인 기준에 의한 공정한 심사를 받아 위 기준에 부합되면 특별한 사정이 없는 한 재임용되리라는 기대를 가지고 재임용 여부에 관하여 합리적인 기준에 의한 공정한 심사를 요구할 법규상 또는 조리상 신청권을 가진다고 할 것이니, 임용권자가 임용기간이 만료된 조교수에 대하여 재임용을 거부하는 취지로 한 임용기간만료의 통지는 위와 같은 대학교원의 법률관계에 영향을 주는 것으로서 행정소송의 대상이 되는 처분에 해당한다(대판 2004. 4. 22, 2000두7735).

당연퇴직은 공무원관계의 소멸을 가져오는 것이므로 퇴직자는 더 이상 공무원이 아니다. 따라서 당연퇴직으로 공무원의 신분을 상실한 자가 사실상 공무원으로 근무하여 왔다하더라도 퇴직급여의 청구를 할 수 없다.[52]

2. 면직

면직은 임명권자의 특별한 행위에 의하여 공무원관계가 소멸되는 경우를 말한다. 면직에는 의원면직과 일방적 면직이 있다.

(1) 의원면직

의원면직은 공무원 자신의 사임의 의사표시에 의하여 공무원관계를 소멸시키는 행위이다. 의원면직은 본인의 의사가 중요하므로 반드시 자필에 의한 사직서를 제출하도록 하고 있다. 의원면직은 공무원의 자유로운 사의표시를 전제로 하는 것이므로, 본인의 진정한 의사가 아닌 상사 등에 의하여 강요된 의사표시에 의한 면직은 무효라고 보아야 할 것이다.[53] 의원면직은 쌍방적 행정행위이기 때문에 공무원의 의사표시가 있어도 임용권자에 의한 의원면직처분이 있기 전까지는 공무원관계는 존속하는 것이므로 사직원을 제출한 후 면직처분이

---

[52] 구 공무원연금법(1979. 12. 28. 법률 제3221호로 개정되기 이전)이나 근로기준법에 의한 퇴직금은 적법한 공무원으로서의 신분취득 또는 근로고용관계가 성립되어 근무하다가 퇴직하는 경우에 지급되는 것이고 당연퇴직으로 공무원의 신분을 상실한 자가 사실상 공무원으로 근무하여 왔다고 하더라도 그러한 자는 위 법률 소정의 퇴직금청구를 할 수 없다(대판 1995. 10. 12, 95누5905).

[53] 상사인 세무서장이 원고에게 사직원을 제출할 것을 강력히 요구하므로 원고는 반려될 것으로 알고 사직원을 제출할 의사가 없으면서 사직원을 제출하더라도 이는 무효로 보아야 할 것이다(대판 1975. 6. 24, 75누46).

있기 전에 직장을 이탈하는 경우에는 징계 등의 사유가 된다.54)

한편, 공무원의 사임의 의사표시에 대하여 임명권자의 수리의무가 있는가에 관하여는 병역의무 등 법률상 특별한 규정이 없는 한 국민에게는 공무담임의무는 없는 것이므로 임명권자에게 수리의무가 있다고 할 것이다. 그러나 수리시기만은 업무의 공백 등을 고려하여 일정한 한도 내에서 재량이 인정된다고 하겠다.55)

【판례】 ① 공무원이 한 사직의 의사표시의 철회나 취소는 그에 터 잡은 의원면직처분이 있을 때까지 할 수 있는 것이고, 일단 면직처분이 있고 난 이후에는 철회나 취소할 여지가 없다(대판 2001. 8. 24, 99두9971).

② 사직서의 제출이 감사기관이나 상급관청 등의 강박에 의한 경우에는 그 정도가 의사결정의 자유를 박탈할 정도에 이른 것이라면 그 의사표시가 무효로 될 것이고 그렇지 않고 의사결정의 자유를 제한하는 정도에 그친 경우라면 그 성질에 반하지 아니하는 한 의사표시에 관한 민법 제110조의 규정을 준용하여 그 효력을 따져보아야 할 것이나, 감사담당 직원이 당해 공무원에 대한 비리를 조사하는 과정에서 사직하지 아니하면 징계파면이 될 것이고 또한 그렇게 되면 퇴직금 지급상의 불이익을 당하게 될 것이라는 등의 강경한 태도를 취하였다고 할지라도 그 취지가 단지 비리에 따른 객관적 상황을 고지하면서 사직을 권고·종용한 것에 지나지 않고 위 공무원이 그 비리로 인하여 징계파면이 될 경우 퇴직금 지급상의 불이익을 당하게 될 것 등 여러 사정을 고려하여 사직서를 제출한 경우라면 그 의사결정이 의원면직처분의 효력에 영향을 미칠 하자가 있었다고는 볼 수 없다(대판 1997. 12. 12, 97누13962).

(2) 일방적 면직

일방적 면직이란 임명권자의 일방적 의사에 의하여 공무 원관계가 소멸되는 것이다. 이에는 징계면직과 직권면직이 있다.

---

54) 순경이 전투경찰대에 근무발령을 받고도 3일간 지연부임하였을 뿐더러 지연부임한 당일 가정사정을 이유로 제출한 사직원이 수리되기 전에 귀가하여 무단이탈한 행위에 대하여 파면처분한 것은 정당하다(대판 1971. 3. 23, 71누7).

55) 이와 관련하여 최근의 판례는 감사담당직원이 사직하지 아니하면 징계파면되고 퇴직금지급의 불이익을 받게 된다는 강경한 태도를 취하였더라도 본인이 비리로 인하여 징계파면될 경우 퇴직금지급상의 불이익 등 여러 사정을 고려하여 사직서를 제출한 경우에는 그에 따른 의원면직처분은 유효하다고 한 바 있어, 현실적으로 종종 있어온 권고사직이 조장될 우려가 있다(대판 1997. 12. 12, 97누13962).

1) 징계면직

징계면직은 징계절차를 거쳐 행하는 징계처분으로 공무원관계를 소멸시키는 것이다. 이에는 파면과 해임의 두 종류가 있다. 파면과 해임은 공무원의 신분을 박탈하는 중징계에 속하지만, 파면은 퇴직금이 감액되지만 해임은 그렇지 않다는 점에서 차이가 있다.

2) 직권면직

직권면직은 법정사유에 해당하는 경우에 임용권자가 직권으로 행해지는 면직처분이다. 다음 사유에 해당할 경우에 임명권자가 관할 징계위원회의 의견을 들은 후 직권으로 행하는 면직처분이다. 즉, ① 직제와 정원의 개폐 또는 예산의 감소 등에 따라 폐직 또는 과원이 되었을 때, ② 휴직 기간이 끝나거나 휴직 사유가 소멸된 후에도 직무에 복귀하지 아니하거나 직무를 감당할 수 없을 때, ③ 대기 명령을 받은 자가 그 기간에 능력 또는 근무성적의 향상을 기대하기 어렵다고 인정된 때, ④ 전직시험에서 세 번 이상 불합격한 자로서 직무수행 능력이 부족하다고 인정된 때, ⑤ 병역판정검사 · 입영 또는 소집의 명령을 받고 정당한 사유 없이 이를 기피하거나 군복무를 위하여 휴직 중에 있는 자가 군복무 중 군무를 이탈하였을 때, ⑥ 해당 직급 · 직위에서 직무를 수행하는데 필요한 자격증의 효력이 없어지거나 면허가 취소되어 담당 직무를 수행할 수 없게 된 때, ⑦ 고위공무원단에 속하는 공무원이 적격심사 결과 부적격 결정을 받은 때 등이다.

다만, ③의 사유에 해당할 때에는 관할 징계위원회의 동의를 얻어야 한다(국가공무원법 제70조 · 지방공무원법 제62조).

> **【판례】** 직권면직처분과 이보다 앞서 행하여진 직위해제처분은 그 목적을 달리한 별개의 독립된 것이라 할 것이므로, 본건 직권면직처분이 직위해제처분을 사유로 하였다 하더라도 일사부재리원칙에 위배되지 않는다(대판 1983. 10. 25, 83누340).

Ⅳ. 불이익처분에 대한 구제

공무원에 대한 징계처분 기타 본인의 의사에 반하는 불이익처분이나 행정청의 부작위에 대한 구제수단으로 행정심판의 일종인 소청과 행정소송이 있다.

1. 소청

(1) 의의

소청이란 징계처분 기타 그 의사에 반하는 불이익처분을 받은 자가 그 위법 또는 부당을 이유로 관할 소청심사위원회에 심사를 청구하는 제도이다. 공무원의 신분과 관련한 불이익처분에 대한 행정심판의 일종이지만 행정심판법에 대한 특별법으로서의 국가공무원법(제76조) 등 각종 공무원법이 정하는 바에 따라 규율된다. 소청제도는 공무원의 권익보장을 주된 목적으로 하는 것이지만, 공무원인사행정의 적정성과 행정질서의 확립을 위한 목적도 있다.

(2) 심사대상

소청심사의 대상은 징계처분, 그 밖에 그의 의사에 반하는 불리한 처분이나 부작위이다(국가공무원법 제9조 제1항). 여기서 기타 본인의 의사에 반하는 불이익처분의 범위에 관하여는 학설이 일치하지 않지만, 일반적으로 징계처분 외에 강임·휴직·직위해제·직권면직·의원면직형식에 의한 면직·대기발령·전보·전직 등이 여기에 포함된다고 본다.[56)]

(3) 심사기관

심사기관으로서 소청심사위원회는 임명권자로부터 엄격한 독립성과 중립성을 확보하기 위하여 합의제 의결기관으로서 행정안전부에 소청심사위원회를 두고 있다. 단 국회사무처 및 법원행정처에도 별도의 소청심사위원회를 설치하고, 교육공무원을 위하여서는 특별히 사립학교 교원까지 함께 관할하는 교원징계재심위원회를 교육부에 설치하였다. 국회사무처, 법원행정처, 헌법재판소사무처 및 중앙선거관리위원회사무처에 설치된 소청심사위원회는 위원장 1명을 포함한 위원 5명 이상 7명 이하의 비상임위원으로 구성하고, 인사혁신처에 설치된 소청심사위원회는 위원장 1명을 포함한 5명 이상 7명 이하의 상임위원과 상임위원 수의 2분의 1 이상인 비상임위원으로 구성하되, 위원장은 정무직으로 보한다(국가공무원법 제9조).

---

56) 김동희, 행정법Ⅱ, 153면; 이상규, 신일반행정법론(하), 192면; 박윤흔 교수는 그 범위를 보다 넓게 잡아, 당연퇴직·복직청구·경력평정 시정청구 등에 대하여도 긍정적으로 해석하고 있다(박윤흔, 행정법강의(하), 240~241면).

(4) 심사절차

1) 제기

징계처분 · 강임 · 휴직 · 직위해제 · 직권면직 등의 불이익처분을 행할 때에는 공무원에게 처분사유설명서를 교부하여야 하는데, 이 경우 그 설명서를 받은 날부터 30일 이내에, 기타 불리한 처분의 경우에는 그 처분이 있은 것을 안 날로부터 30일 이내에 소청을 제기할 수 있다(국가공무원법 제76조 제1항).

2) 심사

소청심사위원회는 소청을 심사 할 때 필요하면 검증 · 감정, 그 밖의 사실조사를 하거나 증인을 소환하여 질문하거나 관계 서류를 제출하도록 명할 수 있으며, 소속 직원에게 사실조사를 하게 하거나 특별한 학식 · 경험이 있는 자에게 검증이나 감정을 의뢰할 수 있다(국가공무원법 제12조). 이러한 직권에 의한 규정은 소청제도가 기본적으로는 개인의 권익구제를 목적으로 하지만 인사행정의 적정성 보장이라는 공익도 보호하기 위한 것이기 때문이다.

한편, 소청인 또는 그 대리인에게 반드시 진술의 기회를 부여하여야 하며, 이에 위반한 결정은 무효임을 명시하고 있다(제13조).

(5) 결정

소청심사위원회는 소청심사청구를 접수한 날부터 60일 이내에 이에 대한 결정을 하여야 한다. 다만, 불가피하다고 인정되면 소청심사위원회의 의결로 30일을 연장할 수 있다(제76조 제5항). 결정에는 각하결정, 기각결정, 처분의 취소 · 변경결정, 처분의 유효 · 무효확인 및 존재 · 부존재확인결정, 부작위 또는 거부처분에 대한 의무이행결정 등이 있다(제14조 제5항). 위원회의 결정은 처분행정청을 기속한다(제15조).

2. 행정소송

소청을 제기한 자가 소청심사위원회의 결정에 대하여는 위법임을 이유로 하는 경우에 한하여, 결정서의 송달을 받은 날로부터 90일 이내에 행정소송을 제기할 수 있다(행정소송법 제20조). 이와 관련하여 공무원에 대한 불이익처분은 대부분이 재량행위이므로 재량권 일탈 · 남용을 이유로 한 불복이 많을 수밖에 없는바, 재량권 일탈 · 남용도 위법에 포함된다. 행정소송을 제기하는 경우, 소청심사위원회의 결정이 아닌 원처분의 위법을 다투어야 한다

(원처분주의). 따라서 행정소송의 피고는 원처분청이 된다. 다만 대통령이 원처분청인 경우(5급 이상 공무원의 파면 등)에는 소속 장관이 피고가 된다(국가공무원법 제16조).

한편, 파면처분·해임처분·면직처분 또는 강등처분에 대하여 소청심사위원회나 법원에서 무효나 취소의 결정 또는 판결을 하면 그 파면처분·해임처분·면직처분 또는 강등처분에 따라 결원을 보충하였던 때부터 파면처분·해임처분·면직처분 또는 강등처분을 받은 사람의 처분 전 직급·직위에 해당하는 정원이 따로 있는 것으로 본다(국가공무원법 제43조 제3항 및 공무원보수규정 제30조).

제3절 공무원의 권리

Ⅰ. 개설

공무원은 일반국민으로서의 지위는 물론 국가기관의 구성원으로서의 지위를 갖는 이중적 지위를 가진다. 국가기관의 구성원으로서의 공무원의 지위는 일반국민이 가지지 아니하는 특별한 권리와 의무를 가진다. 공무원의 권리는 공권이므로 사권과는 다른 특수성이 인정되며, 신분상의 권리와 재산상의 권리로 나누어진다.

Ⅱ. 신분상의 권리

1. 신분보유권

헌법(제7조 제2항)은 "공무원의 신분과 정치적 중립성은 법률이 정하는 바에 의하여 보장된다"고 규정하고 있다. 이에 따라 국가공무원법(제68조)은 "공무원은 형의 선고·징계처분 또는 이 법이 정하는 사유에 의하지 아니하고는 그 의사에 반하여 휴직·강임 또는 면직을 당하지 아니한다"고 규정하고 있다. 특히 공무원에 대한 징계처분의 사유와 절차는 동법이 엄격히 규정하고 있다(제78조 ~ 제83조의3).

그러나 1급 공무원(제68조 단서)과 시보임용 중에 있는 공무원(제29조 제3항) 및 특수경력직공무원은 신분보장을 받지 못한다.

2. 직무집행권(직무수행권)

공무원은 법령에 의하여 부여된 담당 직무를 집행할 권리를 가진다. 따라서 공무원의 직무집행을 방해하면 형법상 공무집행방해죄를 구성한다(형법 제136조 · 제137조).

3. 직명사용권 · 제복착용권

모든 공무원은 그 직위에 해당하는 직명(이사관 · 국장 등)을 사용할 권리를 가진다. 또한 특히 군인 · 경찰 · 소방 · 세관 · 출입국관리공무원 등은 복제규정(해당 각 부처의 부령)이 정하는 바에 따라 제복을 착용할 권리(의무와 아울러)를 가진다.

4. 쟁송제기권

공무원의 신분상의 위법 · 부당한 불이익처분에 대하여는 법률에 의거하여 소청 · 행정소송 등을 통해 그 시정을 구할 수 있는 권리를 가진다.

5. 인사상담 및 고충심사청구권

공무원은 누구나 인사 · 조직 · 처우 등 각종 직무 조건과 그 밖에 신상 문제에 대하여 인사 상담이나 고충 심사를 청구할 수 있으며, 이를 이유로 불이익한 처분이나 대우를 받지 아니한다. 청구를 받은 중앙인사관장기관의 장, 임용권자 또는 임용제청권자는 이를 고충심사위원회에 부쳐 심사하게 하거나 소속 공무원에게 상담하게 하고, 그 결과에 따라 고충의 해소 등 공정한 처리를 위하여 노력하여야 한다(제76조의2 제1항 · 제2항).

공무원의 고충을 심사하기 위하여 중앙인사관장기관에 중앙고충심사위원회를, 임용권자 또는 임용제청권자 단위로 보통고충심사위원회를 두되, 중앙고충심사위원회의 기능은 소청심사위원회에서 관장한다.

중앙고충심사위원회는 보통고충심사위원회의 심사를 거친 재심청구와 5급 이상 공무원 및 고위공무원단에 속하는 일반직공무원의 고충을, 보통고충심사위원회는 소속 6급 이하의 공무원의 고충을 각각 심사한다. 다만, 6급 이하의 공무원의 고충은 임용권자를 달리하는 둘 이상의 기관에 관련된 경우에는 중앙고충심사위원회에서, 원 소속 기관의 보통고충심사위원회에서 고충을 심사하는 것이 부적당하다고 인정될 경우에는 직근 상급기관의 보통고충심사위원회에서 각각 심사할 수 있다.

중앙인사관장기관의 장, 임용권자 또는 임용제청권자는 심사 결과 필요하다고 인정되면 처분청이나 관계 기관의 장에게 그 시정을 요청할 수 있으며, 요청받은 처분청이나 관계 기관의 장은 특별한 사유가 없으면 이를 이행하고, 그 처리 결과를 알려야 한다. 다만, 부득이한 사유로 이행하지 못하면 그 사유를 알려야 한다(제76조의2 제3항~제7항).

【판례】고충심사결정은 행정쟁송의 대상이 되는 행정처분은 아님

지방공무원법 제67조의2에서 규정하고 있는 고충심사제도는 공무원으로서의 권익을 보장하고 적정한 근무환경을 조성하여 주기 위하여 근무조건 또는 인사관리 기타 신상문제에 대하여 법률적인 쟁송의 절차에 의하여서가 아니라 사실상의 절차에 의하여 그 시정과 개선책을 청구하여 줄 것을 임용권자에게 청구할 수 있도록 한 제도로서, 고충심사결정 자체에 의하여는 어떠한 법률관계의 변동이나 이익의 침해가 직접적으로 생기는 것은 아니므로 고충심사의 결정은 행정상 쟁송의 대상이 되는 행정처분이라 할 수 없다(대판 1987. 12. 8, 87누657).

Ⅲ. 재산상의 권리

1. 보수청구권

(1) 의의

공무원은 근로의 대가로서 보수청구권을 가진다. 보수란 봉급과 그 밖의 각종 수당을 합산한 금액을 말한다. 다만, 연봉제 적용대상 공무원은 연봉과 그 밖의 각종 수당을 합산한 금액을 말한다(공무원보수규정 제4조 제1호). 봉급이란 직무의 곤란성과 책임의 정도에 따라 직책별로 지급되는 기본급여 또는 직무의 곤란성과 책임의 정도 및 재직기간 등에 따라 계급(직무

등급이나 직위를 포함한다)별, 호봉별로 지급되는 기본급여를 말한다(제4조 제2호).

(2) 성질

보수의 성질에 관하여는 근무에 대한 반대급부설과 최저생활을 보장하기 위한 생활자금설이 있으나, 공무원의 보수는 기본적으로는 근로의 대가로서의 성질을 가지면서도 공무원의 생활보장적 의미를 포함한 두 가지의 성질을 함께 가지는 것이라고 할 수 있다. 즉, 보수는 직무의 곤란성과 책임의 정도에 상응하도록 계급별로 정한다는 규정(국가공무원법 제46조)과 결근·휴직·직위해제자는 봉급을 감액한다는 규정(공무원보수규정 제27조~제29조)은 보수의 반대급부적 성격을 반영한 것이다. 또한 보수는 일반의 표준생계비·민간의 임금 등을 고려하여 결정한다는 규정(국가공무원법 제46조)과 보수의 압류를 제한하는 규정(민사소송법 제579조, 국세징수법 제33조) 등은 직업공무원제의 확립과 공무원의 직무전념 및 청렴의무의 유지를 위한 최저생활보장이라는 보수의 생활자료적 성격을 각각 반영한 것이므로 두 가지 성질을 함께 가지는 것이라 할 수 있다.

> **【판례】** 공무원의 보수지급을 구하는 소송은 행정소송의 대상
>
> 교육인적자원부장관(당시 문교부장관)의 권한을 재위임받은 공립교육기관의 장에 의하여 공립유치원의 임용기간을 정한 전임강사로 임용되어 지방자치단체로부터 보수를 지급받으면서 공무원복무규정을 적용받고, 사실상 유치원교사의 업무를 담당하여 온 유치원교사의 자격이 있는 자는 교육공무원에 준하여 신분보장을 받는 정원 외의 임시직 공무원으로 봄이 상당하므로 그에 대한 해임처분의 시정 및 수령지체된 보수의 지급을 구하는 소송은 행정소송의 대상이지 민사소송의 대상은 아니다(대판 1991. 5. 10, 90다10766).

2. 연금청구권

(1) 의의

공무원이 일정기간 근무하고 퇴직 또는 사망하거나, 공무상 질병·부상으로 퇴직 또는 사망한 경우에 본인 또는 유가족에게 지급되는 급여를 연금이라고 한다. 연금은 사회적 위험에 대비한 급여라는 점에서 사회보장제도의 일환이며, 그 재원의 50%는 공무원의 보수에 비례

해서 공무원 자신들이 거출하고, 나머지 50%는 사용자의 지위에 있는 국가·지방자치단체가 부담한다. 연금은 공무원이 납부한 기여금에 비례하여 수령하게 되고, 퇴직 후에는 연령과 생활능력에 관계없이 지급된다는 점에서 공무원 상호간의 공제조합적인 성격도 가지고 있다.

> **【헌재결】** 공무원연금법상의 퇴직급여, 유족급여 등 각종 급여를 받을 권리, 즉, 연금수급권에는 사회적 기본권의 하나인 사회보장수급권의 성격과 재산권의 성격이 불가분적으로 혼재되어 있다(헌재결 1999. 4. 29, 97헌마333).

연금은 적법하게 임용된 공무원에게만 주어지는 것이므로 처음부터 결격사유에 해당하는 공무원임을 간과하고 위법하게 임용된 공무원인 경우에는 일정한 기여금을 지불하였다 하더라도 연금을 수령할 수 없다.

> **【판례】** 공무원연금법에 의한 퇴직급여 등은 적법한 공무원으로서의 신분을 취득하여 근무하다가 퇴직하는 경우에 지급되는 것이고, 임용 당시 공무원 임용결격사유가 있었다면 비록 국가의 과실에 의하여 임용결격자임을 밝혀내지 못하였다고 하더라도 그 임용행위는 당연무효로 보아야 하며, 당연무효인 임용행위에 의하여 공무원의 신분을 취득할 수 없으므로 임용결격자가 공무원으로 임용되어 사실상 근무하여 왔다고 하더라도 적법한 공무원으로서의 신분을 취득하지 못한 자로서는 공무원연금법 소정의 퇴직금급여 등을 청구할 수 없으며, 임용결격사유가 소멸된 후에 계속 근무하여 왔다고 하더라도 그 때부터 무효인 임용행위가 유효로 되어 적법한 공무원의 신분을 회복하고 퇴직급여 등을 청구할 수 있다고 볼 수 없다(대판 1998. 1. 28, 97누16985).

(2) 급여의 종류

연금은 단기급여와 장기급여로 나누어질 수 있는데, ① 단기급여에는 요양비·요양일시금·재해부조금·사망조위금 등이 있으며, ② 장기급여에는 퇴직급여, 장해급여, 유족급여가 있다(공무원연금법 제34조·제42조). 이 밖에 국가유공자로서의 전몰군경·전상군경·순직공무원·공상공무원과 그 유족 등은 '국가유공자 등 예우 및 지원에 관한 법률'에 의한 예우를 받는다.

(3) 청구 및 불복절차

각종 급여는 그 급여를 받을 권리를 가진 자의 신청에 따라 인사혁신처장의 결정으로 공단이 지급한다. 다만, 대통령령으로 정하는 종류의 급여를 결정할 때에는 공무원연금급여심의회의 심의를 거쳐야 하고, 위험직무순직공무원의 위험직무순직유족연금 및 위험직무순직유족보상금을 결정할 때에는 미리 위험직무순직보상심사위원회의 심의를 거쳐야 하며, 지방자치단체의 공무원의 재해부조금 및 사망조위금은 지방자치단체의 장의 결정으로 지방자치단체가 지급한다.

급여에 관한 결정, 기여금의 징수, 그 밖에 이 법에 따른 급여(위험직무순직유족급여는 제외한다)에 관하여 이의가 있는 자는 대통령령으로 정하는 바에 따라 공무원연금급여 재심위원회에 그 심사를 청구할 수 있다. 심사 청구는 급여에 관한 결정 등이 있었던 날부터 180일, 그 사실을 안 날부터 90일 이내에 하여야 한다. 다만, 그 기간 내에 정당한 사유가 있어 심사 청구를 할 수 없었던 것을 증명한 경우에는 예외로 한다.

3. 실비변상청구권

공무원은 그 직무수행을 위하여 특히 비용이 소요되는 경우에, 그 실비를 국가 또는 지방자치단체로부터 변상 받을 권리를 가진다. 또한 공무원이 소속 기관장의 허가를 받아 본래의 업무 수행에 지장이 없는 범위에서 담당 직무 외의 특수한 연구과제를 위탁받아 처리하면 그 보상을 지급받을 수 있다(국가공무원법 제48조 제1항·제2항).

제4절   공무원의 의무

Ⅰ. 개설

현대 민주국가 하에서 공무원과 국가와의 관계는 권리·의무관계이므로 공무원관계의 설정목적에 비추어 합리적인 범위 내에서만 근무의무를 진다고 하겠다. 이는 공무원이 특별권력에 의거하여 포괄적인 의무를 진 과거 특별권력관계이론에서의 공무원과는 차이가 있다. 그러나 공무원은 국민 전체에 대한 봉사자의 지위에 있으므로 일반 사법상의 고용관계와는 달리 특별한 공법적인 의무를 진다.

헌법(제7조 제1항)도 공무원은 국민전체에 대한 봉사자라고 규정하고 있으며, 이에 근거하여 국가 및 지방공무원법은 공무원은 국민 또는 주민 전체의 봉사자로서 직무를 민주적이고 능률적으로 수행할 것을 규정하고 있다(국가공무원법 제1조·지방공무원법 제1조).

Ⅱ. 공무원의 주요의무

1. 선서의무

국가공무원은 공직에 취임할 때에 소속기관장 앞에서 공무원법에 규정된 선언문을 낭독하여 선서를 하여야 한다(국가공무원법 제55조). 지방공무원의 경우도 같다(지방공무원법 제47조). 선서는 공무원의 사명과 의무를 자각하고 확인하게 하여 공직을 수행하는 동안 국가와 국민 앞에 윤리적 책임을 지겠다는 서약을 대외적으로 천명하는 공무원의 의사표시이다. 선서를 하여야 하는 공무원은 경력직공무원은 물론 특수직공무원도 당연히 포함되는 것이지만, 정무직공무원 중 선거에 의하여 취임하는 대통령은 헌법(제69조)에 따라 국민 앞에 선서를 하며, 국회의원은 국회법(제24조)에 따라 선서를 한다.

2. 성실의무

공무원은 국민 전체에 대한 봉사자로서 공공의 이익을 위하여 성실히 근무하여야 한다(국가공무원법 제56조). 성실의무는 후술하는 직무상의 의무 등 다른 모든 의무의 기초가 되는 가장 기본적 의무이며, 사상 윤리성이 강한 의무이다.

성실의무는 단지 법령을 준수하고 상관의 명령에 복종하는 것 이상으로 적극적으로 공공의 이익을 도모하기 위하여 전인격과 양심을 바쳐 성실히 직무를 수행하는 것을 내용으로 한다.[57] 따라서 공무원의 공무수행이 법령에 위배되지 않는다 하더라도 성실의 의무에 위배되면 징계의 사유가 된다.

---

57) 지방공무원법 제48조 소정의 성실의무는 공무원에게 부과된 가장 기본적인 중요한 의무로서 최대한으로 공공의 이익을 도모하고 그 불이익을 방지하기 위하여 전인격과 양심을 바쳐서 성실히 직무를 수행하여야 하는 것을 그 내용으로 한다(대판 1989.5.23. 88누3161).

경찰공무원의 성실의무 위반으로 인정한 예로는 ① 수사하는 경찰공무원이 피고소인과 동석한 술집으로 고소인을 불러내어 부담하게 하고, 그날 저녁에 꼭 필요하다고 차용한 위 금원을 다음날 고소인이 찾아가 반환을 요구할 때까지 사용도 하지 않은 채 돌려주었으며, 자기가 알아 낸 탈세사건을 적법한 보고절차도 없이 들추어 이를 수사하여 엄벌할 것처럼 고소인 부처를 협박하고 경리장부를 멋대로 압수한 경우,[58] ② 수사담당 경찰관이 그가 담당한 피의사건과 관련하여 범죄조직과 관련이 있는 것으로 의심되는 사람으로부터 금품을 수수하고 그 사건 처리과정에서 나타난 수사상의 직무유기와 직무태만으로 인하여 사건이 부당 처리되고 그 후 그 사실이 신문에 보도되어 경찰공무원의 품위를 손상하게 한 경우,[59] ③ 경찰공무원이 순찰중 야간에 전조등을 켜지 아니한 채 운행하던 봉고차를 적발하고서도 금전을 받고 운전자를 훈방한 경우[60] 등이 있다.

【판례】 ① 전국기관차협의회가 주도하는 집회 및 철도파업은 정당한 단체행동의 범위 내에 있는 것으로 보기 어렵고, 또한 그 집회가 적법한 절차를 거쳐 개최되었고 근무시간 외에 사업장 밖에서 개최되었다고 하더라도 철도의 정상적인 운행을 수행하여야 할 철도 기관사로서의 성실의무는 철도의 정상운행에 지장을 초래할 가능성이 높은 집회에 참여하지 아니할 의무에까지도 미친다고 보아, 철도기관사에 대하여 그 집회에 참석하지 못하도록 한 지방철도청장의 명령은 정당한 직무상 명령이다(대판 1997. 2. 11, 96누2125).

② 관계서류 등이 형식적으로 구비된 점만을 피상적으로 확인하였을 뿐 서류의 내용을 면밀히 검토하고 사업장에 임하여 사업활동상황과 기계설치현황을 철저히 확인하지 아니한 잘못으로 수입면장과 세금계산서를 위조하여 부가가치세액을 환급받아 편취하려는 사실을 쉽게 알 수 있는 자에게 부가가치세를 환급받게 하고 다시 자체조사시에 이를 적정한 것으로 처리하였을 뿐만 아니라 동일인이 부가가치세액 확정신고를 하지 아니한 데 따른 조사결정 조치도 취하지 아니한 세무공무원은 공무원의 성실의무에 크게 위반한 것이니 그에 대한 해임의 징계처분은 적법하다(대판 1984. 1. 24, 83누610).

③ 특정건축물 양성화 업무의 주무국장 겸 신고된 양성화대상 건축물의 정리등에 관한 사항을 심의의결하는 특정건축물정리 심의위원회 위원장 직무대행자가 위 업무의 신속한 처리와 업무의 과중을 빙자하여 담당직원 1인에게 그 신고서류에 대한 검토를 전담시켰을 뿐 아니라 동인의 검토결과를 그대로 믿은 나머지 그 진위여부에 대한 확인조치를 취하지

---

58) 대판 1984.7.24, 84누140.

59) 대판 1987.10.26, 87누493.

60) 대판 1987.10.26, 87누740.

아니하여 위 담당직원이 그 신고인들과 결탁하여 허위의 신고서류임을 알고서도 위 심의 위원회의 심의에 회부하도록 방치함으로써 부당양성화조치가 이루어지게 되었다면, 이는 동인이 특정건축물 양성화업무를 처리함에 있어 부하 직원에 대한 감독을 소홀히 하는 등 직무상 성실의무를 위배하였다고 할 것이다(대판 1987. 4. 14, 86누183).

3. 직무상 의무

(1) 법령준수의무
공무원은 직무를 수행함에 있어서 법령을 준수하여야 한다(국가공무원법 제56조). 법령위반행위는 위법행위가 되어 무효·취소·국가배상의 원인이 될 뿐만 아니라, 공무원 자신은 징계책임은 물론 변상책임과 형사책임까지 지게 될 경우도 있다.

(2) 복종의무
공무원은 직무수행에 있어 소속 상관의 직무상의 명령에 복종하여야 한다(국가공무원법 제57조). 공무원의 직무수행의 방법은 법령에 직접 규정되어 있는 경우에는 그대로 이행하면 된다. 그러나 일반적으로 법령에는 그 기준이나 원칙만 규정하고, 그 구체적인 집행은 권한 있는 기관의 판단이나 지침에 따른다. 이 경우 법령집행의 유기적 통일성과 행정집행의 효율성을 확보하기 위하여 공무원은 상관의 직무상 명령을 충실히 이행하여야 한다.

1) 소속 상관
소속 상관이란 소속기관의 장 또는 보조기관 여부에 관계없이 공무원의 직무에 관하여 지휘·감독권을 가진 자를 말한다. 소속 상관에는 신분상의 상관과 직무상의 상관이 있는바, 여기서 소속 상관은 직무상의 소속 상관을 의미한다. 따라서 타 기관에 파견근무중인 자의 경우에는 본인이 현재 파견근무하고 있는 기관의 상관을 말한다.

2) 직무명령
직무명령은 공무원의 직무에 관하여 상관이 부하에게 발하는 명령으로서, 형식은 구술·문서 어느 형식에 의하더라도 관계없다. 직무명령은 형식적 요건과 실질적 요건을 갖추어야 한다. 즉, ① 형식적 요건으로서 권한 있는 소속 상관이 부하의 직무범위 내의 사항으로서

부하의 직무상 독립된 업무(감사위원 등 각종 위원회 위원의 업무 등)에 속하지 아니하는 사항에 관하여 법령이 요구하는 형식·절차가 있으면 이를 갖추어야 한다. 반면, ② 실질적 요건으로서는 그 내용이 법령과 공익에 적합하여야 한다.

직무명령은 법령이 아니므로 이에 위반할 경우 위법은 아니며, 따라서 그 행위의 대외적 효력에는 아무 영향이 없다. 그러나 내부적으로는 복종의무위반으로서 당해 공무원이 징계책임을 지게 된다. 또한, 직무명령은 상관이 부하에게 발하는 명령이므로 공무원의 변동에 의하여 그 효력을 상실한다.

3) 복종의무의 한계
(가) 형식적 요건
직무명령의 형식적 요건의 구비여부는 외관상 명백한 것이 보통이므로 부하공무원은 이를 심사할 수 있고, 그 요건이 결여된 경우에는 복종을 거부할 수 있다.

(나) 실질적 요건
상관의 직무명령의 실질적 요건의 구비여부에 관하여는 견해의 대립이 있다. 즉, ① 직무명령이 중대하고 명백한 위법으로서 무효인 경우에만 복종의무가 없다는 종래의 통설적 견해,[61] ② 위법인 경우에는 항상 복종의무가 없다는 견해,[62] ③ 명백한 위법인 경우에는 복종의무가 없다는 중간적 견해[63]가 있다. 생각건대, 위법한 직무명령에도 복종하여야 한다면 공무원은 법령준수의무를 지키지 않아도 된다는 결론에 이르게 된다. 또한 법령준수의무에 위반할 경우 징계책임을 지지 않을 수 없다는 점을 감안하면 위법한 직무명령은 복종의무가 없다고 함이 타당하다고 할 것이다. 그러나 현실적으로 위법성 여부의 판단은 쉽지 않으므로 명백한 위법에 한하여 복종의무가 없다고 하여야 할 것이다. 또한 명백한 위법임에도 불구하고 이에 복종한 경우에는 징계책임 등 공무원법상의 책임을 면치 못한다고 할 것이다.

---

61) 김도창, 일반행정법론(하), 255면.

62) 김동희, 행정법Ⅱ, 144면.

63) 박윤흔, 행정법강의(하), 256면.

【판례】 ① 하관은 소속상관의 적법한 명령에 복종할 의무는 있으나, 그 명령이 참고인으로 소환된 사람에게 가혹행위를 가하는 등과 같이 <u>명백한 위법 내지 불법한 명령인 때에는 이는 벌써 직무상의 지시명령이라 할 수 없으므로 이에 따라야 할 의무는 없다</u>(대판 1988. 2. 23, 87도2358).

② 상급자가 하급자에 발하는 직무상의 명령이 유효하게 성립하기 위하여는 상급자가 하급자의 직무범위 내에 속하는 사항에 대하여 발하는 명령이어야 하는 것인바, 검찰총장이 검사에 대한 비리혐의를 내사하는 과정에서 해당 검사에게 참고인과 대질신문을 받도록 담당부서에 출석할 것을 지시하는 경우, 검찰총장의 위 출석명령은 "검찰총장은 대검찰청의 사무를 맡아 처리하고 검찰사무를 통할하며 검찰청의 공무원을 지휘 · 감독한다."라고 규정한 검찰청법 제12조 제2항을 근거로 하고 있다. 그러나 위 규정은 검찰총장이 직무상의 명령을 발할 수 있는 일반적인 근거규정에 불과하고, 구체적으로 그러한 직무상의 명령이 유효하게 성립하기 위해서는 하급자인 그 검사의 직무범위 내에 속하는 사항을 대상으로 하여야 할 것인데, 그 검사가 대질신문을 받기 위하여 대검찰청에 출석하는 행위는 검찰청법 제4조 제1항에서 규정하고 있는 검사의 고유한 직무인 검찰사무에 속하지 아니할 뿐만 아니라, 또한 그 검사가 소속 검찰청의 구성원으로서 맡아 처리하는 이른바 검찰행정사무에 속한다고 볼 수도 없는 것이고, 따라서 위 출석명령은 그 검사의 <u>직무범위 내에 속하지 아니하는 사항을 대상으로 한 것이므로 그 검사에게 복종의무를 발생시키는 직무상의 명령이라고 볼 수는 없다</u>(대판 2001. 8. 24, 2000두7704).

4) 직무명령의 경합

둘 이상의 상관으로부터 서로 모순되는 직무명령을 받은 경우에는 상급상관에 복종하여야 한다는 견해와 직근상관에 복종하여야 한다는 견해가 있다. 그러나 행정조직의 계층적 질서를 고려하면 직근상관의 명령에 복종해야 한다는 것이 통설적 견해이다.

(3) 직무전념의무

1) 직장이탈금지

공무원은 소속 상관의 허가 또는 정당한 사유가 없으면 직장을 이탈하지 못한다(국가공무원법 제58조 제1항). 이 의무는 근무시간 중에 성립하는 것이나, 근무시간 외의 시간외근무명령이 있은 경우에도 이 의무는 성립한다.

한편, 수사기관이 공무원을 구속하고자 할 때에는 현행범을 제외하고는 소속기관장에게 미리 통보하도록 함으로써(제2항) 후임자 보충 등의 조치를 취하여 업무의 공백을 막을 수 있도록 하였다. 공무원이 사직원을 제출하였으나 수리되지 않은 상태에서 무단결근하는 경우에도 직장이탈에 해당한다(대판 1991. 11. 22, 91누3666).

> **【판례】** 경찰서 수사과 형사계 반장인 원고의 부하직원에 대한 뇌물수수사건의 검찰 수사과정에서 뇌물을 받은 사람이 원고라는 제공자의 진술에 따라 원고에게까지 수사가 확대되자, 원고가 수사를 피하기 위하여 <u>사직원을 제출하였으나 수리도 되지 아니한 상태에서 소속상관의 허가없이 3개월여 동안 직장을 이탈하고 출근하지 아니하여 뇌물수수 등의 죄로 지명수배된 경우, 원고의 위와 같은 행위는 국가공무원법상의 직장이탈이어서 같은 법 제78조 제1항 제1호에 해당한다</u>는 이유로 원고에 대하여 한 파면처분에 재량권을 남용 또는 일탈한 위법이 없다(대판 1991. 11. 12, 91누3666).

2) 영리업무 및 겸직금지

공무원이 직무에 전념할 수 있도록 하기 위하여 공무 외의 다른 영리업무는 어떠한 경우에도 종사할 수 없으며, 영리업무가 아닌 다른 직무라도 소속기관장의 허가 없이는 다른 직무를 겸하지 못한다(국가공무원법 제64조).

3) 정치운동금지

헌법(제7조 제2항)은 "공무원의 신분과 정치적 중립성은 법률이 정하는 바에 의하여 보장된다"라고 규정하고 있다. 이를 구체화하기 위하여 정당가입·선거운동 등 정치적 행위를 금지하고(국가공무원법 제66조 제1항), 위반할 경우 벌칙을 과하고 있다(제84조). 다만, 대통령·국무총리·국무위원·차관 및 이들의 비서관 등 대통령령이 정하는 특수경력직공무원은 제외된다(제3조 제3항).

4) 집단행동금지

헌법은 제33조 제2항에서 "공무원인 근로자는 법률이 정하는 자에 한하여 단결권·단체교섭권 및 단체행동권을 가진다"라고 규정하고 있는바, 이에 의거하여 공무원은 법률이 정하는 자에 한하여 노동3권을 가지므로, 국가공무원법은 공무원의 노동운동과 기타 공무 이외의 일을 위한 집단행동을 금지하고, 이에 위반할 경우 벌칙을 과하고 있다(국가공무원법

제66조 · 제84조). 다만, 정보통신부 · 철도청 · 국립의료원에서 '사실상 노무'에 종사하는 공무원과 특수경력직공무원은 제외된다(제66조 제1항 단서 및 제3항 단서).

【판례】 ① 공무원의 집단행위를 금지한 국가공무원법 제66조 제1항이 헌법 제11조의 평등조항, 제21조의 언론 · 출판 · 집회 · 결사의 자유조항, 제31조 제4항의 교육의 자주성 등의 보장조항, 제33조의 근로자의 단결권 등의 조항이나 제37조 제2항의 국민의 자유와 권리의 제한에 관한 조항에 위배된 위헌규정이라고 할 수 없다(대판 1990. 12. 26, 90다8916 ; 대판 1990. 9. 25, 90도1394).

② 국가공무원이 전국교직원노동조합의 노동운동을 위하여 집단적 행위를 하였다면 그것이 비록 교육의 구조적 모순을 바로잡기 위한 데서 비롯되었다 하더라도 국가공무원법 제66조 제1항 위반의 범죄성립에는 영향이 없다(대판 1990. 9. 11, 90도1356).

③ 국가공무원법 제66조 제1항이 금지하고 있는 '공무 이외의 집단적 행위'라 함은 공무원으로서 직무에 관한 기강을 저해하거나 기타 그 본분에 배치되는 등 공무의 본질을 해치는 특정목적을 위한 다수인의 행위로서 단체의 결성단계에는 이르지 아니한 상태에서의 행위를 말한다. 장관 주재의 정례조회에서의 집단퇴장행위는 공무원으로서 직무에 관한 기강을 저해하거나 기타 그 본분에 배치되는 등 공무의 본질을 해치는 다수인의 행위이라 할 것이므로, 비록 그것이 건설행정기구의 개편안에 관한 불만의 의사표시에서 비롯되었다 하더라도, 위 '공무 외의 집단적 행위'에 해당한다(대판 1992. 3. 27, 91누9143).

---

(4) 친절 · 공정의무

공무원은 국민 전체의 봉사자로서 친절 · 공정하게 집무하여야 한다(국가공무원법 제59조). 따라서 공무원의 직무상 친절 · 공정의무는 단순한 도덕상의 의무가 아니라 법적 의무이므로, 이에 위반하면 징계 등의 사유가 된다.

(5) 비밀엄수의무

1) 의의

공무원의 비밀엄수의무는 공무원이 직무상 알게 된 비밀을 엄수하게 함으로써 행정상의 비밀을 보호하고 행정상의 질서를 확보함을 목적으로 한다. 즉, 공무원의 비밀엄수는 궁극적으로 국민 전체의 이익을 위하여 부과된 것이다. 국가공무원법(제60조)도 "공무원은 재직 중은 물론 퇴직 후라도 직무상 알게 된 비밀을 엄수하여야 한다"라고 규정하고 있다.

2) 비밀의 범위

비밀은 I급·II급·대외비 등 형식적으로 비밀로 분류된 형식적 비밀(형식설)뿐만 아니라, 일반적으로 알려지지 않은 사실도 알려질 경우에 국가나 국민 전체의 공익 또는 특정 개인·기업의 사익이 침해될 것이 객관적으로 명백한 실질적 비밀(실질설)도 포함한다는 견해가 타당하다고 본다. 판례도 이와 같은 입장이다.

> **【판례】** 국가공무원법상 직무상 비밀이라 함은 국가 공무의 민주·능률적 운영을 확보하여야 한다는 이념에 비추어 볼 때 당해 사실이 일반에 알려질 경우 그러한 행정의 목적을 해할 우려가 있는지 여부를 기준으로 판단하여야 하며, 구체적으로는 행정기관이 비밀이라고 형식적으로 정한 것에 따를 것이 아니라 실질적으로 비밀로서 보호할 가치가 있는지, 즉 그것이 통상의 지식과 경험을 가진 다수인에게 알려지지 아니한 비밀성을 가졌는지, 또한 정부나 국민의 이익 또는 행정목적 달성을 위하여 비밀로서 보호할 필요성이 있는지 등이 객관적으로 검토되어야 한다(1996. 10. 11, 94누7171).

3) 알 권리와의 관계

비밀엄수의무는 국민의 알 권리와 정면으로 충돌되므로 적절한 조화가 필요하다. 비록 '공공기관의 정보공개에 관한 법률'에서 직무상 비밀의 범위 등에 관하여 규정하고 있으나, 공무원법상의 공무원의 비밀엄수의무와의 충돌·저촉되는 문제가 있다.

4) 법률에 의한 증언

공무원 또는 공무원이었던 자가 그 직무에 관하여 알게 된 사실에 관하여 본인 또는 당해 공무소가 직무상 비밀에 속한 사항임을 신고한 때에는 그 소속공무소 또는 감독관공서의 승낙 없이는 증인으로 신문하지 못한다. 예컨대 국회의원의 경우에는 국회의 동의를, 국무위원의 경우에는 국무회의의 동의를 받아야 한다. 이 경우 동의 관청은 국가의 중대한 이익을 해치는 경우를 제외하고는 동의를 거부하지 못한다(민사소송법 제305조~제307조, 형사소송법 제147조·제177조).

그러나 국회로부터 증언 또는 서류제출의 요구를 받은 경우에는 군사·외교·대북관계의 국가기밀로서 국가안위에 중대한 영향을 미친다는 주무부장관의 소명이 있는 경우를 제외하고는 직무상의 비밀이라는 이유로 이를 거부할 수 없다(국회에서의 증언·감정 등에 관한 법률 제4조).

> **【판례】** 공무원 또는 공무원이었던 자가 직무상 비밀에 속한다는 이유로 지방의회의 증언 또는 서류제출 요구 등을 거부할 수 없도록 규정한 조례안의 경우, 언제나 국가기밀을 공개하여야 한다는 것은 부당하고 국민의 알 권리도 헌법 제37조 제2항에 의하여 국가안전보장·질서유지·공공복리를 이유로 제한될수 있다는 점에서 절대적인 권리는 아니므로, 그 규정이 목적하는 바가 국가기밀을 빙자하여 자료제출, 증언을 거부하려는 것을 막는 데 있다면, 국회에서의증언·감정등에관한법률과 같이 그것이 공개됨으로써 국가의 안전보장 등에 중대한 위험을 초래할 국가기밀의 경우에는 공개를 거부할 수 있는 예외를 합리적으로 인정하였어야 함에도, 이러한 예외를 인정함이 없이 그것이 공개됨으로써 국가의 안전보장에 중대한 영향을 미칠 국가기밀의 경우까지도 반드시 공개하도록 규정된 조례안은 이런 점에서 공무원의 비밀유지의무를 규정한 국가공무원법 제60조, 지방공무원법 제52조, 형법 제127조, 보안업무규정 제24조와 지방자치법 제36조 제7항, 같은법시행령 제17조의4 제3항에 위반된다(대판 1995. 6. 30, 93추83).

5) 의무위반의 효과

비밀엄수의무를 위반한 경우에는 징계사유가 될 뿐만 아니라, 형법상 피의사실공표죄(제126조), 공무원비밀의 누설죄를 구성한다(제127조).

(6) 청렴의무

공무원은 직무와 관련하여 직접적이든 간접적이든 사례·증여 또는 향응을 주거나 받을 수 없다. 또한 공무원은 직무상이 관계가 있든 없든 그 소속 상관에게 증여하거나 소속 공무원으로부터 증여를 받아서는 아니 된다(국가공무원법 제61조). 이에 위반할 경우 징계사유가 되며, 형법상의 증·수뢰죄를 구성한다(형법 제129조~제132조).

(7) 품위유지의무

공무원은 직무의 내외를 불문하고 그 품위를 손상하는 행위를 하여서는 아니 된다(국가공무원법 제63조). 이는 공직의 체면·위신·신뢰를 유지하기 위한 것으로서 축첩·도박, 마약·알콜중독 등 사생활에 이르기까지 공직의 품위에 직접 영향을 미치는 것을 포함한다.

품위유지에 관한 판례로는 ① 훈령에 위반한 요정출입행위,[64] ② 당직근무 중 심심풀이로 한 화투놀이,[65] ③ 예비군동원훈련 중 구멍가게에서 술을 마신 행위,[66] ④ 교육자로서 전교조결성집회에 참석하여 머리띠를 두르고 구호를 외치는 집단행동[67] 등이 있다.

> **【판례】** 국민으로부터 널리 공무를 수탁하여 국민전체를 위해 근무하는 공무원의 지위를 고려할 때 공무원의 품위손상행위는 본인은 물론 공직사회에 대한 국민의 신뢰를 실추시킬 우려가 있으므로 지방공무원법 제55조는 국가공무원법 제63조와 함께 공무원에게 직무와 관련된 부분은 물론 사적인 부분에 있어서도 건실한 생활을 요구하는 '품위유지의무'를 규정하고 있고, 여기에서 '품위'라 함은 주권자인 국민의 수임자로서의 직책을 맡아 수행해 나가기에 손색이 없는 인품을 말한다(대판 1998. 2. 27, 97누18172).

(8) 외국정부로부터 영예를 받을 경우 허가를 받아야 하는 의무

공무원이 외국 정부로부터 영예나 증여를 받을 경우에는 대통령의 허가를 받아야 한다(국가공무원법 제62조). 이는 공무원이 개인으로서 받는 것이 아니라 국가의 공무원이기 때문에 받는 것이다. 따라서 그것이 우리나라의 국익에 저촉되는지 여부 등 그 적격성을 심사하기 위하여 이러한 의무를 부과하고 있다.

4. '공직자윤리법'상의 의무

(1) 재산등록 및 공개의무

대통령·국무총리·국무위원·국회의원 등 국가의 정무직공무원, 지방자치단체의 장 등 지방자치단체의 정무직공무원과 지방의회 의원 및 4급 이상의 공무원·법관·검사·대령·총경·학장 이상의 공무원이 그에 해당한다.

---

64) 대판 1967. 5. 2, 67누24.

65) 대판 1972. 12. 26, 72누194.

66) 대판 1983. 6. 28, 83누94.

67) 대판1992. 6. 26, 91누11780.

등록의무자가 등록할 재산은 ① 본인, ② 배우자(사실상의 혼인관계에 있는 자를 포함한다), ③ 본인의 직계존속·직계비속(다만, 혼인한 직계비속인 여성과 외증조부모, 외조부모, 외손자녀 및 외증손자녀는 제외한다)의 일정한 재산을 등록하여야 한다. 등록의무자는 매년 1월 1일부터 12월 31일까지의 재산 변동사항을 다음 해 2월 말일까지 등록기관에 신고하여야 한다. 다만, 최초의 등록 후 또는 제5조 제1항 단서에 따른 신고 후 최초의 변동사항 신고의 경우에는 등록의무자가 된 날부터 그 해 12월 31일까지의 재산 변동사항을 등록기관에 신고하여야 한다(공직자윤리법 제3조·제4조·제6조).

공직자윤리위원회는 관할 등록의무자 중 ① 대통령·국무총리·국무위원·국회의원·국가정보원의 원장 및 차장 등 국가의 정무직공무원, ② 지방자치단체의 장, 지방의회의원 등 지방자치단체의 정무직공무원, ③ 일반직 1급 국가공무원 및 지방공무원과 이에 상응하는 보수를 받는 별정직공무원, ④ 대통령령으로 정하는 외무공무원과 국가정보원의 기획조정실장, ⑤ 고등법원 부장판사급 이상의 법관과 대검찰청 검사급 이상의 검사 등에 해당하는 공직자 본인과 배우자 및 본인의 직계존속·직계비속의 재산에 관한 등록사항과 제6조에 따른 변동사항 신고내용을 등록기간 또는 신고기간 만료 후 1개월 이내에 관보 또는 공보에 게재하여 공개하여야 한다(제10조 참조).

(2) 선물신고의무

공무원(지방의회의원을 포함한다) 또는 공직유관단체의 임직원은 외국으로부터 선물을 받거나 그 직무와 관련하여 외국인(외국단체를 포함한다)에게 선물을 받으면 지체 없이 소속 기관·단체의 장에게 신고하고 그 선물을 인도하여야 한다. 이들의 가족이 외국으로부터 선물을 받거나 그 공무원이나 공직유관단체 임직원의 직무와 관련하여 외국인에게 선물을 받은 경우에도 또한 같다(제15조 제1항). 신고된 선물은 즉시 국고에 귀속된다(제16조).

(3) 퇴직자의 취업제한

등록의무자는 퇴직일부터 3년간 퇴직 전 5년 동안 소속하였던 부서 또는 기관의 업무와 밀접한 관련성이 있는 기관에 취업할 수 없다. 다만, 관할 공직자윤리위원회의 승인을 받은 때에는 그러하지 아니하다(제17조 제1항).

관할 공직자윤리위원회는 제17조 제1항을 위반하여 취업한 사람이 있는 때에는 국가기관의 장, 지방자치단체의 장에게 해당인에 대한 취업해제조치를 하도록 요청하여야 하며, 요청을 받은 국가기관의 장 또는 지방자치단체의 장은 해당인이 취업하고 있는 취업제한기관의 장에게 해당인의 해임을 요구하여야 한다. 해임 요구를 받은 취업제한기관의 장은 지체 없이 이에 응하여야 한다. 이 경우 취업제한기관의 장은 그 결과를 국가기관의 장 또는 지방자치단체의 장에게 통보하고, 국가기관의 장 또는 지방자치단체의 장은 관할 공직자윤리위원회에 통보하여야 한다(제19조 제1항·제2항).

> **【헌재결정】** 검찰청법 제12조 제4항은 검찰총장은 퇴임 후 2년 이내에는 법무부장관과 내무부장관(현 행정안전부장관)직뿐만 아니라 모든 공직에의 임명을 금지하고 있으므로 심지어 국·공립대학교 총·학장, 교수 등 학교의 경영과 학문연구직에의 임명도 받을 수 없게 되어 있다. 그 입법목적에 비추어 보면 그 제한은 <u>필요 최소한의 범위를 크게 벗어나 직업선택의 자유와 공무담임권을 침해하는 것으로서 헌법상 허용될 수 없다</u>(헌재결 1997. 7. 16, 97헌마26).

5. 병역사항의 신고의무

대통령, 국무총리, 국무위원, 국회의원 등 '공직자 등의 병역사항 신고 및 공개에 관한 법률' 제2조에 규정되어 있는 자(신고의무자)는 신고의무자가 된 날로부터 1월 이내에 본인과 본인의 18세 이상인 직계비속에 대한 병역사항을 신고하여야 한다(제2조·제3조).

제5절 공무원의 책임

Ⅰ. 개설

공무원의 책임이란 공무원이 의무를 위반하여 위법행위를 하거나 심히 부당한 행위를 하는 등의 과오에 대한 불이익한 법적 제재를 받게 되는 것을 말한다. 협의의 공무원책임은 공무원으로서 공무원법상의 의무위반에 대한 공무원관계 내부에서의 책임만을 의미한다. 이에 대하여 광의의 공무원책임은 사회일반의 법익을 침해하였기 때문에 지게 되는 민·형사상의 책임까지 포함하는 의미이다. 아래에서는 광의의 공무원책임의 의미로 설명하고자 한다.

헌법 제7조 제1항의 규정에 의하여 공무원은 국민 전체에 대한 봉사자이며, 국민에 대하여 책임을 진다. 따라서 공무원의 책임은 국민과의 관계에서의 책임이라 할 수 있다. 공무원의 책임을 추궁하는 방식으로는 헌법상 책임,[68] 형사상의 책임, 민사상의 책임 및 행정상의 책임 등으로 나누어진다.

Ⅱ. 행정상의 책임

1. 징계책임

(1) 의의

징계란 공무원이 공무원으로서 부담하는 의무를 위반한 때에 공무원에게 가하는 법적 제재로서의 벌을 가하는 것을 말한다. 특히 공무원이 직무상 의무를 위반한 경우에 공무원관계의 질서를 유지하기 위하여 공무원에게 과하는 징계를 징계벌이라 한다. 즉, 공무원이 특별권력관계에서 부담하는 의무를 위반한 경우에 특별권력관계 내부의 질서유지를 위하여 징계벌을 과하게 된다. 이러한 징계벌을 받아야 하는 공무원의 지위를 징계책임이라고 하며, 징계벌을 과하는 행정기관의 행위를 징계행위(징계처분)라고 한다.

(2) 징계벌과 형벌과의 차이

징계벌은 벌을 가한다는 점에서는 형벌과 유사성이 있다. 그러나 양자는 다음에서 보는 바와 같은 차이가 있다.

---

68) 헌법상 공무원의 책임을 추궁하는 방법으로는 ① 국회의원 등에 대한 선거를 통한 책임추궁 (41), ② 대통령, 국무총리 및 행정각부의 장 등에 대한 탄핵에 의한 책임추궁(65), ③ 국무총리 및 국무위원에 대한 해임건의에 의한 책임추궁(63), ④ 헌법 제26조(청원권)에 의한 파면청원에 의한 책임추궁 등이 있다.

1) 권력적 기초

징계벌은 직접적으로 공무원관계에 입각한 특별권력에 기초하여 과해지는 처벌이다. 반면에 형벌은 국가의 통치권에 근거하여 과해진다. 그러나 오늘날 특별권력관계의 관념은 불식되고 있으며, 징계벌 역시 법률에 근거해서 과할 수 있다는 점에서 특별권력관계의 관념을 원용할 필요가 없다라는 견해도 있다.[69]

2) 목적

징계벌은 공무원관계 내부의 질서를 유지하는 것을 목적으로 한다. 반면에 형벌은 반사회적 법익침해에 대하여 국가사회의 일반적 법질서를 유지함을 직접 목적으로 하여 과하는 제재이다.

> 【판례】 ① 공무원에 대한 징계처분은 공무원관계의 질서를 유지하고 기강을 숙정하여 공무원으로서 의무를 다하도록 하기 위하여 과하는 제재이다(대판 1983.6.28, 83누130).
> ② 공무원에 대한 징계처분은 당해 공무원의 직무상 위반행위 기타 비행이 있는 경우 공무원관계의 질서를 유지하고, 기강을 숙정하여 공무원으로서의 임무를 다하도록 하기 위하여 과하는 제재이므로, 공무원인 피징계자에게 징계사류가 있어 징계처분을 하는 경우 어떠한 처분을 할 것인가 하는 것은 징계권자의 재량에 맡겨진 것이고, 다만, 징계권자가 징계권의 행사로서 한 징계처분이 사회통념상 현저하게 타당성을 잃어 징계권자에게 맡겨진 재량권을 남용한 것이라고 인정된 경우에 한하여 위법한 것이다(대판 1992. 3. 27, 91누9145).

3) 내용

징계벌은 공무원의 신분상 이익의 일부 또는 전부를 박탈하는 것을 내용으로 한다. 반면에 형벌은 신분상의 이익뿐만 아니라 재산적 이익이나 신체적 자유의 박탈까지도 그 내용으로 한다. 징계벌은 의무위반이라는 객관적 사실에 대하여 과하는 제재이므로 형벌과는 달리 고의·과실을 요하지 않고 또한 상관은 부하공무원의 의무위반에 대한 감독상의 책임도 면하지 못한다.

---

69) 최영규, 경찰행정법, 147면.

4) 대상

징계벌은 공무원법상의 의무위반을 그 대상으로 한다. 반면에 형벌은 형법상의 의무위반, 즉, 형사범을 그 대상으로 한다. 징계벌은 공무원법상의 의무위반행위에 대한 제재이므로 퇴직후에는 과할 수 없으나 형벌은 퇴직여부와 상관없이 가해진다.

> **【판례】** 징계사유에 대하여 형사상 무죄가 확정되더라도 징계처분은 당연무효가 되는 것은 아님
>
> 징계처분 후 징계사유에 대한 형사사건으로 1심에서 유죄판결이 선고되었으나 그 후 항소심에서 무죄판결이 선고되고 이 판결이 대법원에서 확정되었다면, 그 징계처분이 근거없는 사실을 징계사유로 삼은 것이 되어 위법하다고는 할 수 있으나 그 하자가 객관적으로 명백하다고는 할 수 없으므로 징계처분이 당연무효가 되는 것은 아니다(대판 1994. 1. 11, 93누14752).

(3) 징계벌과 형벌의 병과

징계벌과 형벌은 그 성격을 달리하므로 하나의 행위가 양자의 요건을 모두 충족할 경우에는 병과할 수 있다. 예컨대 뇌물을 받은 공무원을 청렴의무위반으로 징계함과 동시에 형법상 수뢰죄로 처벌할 수 있다. 그러나 ① 감사원에서 조사 중인 사건에 대하여는 조사개시 통보를 받은 날부터 징계 의결의 요구나 그 밖의 징계 절차를 진행하지 못한다. 또한 ② 검찰·경찰, 그 밖의 수사기관에서 수사 중인 사건에 대하여는 수사개시 통보를 받은 날부터 징계 의결의 요구나 그 밖의 징계 절차를 진행하지 아니할 수 있다(국가공무원법 제83조).

> **【판례】** 형사사건과 관계없이 징계처분 가능
>
> 공무원에게 징계사유가 인정되는 이상, 관련된 형사사건이 아직 유죄로 확정되지 아니하였다 하더라도 징계처분을 할 수 있음은 물론 그 징계처분에 대한 행정소송을 진행함에도 아무런 지장이 있을 수 없다(대판 1986. 11. 11, 86누59).

(4) 징계벌과 법치주의

종래의 특별권력관계론에 의하면 특별권력의 주체는 포괄적 지배권을 가지므로 법률에

의한 행정의 원리가 적용되지 않으며, 따라서 징계벌도 법률의 근거 없이 과할 수 있다고 하였다. 그러나 오늘날은 특별권력관계 내부의 행위라도 공무원의 기본관계에 관한 사항은 법치주의가 적용된다. 헌법(제7조 제2항)도 "공무원의 신분은 법률이 정하는 바에 의하여 보장된다"고하여 법률의 수권을 요하게 하고 있다. 따라서 국가공무원법도 이러한 입장에서 징계의 사유·종류·절차 등에 관하여 상세히 규정하고 있다(제10장).

(5) 징계원인

1) 징계원인의 내용

징계원인으로는 ① 국가공무원법(또는 지방공무원법) 및 동법에 의한 명령에 위반하였을 때, ② 직무상의무에 위반하거나 직무에 태만하였을 때, ③ 직무의 내외를 불문하고 그 체면 또는 위신을 손상하는 행위를 한 때 등 세 가지가 있다(국가공무원법 제78조, 지방공무원법 제69조).

2) 징계원인의 시점과 시효

(가) 시점

징계원인은 재직중에 발생한 것이어야 한다. 그러나 임용전의 행위가 징계사유가 될 수 있는지에 관하여 견해가 갈릴 수 있으나 원칙적으로 징계사유가 될 수 없으며, 그 행위가 재직을 허용하지 못할 정도로 중대한 것인 때에는 임용행위를 취소 또는 철회할 수 있다고 본다. 다만 임용권의 행위가 임용 후에도 계속하여 공무원의 품위를 손상시킬 경우에는 징계처분을 할 수 있다 하겠다.

(나) 시효

징계의결 등의 요구는 징계 등의 사유가 발생한 날부터 3년이 지나면 하지 못한다. 단, ① 이 법 및 이 법에 따른 명령을 위반한 경우, ② 직무상의 의무를 위반하거나 직무를 태만히 한 때, ③ 직무의 내외를 불문하고 그 체면 또는 위신을 손상하는 행위를 한 때에는 5년이 지나면 하지 못한다(국가공무원법 제83조의2).

(6) 징계종류

징계의 종류는 파면 · 해임 · 강등 · 정직 · 감봉 · 견책의 6종이 있다(국가공무원법 제79조 · 지방공무원법 제70조).

1) 파면

파면은 징계종류 중 가장 중한 것으로 공무원의 신분을 박탈하는 행위이다. 파면을 당한 자는 이후 5년간 공무원에 임용될 수 없다. 또한 '공무원연금법'상의 퇴직금급여의 일부(재직기간 5년 미만인 자는 4분의 1, 5년 이상인 자는 2분의 1)와 퇴직수당의 2분의 1을 감하여 지급한다(제64조, 시행령 제55조).

2) 해임

해임은 파면과 같이 공무원관계를 해제하는 점에서는 같다. 그러나 해임을 당한 자는 이후 3년간 공무원에 임용될 수 없으나, '공무원연금법'상의 퇴직급여나 퇴직수당의 감액은 없다.

3) 강등

강등은 1계급 아래로 직급을 내리고(고위공무원단에 속하는 공무원은 3급으로 임용하고, 연구관 및 지도관은 연구사 및 시도사로 한다) 공무원신분은 보유하나 3개월간 직무에 종사하지 못하며 그 기간 중 보수는 전액을 감한다. 다만, 계급을 구분하지 아니하는 공무원과 임기제공무원에 대해서는 강등을 적용하지 아니한다(제80조 제1항). 경찰공무원의 승진과 관련하여 강등처분을 받으면 그 집행이 종료된 날로부터 18개월이 경과하기 전에는 승진할 수 없다(경찰공무원 승진임용 규정 제6조 제1항 제2호).

4) 정직

정직이란 공무원으로서의 신분과 직위를 보유하면서 일정기간 직위를 행사하지 못하도록 하는 징계처분이다. 정직은 1월 이상 3월 이하의 기간으로 하고, 정직처분을 받은 자는 그 기간 중 보수의 3분의 2를 감하는 것이다(제80조 제2항). 경찰공무원의 승진과 관련하여 정직처분을 받으면 그 집행이 종료된 날로부터 18개월이 경과하기 전에는 승진할 수 없다(경찰공무원 승진임용 규정 제6조 제1항 제2호).

5) 감봉

감봉은 공무원의 신분을 보유하는 것은 물론, 직무에도 종사하게 하면서 1월 이상 3월 이하의 보수의 3분의 1을 감하는 징계처분이다(제80조 제2항). 경찰공무원이 감봉처분을 받으면 그 집행이 종료된 날부터 12개월이 경과하기 전에는 승진을 할 수 없다(경찰공무원 승진임용 규정 제6조 제1항 제2호).

6) 견책

견책이란 공무원의 과오에 대하여 이를 지적하고 반성을 요구하는 징계 중 가장 경한 처분이다(제80조 제3항). 즉, 견책은 전과에 대하여 훈계하고 회개하게 하는 것이다. 경찰공무원이 견책처분을 받으면 그 집행이 종료된 날부터 6개월이 경과하기 전에는 승진할 수 없다(경찰공무원 승진임용 규정 제6조 제1항 제2호).

【판례】 소속 장관으로부터 받은 경고는 징계처분 부정

공무원이 소속 장관으로부터 받은 '직상급자와 다투고 폭언하는 행위 등에 대하여 엄중 경고하니 차후 이러한 사례가 없도록 각별히 유념하기 바람'이라는 내용의 서면에 의한 경고가 공무원의 신분에 영향을 미치는 국가공무원법상의 징계의 종류에 해당하지 아니하고, 근무충실에 관한 권고행위 내지 지도행위로서 그 때문에 공무원으로서의 신분에 불이익을 초래하는 법률상의 효과가 발생하는 것도 아니므로, 공무원법상의 징계처분이나 행정소송의 대상이 되는 행정처분이라고 할 수 없어 그 취소를 구할 법률상의 이익이 없다(대판 1991. 11. 12, 91누2700).

(7) 징계권자

공무원의 징계처분 등은 징계위원회의 의결을 거쳐 징계위원회가 설치된 소속 기관의 장이 하되, 국무총리 소속으로 설치된 징계위원회에서 한 징계의결 등에 대하여는 중앙행정기관의 장이 한다. 다만, 파면과 해임은 징계위원회의 의결을 거쳐 각 임용권자 또는 임용권을 위임한 상급 감독기관의 장이 한다(제82조 제1항).

경찰공무원의 징계는 징계위원회의 의결을 거쳐 징계위원회가 설치된 소속 기관의 장이 하되, '국가공무원법'에 따라 국무총리 소속으로 설치된 징계위원회에서 의결한 징계는 경찰청장 또는 해양경찰청장이 한다. 다만, 파면·해임·강등 및 정직은 징계위원회의 의결을 거쳐 해당 경찰공무원의 임용권자가 하되, 경무관 이상의 강등 및 정직과 경정 이상의 파면 및 해임은 경찰청장 또는 해양경찰청장의 제청으로 행정안전부장관 또는 해양수산부장관과 국무총리를 거쳐 대통령이 하고, 총경 및 경정의 강등 및 정직은 경찰청장 또는 해양경찰청장이 한다(경찰공무원법 제27조).

(8) 징계절차

1) 소속기관장의 징계요구

5급 이상 공무원 등에 대해서는 소속 장관이, 6급 이하 공무원 등에 대해서는 해당 공무원의 소속 기관의 장 또는 소속 상급기관의 장이 관할 징계위원회에 징계의결 등을 요구하여야 한다. 다만, ① 감사원에서 조사한 사건의 경우에는 공무원 징계처분 또는 징계부가금 부과 처분 요구서, 혐의자·관련자에 대한 문답서 및 확인서 등 조사기록, ② 수사기관에서 수사한 사건의 경우에는 공무원 범죄처분 결과통보서, 공소장, 혐의자·관련자·관련증인에 대한 신문조서 및 진술서 등 수사기록, ③ 그 밖에 다른 기관의 경우에는 징계 등 혐의 사실통보서 및 혐의 사실을 증명할 수 있는 관계 자료에 해당하는 경우에는 관계 자료를 첨부하여 통보하여야 한다(공무원징계령 제7조).

2) 징계위원회의 의결

합의제 의결기관이라 할 수 있는 징계위원회는 국무총리 소속의 중앙징계위원회와, 5급 이상의 공무원을 장으로 하는 행정기관에 두는 보통징계위원회가 있다. 징계위원회는 징계의결등 요구서를 접수한 날부터 30일(중앙징계위원회의 경우는 60일) 이내에 징계의결등을 하여야 한다. 다만, 부득이한 사유가 있을 때에는 해당 징계위원회의 의결로 30일(중앙징계위원회의 경우는 60일)의 범위에서 그 기간을 연장할 수 있다. 징계위원회는 반드시 징계혐의 공무원을 출석시켜 진술의 기회를 부여하여야 하며, 이를 위반한 징계의결은 무효이다(국가공무원법 제81조 제3항 및 제13조 제2항). 그러나 진술권포기서를 제출한 경우 또는 정당한 사유서를 제출하지 아니하고 출석하지 아니한 때에는 그 사실을 기록에 명시하고 출석·진술없이 징계의결을 할 수 있다(공무원 징계령 제10조 제3항·제4항).

> **【판례】** 국가공무원징계위원회는 징계의결요구권자에 의하여 징계의결이 요구된 징계사유 아닌 사유를 들어 징계의결을 할 수는 없으나 징계의결요구시까지의 무단결근을 징계사유로 한 징계의결요구가 있는 경우 그 무단결근이 징계의결을 할 때까지 계속되고 있었다면 소관 징계위원회가 최초에 요구된 일수보다 많은 무단결근일수를 징계의결사항으로 하였다 하여도 이는 무단결근이라는 기초사실의 동일성에 변함이 없고 또 원고들의 방어권행사에 무슨 지장을 주는 것이 아니므로 징계요구없는 사항에 대한 것이라고 할 수는 없다(대판 1984. 9. 25, 84누299).

3) 징계의 집행

징계처분 등의 처분권자는 징계 등 의결서 또는 징계부가금 감면 의결서를 받은 날부터 15일 이내에 징계처분 등을 하여야 한다. 징계처분등의 처분권자는 제1항에 따라 징계처분등을 할 때에는 별지 제4호 서식에 따른 징계처분등의 사유설명서에 징계등 의결서 또는 징계부가금 감면 의결서 사본을 첨부하여 징계처분등의 대상자에게 교부하여야 한다. 다만, 5급이상공무원등(고위공무원단에 속하는 공무원을 포함한다)을 파면하거나 해임한 경우에는 임용제청권자가 징계처분등의 사유설명서를 교부한다(공무원 징계령 제19조 제1항·제2항).

> **【판례】** ① 적법한 출석통지없이 한 징계심의절차는 위법
> 교육공무원의 위임에 의하여 제정된 교육공무원징계령 제8조 소정의 징계혐의자에 대한 출석통지는 징계혐의자로 하여금 징계심의 개최일을 알게 하고 동시에 자기에게 이익이 되는 사실을 진술하거나 증거자료를 제출할 기회를 부여하기 위한 조치에서 나온 강행규정이므로 적법한 출석통지없이 한 징계심의절차는 위법하다(대판 1987. 7. 21, 86누623).

② 진술권포기로 간주되는 경우에는 서면심사로 징계의결 가능

징계혐의자에 대한 출석통지는 징계혐의자로 하여금 자기에게 이익이 되는 사실을 진술하거나 증거자료를 제출할 수 있는 기회를 부여하는 데 목적이 있으므로 징계위원회가 진술의 기회를 부여하였음에도 징계혐의자가 진술권을 포기하거나 출석통지서의 수령을 거부하여 진술권을 포기한 것으로 간주되는 경우 징계위원회는 차후 징계혐의자에 대하여 출석통지를 할 필요없이 서면심사만으로 징계의결을 할 수 있다(대판 1993. 5. 25, 92누8699).

(9) 징계에 대한 구제

징계처분에 이의가 있는 때에는 소청심사위원회에 소청을 할 수 있으며(국가공무원법 제76조 제1항), 소청심사위원회의 결정에 있어서는 불이익변경금지의 원칙이 적용된다(제14조 제7항). 소청심사위원회에서 그 청구가 인용되지 않는 경우, 행정소송을 제기하여 당해 징계처분의 위법을 이유로 행정소송을 제기하여 구제받을 수 있다. 다만, 징계처분에 대한 행정소송은 소청심사위원회의 심사·결정을 거치지 아니하면 제기할 수 없다(제16조).

2. 변상책임

(1) 의의

변상책임이란 공무원이 의무를 위반함으로써 국가 등에 대하여 재산상 손해를 발생시킨 경우에 사용자인 국가 등에 대하여 지는 손해배상책임을 말한다. 여기에는 국가배상법에 의한 일반적인 변상책임과 회계관계직원 등에 의한 변상책임이 있다.

(2) 국가배상법에 의한 변상책임

국가나 지방자치단체는 공무원 또는 공무를 위탁받은 사인이 직무를 집행하면서 고의 또는 과실로 법령을 위반하여 타인에게 손해를 입히거나, '자동차손해배상 보장법'에 따라 손해배상의 책임이 있을 때에는 이 법에 따라 그 손해를 배상하여야 한다. 이 경우 가해공무원에게 고의 또는 중과실이 있게 되면 국가 또는 지방자치단체는 가해공무원에게 구상할 수 있으므로, 이에 의하여 그 공무원은 국가 또는 지방자치단체에 대하여 변상책임을 지게 된다(국가배상법 제2조).

또한, 도로·하천, 그 밖의 공공의 영조물의 설치나 관리에 하자가 있기 때문에 타인에게

손해를 발생하게 하였을 때에는 국가나 지방자치단체는 그 손해를 배상하여야 한다. 이 경우 손해의 원인에 대하여 책임을 질 자가 따로 있으면 국가나 지방자치단체는 그 자에게 구상할 수 있다(제5조).

(3) 회계관계직원 등의 변상책임

회계관계직원은 고의 또는 중대한 과실로 법령이나 그 밖의 관계 규정 및 예산에 정하여진 바를 위반하여 국가, 지방자치단체, 그 밖에 감사원의 감사를 받는 단체 등의 재산에 손해를 끼친 경우에는 변상할 책임이 있으며(회계관계직원 등의 책임에 관한 법률 제4조 제1항), 현금 또는 물품을 출납 · 보관하는 회계관계직원은 선량한 관리자로서의 주의를 게을리하여 그가 보관하는 현금 또는 물품이 망실되거나 훼손된 경우에는 변상할 책임이 있다(제4조 제2항).

중앙관서의 장, 지방자치단체의 장, 감독기관의 장 또는 해당 기관의 장은 변상책임이 있는 손해가 발생한 경우에는 지체 없이 기획재정부장관과 감사원에 알려야 하며(제7조), 감사원의 판정 전이라도 회계관계직원 등의 변상책임이 있다고 인정되면 변상명령을 할 수 있고, 이에 대하여 이의가 있는 회계관계직원은 감사원에 판정을 청구할 수 있고(제6조 제3항), 감사원이 다른 판정을 하면 그 판정에 의하여 변상책임이 확정된다. 따라서 감사원이 해당 회계관계직원에 대하여 변상의 책임이 없다고 판정하거나 변상금액을 감면한 경우에는 회계관계직원이 이미 낸 변상금의 전부 또는 그 차액을 지체 없이 반환하여야 한다(제6조 제4항).

변상책임자가 감사원이 정한 날까지 변상의 책임을 이행하지 아니하였을 때에는 소속 장관 또는 감독기관의 장은 관계 세무서장에게 위탁하여 '국세징수법' 중 체납처분의 규정을 준용하여 이를 집행한다(감사원법 제31조 제5항).

Ⅲ. 형사상의 책임

1. 의의

공무원의 형사상의 책임이란 공무원법상의 의무위반 행위가 동시에 형법 등 형사법에 위반하는 범죄가 되어, 공무원이 그 범죄에 대하여 부담하는 책임을 말한다.

2. 형사벌 책임

공무원의 의무위반행위가 형법에 의하여 보장되는 법익을 침해한 경우에는 형사벌이 과하여지는바, 형법에 의하면 직무범과 준직무범으로 구분된다.

(1) 직무범
직무범은 일정한 직무집행행위 그 자체가 일반사회법익을 침해하는 경우로서, 직무유기죄(제122조[70]), 직권남용죄(제123조[71]), 불법체포·불법감금죄(제124조[72]), 폭행·가혹행위죄(제125조[73]), 피의사실공표죄(제126조), 공무상비밀누설죄(제127조[74]), 선거방해죄(제128조[75]) 등이 있다.

(2) 준직무범
준직무범은 직무행위 그 자체가 범죄가 되는 것이 아니라 공무원이라는 신분상 또는 직무행위와 관련된 행위가 범죄로 되는 경우로서 수뢰죄(제129조~제133조)가 이에 해당된다.

---

70) 제122조(직무유기) 공무원이 정당한 이유없이 그 직무수행을 거부하거나 그 직무를 유기한 때에는 1년 이하의 징역이나 금고 또는 3년 이하의 자격정지에 처한다.

71) 제123조(직권남용) 공무원이 직권을 남용하여 사람으로 하여금 의무없는 일을 하게 하거나 사람의 권리행사를 방해한 때에는 5년 이하의 징역, 10년 이하의 자격정지 또는 1천만원 이하의 벌금에 처한다.

72) 제124조(불법체포, 불법감금) ① 재판, 검찰, 경찰 기타 인신구속에 관한 직무를 행하는 자 또는 이를 보조하는 자가 그 직권을 남용하여 사람을 체포 또는 감금한 때에는 7년 이하의 징역과 10년 이하의 자격정지에 처한다.

73) 제125조(폭행, 가혹행위) 재판, 검찰, 경찰 기타 인신구속에 관한 직무를 행하는 자 또는 이를 보조하는 자가 그 직무를 행함에 당하여 형사피의자 또는 기타 사람에 대하여 폭행 또는 가혹한 행위를 가한 때에는 5년 이하의 징역과 10년 이하의 자격정지에 처한다.

74) 제127조(공무상 비밀의 누설) 공무원 또는 공무원이었던 자가 법령에 의한 직무상 비밀을 누설한 때에는 2년 이하의 징역이나 금고 또는 5년 이하의 자격정지에 처한다.

75) 제128조(선거방해) 검찰, 경찰 또는 군의 직에 있는 공무원이 법령에 의한 선거에 관하여 선거인, 입후보자 또는 입후보자되려는 자에게 협박을 가하거나 기타 방법으로 선거의 자유를 방해한 때에는 10년 이하의 징역과 5년 이상의 자격정지에 처한다.

> **【판례】** 수뢰죄의 직무란 준직무행위와 직무행위를 포함
>
> 형법 제129조의 수뢰죄에 있어서 직무란 공무원이 법령상 관장하는 직무 그 자체뿐만 아니라 그 직무와 밀접한 관계가 있는 준직무행위 또는 관례상이나 사실상 소관하는 직무행위 및 결정권자를 보좌하거나 영향을 줄 수 있는 직무행위도 포함한다(대판 1980. 10. 14, 80도1373).

3. 행정형벌 책임

행정형벌 책임이란 공무원의 의무위반행위가 일반 행정법에 의하여 보장되는 법익을 침해한 경우에 형법이 정한 벌을 받게 되는 경우를 말한다. 예컨대 공무원이 국가공무원법 제44조(시험 또는 임용의 방해행위 금지), 제45조(인사에 관한 부정행위의 금지), 제66조(집단행위의 금지)를 위반 한 자는 다른 법률에 특별히 규정된 경우 외에는 1년 이하의 징역 또는 1천만원 이하의 벌금에 처해지는 경우(국가공무원법 제84조) 등이다.

한편, 우편법(제50조)도 "우편업무에 종사하는 자가 정당한 사유 없이 우편물의 취급을 거부하거나 이를 고의로 지연시키게 한 경우에는 1년 이하의 징역 또는 1천만원 이하의 벌금에 처한다"라고 규정하고 있다.

Ⅳ. 민사상의 책임

공무원이 직무와 관계없이 불법행위로 타인에게 손해를 가한 경우에는 자연인으로서 민사상의 손해배상책임을 지는 것은 당연하다. 국가배상법 제2조는 공무원이 고의 또는 과실로 법령에 위반하여 타인에게 손해를 입혔을 때에는 국가 또는 지방자치단체는 그 배상책임을 진다라고 규정하고 있다. 이에 기하여 공무원 자신이 직접 피해자에게 민사상의 손해배상책임을 지는가에 관하여는 견해의 대립이 있다.

즉, 대위책임설에 의하면 국가나 지방자치단체가 공무원을 대위하여 피해자에게 배상책임을 지고, 공무원에게 고의 또는 중과실이 있는 경우 국가는 공무원에게 구상할 수 있다고 본다. 반면, 자기책임설이나 절충설의 견해에 의하면 고의 또는 중과실이 있는 경우 공무원

의 피해자에 대한 민사상의 책임도 인정될 수 있다고 본다. 판례는 절충설의 입장에서 공무원에게 고의 또는 중과실이 있는 경우에 한하여 공무원 개인도 민사상의 배상책임을 진다고 한다.

한편 판례는 과거 선택적 청구권을 긍정해왔으나 다시 이를 부정하는 등 상반된 태도를 보여 오다가 1996년에 이를 통일하여 공무원의 고의·중과실인 경우에 한하여 국가와 공무원이 중첩적으로 배상책임을 부담한다고 하여 선택적 청구권을 일부 인정하고 있다.[76)]

> **【판례】** ① 공무원의 직무상 불법행위로 인하여 손해를 받은 사람은 국가 또는 공공단체를 상대로 손해배상을 청구할 수 있고, 이 경우에 공무원에게 고의 또는 중대한 과실이 있는 때에는 국가 또는 공공단체는 그 공무원에게 구상할 수 있을 뿐, 피해자가 공무원 개인을 상대로 손해배상을 청구할 수 없다(대판 1994. 4. 12. 93다11807).
> ② 공무원이 직무수행 중 불법행위로 타인에게 손해를 입힌 경우에 국가 등이 국가배상책임을 부담하는 외에 공무원 개인도 고의 또는 중과실이 있는 경우에는 불법행위로 인한 손해배상책임을 진다고 할 것이지만, 공무원에게 경과실뿐인 경우에는 공무원 개인은 손해배상책임을 부담하지 아니한다고 해석하는 것이 헌법 제29조 제1항 본문과 단서 및 국가배상법 제2조의 입법취지에 조화되는 올바른 해석이다(대판 1996. 2. 15. 95다38677).

---

76) 자세한 내용은 유상현 공저, 행정법총론, 행정상 손해배상 부분 참고.

제2편 경찰작용법

제1장
서설

제1절 경찰의 개념
제2절 경찰의 종류

제1장 서설

제1절 경찰의 연혁과 개념

경찰(police)의 어원은 희랍어 내지는 라틴어인 politia에 두고 있는데, 그 당시의 개념은 도시국가의 헌법 및 질서 있는 공동사회를 의미하였으며, 시대에 따라 변천을 거듭하였다. 고대로부터 중세에 이르기까지는 국가활동의 전체라는 뜻으로 사용되었으며, 15세기 후반 독일에서는 봉건영주의 통치권과 결부되어 공공의 질서와 복리를 위한 특별한 통치권으로서 경찰권이 인정되기에 이르렀다. 그 뒤 18세기의 독일에서는 재무·군정·외무·사법작용 등이 경찰에서 분리되어 대체로 내무행정을 의미하는 것으로 축소되었으며, 구체적으로는 형식적 의미로 파악하는 견해와 실질적 의미로 파악하는 견해가 대립되어 왔다. 우리나라에 이러한 서구적 의미의 경찰개념이 도입된 것은 갑오경장(1894년) 이후의 일이다. 즉, 1894년 7월 30일 새로운 관제의 실시에 따라 포도청이 폐지되고, 내무아문소속하에 경무청이 설치된 것이 그의 시초라 할 수 있다.[77] 오늘날 경찰은 일반적으로 "공공의 안녕 혹은 질서에 대한 위험을 방지하거나 이미 발생한 위험을 제거하는 국가작용"을 의미한다. 이와 같은 경찰작용은 모든 국가에서 가장 필수적이고 기본적인 국가기능의 하나가 되고 있다.

한편, 오늘날 국가기능의 중심은 과거의 소극적인 질서유지기능으로부터 점차 국민에 대한 급부와 국민의 생활영역의 조성과 확장 등의 적극적인 형성기능으로 옮겨지고 있다. 따라서 경찰작용의 영역은 점차 축소되어 가고 있다고 할 수 있으나, 사회질서에 대한 위험의 방지라는 점에서 경찰의 기능은 현대사회에 있어서도 여전히 중요한 가치를 가지고 있다.

---

77) 김남진, 행정법Ⅱ, 249면; 김철용, 행정법Ⅱ, 242면.

Ⅰ. 형식적 의미의 경찰

형식적 의미의 경찰이란 경찰을 조직의 기준으로 결정하는 것으로서, 실정법상 일반경찰기관의 권한에 속하는 모든 작용을 말한다. 즉, 국가의 보통경찰기관이 담당하는 모든 행정작용을 말하는바, 여기에는 행정경찰의 성질을 가진 것은 물론 사법경찰의 성질을 가진 것도 포함된다.

경찰법 제3조는 경찰은 "① 국민의 생명 · 신체 및 재산의 보호, ② 범죄의 예방 · 진압 및 수사, ③ 범죄피해자 보호, ④ 경비 · 요인경호 및 대간첩 · 대테러 작전 수행, ⑤ 치안정보의 수집 · 작성 및 배포, ⑥ 교통의 단속과 위해의 방지, ⑦ 외국 정부기관 및 국제기구와의 국제협력, ⑧ 그 밖의 공공의 안녕과 질서유지"를 그 임무로 한다고 규정하고 있다. 이는 형식적 의미의 경찰의 개념을 의미한다. 따라서 형식적 의미의 경찰의 개념에는 실질적 의미의 경찰의 개념에는 포함되지 아니하는 범죄의 수사라는 사법경찰작용과 비권력작용인 치안정보의 수집 · 작성 등도 포함되어 있다.

Ⅱ. 실질적 의미의 경찰

1. 의의

실질적 의미의 경찰이란 경찰기관이 담당하는 업무와는 관계없이 작용의 성질을 기준으로 학문적으로 정립된 개념이다. 즉, 공공의 안녕과 질서를 유지하기 위하여 일반통치권에 근거하여 국민에게 명령 · 강제하는 권력적 작용을 의미한다. 그러나 경찰을 공공의 안녕과 질서를 위협하는 위험으로부터 공중과 개인을 보호하는 데 기여하는 국가적 활동이라는 것이라면,[78] 경찰의 개념은 개개인의 자유를 제한하는 측면에 치중하게 될 것이므로 경찰의 본연의 임무인 개인의 보호를 간과하게 된다. 따라서 이러한 의미의 실질적 경찰은 목적 · 수단 · 권력적 기초의 3가지 측면에서 다른 국가작용과 구분된다.

---

78) Friauf, Polizei-und Ordnungsrecht, in: von Münch/Schmidt-Aβmann(Hrsg.), Besonders Verwaltungsrecht, 9. Aufl. 1992, S. 105.

2. 경찰의 목적

경찰의 목적은 공공의 안녕과 질서를 유지하고, 이에 대한 위해를 예방하는 것이다. 여기서 공공의 안녕이란 한편으로는 각 개인의 생명·신체·명예·자유·재산과 같은 개인적 법익과 다른 한편으로 국가적 공동체의 존속 및 기능과 같은 국가적 법익이 침해되지 않는 상태를 의미한다.[79] 다음으로 공공의 질서란 사회생활이 평온하고 정상적으로 이루어지고 있는 상태를 말한다.

공공의 안녕과 질서에 대한 위해는 폭동 등과 같은 인위적인 것은 물론 천재·지변 등과 같이 자연적인 것도 포함되며, 사후에 진압하는 것은 물론 사전에 예방하는 활동도 모두 포함된다. 그러나 경찰작용은 모두 소극적 질서유지의 목적으로 행사되어야 하며, 적극적 복리증진을 도모하기 위하여 행사되어서는 아니 된다는 소극목적성이라는 제한이 있다. 이러한 의미에서 경찰작용은 다른 행정작용과 구별된다.

(1) 복리행정과의 구별

경찰은 소극적으로 사회공공의 안녕과 질서유지·위해방지를 목적으로 하는 작용인 점에서 적극적인 복리증진을 목적으로 행사되는 복리작용과 구별된다. 특히 복리행정 중 공용부담과 규제행정은 주로 명령강제작용인 점에서는 경찰과 공통성을 가지나 목적에 있어서는 구별된다. 예컨대 우편법(제2조 제2항)에 의한 서신송달의 영업이 금지되어 있는 것은[80] 경찰금지가 아니라 공용부담의 성질을 가지며, 독점규제와 같은 경제규제도 행정주체의 경제질서의 방향을 위배하는 경제활동을 규제·조성하기 위한 행정작용인 것이다.[81]

---

79) 김남진, 경찰행정법, 18면; 박윤흔 교수는 사회생활을 영위하는 각 개인이 그 생명·신체·명예·재산 기타의 개인적 법익에 대하여 어떠한 침해도 받지 아니할 상태에 있고, 국가의 존속과 기능이 보장되며, 법질서가 보호되고 있는 상태라고 설명하기도 한다(박윤흔, 행정법강의(하), 305면).

80) 제2조 제2항: 누구든지 제1항과 제5항의 경우 외에는 타인을 위한 서신의 송달 행위를 업으로 하지 못하며, 자기의 조직이나 계통을 이용하여 타인의 서신을 전달하는 행위를 하여서는 아니 된다.

81) 박윤흔, 행정법강의(하), 306면.

(2) 민사작용과의 구별

민사작용은 사인 상호간의 법률관계에 관한 법적 질서를 유지함을 직접 목적으로 한다. 그러나 경찰작용은 사회질서 유지를 직접 목적으로 하며, 사인 상호간의 법률관계에는 관여하지 아니함이 원칙이다. 예를 들면, 경찰관은 타인의 채권·채무관계에 개입하여 해결하는 행위를 하여서는 아니 되는 경우 등과 같은 것이다.

또한 민법(제103조)의 경우 "선량한 풍속 기타 사회질서에 위반하는 사항을 내용으로 하는 법률행위는 무효로 한다"라고 규정한 것은 직접적으로는 사인 상호간의 법률관계를 규율하기 위한 것으로 민사작용이며, 이 규정에 위반한 법률행위는 법률상 유효하게 성립될 수 없는 데 그치고 그러한 사실상의 행위를 금지하는 것은 아니다. 그러나 경찰은 그러한 행위가 공공질서를 교란하는 것이므로 사실상 그와 같은 유해행위를 금지할 따름이고, 원칙적으로 사인 상호간 그에 관한 법률관계가 유효하게 성립하느냐의 여부에는 관여하지 않는다.[82]

(3) 형사작용과의 구별

형사작용은 이미 실행된 과거의 범법행위를 청산하고, 그에 대하여 국가가 형벌권을 행사하는 작용이다. 이에 대하여 경찰은 장래에 향하여 사회공공의 안녕과 질서를 유지함을 직접 목적으로 한다. 경찰작용 중에도, 예컨대 특정한 영업행위를 하는 자가 그 영업상 일정한 부정행위를 행한 경우에 영업허가를 취소하는 경우, 외형상은 과거의 행위에 대하여 제재를 과하는 것 같지만, 이 경우에도 그 부정행위를 한 자가 영업을 계속하는 것이 사회공공의 질서에 유해롭다고 하여 영업행위를 금지하는 데 직접 목적이 있는 것이지, 과거의 부정행위에 대하여 제재를 과하는 것이 주된 목적은 아니다.[83]

한편, 양자는 그 직접 목적은 달리 하지만, 다음과 같은 점에서 밀접한 관련성을 가지고 있다. 즉, 형사작용의 일환인 범인을 수색·체포하는 사법경찰은 업무의 효율성을 고려하여 보통경찰행정기관이 함께 관장하고 있으며, 또한 경찰의무위반에 대한 제재로서 행정형벌을 과할 경우 이는 형사작용이 된다. 이와 같은 경우의 형사작용은 경찰의무의 이행을 담보하기 위한 수단으로서 작용한다는 점에서 형사작용과 경찰작용은 서로 밀접한 관련이 있다.

---

82) 김도창, 일반행정법론(하), 292면.
83) 박윤흔, 행정법강의(하), 307면.

3. 경찰의 수단

경찰은 권력적으로 개인에게 명령·강제의 수단을 사용한다. 즉, 경찰은 공공의 안녕과 질서유지를 위하여 필요한 범위 안에서 부득이 국민에 대하여 작위·부작위·급부·수인을 명하고, 이를 이행하지 않을 때에는 강제하는 전형적인 권력작용인 점에 특징이 있다. 이와 같이 경찰은 주로 권력으로 국민에게 명령·강제하는 작용이라는 것은 경찰작용이 반드시 권력적 수단에 의해서만 이루어져야 한다는 것을 의미하는 것이 아니라, 권력적 수단을 주된 요소로 한다는 것을 의미한다. 따라서 각종 사고의 예방을 위한 행정지도 등의 비권력적 수단도 활용된다.

4. 경찰권의 기초

경찰은 일반통치권에 근거하여 발동된다. 지방자치단체가 행하는 자치체경찰도 국가의 사무로 이를 행하는 것은 아니지만, 그 권력은 일반통치권에서 유래하며 일반적으로 국가로부터 부여된 것으로 본다.[84] 즉, 경찰권은 국가통치권의 일부로서, 통치권이 직접적으로 사회공공의 안녕과 질서유지를 위하여 사인에게 명령·강제하는 권력으로 발동되는 경우에 그 권력을 경찰권이라고 한다. 따라서 경찰권은 통치권에 의거한 작용이기 때문에 일정한 조직의 내부질서를 유지하기 위한 작용인 특별권력관계와는 구별된다. 예컨대 국회의 질서를 유지하기 위하여 의장이 행하는 명령·강제작용인 의원경찰이나, 법정의 질서를 유지하기 위하여 재판장이 행하는 명령·강제작용인 법정경찰은 경찰이 아니다.

---

84) 이에 대하여는 자치체경찰의 경우 그 경찰권은 자치권에 고유한 것으로 보는 견해도 있다.

제2절 경찰의 종류

경찰은 그 기준의 관점에 따라 여러 가지로 분류할 수 있으나, 일반적으로 다음과 같이 분류하여 설명하고 있다.

Ⅰ. 행정경찰과 사법경찰

경찰은 그 직접적인 목적에 따라 행정경찰과 사법경찰로 분류 할 수 있다. ① 행정경찰은 사회공공의 안녕과 질서를 유지하는 권력작용인 실질적 의미의 경찰을 말하며, ② 사법경찰은 범죄를 수사하고 범인을 체포하는 권력작용을 말한다.

경찰을 행정경찰과 사법경찰로 구분하는 것은 프랑스에서 비롯되었으며, 대륙법계 여러 나라에서는 일반화되어 있다. 그러나 영·미에서는 양자를 구별하지 않고 사법경찰사무는 일반경찰기관의 고유사무이며 주사무로 이해되고 있다. 한편, 우리나라는 조직상으로는 행정경찰과 사법경찰을 구분하지 않고 양자 모두 일반경찰기관의 권한에 속하는 형식적 의미의 경찰개념에 포함되고 있다. 그러나 사법경찰은 실질적 의미의 경찰 개념에는 포함되지 아니하며 국가 형벌권의 작용으로서 형사소송법의 적용을 받고 검사의 지휘를 받아 수행된다는 점에서 구별의 실익이 있다.

Ⅱ. 보안경찰과 협의의 행정경찰

행정경찰은 다시 보안경찰과 협의의 행정경찰로 나누어진다. ① 보안경찰이란 보통경찰기관의 소관사무와 같이 사회공공의 안녕과 질서를 유지하기 위하여 오직 경찰작용 그 자체가 독립하여 하나의 행정작용으로 행사되는 것을 말한다. 예컨대 교통경찰·소방경찰·풍속경찰·해양경찰 등이 있다. 이에 대하여 ② 협의의 행정경찰이란 다른 행정작용(예, 보건행정·위생행정·건축행정·산업행정·산림행정·문화행정 등)에 부수하여 그 분야의 안녕과 질서를 유지하기 위하여 행하여지는 경찰작용을 말한다. 예컨대 위생경찰, 어업경찰·건축경찰·문화경찰 등이 있다.

보안경찰과 협의의 행정경찰의 구분은 19세기 독일에서 성립되었으나, 제2차 세계대전 후 소위 탈경찰화에 따라 협의의 행정경찰이 점차 각 주무행정관청의 소관으로 분리되었다. 오늘날 협의의 행정경찰은 사실상 각 소관 복리행정작용의 일부로 인식되고, 사람의 자연적 자유를 대상으로 하는 소극적 질서유지를 목적으로 하는 경찰의 개념에서 점차 분리되어 가고 있는 실정이다. 우리 학자들은 협의의 행정경찰을 경찰의 개념에 포함시키는 견해[85]와 제외시키는 견해[86]로 나누어져 있다.

III. 예방경찰과 진압경찰

경찰권의 발동시점을 기준으로 예방경찰과 진압경찰로 나누어진다. 예방경찰은 안녕과 질서가 침해되기 이전에 예방적으로 발동되는 작용을 말한다. 예컨대 만취한 사람의 보호, 방범순찰, 교통순찰 등이다. 반면, 진압경찰은 이미 발생한 위해를 제거하기 위한 작용을 말한다. 예컨대 재난구조활동·데모진압과 범죄의 수사 및 범인의 체포 등이다.[87]

IV. 고등경찰(정치경찰)과 보통경찰

경찰에 의하여 보호되는 법익의 가치를 표준으로 고등경찰과 보통경찰로 나누어진다. 고등경찰은 당초에 사회적으로 보다 고차원의 가치를 지닌 법익의 보호를 목적으로 하는 경찰

---

85) 박윤흔, 행정법강의(하), 311면.

86) 김도창, 일반행정법론(하), 314면; 석종현, 일반행정법(하), 296면; 김원주, '경찰' 100주년의 법적 의의, 고시연구, 1994. 11, 86면.

87) 행정경찰은 예방경찰의 성격을 가지는 반면에 사법경찰은 진압경찰의 성격을 많이 가진다고 설명하는 것이 일반적이다. 사법경찰은 성질상 진압경찰일 수밖에 없으나, 진압경찰 중에는 행정경찰에 속하는 작용도 많이 있다. 예컨대 범죄가 행해진 뒤에 범인을 체포하고 증거를 수집하는 작용은 사법경찰이지만, 진행중인 범죄행위를 제거하고(경찰관직무집행법 제6조 제1항 참조), 피해자를 구조하며 범죄의 결과를 처리하여 범죄가 행해지기 전의 상태로 회복시키는 작용은 행정경찰이다(최영규, 경찰행정법, 18면 주28 참조).

을 의미하였으나, 오늘날에 와서는 국가조직의 근본에 대한 위해의 예방 및 제거를 위한 경찰작용을 의미하게 되었다. 예컨대 사상·종교·집회·결사·언론·출판 등에 관한 경찰작용 등이다. 반면, 보통경찰은 일반사회공공의 안녕과 질서의 유지를 위한 경찰작용을 말한다. 예컨대 교통·풍속 등에 관한 경찰이다.

V. 평시경찰과 비상경찰

경찰기관에 따라 평시경찰과 비상경찰로 나누어진다. 평시경찰은 일반경찰기관이 일반경찰법규에 의하여 행하는 공공의 안녕과 질서유지작용을 말한다. 반면, 비상경찰은 병력에 의한 공공의 안녕과 질서유지작용을 말한다. 사회의 안전·질서유지는 일반경찰이 담당하는 것이 원칙이다. 그러나 예외적으로 병력에 의하여 이를 수행하는 경우를 비상경찰이라 한다. 전시·사변 또는 이에 준하는 국가비상사태 시 적과 교전 상태에 있거나 사회질서가 극도로 교란되어 행정 및 사법 기능의 수행이 현저히 곤란한 경우에 군사상 필요에 따르거나 공공의 안녕질서를 유지하기 위하여 선포한다(헌법 제77조·계엄법 제2조).

VI. 국가경찰과 지방자치체경찰

경찰의 권한과 책임이 국가에 있는가, 아니면 지방자치단체에 있는가에 따라 국가경찰과 자치경찰로 구분된다. ① 국가경찰(중앙경찰)은 국가가 경찰유지의 권능과 책임을 지는 경찰이며, ② 지방자치단체경찰(지방경찰)[88]은 지방자치단체가 경찰유지의 기능과 책임(조직권, 인사권 및 경비부담권)을 지는 경찰이다. 우리나라는 지방자치단체의 자치사무(고유사

---

88) 자치경찰의 도입에 관한 본격적인 논의는 1998년 2월 김대중 정부의 출범과 더불어 시작되었으나, 5년간의 임기가 끝날 때까지 구체적인 성과는 없었다. 그러나 노무현정부는 2003년 7월에 자치경찰실시계획에 관한 로드맵을 발표하였다. 그리고 2004.1.16. 법률 제7060호로 제정되고 2009.1.17.까지 효력을 갖는 지방분권특별법은 "국가는 지방행정과 치안행정의 연계성을 확보하고 지역특성에 적합한 치안서비스를 제공하기 위하여 자치경찰제도를 도입하여야 한다"는 규정을 두었다(동법 제10조 제3항). 그리고 제주특별자치도 설치 및 국제자유도시 조성을 위한 특별법이 2006.2.21. 제정되었으며, 2006.7.1.부터 발효됨으로써 제주도에 자치경찰제가 도입되었다(홍정선, 경찰행정법, 31면 참조).

무)로 되어 있는 소방경찰 및 제주도의 일부 지방경찰을 제외하고는 모두 국가경찰로 되어 있다. 경찰사무는 보통경찰기관인 경찰청장 · 해양경찰청장 · 지방경찰청장 · 경찰서장 · 지방해양경찰관서의 장이 집행한다. 이들은 모두 국가경찰이다.

한편, 최근 자치경찰제도의 도입에 관하여 활발히 논의되고 있으며, 곧 도입이 될 것으로 예상된다.

제2장
경찰권의 발동

제1절 경찰권 발동의 근거
제2질 경찰권 발동의 한계

제2장 경찰권의 발동

제1절 경찰권 발동의 근거

I. 개설

경찰작용은 공공의 안녕과 질서유지를 위하여 국가의 일반통치권에 근거하여 국민의 자연적 자유를 제한하는 전형적인 권력작용이므로 타행정작용보다 국민의 권리를 침해할 가능성이 크다. 따라서 경찰권의 발동은 법률유보의 원칙에 따라 반드시 법적 근거를 필요로 한다. 여기서 법률은 국회에서 제정하는 형식적 의미의 법률을 의미하는 것이 원칙이지만, 법률에서 구체적으로 범위를 정하여 위임한 경우에는 법규명령도 포함된다.

경찰권 발동의 적정한 행사에 관한 이론적 도구가 경찰권 발동의 근거와 한계에 관한 이론이다. 즉, 경찰권 발동은 반드시 법률에 근거하여야 하며, 경찰권이 발동되는 경우에도 법률우위의 원칙에 따라야 한다. 경찰권 발동의 근거는 법률유보의 원칙에 따라서 정하여지지만, 경찰권행사의 한계는 법률우위의 원칙에 따라 정하여진다. 그러나 특별한 경우에는 경찰권이 적극적으로 발동되어야만 적법한 것으로 평가하는 적극적 한계론도 대두되고 있다.

II. 경찰권 발동의 근거

1. 법률유보의 원칙과 권한규범

(1) 개별적 수권의 원칙

국민의 자유와 권리를 제한하는 경찰권의 발동은 권력적 · 침해적 작용이므로 반드시 법률의 근거가 있어야 하므로, 경찰작용은 최소한 법률에 의한 수권이 있어야 발동될 수 있다.

이러한 수권은 조직법은 물론 작용법에 의한 수권까지도 필요로 한다. 작용법상 수권의 필요에 관하여는 개별법령에서 어떠한 경우에 경찰권을 발동할 수 있다는 구체적인 수권규정이 존재할 것을 요구하고 있다. 그러나 국민의 자유와 권리를 제한하는 경우에도 헌법(제37조 제2항[89]))에 의거하여 자유와 권리의 본질적 내용은 침해할 수 없다.

(2) 수권의 방식

경찰작용의 수권의 방식으로는 ① 경찰법상 일반조항에 의한 일반수권의 방식, ② 경찰법상 특별조항에 의한 특별수권의 방식, ③ 특별법상의 개별조항에 의한 수권의 방식이 있다. 우리나라의 현행 법제상 ②와 ③의 방식에 의한 수권만이 인정되고 있다. 예컨대 경찰법상 특별수권방식으로는 경찰관직무집행법에 규정된 불심검문, 보호조치 및 위험발생의 방지 등이며, 특별법상의 개별조항에 의한 수권의 방식으로는 도로교통법령, 건축관련법령, 환경관련법령, 식품위생·의료·약사 등 각종 영업규제관련법령 등의 특별법에서 공공의 안녕과 질서유지를 위하여 국민의 자유와 권리를 제한할 수 있도록 수권하고 있는 규정들이다.

2. 일반조항

(1) 일반조항의 의의

일반조항 또는 일반적 수권조항이란 경찰권 발동의 근거가 되는 개별적인 법률규정이 없는 경우, 경찰권발동의 일반적·보충적 근거가 될 수 있도록 일반적 위험방지 및 장해제거를 위한 포괄적 수권을 규정한 조항을 말한다. 개괄조항이라고도 한다. 경찰권의 발동은 국민의 권리와 자유를 제한하는 침해적 작용이므로 국민의 법적 안정성과 예측가능성을 위하여 개별적이고 구체적인 수권규정을 두는 것이 원칙이다. 그러나 입법자가 미처 예견할 수 없는 경찰상의 위해가 발생하거나 또는 법기술상의 한계로 미처 조문화 하지 못한 범위에서 위해가 발생할 경우가 있다. 이러한 경우에 대비하여 일반조항에 의한 수권의 가능성이 논의되고 있다.

---

89) 제37조 ② 국민의 모든 자유와 권리는 국가안전보장·질서유지 또는 공공복리를 위하여 필요한 경우에 한하여 법률로써 제한할 수 있으며, 제한하는 경우에도 자유와 권리의 본질적인 내용을 침해할 수 없다.

(2) 일반조항의 인정가능성

일반조항에 의한 경찰권 발동의 수권가능성에 관하여 견해의 대립이 있다. 즉, '경찰관직무집행법' 제2조 제7호상의 그 밖에 공공의 안녕과 질서 유지라는 표현을 일반조항으로 볼수 있을 것인가에 관한 것이다. 이에 대하여 ① 동 조항은 독일의 각 주 경찰행정법과 마찬가지로 공공의 안녕과 질서유지를 임무로 한다는 소위 개괄조항으로 보아 바로 경찰권이 발동될 수 있다고 보는 긍정설,[90] ② 동 조항은 조직법적 성질의 규정으로서 일반조항으로 볼 수 없다는 부정설,[91] ③ 현행법상 일반조항은 인정되지 않기 때문에 경찰법의 개정을 통하여 일반조항을 두어야 한다는 입법필요설[92]이 대립하고 있다.

오늘날 과학·기술의 급속한 발전과 사회의 복잡성 등으로 인하여 위험의 발생도 다양화되어 있다. 이러한 위험에 능동적으로 대처하기 위해서는 경찰권 발동의 일반조항의 필요성은 인정된다고 할 것이다. 그러나 포괄적·추상적 일반조항만을 근거로 하여 헌법상 국민의 기본권을 제약할 수는 없다. 왜냐하면 이는 법치주의를 사실상 부인하는 결과를 초래하며, 행정현실도 자연적 자유를 대상으로 하는 각종 경찰금지·허가 및 강제는 각 개별 법률에 구체적인 근거규정을 두고 이에 기하여 행사되고 있기 때문이다.

한편, 부정설의 견해에 따른 다면, 입법의 불비를 이유로 하여 공공의 안녕과 질서에 대한 현재의 위해가 발생하여도 이를 방치하는 결과를 초래하게 된다는 문제점이 있다. 따라서 반드시 개별법상에 경찰권 발동의 일반적 수권규정을 정립하는 것이 요구된다고 하는 입법필요설이 설득력을 가진다고 하겠다.

---

90) 김남진, 행정법Ⅱ, 263면; 류지태, 행정법신론, 733면; 석종현, 일반행정법(하), 312면; 김남진, 「경찰상의 개괄적 수권조항」, 고시연구, 1994.7, 173면; 김재호, 「경찰권의 근거」, 저스티스, 1999.6, 7면.

91) 김동희, 행정법Ⅱ, 209~211면; 박윤흔, 행정법강의(하), 323면; 정하중, 「독일경찰법의 체계와 한국 경찰관직무집행법의 개선방향(하)」, 1994.3, 10면.

92) 홍정선, 행정법원론(하), 417면.

> **【판례】일반조항에 근거한 경찰권 발동 인정**
>
> 청원경찰법 제3조는, 청원경찰은 청원주와 배치된 기관, 시설 또는 사업장 등의 구역을 관할하는 경찰서장의 감독을 받아 그 경비구역 내에 한하여 경찰관직무집행법에 의한 직무를 행한다고 정하고 있고, 경찰관직무집행법 제2조에 의하면, 기타 공공의 안녕과 질서유지 등을 그 직무로 하고 있는 터이므로 군 도시과 단속계요원으로 근무하고 있는 청원경찰관이 허가없이 창고를 주택으로 개축하는 것을 단속한 것은 정당한 공무집행에 속한다고 할 것이므로 이를 폭력으로 방해한 피고인의 행위를 공무집행방해죄로 다스린 원심조치는 정당하고 이에 소론과 같은 위법이 있다고 할 수 없다(대판 1986. 1. 28, 85도2448).

3. 경찰법상 특별수권(표준처분)

'경찰관직무집행법'은 공공의 안녕과 질서의 유지를 위하여 개인의 자유영역에 대한 침해를 초래하는 전형적인 경찰권발동 조치들을 유형화하여 구체적으로 규정하고 있다. 이를 이른바 표준처분 또는 표준적 직무행위라 한다. 본 법상 표준처분으로는 불심검문(질문·동행요구), 보호조치, 위험발생의 방지, 범죄의 예방과 제지, 위험방지를 위한 출입, 확인을 위한 출석요구 등이 있다.

> **【판례】** ① 임의동행은 상대방의 동의 또는 승낙을 그 요건으로 하는 것이므로 경찰관으로부터 임의동행 요구를 받은 경우 상대방은 이를 거절할 수 있을 뿐만 아니라 임의동행 후 언제든지 경찰관서에서 퇴거할 자유가 있다 할 것이고, 경찰관집무집행법 제3조 제6항이 임의동행한 경우 당해인을 6시간을 초과하여 경찰관서에 머물게 할 수 없다고 규정하고 있다고 하여 그 규정이 임의동행한 자를 6시간 동안 경찰관서에 구금하는 것을 허용하는 것은 아니다(대판 1997. 8. 22, 97도1240).
>
> ② 피고인이 경찰서 보호실에 유치될 당시에 긴급구호를 요한다고 믿을 만한 상당한 이유가 있었다든지 보호실에 유치된 후 가족에게 통지하였다고 볼 아무런 자료가 없는 경우에는 당사자를 적법하게 보호조치한 것이 아니므로, 보호실에 유치한 것은 적법한 공무로 볼 수 없으며, 이에 대해 항의하러 나오는 것은 순경이 제지할 권한도 없으므로 이에 대해서 공무집행방해죄가 성립되지 않는다(대판 1994. 3. 11, 93도958).

(1) 불심검문

경찰관은 ① 수상한 행동이나 그 밖의 주위 사정을 합리적으로 판단하여 볼 때 어떠한 죄를 범하였거나 범하려 하고 있다고 의심할 만한 상당한 이유가 있는 사람, ② 이미 행하여진 범죄나 행하여지려고 하는 범죄행위에 관한 사실을 안다고 인정되는 사람을 정지시켜 질문할 수 있다(제3조 제1항). 경찰관은 제1항에 따라 같은 항 각 호의 사람을 정지시킨 장소에서 질문을 하는 것이 그 사람에게 불리하거나 교통에 방해가 된다고 인정될 때에는 질문을 하기 위하여 가까운 경찰서 · 지구대 · 파출소 또는 출장소(지방해양경찰관서를 포함하며, 이하 경찰관서라 한다)로 동행할 것을 요구할 수 있다. 이 경우 동행을 요구받은 사람은 그 요구를 거절할 수 있다(제2항). 또한, 경찰관은 제1항 각 호의 어느 하나에 해당하는 사람에게 질문을 할 때에 그 사람이 흉기를 가지고 있는지를 조사할 수 있다(제3항).

경찰관은 질문을 하거나 동행을 요구할 경우 자신의 신분을 표시하는 증표를 제시하면서 소속과 성명을 밝히고 질문이나 동행의 목적과 이유를 설명하여야 하며, 동행을 요구하는 경우에는 동행 장소를 밝혀야 한다(제4항). 경찰관은 동행한 사람의 가족이나 친지 등에게 동행한 경찰관의 신분, 동행 장소, 동행 목적과 이유를 알리거나 본인으로 하여금 즉시 연락할 수 있는 기회를 주어야 하며, 변호인의 도움을 받을 권리가 있음을 알려야 한다(제5항). 경찰관은 동행한 사람을 6시간을 초과하여 경찰관서에 머물게 할 수 없다(제6항). 질문을 받거나 동행을 요구받은 사람은 형사소송에 관한 법률에 따르지 아니하고는 신체를 구속당하지 아니하며, 그 의사에 반하여 답변을 강요당하지 아니한다(제7항).

(2) 보호조치와 임시영치

경찰관은 수상한 행동이나 그 밖의 주위 사정을 합리적으로 판단해 볼 때, ① 정신착란을 일으키거나 술에 취하여 자신 또는 다른 사람의 생명 · 신체 · 재산에 위해를 끼칠 우려가 있는 사람, ② 자살을 시도하는 사람, ③ 미아, 병자, 부상자 등으로서 적당한 보호자가 없으며 응급구호가 필요하다고 인정되는 사람(다만, 본인이 구호를 거절하는 경우는 제외)의 어느 하나에 해당하는 것이 명백하고 응급구호가 필요하다고 믿을 만한 상당한 이유가 있는 사람(이하 구호대상자라 한다)을 발견하였을 때에는 보건의료기관이나 공공구호기관에 긴급구호를 요청하거나 경찰관서에 보호하는 등 적절한 조치를 할 수 있다(제4조 제1항). 긴급구호를 요청받은 보건의료기관이나 공공구호기관은 정당한 이유 없이 긴급구호를 거절할 수 없다(제2항).

경찰관은 제1항의 조치를 하였을 때에는 지체 없이 구호대상자의 가족, 친지 또는 그 밖의 연고자에게 그 사실을 알려야 하며, 연고자가 발견되지 아니할 때에는 구호대상자를 적당한 공공보건의료기관이나 공공구호기관에 즉시 인계하여야 한다(제4항). 구호대상자를 경찰관서에서 보호하는 기간은 24시간을 초과할 수 없다.

한편, 경찰관은 제1항의 조치를 하는 경우에 구호대상자가 휴대하고 있는 무기 · 흉기 등 위험을 일으킬 수 있는 것으로 인정되는 물건을 경찰관서에 임시로 영치하여 놓을 수 있다(제3항). 이에 따라 물건을 경찰관서에 임시로 영치하는 기간은 10일을 초과할 수 없다(제7항).

(3) 위험발생의 방지

경찰관은 사람의 생명 또는 신체에 위해를 끼치거나 재산에 중대한 손해를 끼칠 우려가 있는 천재, 사변, 인공구조물의 파손이나 붕괴, 교통사고, 위험물의 폭발, 위험한 동물 등의 출현, 극도의 혼잡, 그 밖의 위험한 사태가 있을 때에는 다음과 같은 조치를 할 수 있다. 즉, ① 그 장소에 모인 사람, 사물의 관리자, 그 밖의 관계인에게 필요한 경고를 할 수 있으며, ② 매우 긴급한 경우에는 위해를 입을 우려가 있는 사람을 필요한 한도에서 억류하거나 피난시킬 수 있으며, ③ 그 장소에 있는 사람, 사물의 관리자, 그 밖의 관계인에게 위해를 방지하기 위하여 필요하다고 인정되는 조치를 하게 하거나 직접 그 조치를 할 수 있다(제5조 제1항).

경찰관서의 장은 대간첩 작전의 수행이나 소요 사태의 진압을 위하여 필요하다고 인정되는 상당한 이유가 있을 때에는 대간첩 작전지역이나 경찰관서 · 무기고 등 국가중요시설에 대한 접근 또는 통행을 제한하거나 금지할 수 있다(제2항).

(4) 범죄의 예방 · 제지

경찰관은 범죄행위가 목전에 행하여지려고 하고 있다고 인정될 때에는 이를 예방하기 위하여 관계인에게 필요한 경고를 하고, 그 행위로 인하여 사람의 생명 · 신체에 위해를 끼치거나 재산에 중대한 손해를 끼칠 우려가 있는 긴급한 경우에는 그 행위를 제지할 수 있다(제6조).

(5) 위험방지를 위한 출입

경찰관은 제5조 제1항 · 제2항 및 제6조에 따른 위험한 사태가 발생하여 사람의 생명 · 신체 또는 재산에 대한 위해가 임박한 때에 그 위해를 방지하거나 피해자를 구조하기 위하여

부득이하다고 인정하면 합리적으로 판단하여 필요한 한도에서 다른 사람의 토지 · 건물 · 배 또는 차에 출입할 수 있다(제7조 제1항).

홍행장, 여관, 음식점, 역, 그 밖에 많은 사람이 출입하는 장소의 관리자나 그에 준하는 관계인은 경찰관이 범죄나 사람의 생명 · 신체 · 재산에 대한 위해를 예방하기 위하여 해당 장소의 영업시간이나 해당 장소가 일반인에게 공개된 시간에 그 장소에 출입하겠다고 요구하면 정당한 이유 없이 그 요구를 거절할 수 없다. 그리고 경찰관은 대간첩 작전 수행에 필요할 때에는 작전지역에서 제2항에 따른 장소를 검색할 수 있다(제2항 · 제3항).

경찰관은 필요한 장소에 출입할 때에는 그 신분을 표시하는 증표를 제시하여야 하며, 함부로 관계인이 하는 정당한 업무를 방해해서는 아니 된다(제4항).

(6) 사실의 확인 등

경찰관서의 장은 직무 수행에 필요하다고 인정되는 상당한 이유가 있을 때에는 국가기관이나 공사 단체 등에 직무 수행에 관련된 사실을 조회할 수 있다. 다만, 긴급한 경우에는 소속 경찰관으로 하여금 현장에 나가 해당 기관 또는 단체의 장의 협조를 받아 그 사실을 확인하게 할 수 있다(제8조 제1항).

(7) 경찰장비의 사용

경찰관은 직무수행 중 경찰장비를 사용할 수 있다. 다만, 사람의 생명이나 신체에 위해를 끼칠 수 있는 경찰장비를 사용할 때에는 필요한 안전교육과 안전검사를 받은 후 사용하여야 한다. 여기서 경찰장비란 무기, 경찰장구, 최루제와 그 발사장치, 살수차, 감식기구, 해안 감시기구, 통신기기, 차량 · 선박 · 항공기 등 경찰이 직무를 수행할 때 필요한 장치와 기구를 말한다(제10조 제1항 · 제2항).

(8) 경찰장구의 사용

경찰관은 ① 현행범이나 사형 · 무기 또는 장기 3년 이상의 징역이나 금고에 해당하는 죄를 범한 범인의 체포 또는 도주 방지, ② 자신이나 다른 사람의 생명 · 신체의 방어 및 보호, ③ 공무집행에 대한 항거 제지를 위하여 필요하다고 인정되는 상당한 이유가 있을 때에는 그 사태를 합리적으로 판단하여 필요한 한도에서 경찰장구를 사용할 수 있다. 여기서 경찰장구란 경찰관이 휴대하여 범인 검거와 범죄 진압 등의 직무 수행에 사용하는 수갑, 포승, 경찰봉, 방패 등을 말한다(제10조의2).

(9) 분사기의 사용

경찰관은 ① 범인의 체포 또는 범인의 도주 방지, ② 불법집회·시위로 인한 자신이나 다른 사람의 생명·신체와 재산 및 공공시설 안전에 대한 현저한 위해의 발생 억제를 위하여 부득이한 경우에는 현장책임자가 판단하여 필요한 최소한의 범위에서 분사기(「총포·도검·화약류 등의 안전관리에 관한 법률」에 따른 분사기를 말하며, 그에 사용하는 최루 등의 작용제를 포함한다) 또는 최루탄을 사용할 수 있다(제10조의3).

(10) 무기사용

경찰관은 범인의 체포, 범인의 도주 방지, 자신이나 다른 사람의 생명·신체의 방어 및 보호, 공무집행에 대한 항거의 제지를 위하여 필요하다고 인정되는 상당한 이유가 있을 때에는 그 사태를 합리적으로 판단하여 필요한 한도에서 무기를 사용할 수 있다. 다만, 다음 각 호의 어느 하나에 해당할 때를 제외하고는 사람에게 위해를 끼쳐서는 아니 된다.

다음 각 호에 해당하는 경우로는 ① 「형법」에 규정된 정당방위와 긴급피난에 해당할 때, ② 다음의 어느 하나에 해당하는 때(㉠ 사형·무기 또는 장기 3년 이상의 징역이나 금고에 해당하는 죄를 범하거나 범하였다고 의심할 만한 충분한 이유가 있는 사람이 경찰관의 직무집행에 항거하거나 도주하려고 할 때, ㉡ 체포·구속영장과 압수·수색영장을 집행하는 과정에서 경찰관의 직무집행에 항거하거나 도주하려고 할 때, ㉢ 제3자가 가목 또는 나목에 해당하는 사람을 도주시키려고 경찰관에게 항거할 때, ㉣ 범인이나 소요를 일으킨 사람이 무기·흉기 등 위험한 물건을 지니고 경찰관으로부터 3회 이상 물건을 버리라는 명령이나 항복하라는 명령을 받고도 따르지 아니하면서 계속 항거할 때)에 그 행위를 방지하거나 그 행위자를 체포하기 위하여 무기를 사용하지 아니하고는 다른 수단이 없다고 인정되는 상당한 이유가 있을 때, ③ 대간첩 작전 수행 과정에서 무장간첩이 항복하라는 경찰관의 명령을 받고도 따르지 아니할 때 등이다(제10조의4).

제2절　경찰권 발동의 한계

　경찰권의 행사는 적법·타당한 경우에만 그 관계자와 상대방을 직접 구속하는 힘을 갖게 된다. 경찰권 발동의 한계는 이와 같이 경찰권의 행사가 적법·타당한 행위로 인정되는 때에만 효력이 발생하며, 그렇지 아니하는 경우에는 효력이 발생하지 아니하므로 경찰권 행사를 할 수 없게 하는 것을 말한다. 경찰권의 한계는 법규상의 한계와 조리상의 한계가 있다.

Ⅰ. 법규상의 한계

　경찰권 발동의 법규상의 한계는 법률유보의 원칙과 법률우위의 원칙에 따라야 한다는 것을 말한다. 따라서 국민의 자유와 권리를 제한하는 침해적 작용으로서의 경찰권의 발동은 반드시 법률의 근거가 있어야 하며, 경찰권의 행사는 반드시 법률의 범위 안에서 이루어져야 한다. 법규의 규정이 있음에도 불구하고 이에 따르지 않는 경찰권의 발동은 위법한 것이 된다.

　그러나 장래 발생할 수 있는 위해를 모두 예측할 수는 없는 것이므로, 경찰권의 발동에 있어서는 부득이 그 발동요건·내용 등에 관하여 경찰에 광범위한 재량권을 부여하게 된다. 즉, "생명·신체에 대한 위해를 방지하기 위하여 필요한 조치를 취할 수 있다" 등의 불확정개념을 사용하지 않을 수 없는 실정이다. 비록 이와 같은 불확정개념에 따라 경찰행정청에 대하여 판단의 여지가 주어진 하더라도 그것이 경찰행정청의 자의적 또는 임의적 판단권한을 부여하는 것은 아니다. 따라서 경찰권의 남용을 방지하기 위해 재량권을 제약하는 조리상 한계문제가 제시된다.

> **【판례】** 경찰관집무집행법상 정신착란자, 주취자, 자살기도자 등 응급의 구호를 요하는 자를 24시간을 초과하지 아니하는 범위 내에서 경찰관서에 보호조치할 수 있는 시설로 제한적으로 운영되는 경우를 제외하고는, 구속영장을 발부받음이 없이 피의자를 보호실에 유치함은 영장주의에 위배되는 위법한 구금이라 할 것이므로, 긴급구속절차를 밟음이 없이 영장집행을 위한 편의를 위해 보호실에 유치하는 것은 불법구금에 해당한다(대판 1999. 4. 23, 98다41377).

II. 조리상의 한계

경찰권 발동의 요건 등에 대하여 법규에 비록 불확정개념을 사용하여 광범위한 재량권이 부여된 경우에도 경찰권은 일정한 조리상의 한계 내에서 행사되어야 한다. 따라서 경찰행정 작용도 행정법의 일반법원칙(조리)이 적용됨은 당연하다. 행정법의 일반원칙으로는 비례의 원칙, 평등의 원칙, 자기구속의 원칙, 신뢰보호의 원칙 및 부당결부금지의 원칙 등이 있다. 나아가 경찰권 발동에 있어서의 재량권의 남용이나 일탈의 방지를 위하여 구체적으로 경찰 소극의 원칙, 경찰공공의 원칙, 경찰책임의 원칙 등의 추가적인 법원칙도 적용된다.

1. 경찰소극목적의 원칙

경찰권은 사회공공의 안녕과 질서에 대한 위해의 방지·제거라는 소극적인 목적으로만 발동되어야 하며, 적극적인 공공복리의 목적으로 발동될 수 없다. 따라서 공중목욕장·약국·음식점영업허가를 함에 있어서 영업자간의 과당경쟁에 의한 국민경제상의 득실문제, 소비자보호문제 등의 공공복리까지를 고려하여야 하는 것은 아니다. 대법원도 "공중목욕장영업허가시에 기존영업자와의 거리제한 등을 요건으로 하여서는 아니된다"고 판시한 바 있다.[93]

그러나 그 후 주유소허가에 있어서는 주유소의 난립방지를 위하여 거리제한을 할 수 있다고 하였다(대판 1974. 11. 26, 74누110).

> **【판례】** 위험물취급소 위치변경신청에 대한 불허가처분 당시의 소방법시행령 제78조 소정의 시설 기준 가운데 주유소 상호간의 거리에 관한 명문의 제한이 없었던 당시 상공부장관의 통첩에 의한 내무부장관의 거리제한 지시를 적용하여 위치변경신청을 거부한 처분은 적법하다(대판 1974. 11. 26, 74누110).

---

93) 목욕장 상호간의 거리에 관한 치안국장의 지시에 위배한 경찰서장의 목욕장영업허가도 위법은 아니다(대판 1960.9.30, 4292행상20).

2. 경찰공공의 원칙

경찰권은 공공의 안녕·질서를 유지하기 위하여서만 발동될 수 있고, 그와 직접 관련이 없는 사생활·사주소 및 민사관계의 법률관계에는 원칙상 관여할 수 없다. 이를 경찰공공의 원칙이라 한다. 이는 다시 사생활불가침의 원칙과 사주소불가침의 원칙 및 민사관계불가침의 원칙으로 나누어진다.

(1) 사생활불가침의 원칙

사생활불가침의 원칙이란 경찰은 사회공공의 안녕과 질서에 직접 관계없이 개인의 생활이나 행동에 간섭하여서는 아니 된다는 원칙을 말한다. 여기서 사생활이란 개인의 생활활동의 영향이 사적인 생활범위에 그치고 다른 사람들에게 영향을 미치지 않는 개인의 생활활동을 말한다. 그러나 개인의 사생활이라 하더라도 미성년자의 음주·끽연이나 전염병의 발생, 자살기도자 등과 같이 그것이 동시에 사회공공의 안녕·질서에 영향을 미치는 경우에는 경찰권 발동의 대상이 된다.

(2) 사주소불가침의 원칙

사주소불가침의 원칙이란 경찰은 원칙적으로 일반 공중과 직접적인 접촉이 없는 사주소에 대해서는 개입할 수 없음을 의미한다. 여기서 사주소란 일반사회와 직접적인 접촉이 되지 않는 장소를 의미하므로 사인의 주택에 한하지 않고, 공장·사무소·창고 등과 같은 비주거 건물도 이에 포함된다. 그러나 흥행장·당구장·여관·버스터미널 등과 같이 항상 불특정 다수인의 자유로운 이용에 개방된 장소는 그 개방시간 내에는 사주소에 속하지 아니한다.

경찰관직무집행법(제7조 제2항)이 "흥행장, 여관, 음식점, 역, 그 밖에 많은 사람이 출입하는 장소의 관리자나 그에 준하는 관계인은 경찰관이 범죄나 사람의 생명·신체·재산에 대한 위해를 예방하기 위하여 해당 장소의 영업시간이나 해당 장소가 일반인에게 공개된 시간에 그 장소에 출입하겠다고 요구하면 정당한 이유 없이 그 요구를 거절할 수 없다"라고 규정하고 있는 것은 이러한 취지라 할 수 있다.

【판례】 ① 성균관대학교는 담으로 둘러쌓여 있고 정·후문 외에는 출입이 용이하지 않으며 정·후문에서 수위 및 주차관리근로학생의 엄격한 통제하에서 교직원과 일반인 및 학생들의 차량출입을 통제하면서 용무가 없는 일반차량과 일반인의 보행출입도 통제하고 있으므로 학교운영자에 의하여 자주적으로 관리되는 곳이지 불특정다수의 사람 또는 차량의 통행을 위하여 공개된 장소로서 일반교통경찰권이 미치는 공공성이 있는 곳으로는 볼 수 없어 도로교통법 제2조 제1호에서 말하는 도로로 볼 수 없어 피고인이 위 대학 구내에서 술에 취한 채 운전하였다고 하더라도 이는 도로교통법 제41조 제1항의 규정에 의한 음주운전으로 볼 수 없고, 이와 다른 대법원 판결들은 관리자의 용인이나 기타 사정으로 불특정다수의 사람과 차량의 통행이 허용되는 곳에 대한 판결로서 이 사건과는 사안을 달리하여 이 사건에 원용하기에는 적절치 아니하다(대판 1996. 10. 25, 96도1848).

② 원고가 운전한 장소는 민박집 주인이 민박집까지 차량이 들어올 수 있도록 사비를 들여 군도에 연결한 폭 2.6m의 교통로이기는 하지만, 그 교통로와 민박집 사이에 나무가 심어져 있거나 돌들이 가지런하게 놓여 있어 경계를 이루고 있는 점, 또한 그 교통로의 다른 한쪽 끝이 등산로와 연결되어 있어 봄부터 가을까지 등산객의 통행이 빈번한 점을 고려하면, 위 교통로는 현실적으로 불특정 다수인 또는 차량의 통행을 위하여 공개된 장소로서 교통질서유지 등을 목적으로 하는 일반교통경찰권이 미치는 공공성이 있는 도로교통법상의 도로에 해당된다고 보아야 할 것임에도 불구하고 원심이 위 교통로가 도로교통법상의 도로에 해당하지 않는다고 본 것은 도로교통법 제2조 제1호의 '도로·유료도로 그밖의 일반교통에 사용되는 모든 곳'이라는 도로의 개념에 관한 법리오인의 위법이 있다(대판 1998. 3. 27, 97누20755).

(3) 민사관계불간섭의 원칙

민사관계불간섭의 원칙은 경찰은 개인의 재산권 및 친권행사 등 민사상의 법률관계에는 관여할 수 없음을 의미한다. 민사관계는 개인의 재산권의 행사, 계약의 이행 등은 공공의 안녕·질서에 대한 위해가 일어날 개연성이 적은 영역이기 때문이다.

그러나 민사관계라 할지라도 그것이 개인적 이해에 그치지 않고 사회공공의 안녕·질서에 영향을 미치는 경우에는 그 범위 내에서 경찰권 발동의 대상이 된다. 예컨대 청소년에 대한 술·담배의 판매금지(청소년보호법 제26조), 암표매매행위의 금지(경범죄처벌법 제1조 제2항 제4호) 등이다.

3. 경찰책임의 원칙

(1) 의의

경찰책임의 원칙이란 경찰권은 사회공공의 안녕·질서에 대한 장해의 발생에 대하여 책임이 있는 자에 대하여만 발동할 수 있다는 원칙이다. 경찰책임은 특히 공공의 안녕·질서에 대한 장해를 직접 제거하여 개인과 사회를 보호함에 그 특색이 있으므로 민·형사책임과는 다른 특징을 가지고 있다.

(2) 경찰책임의 종류

경찰책임의 종류로는 행위책임·상태책임·다수자책임이 있다.

1) 행위책임

행위책임은 자기의 행위 또는 자기의 보호·감독하에 있는자의 행위로 인해 경찰위반상태가 발생한 경우에 그에 대하여 지는 책임이다. 예컨대 도로변에서 약선전을 하며 사람을 모으거나(행위자책임) 또는 주유소 종업원이 정량미달의 기름을 주유하는 것(사용자책임) 등에 대한 행위책임이 이에 속한다. 따라서 직접적 원인을 야기하지 아니한 자에게는 행위책임을 물을 수 없다. 예컨대 자기 집에서 노래하거나 그림 그리는 솜씨에 이끌려 사람들이 모여들어서 교통에 장해가 발생한 때에는 군중들에게 행위책임이 있다 할 것이다.

한편, 어떤 행위와 이로 인하여 발생되는 공공질서에의 위해 사이에 어느 정도의 인과관계가 있어야 경찰책임이 인정될 것인가에 관하여는 조건설(등가설)과 상당인과관계설 및 직접원인설의 견해가 대립되어 있다. ① 조건설은 모든 조건은 결과에 대하여 인과성이 있다고 보는 견해로서, 이 설에 따르면 책임의 범위를 무한정 확대시킨다는 문제점이 있다. ② 상당인과관계설은 통상 발생하는 결과에 한정하여 경찰위반상태와 인과관계를 인정한다. 이 설에 따르면 일반적인 경험법칙으로는 예상할 수 없는 비정형적이고 예외적인 결과가 발생한 경우에는 경찰책임을 귀속시킬 자가 없게 된다는 문제점이 있다. ③ 직접원인설은 공공질서에 대한 위험 또는 장래의 직접적인 원인이 되는 행위를 한 자만이 책임을 진다고 본다. 이 견해가 가장 합리적인 견해라고 생각된다.

2) 상태책임

상태책임이란 물건 · 공작물 · 동물의 소유자 · 점유자 기타 관리자가 그 지배하에 속하는 물건 · 공작물 · 동물로부터 공공의 안녕이나 질서에 위험이 야기된 경우에 그 상태에 대하여 지는 책임이다. 예컨대 위험한 축대, 개 · 말 등의 소유자 또는 사실상의 점유자의 관리책임 등이다. 이 경우에도 고의 · 과실의 유무는 불문한다.

상태책임에 있어서도 그 책임의 귀속 및 범위를 정하는 것이 중요한 문제로 등장한다. 첫째, 책임의 귀속에 있어서는 어떤 자가 물건에 대한 실질적인 지배권 내지는 처분권을 가지는가가 중요한 의미를 가진다.94) 예컨대 절취당한 물건(자동차 등)이 경찰장해를 조성하고 있는 경우에 그 물건의 소유권자에게 경찰책임을 귀속시킬 수는 없다고 보아야 할 것이다. 둘째, 상태책임의 범위를 어느 정도로 한정할 것인가 하는 것이 문제된다. 예컨대 폭격으로 큰 가옥이 무너져 위해를 조성하고 있는 경우에, 그 위해의 제거를 전적으로 그 가옥의 소유자에게만 귀속시킬 수 있는가 하는 문제가 제기된다.

3) 다수자책임

다수자책임이란 각개의 행위 또는 상태만으로는 안녕 · 질서에 대한 장해를 야기하지는 않지만 다수의 행위 또는 상태가 결합하여 비로소 하나의 장해를 야기하게 된 경우에 있어서의 책임을 말한다. 복합적 책임이라고도 한다.

다수자책임은 다음과 같은 유형으로 나누어진다. ① 다수의 행위책임자가 존재하는 경우 (예, 많은 사람이 모여서 통행에 지장을 주는 것), ② 다수의 상태책임자가 존재하는 경우 (예, 많은 공장들이 소량의 오염물질을 배출하는 행위), ③ 행위책임자와 상태책임자가 경합하는 경우(예, 유조차의 전복사고로 흘러나온 기름에 의하여 인근토지가 오염된 경우) 등으로 나누어진다.

다수자책임의 경우 각자가 부담할 책임의 범위가 문제될 수 있으나, 경찰행정기관의 성실한 재량에 의하여 판단해야 할 것이다. 일반적으로 위해방지의 효과를 보다 극대화할 수 있는 자에게 책임을 물어야 할 것이다. 예컨대 시원적 책임자(심신장애자, 종업원 등)와 부가적 책임자(감독책임자, 사용주 등)가 존재하는 경우에는 일반적으로 후자에 대하여 경찰권을 발동하는 것이 옳다고 한다.95)

---

94) 김남진, 행정법 Ⅱ, 268면 참조.

(3) 경찰책임의 승계

경찰책임자가 사망하거나 영업·물건 등을 양도한 경우에 경찰책임이 상속인 또는 양수인에게 승계되는가가 문제된다. 그러나 ① 행위책임의 경우에는 특정인의 행위에 대한 책임이기 때문에 승계되지 아니하지만, ② 상태책임의 경우에는 영업 또는 물건 등의 상태가 그대로 유지되는 한 경찰책임이 승계된다고 할 수 있다. 따라서 불법건축물에 대한 철거명령이 있은 후 이를 양수받은 자에게는 별도의 철거명령 없이 계고 등 대집행절차를 속행할 수 있다.

그러나 상태책임의 승계를 인정하지 아니하는 견해도 있다. 즉, 상태책임은 경찰상 위해상태가 있는 물건 등을 지배하고 있는 동안에만 지는 것이므로 양도 등으로 인하여 그 책임을 면하는 것이며 승계인은 승계한 때로부터 시원적으로 자기의 책임이 성립하는 것이기 때문에 상태책임의 승계를 인정하지 아니한다는 것이다. 따라서 불법건축물의 승계인에 대하여는 새로이 철거명령을 하여야 한다고 본다.

(4) 경찰책임의 예외

경찰권은 사회공공의 안녕·질서에 대한 장해를 야기한 직접책임자에게 대하여만 발동됨이 원칙이다. 그러나 예외적으로 목전에 급박한 장해를 제거하여야 할 필요가 있는 경우에는 법령에 근거가 있는 경우에 한하여 제3자에게도 원조강제 또는 토지·물건의 일시적 사용 등의 형태로 경찰권이 발동되는 경우가 있다. 물론 이들은 어디까지나 경찰책임의 원칙의 예외인 만큼 극히 한정적으로만 인정될 뿐이다.

이 경우 귀책사유가 없는 제3자가 특별한 희생을 당한 경우에는 손실보상의 법리에 따라 보상을 하여야 할 것이다(헌법 제23조 제3항, 경찰관직무집행법 제11조의2, 소방기본법 제24조 제3항).

4. 비례의 원칙

(1) 의의

비례의 원칙이란 경찰권의 발동은 사회공공의 안녕·질서에 대한 장해를 제거하기 위하여 필요한 경우에 한하여 발동하여야 하며, 발동하더라도 필요한 최소한도에 그쳐야 한다는 원칙을 말한다.

---

95) 박상희/서정범, 경찰작용법제의 개선방안, 한국법제연구원, 1996, 70면.

비례의 원칙은 원래 조리상의 한계로 발전되었으나, 오늘날은 헌법상의 원칙으로 인식되고 있다. 즉, 헌법(제37조 제2항)은 "국민의 모든 자유와 권리는 질서유지를 위하여 필요한 경우에 한하여 법률로써 제한할 수 있다"고 선언하고 있다. 또한, 경찰관직무집행법(제1조 제2항)도 "이 법에 규정된 경찰관의 직권은 그 직무수행에 필요한 최소한도 내에서 행사되어야 하며 이를 남용하여서는 아니 된다"라고 규정하고 있다.

(2) 경찰권 발동의 조건

경찰권은 사회공공의 안녕·질서에 묵과할 수 없는 장해가 발생하였거나, 발생할 것이 확실히 예측되는 경우에만 발동될 수 있다.

(3) 경찰권 발동의 정도

경찰권이 사회공공의 안녕·질서유지상 용인될 수 없는 장해 또는 장해발생의 직접적 위험을 제거하기 위하여 발동된다. 그러나 이 경우에도 그 발동의 정도는 장해 또는 위험의 정도와 반드시 적정한 비례를 유지하여야 하며, 그 구체적인 판단은 경찰기관이 성실한 재량에 따라 행하여야 할 것이다.

1) 목적적합성의 원칙

목적적합성의 원칙은 경찰기관이 취한 조치 또는 수단이 그가 의도하는바 목적을 달성하는 데에 적합해야 함을 의미한다. 어떠한 조치 하나만으로 목적을 달성할 수 있는 것이 아니고, 다른 조치·수단과 합쳐져서 목적을 달성할 수 있는 경우에도 동 원칙은 충족되는 것으로 볼 수 있다.[96]

2) 필요성의 원칙

필요성의 원칙은 경찰의 조치는 설정된 목적을 위해 필요한 것 이상으로 행해져서는 안 된다는 것을 의미한다. 최소침해의 원칙이라고도 한다. 이 원칙에서 행정청이 의무자에게 어떤 작위·수인의무를 명한 경우에는 상대방이 대안을 신청한 경우에는 그것이 적합성의 원칙에 맞는 한 받아들여야 한다고 본다.

---

96) 김남진, 행정법Ⅱ, 272면.

3) 상당성의 원칙

상당성의 원칙은 어떤 행정조치가 설정된 목적을 위하여 필요한 경우라도 그 행정조치를 취함에 따른 불이익이 그것에 의해 초래되는 효과보다 큰 경우에는 의도한 조치가 취해져서는 안 된다는 것을 의미한다. 협의의 비례원칙이라고도 한다. 이러한 원칙의 예로는 "경찰은 버찌 나무에 앉아 있는 참새를 쫓기 위해 대포를 쏘아서는 안 된다. 비록 그것이 유일한 수단일지라도"라는 독일문헌에서 발견할 수 있다.

경찰관직무집행법(제10조의4 제1항)도 "경찰관은 범인의 체포, 범인의 도주 방지, 자신이나 다른 사람의 생명·신체의 방어 및 보호, 공무집행에 대한 항거의 제지를 위하여 필요하다고 인정되는 상당한 이유가 있을 때에는 그 사태를 합리적으로 판단하여 필요한 한도에서 무기를 사용할 수 있다"고 규정하여 상당성의 원칙을 규정하고 있다.

【판례】① 범인이 체포를 면하기 이하여 항거하며 도주할 당시 그 항거의 내용·정도 등에 비추어 소지하던 가스총과 경찰봉을 사용하거나 다시 한번 공포를 발사하여 범인을 제압할 여지가 있다고 보여지므로, 이러한 방법을 택하지 않고 도주하는 범인의 다리를 향하여 권총을 발사한 행위는 경찰관직무집행법 제11조 소정의 총기사용의 허용범위를 벗어난 위법행위라 아니할 수 없다(대판 1993. 7. 27, 93다9613).

② 민박집 주차장내에서 자신의 차량 뒤에 주차한 다른 차량의 진로를 열어주기 위하여 부득이 25m 정도를 음주운전하였고, 음주운전이 아닌 다른 혐의로 파출소로 갔다가 원고와 시비를 벌인 참고인의 진술이 계기가 되어 갑자기 음주측정요구를 받게 된 점, 운전원으로 근무하는 지방공무원으로서 면허취소처분으로 신분상 불이익을 받게 된 점 등을 감안하면 원고의 음주측정거부행위를 이유로 운전면허를 취소함으로써 달성하고자 하는 공익에 비하여 원고가 입게 될 불이익이 막대하여 지나치게 가혹하다 할 것이므로 운전면허취소에 관한 재량권을 남용한 위법이 있다고 할 것이다(대판 1998. 3. 27, 97누20755).

③ 건물의 위치·높이제한·면적 등에 관한 건축허가사항에 위반하여 12회에 걸쳐 시정지시와 허가취소경고 등을 하였음에도 공사를 강행하였으나, 위반내용이 건축법에는 저촉되지 아니하는 경미한 것이고 도중에 원고가 건축허가변경신청을 하였는 바 이는 통상 허가되는 것이 통례인 점, 지상 4층 건물의 공정이 80% 정도 진척되고 공사비가 2천여만원이 소요되었다는 점 등을 감안하면 건축법상의 질서유지를 위하여 건축허가의 취소로 철거되는 원고의 손해는 너무나 막대하며 국민경제상으로도 바람직하지 못하므로 본 건 건축허가취소처분은 그 재량권을 남용한 것이라 할 수 있다(대판 1977. 8. 28, 76누243).

5. 평등의 원칙

평등의 원칙은 '본질적으로 같은 것은 같게, 본질적으로 다른 것은 다르게'라는 의미에서 형식적 평등이 아닌 합리적 차별을 인정하는 실질적 평등을 의미한다. 경찰권발동에 있어서도 헌법상의 평등의 원칙(제11조)이 적용된다. 따라서 경찰권을 발동함에 있어서 상대방의 성별·종교·사회적 신분·인종 등을 이유로 불합리한 차별을 하여서는 아니 된다. 평등의 원칙은 조리상의 원칙에서 발전하였으나, 오늘날은 헌법상의 원칙 내지는 행정법의 일반법 원칙으로 인식되고 있다.

Ⅲ. 한계론의 재검토

이상에서 고찰한 경찰권의 한계에 관한 전통적 이론은 재량행위인 경찰권을 필요악으로 보고 그 재량권 행사의 남용을 방지하기 위한 소극적 한계를 설정하려는 것이었다. 이러한 경찰권의 한계론은 현대의 실질적 법치국가에서는 사회공공의 안녕과 질서유지에 대한 경찰의 역할을 긍정적으로 평가하여, 일정한 경우에는 경찰권이 적극적으로 발동되어야만 적법하다는 평가를 받게 되었다. 즉, 개인의 생명·신체에 절박한 위해가 초래될 우려가 있는 경우에는 재량권이 0으로 수축되어 경찰권이 반드시 발동되어야 한다는 '재량권의 0으로의 수축이론'과, 이에 기하여 상대방은 경찰에 대하여 행정개입청구권을 가진다는 이론이 대두되었다.[97]

대법원은 지방자치단체가 소유한 임야 내의 주택가에 돌출한 암벽을 제거하지 않은 부작위로 인하여 발생한 붕괴사고로 입은 주민들의 손해를 배상할 책임이 있다고 한 바 있다.[98]

> **【판례】** 지방자치단체 소유의 임야에 주민들이 무허가로 주택을 지어 살고 있더라도 그에 대하여 관리행정을 실시해 온 이상 그 자치단체로서는 주택가에 돌출하여 위험이 예견되는 자연암벽이 있으면 복지행정의 집행자로서 이를 사전에 제거하여야 할 의무가 있고, 그 의무를 해태한 부작위로 인하여 붕괴사고가 일어나서 주민들이 손해를 입었다면 이를 배상할 책임이 있다(대판 1980. 2. 26, 79다2341).

---

97) 김철용, 행정법Ⅱ, 264면 참조.

98) 대판 1980.2.26, 79다2341.

제3장

경찰작용의 형태

제1절 개설
제2절 경찰하명
제3절 경찰허가
제4절 경찰행정의 실효성확보수단

제3장 경찰작용의 형태

제1절 개설

경찰작용은 권력적인 경찰작용과 비권력적 경찰작용[99]으로 나누어진다. 그러나 경찰작용은 사회공공의 안녕과 질서유지라는 목적달성을 위하여 개인에게 특정한 의무를 부과하거나 일반적·상대적 금지를 해제하는 등의 일방적 명령·강제로서의 권력작용이 그 중심을 이루고 있다. 권력작용으로서의 경찰작용은 경찰하명, 경찰허가, 경찰강제, 경찰벌 등이 그 중심을 이루고 있다.

제2절 경찰하명

Ⅰ. 의의

경찰하명이란 경찰목적을 위하여 국가의 일반통치권에 근거하여 개인에게 특정한 작위·부작위·급부·수인의 의무를 명하는 행정행위를 말한다. 종래의 통설은 경찰하명의 개념에 구체적인 행정행위뿐만 아니라 법규하명이라 하여 법령이 직접 국민에게 구체적인 경찰의무가 부과되는 경우 까지를 포함하여 왔다. 그러나 이는 구체적·개별적 처분이 아니므로 직접 행정쟁송을 제기할 수 없다. 따라서 그 법규에 위반되어 처벌되거나 그 법규위반을 이유로 한 영업허가의 취소·정지 등의 구체적 행정처분이 있은 후에 취소·정지에 대한 항고소송

---

[99] 오늘날에 있어서는 상대방의 자발적 협조를 얻어 그 목적을 달성할 수도 있으며 그것이 권력적·일방적인 명령·강제수단보다 더욱 실효성 있는 수단이 될 수도 있기 때문에, 경찰기관이 경찰상의 지도·권고·조언·권장 등의 비권력적 사실행위인 행정지도에 의하거나, 사인과의 대등한 의사의 합치에 의한 공법상 계약 등의 방법으로 경찰작용을 수행하는 방안도 점차 활용되어야 할 것으로 생각된다.

에서 당해 법규의 위헌 또는 위법성을 주장하여 행정처분의 취소를 구할 수밖에 없다는 쟁송 절차상의 차이점 때문에 경찰하명과는 구별하여야 한다.[100]

Ⅱ. 경찰하명의 종류

1. 작위하명

작위하명이란 적극적으로 어떤 행위를 행할 의무를 부과하는 행위를 말한다. 예컨대 소방 서장이 소방대상물의 관계자에게 화재예방에 필요한 소방대상물의 개수·이전 제거·사용 의 중지 기타 필요한 조치를 명하는 것처럼 특정인에 의무를 명하는 것이다. 또한 불특정다 수인에게 폭우로 유실된 도로의 보수를 위하여 행하는 차량통행금지를 명하는 것 등이다.

2. 부작위하명

부작위하명이란 어떤 행위를 행하지 아니할 의무를 부과하는 행위를 말한다. 경찰금지라 고도 한다. 예컨대 주차금지구역의 지정, 주차금지 또는 일방통행의 교통표지 등에 의하여 주차와 출입을 금지하거나, 특정장소와 특정시간에 집회금지를 명하는 것 등이다.

3. 급부하명

급부하명이란 금전·물품·노역을 제공할 의무를 명하는 행위를 말한다. 예컨대 경찰작 용이 특정인을 위하여 행하여지거나 특정인을 위하여 필요하게 된 경우에 관계인에게 수수 료 기타의 급부를 명하는 것이다.

---

100) 김남진, 행정법Ⅱ, 278면.

4. 수인하명

수인하명이란 경찰권에 의한 자기의 신체·재산·가택에 대한 사실상의 침해를 감수하여야 하고 그에 저항하지 않을 의무를 명하는 행위이다. 예컨대 무허가주택의 강제철거, 합법적인 영장에 의한 압수·수색 등이다.

Ⅲ. 경찰하명의 요건

경찰하명이 적법하기 위하여서는 경찰권발동의 근거와 한계에 관한 요건을 충족하여야 한다. 또한 경찰하명은 경찰의 임무영역에 속하는 것이어야 하며 관련법규가 정하는 형식과 절차에 따라야 한다.

Ⅳ. 경찰하명의 효과

경찰하명은 명령적 행위이므로 자연적 자유를 제한·금지하는 데 그치며, 권리나 능력을 설정하는 것이 아니다. 따라서 경찰하명의 효과는 특정 또는 불특정다수의 수명자에게 하명의 내용을 이행할 의무를 지우는 데 있다.

경찰의무를 이행하지 않는 경우에는 경찰강제 또는 경찰벌 등의 제재가 가하여진다. 따라서 경찰하명위반에 대하여 가하여지는 경찰강제와 경찰벌은 경찰의무의 이행을 담보하는 장치가 된다.

제3절 경찰허가

Ⅰ. 의의

경찰허가란 경찰상의 부작위의무를 특정한 경우에 해제하여 일정한 행위를 적법하게 할
수 있도록 하는 행위를 말한다. 경찰허가는 어떤 행위 그 자체로서는 반드시 사회질서에 대
한 장해를 유발하는 것은 아니다. 그러나 그것을 행하는 사람·장소·설비·시기·방법의
여하에 따라 장해를 유발할 우려가 있는 경우에 허가를 유보하여 일반적으로 금지한 후, 일
정한 요건을 갖춘 경우에 한하여 그 금지를 해제하여 주는 것이다. 따라서 경찰허가는 일종
의 예방적 금지에 대한 허가이다.

경찰허가는 행정행위 중 허가의 전형적인 예이므로 그 성질·종류·요건·효과·구제 등
에 관하여는 행정행위의 허가에 관한 이론이 그대로 적용된다.[101]

Ⅱ. 경찰허가의 성질

1. 명령적 행위

경찰허가는 상대적 금지를 해제하여 원래의 자연적 자유를 회복시켜주는 명령적 행위라
는 점에서 형성적 행위와 구별된다. 따라서 경찰허가로 얻는 이익은 권리로서의 이익이 아닌
반사적 이익에 불과하다. 예컨대 기존의 목욕장영업자는 인근의 신규 목욕장영업허가에 대
하여 취소를 구할 법률상 이익이 없다.[102]

그러나 허가나 특허의 구별이 점차 상대화되고 있고,[103] 경찰허가라 할지라도 관련법규
가 질서유지라는 공익뿐만 아니라 개인의 사익까지도 보호하려는 취지라고 인정될 경우에는

---

101) 유상현 공저, 행정법총론, 223면 이하 참조.

102) 대판 1963.8.22, 63누97.

103) 김철용, 행정법Ⅰ, 197면.

법적으로 보호되는 이익이라는 판례도 있다.[104]

> **【판례】** 무권한의 지방자치단체가 해준 직행버스정류장의 설치인가로 말미암아 적법한 자동차 정류장을 설치한 기존업자의 이익이 침해된 경우에는 그 설치인가의 취소를 구할 법률상의 이익이 있다(대판 1975. 7. 22, 75누12).

2. 기속행위

경찰법규가 허가결정의 기준을 명시하고 있어 경찰기관이 가치판단을 할 여지가 없는 경우에는 당해 경찰허가는 기속행위에 속한다. 예컨대 의사면허·약사면허 등이다. 그러나 그러한 기준이 명시되지 않고 경찰기관에 어느 정도의 재량을 인정하는 경우에도 그 재량권은 자유재량이 아니라 기속재량이다.[105] 다만, 허가요건을 규정하는 법규정 자체가 불확정개념을 사용하고 있을 경우, 그 불확정개념의 판단에 있어서는 경찰의 성실한 재량이 인정되며 이러한 한도 내에서는 재량행위라고 볼 수 있다.[106]

Ⅲ. 경찰허가의 종류

1. 통제허가와 예외적 허가

통제허가란 원래 공익을 위하여 국민의 행동을 규제할 목적으로 국민의 자유에 속하는 행위를 일반적으로 금지하였다가 특정인에게 특정한 경우에 그 금지를 해제하는 허가를 말한다. 이에 반해 예외적 허가(예외적 승인)란 어떤 행위가 본질적으로 해악이지만 특정인이 특정한 경우에 그 행위를 하더라도 해악이 없을 것으로 인정되어 예외적으로 그 행위를 할 수

---

104) 주류제조면허에 관한 판례(대판 1989.12.22, 89누46 참조).

105) 건축허가에 관한 대판 1992.12.11, 92누3038; 대중음식점 영업허가에 관한 대판 1993.5.27, 93누2216 등 참조.

106) 토지형질변경허가에 관한 대판 1999.2.23, 98두17845 등.

있도록 허용해주는 행위를 말한다. 경찰허가는 대부분이 통제허가이다.

2. 대인적 허가 · 대물적 허가 · 혼합적 허가

① 대인적 허가란 의사면허 · 약사면허 · 운전면허 · 무기소지허가 등의 경우와 같이 허가요건이 사람이 가지는 기술이나 전문성이라는 인적 특성에 의하여 이루어지는 것을 말한다. 대인적 허가는 일신전속적인 것이기 때문에 제3자에게 이전될 수 없다.

② 대물적 허가란 건축허가 · 원자력발전설비허가 · 차량검사 등의 경우와 같이 물건의 구조 · 성질 · 설비 · 안정성 등의 객관적 사정이 허가여부의 판단기준이 되는 것을 말한다. 대물적 허가는 허가여부의 판단근거가 물적인 것이기 때문에 제3자에게 이전될 수 있다.

③ 혼합적 허가란 인적 요소와 물적 요소가 동시에 고려되어 행하여지는 허가를 말한다(예, 총포 · 화약류제조업허가). 혼합적 허가는 그 판단기준에 인적 요소도 포함되므로 원칙적으로 이전성이 제한된다. 그러나 인적 요소와 물적 요소가 모두 법령상의 기준에 합당하는 경우에는 이전성이 인정된다.

3. 일시적 허가와 계속적 허가

일시적 허가란 1회에 한하여 특정한 행위를 할 수 있도록 허용하는 것을 말한다. 예컨대 승차인원 · 적재중량 등의 초과의 허가, 화약류의 사용허가 등이 있다. 반면, 계속적 허가란 영구적으로 또는 일정한 기간 계속적으로 일정한 행위를 할 수 있도록 허용하는 것을 말한다. 예컨대 운전면허, 총포 · 화약류의 제조업허가, 총포 · 도검 · 화약류 · 분사기 · 전자충격기 · 석궁의 소지허가 등이다.

Ⅳ. 경찰허가의 상대방 및 출원

1. 경찰허가의 상대방

경찰허가는 일반적·상대적 금지를 특정인에 대하여 특정한 경우에 해제하는 행위이다. 경찰허가는 특정인에 대한 것이므로 야간통행금지의 일시해제와 같이 불특정다수인에 대하여 금지를 해제하는 행위는 금지 자체의 철회 또는 정지이지 허가라고 볼 수 없다고 하는 견해가 있다.107)

2. 출원

경찰허가는 상대방의 출원(신청)을 필수적 요건으로 하는 행위이다. 따라서 신청이 없는 허가는 무효이다. 다만, 명시적인 신청이 없더라도 상대방의 신청 의사가 추정되는 경우에 신청의 추완을 조건으로 우선 허가를 하였다면, 합리적인 기간 내에 상대방이 신청을 추완하는 것을 전제로 잠정적으로 허가의 효력을 인정할 수는 있을 것이다.

Ⅴ. 경찰허가의 효과

1. 효과의 내용

(1) 경찰금지해제
경찰허가는 위해방지를 위한 일반적 금지를 해제하여 자유를 회복시켜 주는데 그친다. 따라서 경찰허가로 인하여 이익이 생기더라도 그것은 권리를 설정하는 것이 아니라 반사적 이익에 불과하다.

---

107) 김남진, 경찰행정법, 173면; 최영규, 경찰행정법, 247면.

(2) 경찰허가와 타 법률관계

경찰허가는 경찰상의 금지만 해제하는 데 그치며, 다른 법률상의 제한까지 해제하여 주는 것은 아니다. 따라서 공무원인자가 음식점영업허가를 받더라도 식품위생법상의 금지를 해제하는 데 그치며, 공무원법상의 금지까지 해제되는 것은 아니므로 직접 음식점영업을 하지 못한다.

(3) 경찰허가와 법률행위의 효력

경찰허가는 특정행위를 사실상 적법하게 행할 수 있도록 하는 데 지나지 아니하므로, 법률행위로서 효력발생여부에 직접 관계되는 것은 아니다. 따라서 허가를 받아야 할 행위를 허가받지 않고 행한 경우(예, 무허가음식점의 영업행위)에는 제재의 대상은 될지언정 그 효력은 유효함이 원칙이다.

2. 경찰허가의 갱신

종기가 있는 기한부 허가는 종기의 도래로 그 효력은 당연히 상실한다. 다만, 영업허가에 있어서 기한의 갱신을 신청할 수 있는 경우에는 경찰상의 장해가 발생할 새로운 사정이 없는 한 갱신을 허가하여야 한다. 이 경우 갱신허가는 새로운 허가와 마찬가지로 갱신허가를 행할 당시의 인적·물적 상태와 법령을 기준으로 하여 허가요건에의 적합여부를 심사할 권한이 있다.[108] 또한 갱신허가 전에 법령위반사실이 있었던 경우에는 비록 갱신허가가 있었다고 하더라도 이를 불문에 붙인다는 의미는 아니므로 이를 근거로 하여 갱신허가를 취소할 수 있다.[109]

---

108) 투전기영업허가의 갱신에 관한 대판 1993.2.10, 92두72 판례 등.

109) 유료직업소개소 갱신허가에 관한 대판 1982.7.27, 81누174 판례 참조.

【판례】 ① 사행행위등규제법 제7조 제2항의 규정에 의하면 사행행위영업허가의 효력은 유효기간 만료 후에도 재허가신청에 대한 불허가처분을 받을 때까지 당초 허가의 효력이 지속된다고 볼 수 없으므로 허가갱신신청을 거부한 불허처분의 효력을 정지하더라도 이로 인하여 유효기간이 만료된 허가의 효력이 회복되거나 행정청에게 허가를 갱신할 의무가 생기는 것도 아니라 할 것이니 투전기업소갱신허가불허처분의 효력을 정지하더라도 불허처분으로 입게 될 손해를 방지하는 데에 아무런 소용이 없고 따라서 불허처분의 효력정지를 구하는 신청은 이익이 없어 부적법하다(대판 1993. 2. 10, 92두72).

② 유료직업 소개사업의 허가갱신은 허가취득자에게 종전의 지위를 계속 유지시키는 효과를 갖는 것에 불과하고 갱신 후에는 갱신 전의 법위반사항을 불문에 붙이는 효과를 발생하는 것이 아니므로 <u>일단 갱신이 있은 후에도 갱신 전의 법위반사실을 근거로 허가를 취소할 수 있다</u>(대판 1982. 7. 27, 81누174).

3. 효과의 범위

(1) 인적 범위

1) 대인적 허가

특정인의 경력·기능 등 개인적 사정을 심사하여 행하여지는 경찰허가이다. 예컨대 의사면허, 운전면허 등이다. 대인적 허가의 효과는 허가를 받은 자의 일신에 전속하기 때문에 타인에게 이전 또는 상속될 수 없다.

2) 대물적 허가

대물적 허가는 물건의 구조·설비나 지리적 환경 등의 객관적 사정을 심사하여 행하여지는 경찰허가이다. 예컨대 건축허가, 자동차검사합격처분 등이다. 대물적 허가의 효과는 허가의 대상이 된 이전에 따라 동시에 이전·승계됨이 원칙이다.

3) 혼합적 허가

경찰허가의 인적 요소와 물적 요소를 아울러 고려하여 행하여진 경우이다. 예컨대 총포등판매영업허가, 가스영업허가 등이다. 혼합적 허가는 물적 시설의 양도나 상속에 의하여 허가의 효과가 당연히 이전되는 것이 아니고, 시설의 양수인 또는 상속인으로 하여금 새로이 허가를 받게 함이 보통이다.

(2) 지역적 범위

경찰허가의 효과는 원칙적으로 경찰관청의 관할구역 내에 한정된다. 따라서 중앙관청에 의한 허가는 전국에 그 효과가 미치고, 지방관청에 의한 허가는 그 관할지역 내에 그 효과가 미치게 된다. 그러나 법령의 규정이나 행위의 성질상 당해 경찰관할청의 관할구역 밖에까지 미치는 경우도 있다. 예컨대 자동차운전면허, 이용사면허 등이다.

Ⅵ. 허가의 소멸

경찰허가도 경찰처분의 일반적 소멸원인, 즉, 취소·철회·실효 등에 의하여 그 효력이 소멸된다. 특히 철회는 법률의 근거가 있어야 하는 것으로 해석된다.

Ⅶ. 경찰허가의 양도

경찰허가 중 대물적 또는 혼합적 허가는 상속·양도가 가능하다. 물론, 이 경우에도 법률관계 특히 경찰책임의 명확성을 위하여 행정관청의 인가·승인·신고를 요건으로 하고 있다. 인가·승인·신고는 양도·양수행위의 효력발생요건이 된다. 대물적 또는 혼합적 허가의 양수인은 양도인의 지위를 포괄적으로 승계되므로, 양도인이 져야 할 경찰책임이 이미 존재했다면, ㄱ 책임도 양수인에게 승계된다고 하겠다. 따라서 양도인에게 허가취소 또는 영업정지처분을 할 사유가 있었다면 양수인에게 이러한 처분을 할 수 있음은 물론 양도인이 이미 받았던 행정처분의 효과도 양수인에게 승계되므로 양수인의 법령위반행위가 있을 경우 가중처분의 사유가 될 수도 있다. 예컨대 음식점영업의 양도인이 청소년에게 주류를 제공하여 한번 영업정지를 받았던 경우 그 양수인이 다시 동일한 행위를 하면 2차 위반이 되어 보다 무거운 허가취소에 처할 수도 있다.

【판례】① 주유소영업허가는 대물적 허가로서 양도가 가능하며 양수인은 양도인의 지위를 승계하므로 양도인의 부정휘발유취급을 이유로 하여 양수인에게 주유소영업허가를 취소할 수 있다(대판 1986. 7. 22, 86누203).

② 식육판매업허가시에 과하여진 밀도살육의 판매금지와 같은 허가조건의 위배행위에 대하여는 당초 허가를 받은 자에게만 허가취소의 행정제제를 할 수 있는 것이고, 선의의 승계인에게는 허가조건 위배사실을 알았다는 등 특단의 사정이 없는 한 허가취소를 할 수 없다(대판 1977. 6. 7, 76누303).

제4절 경찰행정의 실효성확보수단

Ⅰ. 개설

경찰행정법관계에 있어서 경찰행정주체는 경찰법규 또는 그에 의거한 경찰처분에 의하여 국민에게 일정한 의무를 명하고, 그 의무를 국민이 경찰법규를 위반하지 않고 경찰처분에 의해 부과된 의무를 이행함으로써 경찰목적이 실효성 있게 달성될 수 있다. 그런데 의무자인 국민이 이러한 경찰행정법상의 의무를 이행하지 아니하거나 위반하면 경찰목적의 실현을 확보하기 어렵게 된다. 따라서 경찰행정주체는 이러한 경찰행정상의 의무를 이행하지 않거나 그 의무를 부담하는 자가 이를 위반한 경우 그 경찰목적의 실현을 확보하고 경찰법규 그 자체의 실효성을 확보하기 위하여 강제적 수단이 필요하게 된다.

전통적으로 이러한 경찰행정의 실효성확보수단으로는 경찰강제(경찰상 강제집행, 경찰상 즉시강제, 경찰상 조사)와 경찰벌(경찰형벌, 경찰질서벌)이 있다. 최근에는 법령상 과징금·가산금이나 수도·전기의 공급을 거부하는 수단이 새로운 의무이행확보수단으로 행해지고 있으며, 또한 법령상의 구체적 근거는 없으나 행정법상의 의무위반자 명단의 공표도 그 의무이행확보를 위한 목적으로 행하여지는 경우가 적지 않다.[110]

---

110) 경찰상 실효성 확보수단에 관한 자세한 내용은 설계경, 경찰행정법Ⅰ, 353면 이하 참조.

Ⅱ. 경찰강제

1. 의의

경찰강제란 경찰목적인 질서유지를 위하여 개인의 신체·재산·가택 등에 실력을 가하여 경찰상 필요한 상태를 실현하는 사실상의 작용을 말한다. 경찰강제는 질서유지와 일반통치권에 의거하여 행하는 권력적 작용이라는 점에서는 경찰하명 및 경찰허가와 같다. 그러나 실력에 의한 사실행위라는 점에서 법률행위인 경찰하명 및 경찰허가와 구별된다. 경찰강제에는 경찰상 강제집행과 즉시강제 및 경찰조사가 있다.

2. 근거

경찰강제는 실력에 의한 사실상의 작용이기 때문에 개인의 자유와 권리에 미치는 영향이 대단히 크다. 따라서 경찰강제를 할 경우에는 반드시 법령에 근거가 있는 경우에 한하여 법령이 정하는 바에 따라서만 행하여질 수 있다. 그러나 경찰법규의 성질상 공안에 대한 장래의 위해를 모두 예측하여 입법화한다는 것은 불가능하므로, 그러한 경우에는 엄격한 조리상의 한계를 지켜져야 한다.

경찰강제에 관한 근거법으로는 ① 경찰상 강제집행에 관한 일반법으로 행정대집행법과 경찰상 강제징수에 관한 실질적인 일반법으로는 국세징수법과 직접강제를 예외적으로 인정하고 있는 각 단행법이 있다. 그리고 ② 경찰상 즉시강제에 관한 관한 일반법으로서 경찰관직무집행법이 있으며, 그밖에 '감염병의 예방 및 관리에 관한 법률'·'식품위생법' 등 각 개별법이 있다.

3. 종류

(1) 경찰상 강제집행

경찰상 강제집행은 경찰하명에 따르는 의무의 불이행이 있는 경우에 상대방의 신체 또는 재산에 실력을 가하여 의무를 이행시키거나 의무이행이 있는 것과 같은 상태를 실현하는 경찰작용을 말한다.

경찰상 강제집행의 수단으로는 대집행 · 이행강제금(집행벌) · 직접강제 및 경찰상의 강제징수 등이 있다. 우리나라에서는 대집행과 경찰상 강제징수만이 일반적 수단으로 되어 있고, 이행강제금과 직접강제는 개별법에 근거가 있는 경우에만 예외적으로 인정된다.

1) 대집행

경찰상 대집행이란 경찰상의 대체적 작위의무의 불이행에 대한 제1차적 수단으로써 당해 경찰청이 의무자가 행할 작위를 스스로 행하거나 또는 제3자로 하여금 이를 행하게 하고 그 비용을 의무자로부터 징수하는 것을 말한다. 도로교통법 등 개별법에서 대집행을 할 수 있는 근거 규정을 두고 있다. 그러나 그와 같은 규정이 없더라도 행정대집행법이 정한 요건이 충족하는 한 경찰기관은 대집행을 할 수 있다고 새겨진다.

2) 이행강제금(집행벌)

이행강제금이란 경찰상의 작위 · 부작위 · 수인 등의 의무의 불이행이 있는 경우에 일정한 금액을 납부하게 됨을 계고하여 심리적 압박을 줌으로써 의무이행을 확보하려는 수단을 말한다. 예컨대 건축법 제80조 상의 이행강제금부과 등이다.

3) 직접강제

직접강제는 의무자가 의무를 불이행한 경우에 직접 의무자의 신체 또는 재산에 실력을 가하여 의무의 이행이 있었던 것과 같은 상태를 실현하는 작용을 말한다. 직접강제의 예로는 식품위생법 제79조[111]), 위생용품 관리법 제19[112]) 등에 규정되어 있는 폐쇄조치, 도로교통

---

111) 제79조(폐쇄조치 등) ① 식품의약품안전처장, 시 · 도지사 또는 시장 · 군수 · 구청장은 제37조제 1항, 제4항 또는 제5항을 위반하여 허가받지 아니하거나 신고 또는 등록하지 아니하고 영업을 하는 경우 또는 제75조제1항 또는 제2항에 따라 허가 또는 등록이 취소되거나 영업소 폐쇄명령을 받은 후에도 계속하여 영업을 하는 경우에는 해당 영업소를 폐쇄하기 위하여 관계 공무원에게 다음 각 호의 조치를 하게 할 수 있다.
　1. 해당 영업소의 간판 등 영업 표지물의 제거나 삭제
　2. 해당 영업소가 적법한 영업소가 아님을 알리는 게시문 등의 부착
　3. 해당 영업소의 시설물과 영업에 사용하는 기구 등을 사용할 수 없게 하는 봉인

112) 제19조(폐쇄조치 등) ① 식품의약품안전처장 또는 특별자치시장 · 특별자치도지사 · 시장 · 군수 · 구청장은 영업자가 제17조제1항에 따른 영업소 폐쇄명령을 받고도 계속하여 영업을 하는

법 제47조[113]상의 위험방지조치 등이다.

4) 경찰상의 강제징수

경찰상의 강제징수란 개인이 경찰상의 금전급부의무의 불이행이 있는 경우에 의무자의 재산에 실력을 가하여 의무의 이행이 있었던 것과 같은 상태를 실현하는 작용을 말한다. 예컨대 도로교통법 제35조 제6항은 "주차위반 차의 이동·보관·매각 또는 폐각 등에 들어간 비용은 그 차의 사용자가 부담한다. 이 경우 그 비용의 징수에 관하여는 행정대집행법 제5조[114] 및 제6조[115]를 적용한다"라고 규정하고 있다.

(2) 경찰상 즉시강제

경찰상 즉시강제는 명령에 의한 사전의 의무부과 없이 상대방의 신체 또는 재산에 실력을 가하여 경찰목적을 실현하는 작용을 의미한다. 경찰상 즉시강제는 목전의 급박한 위해를 방지하기 위한 경우와 성질상 미리 의무를 명할 수 없어 즉시로 행해지는 경우가 있다. 경찰상 즉시강제의 일부 또는 전부를 직접시행이라고 부르기도 한다.

경찰상 즉시강제에의 수단으로는 경찰관직무집행법상의 수단과 타 법령상의 수단이 있다.

경우에는 해당 영업소를 폐쇄하기 위하여 관계 공무원에게 다음 각 호의 조치를 하게 할 수 있다.
　1. 해당 영업소의 간판이나 그 밖의 영업표지물의 제거
　2. 해당 영업소가 적법한 영업소가 아니라는 것을 알리는 안내문 등의 게시
　3. 해당 영업소의 시설물이나 그 밖에 영업에 사용하는 기구 등을 사용할 수 없게 하는 봉인

113) 제47조(위험방지를 위한 조치) ① 경찰공무원은 자동차등의 운전자가 제43조부터 제45조까지의 규정을 위반하여 자동차등을 운전하고 있다고 인정되는 경우에는 차를 일시정지시키고 그 운전자에게 자동차 운전면허증(이하 "운전면허증"이라 한다)을 제시할 것을 요구할 수 있다.
　② 경찰공무원은 제44조 및 제45조를 위반하여 자동차등을 운전하는 사람에 대하여는 정상적으로 운전할 수 있는 상태가 될 때까지 운전의 금지를 명하고 차를 이동시키는 등 필요한 조치를 할 수 있다.

114) 제5조(비용납부명령서) 대집행에 요한 비용의 징수에 있어서는 실제에 요한 비용액과 그 납기일을 정하여 의무자에게 문서로써 그 납부를 명하여야 한다.

115) 제6조(비용징수) ① 대집행에 요한 비용은 국세징수법의 예에 의하여 징수할 수 있다.
　② 대집행에 요한 비용에 대하여서는 행정청은 사무비의 소속에 따라 국세에 다음가는 순위의 선취득권을 가진다.
　③ 대집행에 요한 비용을 징수하였을 때에는 그 징수금은 사무비의 소속에 따라 국고 또는 지방자치단체의 수입으로 한다.

1) 경찰관직무집행법상의 수단

(가) 개괄조항에 의한 수단

경찰관직무집행법 제2조상의 경찰권발동에 관한 개괄조항에 의거하여 경찰관이 보충적 성격의 즉시강제를 할 수 있음은 다른 경우에 있어서와 마찬가지이다.[116]

(나) 개별조항에 의한 수단

개별조항에 의한 수단으로는 경찰관직무집행법상의 다음과 같은 수단이 행하여진다. 즉, ① 불심검문, ② 보호조치와 임시영치, ③ 위험발생의 방지, ④ 범죄의 예방·제지, ⑤ 위험 방지를 위한 출입, ⑥ 사실의 확인 등, ⑦ 경찰장비의 사용, ⑧ 경찰장구의 사용, ⑨ 분사기의 사용, ⑩ 무기사용 등이 있다.

2) 타 법령상의 수단

(가) 대인적 강제

대인적 강제의 대표적인 예로는 ① 감염병환자 등에 대한 조사나 진찰을 하게 할 수 있으며(감염병의 예방 및 관리에 관한 법률 제42조 제1항), 마약류 중독자로 판명된 사람을 치료보호하기 위하여 치료보호기관을 설치·운영하거나 지정할 수 있으며(마약류 관리에 관한 법률 제40조) ② 유전이 가능한 정신병환자에 대하여 불임수술을 실시할 수 있으며(모자보건법 제14조), ③ 범인을 체포하는 등 그 직무를 수행할 때에 17세 이상인 주민의 신원이나 거주 관계를 확인할 필요가 있으면 주민등록증의 제시를 요구할 수 있다((주민등록법 제26조).

(나) 대물적 강제

대물적 강제에 관한 대표적인 예로는 ① 식품 등을 압류 또는 폐기하게 하거나 용도·처리 방법 등을 정하여 영업자에게 위해를 없애는 조치(식품위생법 제72조), ② 판매·저장·진열·제조 또는 수입한 의약품등이나 불량한 의약품 등 또는 그 원료나 재료 등을 공중위생상의 위해를 방지할 수 있는 방법으로 폐기하거나 그 밖의 필요한 조치(약사법 제71조), 안전점검 결과 안전을 저해할 우려가 있다고 판단되는 광고물 등에 대하여 광고물 등을 제거하거나 그 밖에 필요한 조치(옥외광고물 등의 관리와 옥외광고산업 진흥에 관한 법률 제10 제1항), 영

---

116) 김남진, 경찰행정법, 230면.

업소의 폐쇄를 명하거나 6개월 이내의 기간을 정하여 영업의 정지(감염병의 예방 및 관리에 관한 법률 제59조 제1항), 소방활동을 위하여 필요할 때에는 소방용수 외에 댐·저수지 또는 수영장 등의 물을 사용하거나 수도의 개폐장치 등의 조작(소방기본법 제25조) 등이 있다.

(다) 대가택강제

대가택강제에 대한 대표적인 예로는 식품 등을 채취·제조·가공·사용·조리·저장·소분·운반 또는 진열하는 영업자에 대하여 식품전문 시험·검사기관 또는 국외시험·검사기관에서 검사(식품위생법 제19조의4), 화재의 원인과 피해의 상황에 대한 조사(소방기본법 제30조), 재해 예방 또는 공공의 안전유지를 위하여 필요하다고 인정되는 경우에 명령 또는 조치(총포·도검·화약류 등의 안전관리에 관한 법률 제47조) 등이 있다.

(3) 경찰상 조사

경찰상 조사란 경찰상 일정한 목적을 달성하기 위하여 필요한 정보·자료 등을 수집하는 일체의 경찰작용을 의미한다. 종래에는 조사목적을 위한 질문·검사·가택에의 출입 등 자료수집활동을 경찰상 즉시강제에 포함시켜 다루어 왔다. 그러나 오늘날은 이러한 자료수집활동을 경찰상 즉시강제와 분리하여 경찰조사라는 개념 아래 독자적인 이론구성을 하고 있는 것이 일반적 경향이다.

일반적으로 경찰상 조사는 ① 경찰목적의 적절한 수행을 위하여 필요한 자료·정보 등을 수집하기 위하여 행하는 권력적 조사작용이며, ② 개인의 실체적인 권리관계에 변동을 생기게 함을 목적으로 하는 것이 아니라, 장래의 경찰작용을 하기 위한 예비적·보조적 작용으로서의 성질을 가지는 것이다.

Ⅲ. 경찰벌

1. 의의

경찰벌이란 경찰행정법상의 의무위반에 대한 제재로서 일반통치권에 의거하여 과하는 벌을 말한다. 경찰벌이 과하여지는 경찰의무위반행위를 경찰범이라 한다.

2. 근거

경찰벌은 죄형법정주의의 원칙상 법률에 근거가 있어야 함은 당연하다. 다만, 법률에서 구체적으로 범위를 정하여 위임한 경우에는 행정입법에 근거를 정할 수 있으며, 조례도 일정한 범위 안에서 그 근거가 될 수 있다(지방자치법 제22조[117]).

3. 종류

경찰벌은 그 처벌의 내용에 따라 형법상의 형벌이 과하여지는 경찰형벌과 과태료가 과하여지는 경찰질서벌이 있다.

(1) 경찰형벌

경찰형벌이란 경찰의무위반에 대한 형법상의 형이 과하여진다. 즉, 사형·징역·금고·자격상실·자격정지·벌금·구류·과료 및 몰수의 형을 과하는 것을 말한다. 경찰형벌에 관하여는 원칙적으로 형법총칙의 규정이 적용될 것이나, 법령에 특별한 규정이 있는 경우에는 그에 따른다(형법 제8조[118]).

---

117) 제22조(조례) 지방자치단체는 법령의 범위 안에서 그 사무에 관하여 조례를 제정할 수 있다. 다만, 주민의 권리 제한 또는 의무 부과에 관한 사항이나 벌칙을 정할 때에는 법률의 위임이 있어야 한다.

118) 제8조(총칙의 적용) 본법 총칙은 타 법령에 정한 죄에 적용한다. 단, 그 법령에 특별한 규정이 있는 때에는 예외로 한다.

(2) 경찰질서벌

경찰질서벌은 직접 행정목적을 침해한 정도에 이르지는 아니하고, 단지 행정목적 달성에 방해가 되는 데 그치는 비행에 대하여 과하는 금전벌을 말한다. 즉, 과태료를 과하는 벌을 말한다. 일반적으로 경찰질서벌은 경찰상 신고·보고·등록·서류비치 등의 의무를 해태하는 경우에 경찰목적의 달성을 위하여 간접적인 제재로서 과하여진다.

V. 새로운 의무이행 확보수단

1. 개설

행정상 의무이행확보수단으로서 전통적인 수단으로는 행정상 강제 및 행정벌 등이 사용되어 왔다. 그러나 오늘날 전통적인 의무이행수단만으로는 행정의 실효성을 확보하기에 충분하지 못하여 새로운 의무이행수단들이 등장하였다. 새로운 의무이행확보수단으로는 금전상의 제재, 공급거부, 관허사업의 제한, 공표 등이 인정되고 있다.

2. 금전적 제재

금전적 제재 수단으로는 과징금, 가산제 등이 있다. ① 과징금이란 행정법규의 위반이나 행정법상의 의무위반으로 경제상의 이익을 얻게 되는 경우에 당해 위반으로 인한 경제상 이익을 박탈하기 위하여 그 이익액에 대하여 부과·징수하는 금전적 제재를 말한다. ② 가산금이란 행정법상의 급부의무 또는 작위의무를 이행하지 아니할 경우, 그 의무불이행에 대한 제재로서 과하는 금전부담을 말한다. ③ 가산세란 세법상의 의무의 성실한 이행을 확보하기 위하여 그 세법에 의하여 산출된 세액에 가산하여 징수하는 금액을 말한다(국세기본법 제2조 제4호).

경찰의무 위반에 대한 과징금으로서 실정법상 규정된 것으로는 소방시설업자에 대한 영업정지처분에 갈음하는 과징금(소방시설공사업법 제10조[119]), 방염업자·소방시설관리업

---

119) 제10조(과징금처분) ① 시·도지사는 제9조제1항 각 호의 어느 하나에 해당하는 경우로서 영업정지가 그 이용자에게 불편을 주거나 그 밖에 공익을 해칠 우려가 있을 때에는 영업정지처분을 갈음하여 3천만원 이하의 과징금을 부과할 수 있다.

자에 대한 영업정지처분에 갈음하는 과징금(화재예방, 소방시설 설치·유지 및 안전관리에 관한 법률 제35조[120]), 위험물제조소 등의 사용정지처분에 갈음하는 과징금(위험물안전관리법 제13조[121]) 등이 있다.

3. 비금전적 제재

비금전적 제재수단으로는 공급거부, 공표제도, 관허사업의 제한, 수익적 행정행위의 철회·정지 등이 있다.

---

120) 제35조(과징금처분) ① 시·도지사는 제34조제1항에 따라 영업정지를 명하는 경우로서 그 영업정지가 국민에게 심한 불편을 주거나 그 밖에 공익을 해칠 우려가 있을 때에는 영업정지처분을 갈음하여 3천만원 이하의 과징금을 부과할 수 있다.

121) 제13조(과징금처분) ① 시·도지사는 제12조 각 호의 어느 하나에 해당하는 경우로서 제조소등에 대한 사용의 정지가 그 이용자에게 심한 불편을 주거나 그 밖에 공익을 해칠 우려가 있는 때에는 사용정지처분에 갈음하여 2억원 이하의 과징금을 부과할 수 있다.

제3편 경찰구제법

제1장

개설

제1장 개설

행정구제라 함은 위법·부당한 행정작용으로 자기의 권리·이익이 침해되었거나 침해될 것으로 주장하는 자가 행정주체를 상대로 하여 행정기관이나 법원에 구제를 청구할 수 있는 제도를 말한다.

오늘날 행정은 과거에 비하여 그 기능이 질적·양적으로 확대·발전하여 국민생활의 거의 전 분야에 걸쳐 그 작용이 미치게 되었고, 이에 따라 행정작용으로 인한 국민의 권익침해의 가능성도 크게 증대되고 있다. 위법한 행정작용에 의한 재산권의 침해 또는 신체적 상해, 위법한 영업의 정지나 취소로 인한 재산상의 침해 등은 그 전형적인 예이다. 그러나 국민의 권리·이익의 침해는 위법·부당한 행정작용이 아닌 적법한 행정작용으로도 특정인의 재산상의 특별한 손실이 발생할 수도 있다. 물론 이에 대한 전보도 있어야 함은 당연하다.

행정구제는 내용적으로 사전구제제도와 사후구제제도로 나눌 수 있다. 사전구제는 위법·부당한 행정작용 등으로 인하여 권익침해가 발생하기 전에 이를 예방하는 제도를 말한다. 행정구제는 사전구제가 이상적이지만, 현실적으로 순수한 사전구제제도는 찾기 힘들다 하겠다. 행정절차는 사전적 구제절차로서의 성격만 가진 것은 아니지만 사전구제의 주된 수단이라 할 수 있다. 또한 옴부즈만제도나 청원제도·민원사무처리제도 역시 사전구제적 제도로서 의미를 가지고 있다.

사후구제란 행정작용 등으로 인하여 국민의 권리·이익이 이미 침해된 후에 당해 작용을 시정하거나 그로 인한 손해를 전보하여 주는 제도를 말한다. 사후구제제도가 행정구제의 중심을 이루며, 행정구제는 보통 사후구제제도를 의미한다. 사후구제제도로는 행정기관의 행위의 효력을 다투는 행정쟁송(행정심판·행정소송)제도와 행정결과로 발생한 손해 즉, 행정상 손해전보(손해배상·손실보상)제도 등이 있다.

제2장
사전구제

제1절 행정절차

제2절 행정정보공개와 개인정보보호

제3절 고충민원처리제도

제2장 사전구제

제1절 행정절차

Ⅰ. 서설

1. 행정절차의 개념

행정절차란 행정기관이 행정활동을 함에 있어서 밟는 절차라 할 수 있다. 그러나 그 범위에 따라 크게 광의의 행정절차와 협의의 행정절차로 나눌 수 있다.

(1) 광의의 행정절차

광의의 행정절차란 행정의사의 결정과 집행에 관련된 일체의 과정을 의미한다. 따라서 행정기관 내부의 대내적인 사무처리 절차를 제외한 모든 행정권 행사의 절차, 즉, 행정입법·행정처분·행정계획·행정강제·행정벌 및 행정쟁송 등에 관한 절차를 포함하는 개념이다. 이는 입법권의 작용에 있어서의 입법절차, 사법권의 작용에 있어서의 사법절차에 대응하는 개념이다.

(2) 협의의 행정절차

협의의 행정절차는 각종의 행정작용(행정입법, 행정계획, 행정처분, 행정지도 등)의 사전절차인 제1차적 행정절차를 말한다. 따라서 행정권 행사가 있은 후의 집행절차인 행정강제 및 행정벌 절차와 사후구제절차인 행정쟁송 절차는 제외된다.

이하에서는 협의의 행정절차의 개념에 따라 행정입법·행정처분·행정계획 등 순수한 제1차적 행정권 행사의 절차만을 고찰하기로 한다.

2. 행정절차의 필요성

(1) 행정의 민주화

행정절차는 행정작용의 민주화를 위하여 필요하다. 따라서 행정작용을 함에 있어서는 공익과 사익을 적절하게 조정할 필요가 있으며, 사익을 반영할 수 있도록 이해관계인에게 참여의 기회를 보장해 줌으로써 행정작용을 구체적으로 민주화하는 것이 된다. 우리 행정절차법(제1조)은 그 목적으로서 "이 법은 행정절차에 관한 공통적인 사항을 규정하여 국민의 행정참여를 도모함으로써 …"라고 규정하고 있다. 이는 행정절차가 민주주의와 직결되는 것임을 잘 나타내 주고 있다고 할 수 있다.

(2) 행정의 적정화

행정절차는 행정작용의 적정성을 도모하기 위한 행정의 적정성을 보장하는 실효적 수단이 된다. 따라서 행정작용을 함에 있어 그 상대방에게 미리 통지하고 의견이나 참고자료를 제출하게 하는 것은 구체적인 사실관계의 정확한 파악이나 관계법령의 적정한 해석 · 적용을 적정화함으로써 행정행위의 적법 · 타당성을 확보하는 바탕이 된다. 이는 행정의 적법 · 타당성을 확보하고 행정운영의 적정화를 이룩하기 위한 것이다.

(3) 행정의 능률화

행정절차는 자칫 행정의 능률성을 저해하는 것으로 생각될 수 있다. 그러나 상대방의 참여하에 행해진 행정권의 행사는 상대방의 협력으로 집행에도 용이하게 된다. 따라서 행정절차는 장기적으로 보면 행정에 대한 신뢰도를 높이고 행정의 능률화에도 도움이 된다.

(4) 효율적 권익구제

오늘날 복리국가에서의 행정은 복잡다양하고 또한 행정의 영향력도 매우 커지게 되어 침해된 국민의 권익을 사후에 회복시키는 것보다는 사전에 구제하는 것이 더 효율적이라 할 것이다. 따라서 처음부터 이해관계인을 행정절차에 참여시켜 행정의 적법 · 타당성을 확보하여 권익침해의 가능성을 사전에 봉쇄하여 국민의 권익보호를 더 효율적으로 보호하기 위해 사전구제인 행정절차의 필요성이 요구된다.

Ⅱ. 행정절차의 발달

1. 서설

행정절차는 각국의 역사·정치 등의 차이에 따라 그 발달과정과 모습 등을 달리하는바, 독일·프랑스 등의 대륙법계의 경우와 영미의 경우로 나누어 볼 수 있다. 대륙법계는 원래는 행정운영의 통일과 능률화의 요청에 의한 것인데 반하여, 영미의 경우는 일찍부터 적법절차와 관련하여 행정절차의 발달을 보았으며, 사전에 국민의 권익을 절차적으로 보장하는데 중점이 있었다. 즉, 영미법은 대륙법계에 비하여 행정절차나 그 구체적 법리에 의하여 특징 지워지는 것으로, 고지·청문·기록열람·이유제시 등의 문제를 중요한 논점으로 하여 발전되어 왔다.

한편, 독일·프랑스 등 대륙법계 국가에 있어서도 전문적·기술적 행정영역에 대한 재량통제의 필요성에 따라 행정절차에 관한 중요한 입법조치가 있었다. 또한 행정결정권자의 공익대표성에 대한 회의 등으로 인하여 행정과정에의 주민참가기회의 확대와 참가의 실질화 등 다양한 형태의 행정절차제도가 모색되고 있다.[122]

2. 각국의 행정절차제도

(1) 미국의 행정절차법

미국의 수정헌법(제5조)은 "누구도 법의 적정한 절차(due process of law)에 의하지 아니하고는 생명·자유 또는 재산을 박탈당하지 아니한다"고 규정하고 있다. 이와 같은 헌법정신을 행정과정에 도입하기 위하여 1946년에 연방의 행정절차법을 제정하였다. 처음에는 적법절차조항은 사법작용에만 적용되는 것으로 보고 행정작용에의 적용여부에 대하여는 오히려 소극적인 입장이 지배적이었다. 그러나 1880년대부터 판례는 적법절차는 국민의 권익을 침해할 우려가 있는 모든 국가작용에 대하여 요구된다는 태도를 확립함에 따라 행정작용에 대하여서도 일반적으로 적용되게 되었다.

---

122) 김동희, 행정법Ⅱ, 356면.

1946년 행정절차법의 제정 후 1966년에는 정보공개법(Freedom of Information Act)이 제정되어 행정정보에 대한 자유로운 접근권을 가지게 되었고, 1972년의 연방자문위원회법(Federal Advisory Act)을 통해 연방자문위원회의 공개 및 회의록의 열람 · 복사를 인정하고 있으며, 1980년의 평등접근법(Equal Access to Justice Act)은 소송절차법 뿐만 아니라 정식재결에 있어서 자기주장이 인용된 사람의 쟁송절차비용의 공비부담에 관하여 규정하였다.

또한, 1990년의 교섭에 의한 규칙제정법(Negotiated Rulemaking Act) 및 행정분쟁해결법(Administrative Dispute Resolution Act)은 교섭에 의한 합의의 형성을 장려하고 있다.

(2) 영국의 행정절차법

영국의 행정절차는 전통적으로 커먼 로(common law)의 기본원리를 이루고 있는 자연적 정의(natural justice)에 의하여 규율되고 있다. 이러한 행정절차의 기본원리인 자연적 정의는 모든 국가권력의 적정한 행사의 필수적 기본원칙으로써, "누구든지 자기가 관계되는 사건에서 재판관이 될 수 없다"고 하는 편견배제의 원칙과 "누구든지 청문없이는 불이익을 받아서는 안 된다" 또는 "쌍방이 청문되어야 한다"는 쌍방청문의 원칙이라는 두 가지 원칙으로 구성되어 있다.

영국은 제정법을 통하여 행정절차에 관한 규정을 두려고 노력한 결과, 1958년 '심판소 및 심문에 관한 법률'을 제정하였다.[123] 이 법률에 의하여 심판소심의회가 설치되었으며, 각 심판소가 절차규칙을 제정하는 경우에는 위 심의회의 자문을 받도록 되어 있다.

(3) 독일의 행정절차법

독일은 제2차대전 후 실질적 법치주의의 구현을 위한 효율적 권리구제에 착안하여 1976년 연방행정절차법을 제정하였다. 이법은 1977년부터 시행하고 있는 사실 및 절차법이라는 명칭에도 불구하고, 행성행위의 개념(제35조), 부관(제39조), 재량(제40조), 행정행위의 효력 · 무효 · 취소 · 철회(제43조 ~ 제53조), 공법상계약(제54조 ~ 제62조) 등에 관한 많은 실체법적 규정을 담고 있다.[124]

동법의 중요한 내용으로는 ① 행정절차는 행정행위의 요건심사, 준비 및 발급에 향해지고, 공법계약의 체결에 향해진 외부에 대하여 효력을 발생하는 행정청의 작용을 의미하고 있

---

123) 상세한 것은 이명구, 영국의 행정절차법, 고시연구, 1984. 6 참조.

124) 자세한 것은 김해룡, 우리나라 행정절차법과 독일연방 행정절차법, 고시계 1997.5, 85면 이하.

으며, ② 행정절차를 일단 비정식 행정절차와 정식절차로 나눌 수 있는데, 특별한 형식을 요구하지 않는 무형식성을 원칙으로 하고 있으며, ③ 절차의 관여자에게 청문권, 문서열람권, 비밀유지청구권 등이 보장되어 있는 점이다.

Ⅲ. 우리나라의 행정절차법

1. 개설

(1) 헌법상 근거문제

현행 헌법은 미국수정헌법 제5조 및 제14조 상의 적법절차조항과 같은 직접적인 규정은 없으나, ① 제12조 제1항의 "모든 국민은 … 법률과 적법한 절차에 의하지 아니하고는 처벌·보안처분 또는 강제노역을 받지 아니한다"는 규정을 행정처분절차에 유추적용 된다고 보거나, ② 제10조의 기본적 인권의 보장의무와 제37조의 헌법에 열거되지 아니한 권리의 경시금지에서 직접 근거를 찾는다. 또한, ③ 법치주의를 채택한 헌법의 전체적인 구조에 비추어 개인에 대한 불이익 처분은 실체적 제한뿐만 아니라 절차적 제한도 당연히 요구되고 있다고 함으로써 헌법상의 근거를 찾고 있다.

> **【헌재결】** 헌법 제12조 제3항 본문은 동조 제1항과 함께 적법절차원리의 일반조항에 해당하는 것으로서, 형사절차상의 영역에 한정되자 않고 입법·행정 등 국가의 모든 공권력의 작용에는 절차상의 적법성 뿐만 아니라 법률의 실체적 내용도 합리성과 정당성을 갖춘 실체적인 적법성이 있어야 한다는 적법절차의 원칙을 헌법의 기본원리로 명시한 것이다 (헌재 1992. 12. 24, 92헌마78).

헌법재판소는 헌법 제12조상의 적법절차원리가 행정절차에도 적용되는 헌법원리임을 천명하였으나, 대법원의 입장은 다음의 판례가 보여 주듯이 그렇지 않음이 명백하다.

> **【판례】** 청문을 포함한 당사자의 의견청취절차 없이 어떤 행정처분을 한 경우에도 관계
> 법령에서 당사자의 의견청취절차를 시행하도록 규정하지 않고 있는 경우에는 그 행정처분
> 이 위법하게 되는 것은 아니라고 할 것이다(대판 1994. 8. 9, 94누3414).

(2) 각 개별법상의 행정절차

도로교통법 · 식품위생법 · 국토의 계획 및 이용에 관한 법률 등에서 운전면허취소 · 식품
영업허가취소 · 도시계획수립 등에 있어서는 반드시 상대방에게 통지하고 의견을 듣거나 청
문을 한 후에 결정을 하도록 입법화되어 있다. 그러나 그 구체적 형식 · 기간 · 내용 · 방법 등
은 통일되어 있지 못하고 각 개별법마다 달리 규정되어 있다.

2. 행정절차법의 기본적 내용

(1) 행정절차법의 구성과 특징

현행 행정절차법의 구성 및 특색은 대체로 다음과 같다. 즉, 행정절차법은 제1장 총칙(제1
절 목적 · 정의 및 적용범위 등, 제2절 행정의 관할 및 협조, 제3절 당사자등, 제4절 송달 및
기간 · 기한의 특례), 제2장 처분(제1절 통칙, 제2절 의견제출 및 청문, 제3절 공청회), 제3
장 신고, 제4장 행정상 입법예고, 제5장 행정예고, 제6장 행정지도, 제7장 국민참여의 확대,
제8장 보칙, 전문 56개조와 부칙으로 구성되어 있다.

(2) 통칙 규정

1) 목적 및 용어의 정의

제1조에서 행정절차법의 목적을 행정절차에 관한 공통적인 사항을 규정하여 국민의 행정
참여를 도모함으로써 행정의 공정성 · 투명성 및 신뢰성을 확보하고 국민의 권익을 보호함에
두고 있다. 그리고 제2조에서 행정절차법에서 사용되는 용어의 정의는 다음과 같다.

① 행정청이란 ㉠ 행정에 관한 의사를 결정하여 표시하는 국가 또는 지방자치단체의 기
관, ㉡ 그 밖에 법령 또는 자치법규(이하 "법령등"이라 한다)에 따라 행정권한을 가지고 있거
나 위임 또는 위탁받은 공공단체 또는 그 기관이나 사인을 말한다.

② 처분이란 행정청이 행하는 구체적 사실에 관한 법 집행으로서의 공권력의 행사 또는

그 거부와 그 밖에 이에 준하는 행정작용을 말한다.

③ 행정지도란 행정기관이 그 소관 사무의 범위에서 일정한 행정목적을 실현하기 위하여 특정인에게 일정한 행위를 하거나 하지 아니하도록 지도, 권고, 조언 등을 하는 행정작용을 말한다.

④ 당사자등이란 ㉠ 행정청의 처분에 대하여 직접 그 상대가 되는 당사자, ㉡ 행정청이 직권으로 또는 신청에 따라 행정절차에 참여하게 한 이해관계인을 말한다.

⑤ 청문이란 행정청이 어떠한 처분을 하기 전에 당사자등의 의견을 직접 듣고 증거를 조사하는 절차를 말한다.

⑥ 공청회란 행정청이 공개적인 토론을 통하여 어떠한 행정작용에 대하여 당사자등, 전문지식과 경험을 가진 사람, 그 밖의 일반인으로부터 의견을 널리 수렴하는 절차를 말한다.

⑦ 의견제출이란 행정청이 어떠한 행정작용을 하기 전에 당사자등이 의견을 제시하는 절차로서 청문이나 공청회에 해당하지 아니하는 절차를 말한다.

⑧ 전자문서란 컴퓨터 등 정보처리능력을 가진 장치에 의하여 전자적인 형태로 작성되어 송신·수신 또는 저장된 정보를 말한다.

⑨ 정보통신망이란 전기통신설비를 활용하거나 전기통신설비와 컴퓨터 및 컴퓨터 이용기술을 활용하여 정보를 수집·가공·저장·검색·송신 또는 수신하는 정보통신체제를 말한다.

2) 적용범위

행정절차법은 동법이 규율하는 사항으로서의 처분·신고·행정상 입법예고·행정예고 및 행정지도의 절차에 관하여 다른 법률에 특별한 규정이 있는 경우를 제외하고는 이 법이 정하는 바에 의한다(제3조 제1항).

동법의 적용이 제외되는 것으로는 ① 국회 또는 지방의회의 의결을 거치거나 동의 또는 승인을 받아 행하는 사항, ② 법원 또는 군사법원의 재판에 의하거나 그 집행으로 행하는 사항, ③ 헌법재판소의 심판을 거쳐 행하는 사항, ④ 각급 선거관리위원회의 의결을 거쳐 행하는 사항, ⑤ 감사원이 감사위원회의의 결정을 거쳐 행하는 사항, ⑥ 형사, 행형 및 보안처분 관계 법령에 따라 행하는 사항, ⑦ 국가안전보장·국방·외교 또는 통일에 관한 사항 중 행정절차를 거칠 경우 국가의 중대한 이익을 현저히 해칠 우려가 있는 사항, ⑧ 심사청구, 해양안전심판, 조세심판, 특허심판, 행정심판, 그 밖의 불복절차에 따른 사항, ⑨ 「병역법」에 따른 징집·소집, 외국인의 출입국·난민인정·귀화, 공무원 인사 관계 법령에 따른 징계와 그 밖의 처분, 이해 조정을 목적으로 하는 법령에 따른 알선·조정·중재·재정 또는 그 밖의 처분 등 해당 행정작용의 성질상 행정절차를 거치기 곤란하거나 거칠 필요가 없다고 인정되는 사항과 행정절차에 준하는 절차를 거친 사항으로서 대통령령으로 규정하고 있다(제3조 제2항).

3) 신의성실 및 신뢰보호

행정절차법은 독일행정절차법과 같이 신의성실 및 신뢰보호의 원칙을 명문화하고 있다 (제4조). 즉, ① 행정청은 직무를 수행할 때 신의에 따라 성실히 하여야 하며, ② 법령등의 해석 또는 행정청의 관행이 일반적으로 국민들에게 받아들여졌을 때에는 공익 또는 제3자의 정당한 이익을 현저히 해칠 우려가 있는 경우를 제외하고는 새로운 해석 또는 관행에 따라 소급하여 불리하게 처리하여서는 아니 된다.

4) 투명성

행정절차법(제5조)은 "행정청이 행하는 행정작용은 그 내용이 구체적이고 명확하여야 하며, 행정작용의 근거가 되는 법령등의 내용이 명확하지 아니한 경우 상대방은 해당 행정청에 그 해석을 요청할 수 있다. 이 경우 해당 행정청은 특별한 사유가 없으면 그 요청에 따라야 한다"라고 규정하여 투명성의 내용을 구체화하였다.

(3) 행정처분절차

행정처분은 "행정청이 행하는 구체적 사실에 관한 법집행으로서의 공권력의 행사 또는 그 거부와 기타 이에 준하는 행정작용"(제2조)을 말한다. 행정은 처분을 통하여 이루어지기 때문에 처분절차는 행정절차의 중심이 된다. 처분절차에 관해서 현행 행정절차법은 신청에 의힌 처분질자로서의 수익적 처분 및 불이익처분에 대한 절차를 정하고 있다. 좁은 의미의 처분절차는 불이익처분절차만 의미하기 때문에 아래에서는 이에 대한 규정만 살펴본다.

> **【판례】** 행정처분의 성립요건
> 일반적으로 행정처분이 주체·내용·절차 및 형식이라는 내부적 성립요건과 외부에의 표시라는 외부적 성립요건을 모두 갖춘 경우에는 행정처분이 존재한다고 할 수 있다(대판 1999. 8. 20, 97누6889).

1) 공통사항

(가) 처분기준의 설정 · 공표

행정의 투명성과 신뢰성을 확보하기 위해는 처분의 구체적인 기준과 처분의 신청이 있는 경우의 처리기간을 설정하여 국민이 쉽게 알 수 있도록 공표할 필요가 있다. 따라서 제20조는 행정청의 처분기준의 설정 · 공표의무를 다음과 같이 규정하고 있다.

① 행정청은 필요한 처분기준을 해당 처분의 성질에 비추어 되도록 구체적으로 정하여 공표하여야 한다. 처분기준을 변경하는 경우에도 또한 같다.

② 제1항에 따른 처분기준을 공표하는 것이 해당 처분의 성질상 현저히 곤란하거나 공공의 안전 또는 복리를 현저히 해치는 것으로 인정될 만한 상당한 이유가 있는 경우에는 처분기준을 공표하지 아니할 수 있다.

③ 당사자등은 공표된 처분기준이 명확하지 아니한 경우 해당 행정청에 그 해석 또는 설명을 요청할 수 있다. 이 경우 해당 행정청은 특별한 사정이 없으면 그 요청에 따라야 한다.

(나) 처분의 이유제시

처분의 이유부기는 처분의 공정성 및 신중성을 보장한다. 또한 상대방은 제시된 이유에 근거하여 당해 처분에 대한 궁극적 쟁송절차에 있어서 그 논거를 구체적으로 제시할 수 있게 된다는 점에서 행정절차의 중요한 요소를 구성한다. 따라서 행정절차법 제23조는 행정청의 이유제시의무를 다음과 같이 규정하고 있다.

① 행정청은 처분을 할 때에는 다음의 어느 하나에 해당하는 경우를 제외하고는 당사자에게 그 근거와 이유를 제시하여야 한다. 즉, ㉠ 신청 내용을 모두 그대로 인정하는 처분인 경우, ㉡ 단순 · 반복적인 처분 또는 경미한 처분으로서 당사자가 그 이유를 명백히 알 수 있는 경우, ㉢ 긴급히 처분을 할 필요가 있는 경우이다.

② 행정청은 제1항 제2호 및 제3호의 경우에 처분 후 당사자가 요청하는 경우에는 그 근거와 이유를 제시하여야 한다.

(다) 처분의 방식

처분의 방식에 관하여는 제24조에서 다음과 같이 규정하고 있다.

① 행정청이 처분을 할 때에는 다른 법령등에 특별한 규정이 있는 경우를 제외하고는 문

서로 하여야 하며, 전자문서로 하는 경우에는 당사자등의 동의가 있어야 한다. 다만, 신속히 처리할 필요가 있거나 사안이 경미한 경우에는 말 또는 그 밖의 방법으로 할 수 있다. 이 경우 당사자가 요청하면 지체 없이 처분에 관한 문서를 주어야 한다.

② 처분을 하는 문서에는 그 처분 행정청과 담당자의 소속·성명 및 연락처(전화번호, 팩스번호, 전자우편주소 등을 말한다)를 적어야 한다.

(라) 처분의 정정

행정청은 처분에 오기, 오산 또는 그 밖에 이에 준하는 명백한 잘못이 있을 때에는 직권으로 또는 신청에 따라 지체 없이 정정하고 그 사실을 당사자에게 통지하여야 한다(제25조).

(마) 고지

행정청이 처분을 할 때에는 당사자에게 그 처분에 관하여 행정심판 및 행정소송을 제기할 수 있는지 여부, 그 밖에 불복을 할 수 있는지 여부, 청구절차 및 청구기간, 그 밖에 필요한 사항을 알려야 한다(제26조).

2) 사전통지

행정청은 당사자에게 의무를 부과하거나 권익을 제한하는 처분을 하는 경우에는 미리 ① 처분의 제목, ② 당사자의 성명 또는 명칭과 주소, ③ 처분하려는 원인이 되는 사실과 처분의 내용 및 법적 근거, ④ 제3호에 대하여 의견을 제출할 수 있다는 뜻과 의견을 제출하지 아니하는 경우의 처리방법, ⑤ 의견제출기관의 명칭과 주소, ⑥ 의견제출 기한, ⑦ 그 밖에 필요한 사항을 당사자등에게 통지하여야 한다. 그러나 ① 공공의 안전 또는 복리를 위하여 긴급히 처분을 할 필요가 있는 경우, ② 법령 등에서 요구된 자격이 없거나 없어지게 되면 반드시 일정한 처분을 하여야 하는 경우에 그 자격이 없거나 없어지게 된 사실이 법원의 재판 등에 의하여 객관적으로 증명된 경우, ③ 해당 처분의 성질상 의견청취가 현저히 곤란하거나 명백히 불필요하다고 인정될 만한 상당한 이유가 있는 경우에는 사전통지를 아니할 수 있다(제21조).

3) 의견제출·청문·공청회

① 당사자 등은 처분 전에 그 처분의 관할 행정청에 서면이나 말로 또는 정보통신망을 이

용하여 의견제출을 할 수 있다(제27조). 그러나 ② 개별 법령이 요구하거나, 행정청이 직권으로 필요하다고 인정하는 경우에는 청문의 방법에 의할 수 있으며, 청문의 방법은 행정청이 지명하는 직원이 공개적으로 의견진술, 증거제출, 증거조사, 상대방의 주장에 대한 반증제출 등의 절차로 진행하며, 청문이 종결되면 청문조서 등을 작성·제출한다(제22조 및 제28조~제35조). 그리고 ③ 개별 법령이 요구하거나, 행정청이 직권으로 필요하다고 인정하는 경우에는 공청회를 개최하여야 하며, 공청회는 선정된 발표자가 발표하고 이들 상호간 또는 방청인이 질문을 하는 방법에 의한다(제38조·제39조).

4) 행정처분의 결정

의견제출·청문 또는 공청회에서 제출된 의견을 존중하여 행정처분의 내용을 결정하여야 한다. 즉, ① 행정청은 처분을 할 때에 당사자등이 제출한 의견이 상당한 이유가 있다고 인정하는 경우에는 이를 반영하여야 하며(제27조의2), ② 행정청은 처분을 할 때에 청문조서, 청문 주재자의 의견서, 그 밖의 관계 서류 등을 충분히 검토하고 상당한 이유가 있다고 인정하는 경우에는 청문결과를 반영하여야 하며(제35조의2), ③ 행정청은 처분을 할 때에 공청회, 전자공청회 및 정보통신망 등을 통하여 제시된 사실 및 의견이 상당한 이유가 있다고 인정하는 경우에는 이를 반영하여야 한다(제39조의2).

5) 행정처분의 형식

행정청이 처분을 할 때에는 다른 법령등에 특별한 규정이 있는 경우를 제외하고는 문서로 하여야 하며(제24조), 행정청은 처분을 할 때에는 당사자에게 그 근거와 이유를 제시하여야 한다(제23조). 그리고 행정처분에 관하여 행정심판 및 행정소송을 제기할 수 있는지 여부, 그 밖에 불복을 할 수 있는지 여부, 청구절차 및 청구기간, 그 밖에 필요한 사항을 알려야 한다(제26조).

6) 처분내용의 정정

행정청은 처분에 오기, 오산 또는 그 밖에 이에 준하는 명백한 잘못이 있을 때에는 직권으로 또는 신청에 따라 지체 없이 정정하고 그 사실을 당사자에게 통지하여야 한다(제25조).

(4) 신고

1) 의의

신고란 일정한 사실을 행정청에 통지함으로써 최종적인 법률효과가 발생하는 사인의 일방적인 행위이다. 신고는 자기완결적 행위이기 때문에 그것이 법령상의 형식적 요건을 갖춘 때에는, 접수기관에 도달한 경우 행정청은 수동적으로 이를 접수하여야 하므로 그 신고의무는 이행된 것으로 보게 된다. 그러나 행정실무상으로는 신고자의 의사에 반한 신고의 수리거부 또는 신고의 반려 등의 사례가 적지 않기 때문에 행정절차법은 이를 시정하기 위한 명시적 규정을 두게 되었다.

2) 신고의무의 이행

신고에 대하여 규정하고 있는 경우에, 그 신고가 ① 신고서의 기재사항에 흠이 없고, ② 필요한 구비서류가 첨부되어 있으며, ③ 그 밖에 법령등에 규정된 형식상의 요건에 적합할 때에는 신고서가 접수기관에 도달한 때에 신고를 해야 할 의무가 이행된 것으로 보도록 하고 있다(제40조). 행정절차법이 정하고 있는 신고는 이처럼 형식적 요건이 충족되어 있는 한 신고서가 행정청에 도달한 때에 사인에게 부과되어 있는 신고의무는 이행된 것으로 본다. 따라서 이런 신고에 있어 수리의 관념이 개입할 여지는 없고, 수리행위 없이도 신고만으로 적법하게 일정한 행위를 할 수 있기 때문에 신고수리행위 또는 신고수리거부행위에 대하여 소위 처분성을 부정하며 행정소송이 제기되더라도 각하하고 있다.

> **【판례】** 건축신고수리행위에 대하여 처분성 부정
> 구건축법 제9조 제1항에 의하여 신고함으로써 건축허가를 받은 것으로 간주되는 경우에는 건축을 하고자 하는 자가 적법한 요건을 갖춘 신고만하면 행정청의 수리행위 등 별다른 조치를 기다릴 필요없이 건축을 할 수 있는 것이므로, 행정청이 위 신고를 수리한 행위가 건축주는 물론이고 제3자인 인근토지소유자나 주민들의 구체적인 권리의무에 직접 변동을 초래하는 행정처분이라 할 수 없다(대판 1999. 10. 22, 98두18435).

3) 행정청의 형식상 흠의 보완요구 및 반려결정

행정청은 상대방의 신고서에 형식상의 요건을 갖추지 못한 신고서가 제출된 경우에는 지

체 없이 상당한 기간을 정하여 신고인에게 보완을 요구하여야 하고, 신고인이 이 기간 내에 보완을 하지 아니하였을 때에는 그 이유를 구체적으로 밝혀 해당 신고서를 되돌려 보내야 한다(제40조 제2항·제3항).

【판례】① 골프연습장업에 대한 신고서반려행위의 처분성 인정

체육시설의설치·이용에관한법률에 의한 골프연습장업의 신고요건을 갖춘 자라고 할지라도 당해 건물이 건축법을 위배하여 건축된 무허가건물이라면 적법한 골프연습장업신고를 할 수 없고 따라서 이를 반려한 것은 정당하다(대판 1993. 4. 27, 93누1374).

② 당구장업에 대한 신고거부처분에 대하여 처분성 인정

체육시설의설치·이용에관한법률에 의하여 당구장업의 신고요건을 갖춘 자라 할지라도 학교보건법 제5조 소정의 학교환경위생정화구역 내에서는 동법 제6조에 의한 별도요건을 충족하지 아니하는 한 적법한 신고를 할 수 없다(대판 1991. 7. 12, 90누8350).

③ 액화석유가스충전사업등의 승계사실신고에 대하여 처분성 인정

액화석유가스의안전및사업관리법 제7조 제2항에 의한 사업양수에 의한 사업자 지위승계사실의 신고를 수리하는 허가관청의 행위는 단순히 양수자가 사업을 승계하였다는 사실의 신고를 접수하는 행위에 그치는 것이 아니라 실질에 있어서 양도자의 사업허가를 취소함과 아울러 양수자에게 적법하게 사업을 할 수 있는 법규상 권리를 설정하여 주는 행위로서 사업허가자의 변경이라는 법률효과를 발생시키는 행위이므로 허가관청의 사업자지위승계사실의 신고를 수리하는 행위는 행정처분에 해당한다(대판 1993. 6. 8, 91누11544).

---

(5) 행정상 입법예고

1) 적용범위

행정절차법은 국민의 권리·의무 또는 일상생활과 밀접한 관련이 있는 법령을 제정·개정 또는 폐지하고자 할 때에는 당해 입법안을 마련한 행정청으로 하여금 이를 예고하도록 하고 있다. 그러나 ① 신속한 국민의 권리 보호 또는 예측 곤란한 특별한 사정의 발생 등으로 입법이 긴급을 요하는 경우, ② 상위 법령등의 단순한 집행을 위한 경우, ③ 입법내용이 국민의 권리·의무 또는 일상생활과 관련이 없는 경우, ④ 단순한 표현·자구를 변경하는 경우 등 입법내용의 성질상 예고의 필요가 없거나 곤란하다고 판단되는 경우, ⑤ 예고함이 공공의 안전 또는 복리를 현저히 해칠 우려가 있는 경우에는 예고를 하지 아니할 수 있다. 다만, 법제처장은 입법예고를 하지 아니한 법령안의 심사 요청을 받은 경우에 입법예고를 하는 것이 적당하다고 판단할 때에는 해당 행정청에 입법예고를 권고하거나 직접 예고할 수 있다(제41조).

2) 예고방법

행정청은 입법안의 취지, 주요 내용 또는 전문을 관보·공보나 인터넷·신문·방송 등을 통하여 널리 공고하여야 한다(제42조 제1항). 행정청은 입법예고를 할 때에 입법안과 관련이 있다고 인정되는 중앙행정기관, 지방자치단체, 그 밖의 단체 등이 예고사항을 알 수 있도록 예고사항을 통지하거나 그 밖의 방법으로 알려야 한다(제2항). 행정청은 예고된 입법안의 전문에 대한 열람 또는 복사를 요청받았을 때에는 특별한 사유가 없으면 그 요청에 따라야 한다(제5항).

3) 예고기간

입법예고기간은 예고할 때 정하되, 특별한 사정이 없으면 40일(자치법규는 20일) 이상으로 한다(제43조).

4) 의견제출·결과의 처리

누구든지 예고된 입법안에 대하여 그 의견을 제출할 수 있다. 이와 관련하여 행정청은 의견접수기관, 의견제출기간, 그 밖에 필요한 사항을 해당 입법안을 예고할 때 함께 공고하여야 한다(제44조 제1항·제2항).

행정청은 해당 입법안에 대한 의견이 제출된 경우 특별한 사유가 없으면 이를 존중하여 처리하여야 하며, 행정청은 의견을 제출한 자에게 그 제출된 의견의 처리결과를 통지하여야 한다(제3항·제4항).

5) 공청회

행정청은 입법안에 관하여 공청회를 개최할 수 있다(제45조).

(6) 행정예고

1) 행정예고의 적용범위

행정청은 ① 국민생활에 매우 큰 영향을 주는 사항, ② 많은 국민의 이해가 상충되는 사항, ③ 많은 국민에게 불편이나 부담을 주는 사항, ④ 그 밖에 널리 국민의 의견을 수렴할 필요가 있는 사항에 해당하는 사항에 대한 정책, 제도 및 계획을 수립·시행하거나 변경하려는 경우에는 이를 예고하여야 한다. 다만, 예고로 인하여 공공의 안전 또는 복리를 현저히 해칠 우려가 있거나 그 밖에 예고하기 곤란한 특별한 사유가 있는 경우에는 예고하지 아니할 수 있다. 행정예고기간은 예고 내용의 성격 등을 고려하여 정하되, 특별한 사정이 없으면 20일 이상으로 한다(제46조).

2) 예고의 방법, 의견제출 및 처리, 공청회 등

행정예고의 방법, 의견제출 및 처리, 공청회 및 전자공청회에 관하여는 행정상 입법예고에 관한 규정(제42조, 제44조 제1항~제3항 및 제45조)을 준용한다(제47조). 따라서 행정예고는 관보·공보, 신문 등에의 공고의 방법에 의하고, 예고된 사항에 대하여는 누구나 의견을 제출할 수 있으며, 행정청은 제출된 의견을 존중하여 처리하고, 또한 그 처리결과를 의견제출자에게 통고하여야 할 것이다.

(7) 행정지도

1) 행정지도의 원칙

(가) 과잉금지원칙 및 임의성의 원칙

행정지도는 그 목적 달성에 필요한 최소한도에 그쳐야 하며, 행정지도의 상대방의 의사에 반하여 부당하게 강요하여서는 아니 된다(제48조 제1항).

(나) 불이익조치금지원칙

행정기관은 행정지도의 상대방이 행정지도에 따르지 아니하였다는 것을 이유로 불이익한 조치를 하여서는 아니 된다(제48조 제2항).

2) 행정지도의 방식

행정지도를 하는 자는 그 상대방에게 그 행정지도의 취지 및 내용과 신분을 밝혀야 하며, 행정지도가 말로 이루어지는 경우에 상대방이 적은 서면의 교부를 요구하면 그 행정지도를 하는 자는 직무 수행에 특별한 지장이 없으면 이를 교부하여야 한다(제49조).

3) 의견제출

행정지도의 상대방은 해당 행정지도의 방식·내용 등에 관하여 행정기관에 의견제출을 할 수 있다(제50조).

4) 다수인을 대상으로 하는 행정지도

행정기관이 같은 행정목적을 실현하기 위하여 많은 상대방에게 행정지도를 하려는 경우에는 특별한 사정이 없으면 행정지도에 공통적인 내용이 되는 사항을 공표하여야 한다(제51조).

(8) 국민참여의 확대

행정청은 행정과정에 국민의 참여를 확대하기 위하여 다양한 참여방법과 협력의 기회를 제공하도록 노력하여야 하며, 행정청은 국민에게 영향을 미치는 주요 정책 등에 대하여 국민의 다양하고 창의적인 의견을 널리 수렴하기 위하여 정보통신망을 이용한 정책토론을 실시할 수 있다(제52조·제53조).

3. 행정절차의 하자

(1) 학설

법령에 의하여 요구되는 사전통지·의견제출·청문·이유부기 등의 행정절차를 결한 행정행위 등은 절차상의 요건을 충족하지 못한 행위로 흠을 띠게 된다. 이러한 절차상의 하자가 있는 행위는 당해 행위가 위법한 행정행위가 되는 것임은 물론이다.[125] 이 경우 절차상의 흠이 중대·명백한 것일 때에는 하자의 일반이론에 따라 당해 행위는 무효인 행위가 된다고 할 것이다. 그러나 그 하자가 그 정두에 이르지 아니하여 취소할 수 있는 것에 그치는 경우에는 당해 절차상의 하자가 독자적인 취소사유가 되는지가 문제된다.

일반적으로 절차상의 하자가 중대·명백한 경우에는 하자의 일반이론에 따라 무효인 행정행위로 될 것이며, 그 정도에 이르지 아니한 경우에는 취소사유가 될 뿐이다. 그러나 행정행위가 실체법상 적법함에도 불구하고 절차상의 하자만을 이유로 취소하여야 하는가에 관하여는 좀 검토할 필요가 있다고 생각된다.

이에 대하여 ① 재량행위에 있어서는 행정청의 독자적 판단권이 인정되기 때문에 취소한

---

125) 김동희, 행정법Ⅰ, 366~367면.

후 다시 적절한 재량을 행사하여 원처분과 다른 처분을 할 수 있으므로 절차의 하자가 독립된 취소사유가 된다는데 별 이견이 없다. 그러나 ② 기속행위의 경우에는 적법한 절차를 거쳐 다시 처분을 하더라도 결국 동일한 처분을 하게 될 것이므로 이를 독립된 취소사유로 볼 수 있는가의 문제가 제기되고 있는 것이다. 이에 대하여는 학설의 대립이 있다.

1) 독립된 무효·취소원인으로 보는 견해

이 견해는 행정행위의 실체상(내용상)의 하자와 마찬가지로 행정절차를 결한 그 자체로서 위법이기 때문에 중대하고 명백한 경우는 무효이고, 그렇지 아니한 경우는 취소사유가 된다고 한다.[126] 이 견해의 주된 논거로는 ① 적정한 결정은 적법한 절차에 따라서만 행하여져야 하며, ② 적법한 절차를 거쳐 행정처분을 하는 경우에 행정청은 더 신중하고 합리적 처분을 내릴 수 있기 때문이라는 것이다.

2) 독립된 무효·취소원인으로 보지 아니하는 견해

이 견해는 절차상의 하자가 있더라도 실체상으로 하자가 없는 이상 독립된 무효·취소사유로 보지 않는다. 왜냐하면, 당해 행정행위가 절차상의 하자를 이유로 취소되더라도 행정청은 적법한 절차를 갖추어 동일한 내용의 행정행위를 반복하게 될 것이므로 상대방은 아무 성과 없이 불필요한 노력만 하게 된다고 한다.[127]

(2) 판례

대법원은 식품위생법상의 청문서는 7일 전에 도달되어야 함에도 불구하고 5일 전에 도달함으로써 청문절차를 위반한 음식점영업정지처분(대판 1992. 2. 11, 91누11575)과, 도시계획법상의 도시계획 확정절차에 하자가 있는 도시계획결정(대판 1988. 5. 24, 87누388)을 모두 위법하다고 보았다. 나아가 행정규칙인 건설부장관훈령(건축사사무소의등록취소및폐쇄처분에관한규정)에서 규정하고 있는 청문절차를 결한 건축사사무소 등록취소처분까지도 위법하다고 하였다(대판 1984. 9. 11, 82누166).

---

126) 박윤흔, 행정법강의(상), 493면; 이상규, 신일반행정법론(상), 280면.

127) 석종현/송동수, 일반행정법(상), 610~613면.

【판례】 ① 행정청이 영업정지처분을 함에 있어 식품위생법시행령 제37조 제1항 소정의 청문서 도달기간인 7일을 준수하지 아니한 채 청문서를 청문일로부터 5일 전에야 발송하였다면 처분을 함에 있어서 취한 위 청문절차는 위법하며, 위법한 청문절차를 거쳐 내린 위 영업정지처분 역시 위법하다(대판 1992. 2. 11, 91누11575).

② 도시계획법 제11조 제1항, 제15조 제1항, 제16조의2 제2항, 동법시행령 제11조 제1항, 제14조의2 제6항 및 동법시행규칙 제4조 제2항 등의 취지는 도시계획의 입안에 있어 다수 이해관계자의 이익을 합리적으로 조정하여 국민의 자유권리에 대한 부당한 침해를 방지하고 행정의 민주화와 신뢰를 확보하기 위하여 국민의 의사를 그 과정에 반영시키는 데 있다 할 것이므로 위와 같은 절차에 하자가 있는 행정처분은 위법하다(대판 1988. 5. 24, 87누388).

③ 관계행정청이 건축사사무소의 등록취소처분을 함에 있어 당해 건축사들을 사전에 청문토록 한 취지는 위 행정처분으로 인하여 건축사사무소의 기존권리가 부당하게 침해받지 아니하도록 등록취소 사유에 대하여 당해 건축사에게 변명과 유리한 자료를 제출할 기회를 부여하여 위법 사유의 사정가능성을 감안하고 처분의 신중성과 적정성을 기하려 함에 있다 할 것이므로 설사 건축사법 제28조 소정의 등록취소 등 사유가 분명히 존재하는 경우라 하더라도 당해 건축사가 정당한 이유없이 청문에 응하지 아니한 경우가 아닌한 청문절차를 거치지 아니하고 한 건축사사무소 등록취소 처분은 위법하다(대판 1984. 9. 11, 82누166).

그러나 이와 반대로 법규명령인 교통부령으로 규정된 의견진술의 기회를 부여하지 아니하고 행한 자동차운수사업면허 정지처분도 그 정지사유에 대한 증거가 확실한 경우에는 위법이 아니라고 함으로써 반대설의 입장을 취하고 있는 판례도 있어 일관성을 결하고 있다(대판 1987. 2. 10, 84누350).

【판례】 자동차운수사업법 제31조 등의 규정에 의한 사업면허의 취소등에 관한 규칙(1982.7.31 교통부령 제742호)의 성질은 자동차운수사업면허취소등에 관한 사업처리기준과 처분절차 등 행정청 내부의 사무처리준칙을 규정한 것에 불과하여 처분이 이에 위반되는 것이라 하더라도 위법의 문제는 생기지 않는다(대판 1987. 2. 10, 84누350).

(3) 절차상 하자의 치유

일반적으로 행정행위의 실체적 요건이 구비되지 않았더라도 사후에 그 요건이 보완될 경우에는 하자가 치유된다고 볼 수 있다. 이러한 하자의 치유에 관한 법리가 절차상의 하자에도 적용될 것인가에 관하여는 ① 불필요한 행정행위의 반복금지, ② 법적 안정성의 보장, ③ 공공복리의 도모 등을 감안한다면 인정하는 것이 합리적이라 할 것이다.

> **【판례】** 행정청이 식품위생법상의 청문절차를 이행함에 있어 소정의 청문서 도달기간을 지키지 아니한 위법이 있더라도 상대방이 이에 대하여 이의하지 아니한 채 스스로 청문일에 출석하여 의견을 진술하고 변명하는 등 방어의 기회를 충분히 가졌다면 청문서 도달기간을 준수하지 아니한 하자는 치유되었다고 봄이 상당하다(대판 1992. 10. 23, 92누2844).

(4) 이유부기의 하자

행정절차법(제23조)은 "① 신청 내용을 모두 그대로 인정하는 처분인 경우, ② 단순·반복적인 처분 또는 경미한 처분으로서 당사자가 그 이유를 명백히 알 수 있는 경우, ③ 긴급히 처분을 할 필요가 있는 경우를 제외하고는 당사자에게 그 근거와 이유를 제시하여야 한다"라고 규정하여 이유를 부기하도록 의무화하고 있다. 따라서 이에 위반하여 이유부기가 없는 행정처분은 절차의 하자와 마찬가지로 독립된 무효 또는 취소의 원인이 된다고 하겠다. 이유부기는 행정처분의 방식에 관한 행정절차법 제24조 제1항의 규정에 의하여 다른 법령 등에 특별한 규정이 없는 한 원칙적으로 문서로 하여야 한다. 이유부기에 하자가 있을 경우 단지 그것만을 이유로 행정처분을 위법하다고 할 수 있는가의 문제가 된다. 대법원은 "허가의 취소처분에는 그 근거가 되는 법령과 처분을 받은 자가 어떠한 위반사실에 대하여 당해 처분이 있었는지를 알 수 있을 정도의 사실의 적시를 요한다"(대판 1984. 7. 10, 82누551)고 판시한 바 있다

【판례】① 세무서장이 주류도매업자에게 발송한 주류도매업면허취소통지서에 "무면허 주류판매업자에게 주류를 판매하여 주세법 제11조에 의거 지정조건 위반으로 주류판매업 면허를 취소합니다"라고 기재되어 있어 영업기간과 거래상대방 등에 비추어 <u>원고가 어떠한 거래행위로 인하여 이 건 처분을 받았는지 알 수 없게 되어 있다면 이 면허취소처분은 위법하다</u>(대판 1990. 9. 11, 90누1786).

② <u>행정행위의 하자의 치유는 원칙적으로 허용될 수 없는 것일 뿐만 아니라,</u> 이를 허용하는 경우에도 국민의 권리와 이익을 침해하지 않는 범위에서 구체적 사정에 따라 합목적적으로 가려야 한다고 할 것인바, <u>이 치유를 허용하려면 늦어도 과세처분에 대한 불복여부의 결정 및 불복신청에 편의를 줄 수 있는 상당한 기간 내에 하여야 한다</u>(대판 1983. 7. 26, 82누420).

③ 과세처분의 절차 내지 형식에 위법이 있어 이를 취소하는 판결이 확정되었을 때는 그 확정판결의 기속력은 판결에서 적시된 절차 내지 형식의 위법사유에 한하여 미치는 것이므로 <u>과세관청은 그 위법사유를 보완하여 새로운 과세처분을 할 수 있고, 이는 확정판결의 기속력에 저촉되는 것이 아니다</u>(대판 1987. 2. 10, 86누91).

제2절 행정정보공개와 개인정보보호

Ⅰ. 개설

오늘날의 정보화 사회에서 행정기관은 많은 정보를 수집하여 각종 행정결정을 위한 자료로 사용하고 있다. 그러나 수집된 정보를 행정기관만이 가지고 있고 그것을 비공개한다면, 행정의 민주화는 실현될 수 없을 것이다. 왜냐하면, 국민이 정보를 알지 못하면 행정에 적극적으로 참여할 수 없을 뿐만 아니라, 행정을 유효·적절하게 통제할 수도 없으며, 행정의 투명성도 보장되지 않기 때문이다.

따라서 행정기관이 가지고 있는 공적 정보는 가능하면 국민의 알 권리의 실현을 위하여 정보가 공개되어야 한다. 그러나 잘못된 정보공개로 인하여 사생활의 비밀이 침해될 우려도 존재하고 있으며, 개인정보의 남용 및 오용의 위험성과 사생활·인격권 등의 침해의 위험성도 높아지게 되었다. 요컨대, 행정기관이 가지고 있는 정보 중에서 공적인 정보를 가능하면 공개해야 된다는 요청과 개인의 정보는 가능하면 공개하거나 유출하지 말아야 한다는 요청이 공존하고 있다. 전자의 경우는 행정정보공개의 문제로서 행정정보공개제도가 마련되었으며, 후자는 개인정보의 보호의 문제로서 개인정보보호제도가 마련되어 있다.

Ⅱ. 행정정보공개

1. 의의

행정정보의 공개란 행정주체가 보유·관리하고 있는 각종 정보를 국민의 알 권리에 따라 공개하거나, 행정의 내부적 의사결정과정을 행정절차법상 이해관계인에게 공개하는 것을 말한다. 따라서 행정정보공개는 알 권리에 따른 국민 일반에 대한 공개와 특정 이해관계인에 대한 행정절차법상의 공개로 크게 2종류로 구분된다. 전자에 관한 것이 '공공기관의 정보공개에 관한 법률'에 규정된 정보공개청구권이고 후자에 관한 것이 '행정절차법'상의 문서열람청구권 등이다. 이러한 정보공개는 국민의 청구에 의하여 공개되며, 그 공개가 의무적인 것이라는 점에서 행정기관이 임의적으로 정보를 제공하는 활동인 행정홍보활동과는 구별된다.

2. 행정절차법상 정보공개

(1) 의의
행정의 의사결정 단계에서부터 행정작용의 상대방 기타 이해관계 있는 국민은 행정처분의 기준과 처분이유 및 관련문서의 공개 등을 청구할 권리를 갖는다고 하겠다.

(2) 알 권리에 따른 정보공개와의 구별
알 권리에 근거한 정보공개는 모든 국민에 대한 것인 데 반하여, 행정절차에서의 행정정보공개는 특정 행정절차에 있어서의 상대방 기타 이해관계 있는 국민에 한하여 인정된다는 점에서 구별된다.

(3) 행정절차법상의 공개제도

1) 행정처분기준의 설정 및 공표

행정청은 각종 행정처분의 기준을 미리 설정하고 이를 공표하여야 하며, 당사자 등은 공표된 처분기준이 명확하지 않은 경우 해당 행정청에 대하여 해석 또는 설명을 요청할 수 있다(제20조).

2) 행정처분 관련 문서의 열람

당사자등은 청문의 통지가 있는 날부터 청문이 끝날 때까지 행정청에 해당 사안의 조사결과에 관한 문서와 그 밖에 해당 처분과 관련되는 문서의 열람 또는 복사를 요청할 수 있다. 이 경우 행정청은 다른 법령에 따라 공개가 제한되는 경우를 제외하고는 그 요청을 거부할 수 없다(제37조).

3) 행정처분의 이유부기

행정청은 처분을 할 때에는 ① 신청 내용을 모두 그대로 인정하는 처분인 경우, ② 단순·반복적인 처분 또는 경미한 처분으로서 당사자가 그 이유를 명백히 알 수 있는 경우, ③ 긴급히 처분을 할 필요가 있는 경우에 해당하는 경우를 제외하고는 당사자에게 그 근거와 이유를 제시하여야 한다(제23조).

이와 같이 행정처분에 이유부기를 의무화한 것은 행정청으로 하여금 행정처분을 신중하고 적정하게 하도록 할 뿐만 아니라, 상대방의 행정구제절차에 활용하기 위한 행정정보의 공개로서의 의미를 가진다.

3. 공공기관의 정보공개에 관한 법률

(1) 총칙적 규정

1) 목적

공공기관이 보유·관리하는 정보에 대한 국민의 공개 청구 및 공공기관의 공개 의무에 관하여 필요한 사항을 정함으로써 국민의 알권리를 보장하고 국정에 대한 국민의 참여와 국정 운영의 투명성을 확보함을 목적으로 한다(제1조).

2) 용어의 정의

① 정보란 공공기관이 직무상 작성 또는 취득하여 관리하고 있는 문서(전자문서를 포함한다) · 도면 · 사진 · 필름 · 테이프 · 슬라이드 및 그 밖에 이에 준하는 매체 등에 기록된 사항을 말한다.

② 공개란 공공기관이 이 법에 따라 정보를 열람하게 하거나 그 사본 · 복제물을 제공하는 것 또는 「전자정부법」 제2조 제10호에 따른 정보통신망을 통하여 정보를 제공하는 것 등을 말한다.

③ 공공기관이란 ㉠ 국가기관(국회, 법원, 헌법재판소, 중앙선거관리위원회), 중앙행정기관(대통령 소속 기관과 국무총리 소속 기관을 포함한다) 및 그 소속 기관, 「행정기관 소속 위원회의 설치 · 운영에 관한 법률」에 따른 위원회, ㉡ 지방자치단체, ㉢ 「공공기관의 운영에 관한 법률」 제2조에 따른 공공기관, ㉣ 그 밖에 대통령령으로 정하는 기관을 말한다(제2조).

3) 적용범위

정보의 공개에 관하여는 다른 법률에 특별한 규정이 있는 경우를 제외하고는 이 법에서 정하는 바에 따른다. 예외적으로 국가안전보장에 관련되는 정보 및 보안 업무를 관장하는 기관에서 국가안전보장과 관련된 정보의 분석을 목적으로 수집하거나 작성한 정보에 대해서는 이 법을 적용하지 아니한다.

4) 정보공개의 원칙과 예외

(가) 정보공개의 원칙

공공기관이 보유 · 관리하는 정보는 국민의 알권리 보장 등을 위하여 이 법에서 정하는 바에 따라 적극적으로 공개하여야 한다(제3조). 그러나 공공기관이 보유 · 관리하는 정보 중 비공개대상정보로서 열거하여 그에 대해서는 예외를 인정하고 있다(제9조).

(나) 예외(비공개대상정보)

제9조 제1항은 8개 항목에 걸쳐 비교적 광범위한 비공개대상정보를 열거하고 있다. 비공개대상정보라고 하더라도 그것이 기간의 경과 등으로 인하여 비공개의 필요성이 없어진 경우에는 당해 정보를 공개대상으로 하여야 한다(제9조 제2항). 이 법에 관한 주요쟁점은 비공

개대상정보의 여부에 관한 것이다. 비공개대상이 매우 광범위하며, 규정내용이 추상적이고 불확정법개념을 사용하고 있기 때문에 다툼이 많다.

① 다른 법률 또는 법률에서 위임한 명령(국회규칙 · 대법원규칙 · 헌법재판소규칙 · 중앙 선거관리위원회규칙 · 대통령령 및 조례로 한정한다)에 따라 비밀이나 비공개 사항으로 규정된 정보

② 국가안전보장 · 국방 · 통일 · 외교관계 등에 관한 사항으로서 공개될 경우 국가의 중대한 이익을 현저히 해칠 우려가 있다고 인정되는 정보

③ 공개될 경우 국민의 생명 · 신체 및 재산의 보호에 현저한 지장을 초래할 우려가 있다고 인정되는 정보

④ 진행 중인 재판에 관련된 정보와 범죄의 예방, 수사, 공소의 제기 및 유지, 형의 집행, 교정, 보안처분에 관한 사항으로서 공개될 경우 그 직무수행을 현저히 곤란하게 하거나 형사 피고인의 공정한 재판을 받을 권리를 침해한다고 인정할 만한 상당한 이유가 있는 정보

⑤ 감사 · 감독 · 검사 · 시험 · 규제 · 입찰계약 · 기술개발 · 인사관리에 관한 사항이나 의사결정 과정 또는 내부검토 과정에 있는 사항 등으로서 공개될 경우 업무의 공정한 수행이나 연구 · 개발에 현저한 지장을 초래한다고 인정할 만한 상당한 이유가 있는 정보. 다만, 의사 결정 과정 또는 내부검토 과정을 이유로 비공개할 경우에는 의사결정 과정 및 내부검토 과정이 종료되면 청구인에게 이를 통지하여야 한다.

⑥ 해당 정보에 포함되어 있는 성명 · 주민등록번호 등 개인에 관한 사항으로서 공개될 경우 사생활의 비밀 또는 자유를 침해할 우려가 있다고 인정되는 정보. 다만, ㉠ 법령에서 정하는 바에 따라 열람할 수 있는 정보, ㉡ 공공기관이 공표를 목적으로 작성하거나 취득한 정보로서 사생활의 비밀 또는 자유를 부당하게 침해하지 아니하는 정보, ㉢ 공공기관이 작성하거나 취득한 정보로서 공개하는 것이 공익이나 개인의 권리 구제를 위하여 필요하다고 인정되는 정보, ㉣ 직무를 수행한 공무원의 성명 · 직위, ㉤ 공개하는 것이 공익을 위하여 필요한 경우로서 법령에 따라 국가 또는 지방자치단체가 업무의 일부를 위탁 또는 위촉한 개인의 성명 · 직업에 관한 정보는 제외한다.

⑦ 법인 · 단체 또는 개인의 경영상 · 영업상 비밀에 관한 사항으로서 공개될 경우 법인등의 정당한 이익을 현저히 해칠 우려가 있다고 인정되는 정보. 다만, ㉠ 사업활동에 의하여 발생하는 위해로부터 사람의 생명 · 신체 또는 건강을 보호하기 위하여 공개할 필요가 있는

정보, ㉡ 위법·부당한 사업활동으로부터 국민의 재산 또는 생활을 보호하기 위하여 공개할 필요가 있는 정보는 제외한다.

⑧ 공개될 경우 부동산 투기, 매점매석 등으로 특정인에게 이익 또는 불이익을 줄 우려가 있다고 인정되는 정보

(2) 정보공개의 절차

1) 정보공개청구권자

모든 국민은 정보의 공개를 청구할 권리를 가진다(제5조 제1항). 외국인의 경우는 ① 국내에 일정한 주소를 두고 거주하거나 학술·연구를 위하여 일시적으로 체류하는 사람, ② 국내에 사무소를 두고 있는 법인 또는 단체에 한한다(시행령 제3조).

2) 청구방법

정보의 공개를 청구하는 자는 해당 정보를 보유하거나 관리하고 있는 공공기관에 ① 청구인의 성명·주민등록번호·주소 및 연락처(전화번호·전자우편주소 등), ② 공개를 청구하는 정보의 내용 및 공개방법을 기재한 정보공개청구서를 제출하거나 구술로써 정보의 공개를 청구할 수 있다(제10조 제1항).

3) 정보공개 여부의 결정

(가) 결정기간

공공기관은 정보공개의 청구를 받으면 그 청구를 받은 날부터 10일 이내에 공개 여부를 결정하여야 한다. 부득이한 사유가 있을 때에는 10일의 범위에서 공개 여부 결정기간을 연장할 수 있다. 이 경우 공공기관은 연장된 사실과 연장 사유를 청구인에게 지체 없이 문서로 통지하여야 한다(제11조 제1항).

(나) 제3자에 대한 통지

공공기관은 공개 청구된 공개 대상 정보의 전부 또는 일부가 제3자와 관련이 있다고 인정할 때에는 그 사실을 제3자에게 지체 없이 통지하여야 하며, 필요한 경우에는 그의 의견을 들을 수 있다(제11조 제3항).

(다) 소관기관으로 이송

공공기관은 다른 공공기관이 보유·관리하는 정보의 공개 청구를 받았을 때에는 지체 없이 이를 소관 기관으로 이송하여야 하며, 이송한 후에는 지체 없이 소관 기관 및 이송 사유 등을 분명히 밝혀 청구인에게 문서로 통지하여야 한다(제11조 제4항).

4) 정보공개심의회

국가기관, 지방자치단체 및 「공공기관의 운영에 관한 법률」 제5조에 따른 공기업은 정보 공개 여부 등을 심의하기 위하여 정보공개심의회를 설치·운영한다. 심의회는 위원장 1명을 포함하여 5명 이상 7명 이하의 위원으로 구성한다(제12조 제1항·제2항).

5) 정보공개 여부결정의 통지(제13조)

① 공공기관은 정보의 공개를 결정한 경우에는 공개의 일시 및 장소 등을 분명히 밝혀 청구인에게 통지하여야 한다.

② 공공기관은 청구인이 사본 또는 복제물의 교부를 원하는 경우에는 이를 교부하여야 한다. 다만, 공개 대상 정보의 양이 너무 많아 정상적인 업무수행에 현저한 지장을 초래할 우려가 있는 경우에는 정보의 사본·복제물을 일정 기간별로 나누어 제공하거나 열람과 병행하여 제공할 수 있다.

③ 공공기관은 정보를 공개하는 경우에 그 정보의 원본이 더럽혀지거나 파손될 우려가 있거나 그 밖에 상당한 이유가 있다고 인정할 때에는 그 정보의 사본·복제물을 공개할 수 있다.

④ 공공기관은 정보의 비공개 결정을 한 경우에는 그 사실을 청구인에게 지체 없이 문서로 통지하여야 한다. 이 경우 비공개 이유와 불복의 방법 및 절차를 구체적으로 밝혀야 한다.

6) 부분공개

공개 청구한 정보가 비공개정보에 해당하는 부분과 공개 가능한 부분이 혼합되어 있는 경우로서, 공개 청구의 취지에 어긋나지 아니하는 범위에서 두 부분을 분리할 수 있는 경우에는 비공개정보에 해당하는 부분을 제외하고 공개하여야 한다(제14조).

7) 정보의 전자적 공개(제15조)

① 공공기관은 전자적 형태로 보유·관리하는 정보에 대하여 청구인이 전자적 형태로 공개하여 줄 것을 요청하는 경우에는 그 정보의 성질상 현저히 곤란한 경우를 제외하고는 청구인의 요청에 따라야 한다.

② 공공기관은 전자적 형태로 보유·관리하지 아니하는 정보에 대하여 청구인이 전자적 형태로 공개하여 줄 것을 요청한 경우에는 정상적인 업무수행에 현저한 지장을 초래하거나 그 정보의 성질이 훼손될 우려가 없으면 그 정보를 전자적 형태로 변환하여 공개할 수 있다.

8) 정보의 즉시공개

공공기관은 전자적 형태로 보유·관리하는 정보에 대하여 청구인이 전자적 형태로 공개하여 줄 것을 요청하는 경우에는 그 정보의 성질상 현저히 곤란한 경우를 제외하고는 청구인의 요청에 따라야 한다(제15조). 그러나 ① 법령 등에 따라 공개를 목적으로 작성된 정보, ② 일반국민에게 알리기 위하여 작성된 각종 홍보자료, ③ 공개하기로 결정된 정보로서 공개에 오랜 시간이 걸리지 아니하는 정보, ④ 그 밖에 공공기관의 장이 정하는 정보로서 즉시 또는 말로 처리가 가능한 정보에 대해서는 정식절차를 거치지 아니하고 공개하여야 한다(제16조).

9) 비용부담

정보의 공개 및 우송 등에 드는 비용은 실비의 범위에서 청구인이 부담한다. 공개를 청구하는 정보의 사용 목적이 공공복리의 유지·증진을 위하여 필요하다고 인정되는 경우에는 비용을 감면할 수 있다(제17조).

(3) 불복구제절차

1) 청구인의 불복절차

(가) 의의신청(제18조)

① 청구인이 정보공개와 관련한 공공기관의 비공개 결정 또는 부분 공개 결정에 대하여 불복이 있거나 정보공개 청구 후 20일이 경과하도록 정보공개 결정이 없는 때에는 공공기관으로부터 정보공개 여부의 결정 통지를 받은 날 또는 정보공개 청구 후 20일이 경과한 날부터 30일 이내에 해당 공공기관에 문서로 이의신청을 할 수 있다.

② 국가기관 등은 이의신청이 있는 경우에는 심의회를 개최하여야 한다. 다만, ㉠ 심의회의 심의를 이미 거친 사항, ㉡ 단순·반복적인 청구, ㉢ 법령에 따라 비밀로 규정된 정보에 대한 청구에 해당하는 경우에는 개최하지 아니할 수 있다.

③ 공공기관은 이의신청을 받은 날부터 7일 이내에 그 이의신청에 대하여 결정하고 그 결과를 청구인에게 지체 없이 문서로 통지하여야 한다. 다만, 부득이한 사유로 정하여진 기간 이내에 결정할 수 없을 때에는 그 기간이 끝나는 날의 다음 날부터 기산하여 7일의 범위에서 연장할 수 있으며, 연장 사유를 청구인에게 통지하여야 한다.

(나) 행정심판(제19조)

① 청구인이 정보공개와 관련한 공공기관의 결정에 대하여 불복이 있거나 정보공개 청구 후 20일이 경과하도록 정보공개 결정이 없는 때에는 「행정심판법」에서 정하는 바에 따라 행정심판을 청구할 수 있다. 이 경우 국가기관 및 지방자치단체 외의 공공기관의 결정에 대한 감독행정기관은 관계 중앙행정기관의 장 또는 지방자치단체의 장으로 한다.

② 청구인은 이의신청 절차를 거치지 아니하고 행정심판을 청구할 수 있다.

③ 행정심판위원회의 위원 중 정보공개 여부의 결정에 관한 행정심판에 관여하는 위원은 재직 중은 물론 퇴직 후에도 그 직무상 알게 된 비밀을 누설하여서는 아니 된다.

(다) 행정소송(제20조)

① 청구인이 정보공개와 관련한 공공기관의 결정에 대하여 불복이 있거나 정보공개 청구 후 20일이 경과하도록 정보공개 결정이 없는 때에는 「행정소송법」에서 정하는 바에 따라 행정소송을 제기할 수 있다.

② 재판장은 필요하다고 인성하면 당사자를 참여시키지 아니하고 제출된 공개 청구 정보를 비공개로 열람·심사할 수 있다.

③ 재판장은 행정소송의 대상이 국가안전보장·국방 또는 외교관계에 관한 정보의 비공개 또는 부분 공개 결정처분인 경우에 공공기관이 그 정보에 대한 비밀 지정의 절차, 비밀의 등급·종류 및 성질과 이를 비밀로 취급하게 된 실질적인 이유 및 공개를 하지 아니하는 사유 등을 입증하면 해당 정보를 제출하지 아니하게 할 수 있다.

2) 제3자의 불복절차

(가) 비공개요청

공개 청구된 사실을 통지받은 제3자는 그 통지를 받은 날부터 3일 이내에 해당 공공기관에 대하여 자신과 관련된 정보를 공개하지 아니할 것을 요청할 수 있다(제21조 제1항).

(나) 의의신청

비공개 요청에도 불구하고 공공기관이 공개 결정을 할 때에는 공개 결정 이유와 공개 실시일을 분명히 밝혀 지체 없이 문서로 통지하여야 하며, 제3자는 해당 공공기관에 문서로 이의신청을 하거나 행정심판 또는 행정소송을 제기할 수 있다. 이 경우 이의신청은 통지를 받은 날부터 7일 이내에 하여야 한다(제21조 제2항).

(다) 행정심판 · 행정소송

제3자는 해당 공공기관에 문서로 행정심판 또는 행정소송을 제기할 수 있으나(제21조 제2항), 이미 정보공개가 되어 있으면 공개된 정보의 공개를 취소하는 것은 의미가 없다. 따라서 정보공개결정 이후 정보공개 이전에 공개결정처분의 집행정치를 청구하는 것이 가장 실효적인 수단이 될 것이다.

(라) 손해배상

정보공개법에 규정되어 있지는 않지만 공공기관이 정보공개법에 위반하여 위법하게 정보를 공개함으로써 손해를 입은 자는 손해배상을 청구할 수 있다. 국가나 지방자치단체 등인 경우에는 국가배상법이 적용될 것이지만, 각급 사립학교나 사립사회복지법인 등도 정보공개법상의 공공기관에 속하므로 이들이 위법한 정보공개를 한 경우에는 민법이 적용된다.

Ⅲ. 개인정보보호

1. 개설

(1) 개인정보보호의 의의
개인정보보호는 원래 개인정보의 오용과 남용 및 유출로 인한 사생활의 침해를 보호하는 것이었다. 그러나 각종 정보처리가 전산화되는 오늘날의 사회에서는 보다 적극적으로 개인이 스스로 관리·통제할 수 있는 자기정보결정권을 가지는 것을 포함한다.

(2) 법적 근거
개인정보보호의 직접적인 근거는 헌법이다. 헌법 제17조는 "모든 국민은 사생활의 비밀과 자유를 침해받지 아니한다"고 규정하여 사생활의 비밀과 자유를 보장하고 있다. 그리고 제10조의 인간의 존엄과 가치 및 행복추구권, 제16조의 주거의 자유, 제18조의 통신의 비밀에 관한 규정 등도 근거가 될 수 있다.

일반법으로는 '개인정보보호법'이 있으며, 그 밖에 '공공기관의 정보공개에 관한 법률', '정보통신망이용촉진 및 정보보호 등에 관한 법률', '통신비밀보호법', '행정절차법' 등도 개인의 정보보호와 관련된 규정을 두고 있다.

2. 개인정보보호법

(1) 목적
이 법은 개인정보의 처리 및 보호에 관한 사항을 정함으로써 개인의 자유와 권리를 보호하고, 나아가 개인의 존엄과 가치를 구현함을 목적으로 한다(제1조).

(2) 정의(제2조)
① 개인정보란 살아 있는 개인에 관한 정보로서 성명, 주민등록번호 및 영상 등을 통하여 개인을 알아볼 수 있는 정보를 말한다.

② 처리란 개인정보의 수집, 생성, 연계, 연동, 기록, 저장, 보유, 가공, 편집, 검색, 출력, 정정, 복구, 이용, 제공, 공개, 파기, 그 밖에 이와 유사한 행위를 말한다.

③ 정보주체란 처리되는 정보에 의하여 알아볼 수 있는 사람으로서 그 정보의 주체가 되는 사람을 말한다.

④ 개인정보파일이란 개인정보를 쉽게 검색할 수 있도록 일정한 규칙에 따라 체계적으로 배열하거나 구성한 개인정보의 집합물을 말한다.

⑤ 개인정보처리자란 업무를 목적으로 개인정보파일을 운용하기 위하여 스스로 또는 다른 사람을 통하여 개인정보를 처리하는 공공기관, 법인, 단체 및 개인 등을 말한다.

⑥ 공공기관이란 ㉠ 국회, 법원, 헌법재판소, 중앙선거관리위원회의 행정사무를 처리하는 기관, 중앙행정기관 및 그 소속 기관, 지방자치단체, ㉡ 그 밖의 국가기관 및 공공단체 중 대통령령으로 정하는 기관을 말한다.

⑦ 영상정보처리기기란 일정한 공간에 지속적으로 설치되어 사람 또는 사물의 영상 등을 촬영하거나 이를 유·무선망을 통하여 전송하는 장치로서 대통령령으로 정하는 장치를 말한다.

(3) 정보주체의 권리

정보주체는 자신의 개인정보 처리와 관련하여 ① 개인정보의 처리에 관한 정보를 제공받을 권리, ② 개인정보의 처리에 관한 동의 여부, 동의 범위 등을 선택하고 결정할 권리, ③ 개인정보의 처리 여부를 확인하고 개인정보에 대하여 열람을 요구할 권리, ④ 개인정보의 처리 정지, 정정·삭제 및 파기를 요구할 권리, ⑤ 개인정보의 처리로 인하여 발생한 피해를 신속하고 공정한 절차에 따라 구제받을 권리를 가진다(제4조).

(4) 국가 등의 책무(제5조)

① 국가와 지방자치단체는 개인정보의 목적 외 수집, 오용·남용 및 무분별한 감시·추적 등에 따른 폐해를 방지하여 인간의 존엄과 개인의 사생활 보호를 도모하기 위한 시책을 강구하여야 한다.

② 국가와 지방자치단체는 제4조에 따른 정보주체의 권리를 보호하기 위하여 법령의 개선 등 필요한 시책을 마련하여야 한다.

③ 국가와 지방자치단체는 개인정보의 처리에 관한 불합리한 사회적 관행을 개선하기 위

하여 개인정보처리자의 자율적인 개인정보 보호활동을 존중하고 촉진·지원하여야 한다.

④ 국가와 지방자치단체는 개인정보의 처리에 관한 법령 또는 조례를 제정하거나 개정하는 경우에는 이 법의 목적에 부합되도록 하여야 한다.

(5) 개인정보의 목적 외 이용·제공 제한(제18조)

① 개인정보처리자는 개인정보를 범위를 초과하여 이용하거나 범위를 초과하여 제3자에게 제공하여서는 아니 된다.

② 개인정보처리자는 ㉠ 정보주체로부터 별도의 동의를 받은 경우, ㉡ 다른 법률에 특별한 규정이 있는 경우, ㉢ 정보주체 또는 그 법정대리인이 의사표시를 할 수 없는 상태에 있거나 주소불명 등으로 사전 동의를 받을 수 없는 경우로서 명백히 정보주체 또는 제3자의 급박한 생명, 신체, 재산의 이익을 위하여 필요하다고 인정되는 경우, ㉣ 통계작성 및 학술연구 등의 목적을 위하여 필요한 경우로서 특정 개인을 알아볼 수 없는 형태로 개인정보를 제공하는 경우, ㉤ 개인정보를 목적 외의 용도로 이용하거나 이를 제3자에게 제공하지 아니하면 다른 법률에서 정하는 소관 업무를 수행할 수 없는 경우로서 보호위원회의 심의·의결을 거친 경우, ㉥ 조약, 그 밖의 국제협정의 이행을 위하여 외국정부 또는 국제기구에 제공하기 위하여 필요한 경우, ㉦ 범죄의 수사와 공소의 제기 및 유지를 위하여 필요한 경우, ㉧ 법원의 재판업무 수행을 위하여 필요한 경우, ㉨ 형 및 감호, 보호처분의 집행을 위하여 필요한 경우에 해당하는 경우에는 정보주체 또는 제3자의 이익을 부당하게 침해할 우려가 있을 때를 제외하고는 개인정보를 목적 외의 용도로 이용하거나 이를 제3자에게 제공할 수 있다.

(6) 개인정보 처리방침의 수립 및 공개(제30조)

① 개인징보처리사는 ㉠ 개인정보의 처리 목적, ㉡ 개인정보의 처리 및 보유 기간, ㉢ 개인정보의 제3자 제공에 관한 사항, ㉣ 개인정보처리의 위탁에 관한 사항, ㉤ 정보주체와 법정대리인의 권리·의무 및 그 행사방법에 관한 사항, ㉥ 제31조에 따른 개인정보 보호책임자의 성명 또는 개인정보 보호업무 및 관련 고충사항을 처리하는 부서의 명칭과 전화번호 등 연락처, ㉦ 인터넷 접속정보파일 등 개인정보를 자동으로 수집하는 장치의 설치·운영 및 그 거부에 관한 사항, ㉧ 그 밖에 개인정보의 처리에 관하여 대통령령으로 정한 사항이 포함된 개인정보의 처리 방침을 정하여야 한다.

② 개인정보처리자가 개인정보 처리방침을 수립하거나 변경하는 경우에는 정보주체가 쉽게 확인할 수 있도록 대통령령으로 정하는 방법에 따라 공개하여야 한다.

(7) 개인정보파일의 등록 및 공개(제32조)

① 공공기관의 장이 개인정보파일을 운용하는 경우에는 ㉠ 개인정보파일의 명칭, ㉡ 개인정보파일의 운영 근거 및 목적, ㉢ 개인정보파일에 기록되는 개인정보의 항목, ㉣ 개인정보의 처리방법, ㉤ 개인정보의 보유기간, ㉥ 개인정보를 통상적 또는 반복적으로 제공하는 경우에는 그 제공받는 자, ㉦ 그 밖에 대통령령으로 정하는 사항을 행정안전부장관에게 등록하여야 한다.

② 행정안전부장관은 개인정보파일의 등록 현황을 누구든지 쉽게 열람할 수 있도록 공개하여야 한다.

(8) 개인정보 유출 통지 등(제34조)

① 개인정보처리자는 개인정보가 유출되었음을 알게 되었을 때에는 지체 없이 해당 정보주체에게 ㉠ 유출된 개인정보의 항목, ㉡ 유출된 시점과 그 경위, ㉢ 유출로 인하여 발생할 수 있는 피해를 최소화하기 위하여 정보주체가 할 수 있는 방법 등에 관한 정보, ㉣ 개인정보처리자의 대응조치 및 피해 구제절차, ㉤ 정보주체에게 피해가 발생한 경우 신고 등을 접수할 수 있는 담당부서 및 연락처를 알려야 한다.

② 개인정보처리자는 개인정보가 유출된 경우 그 피해를 최소화하기 위한 대책을 마련하고 필요한 조치를 하여야 한다.

(9) 개인정보의 열람(제35조)

① 정보주체는 개인정보처리자가 처리하는 자신의 개인정보에 대한 열람을 해당 개인정보처리자에게 요구할 수 있다.

② 개인정보처리자는 열람을 요구받았을 때에는 대통령령으로 정하는 기간 내에 정보주체가 해당 개인정보를 열람할 수 있도록 하여야 한다. 이 경우 해당 기간 내에 열람할 수 없는 정당한 사유가 있을 때에는 정보주체에게 그 사유를 알리고 열람을 연기할 수 있으며, 그 사유가 소멸하면 지체 없이 열람하게 하여야 한다.

(10) 개인정보의 정정 · 삭제(제36조)

① 자신의 개인정보를 열람한 정보주체는 개인정보처리자에게 그 개인정보의 정정 또는 삭제를 요구할 수 있다. 다만, 다른 법령에서 그 개인정보가 수집 대상으로 명시되어 있는 경우에는 그 삭제를 요구할 수 없다.

② 개인정보처리자가 개인정보를 삭제할 때에는 복구 또는 재생되지 아니하도록 조치하여야 한다.

(11) 손해배상책임(제39조)

① 정보주체는 개인정보처리자가 이 법을 위반한 행위로 손해를 입으면 개인정보처리자에게 손해배상을 청구할 수 있다. 이 경우 그 개인정보처리자는 고의 또는 과실이 없음을 입증하지 아니하면 책임을 면할 수 없다.

② 법원은 배상액을 정할 때에는 ㉠ 고의 또는 손해 발생의 우려를 인식한 정도, ㉡ 위반행위로 인하여 입은 피해 규모, ㉢ 위법행위로 인하여 개인정보처리자가 취득한 경제적 이익, ㉣ 위반행위에 따른 벌금 및 과징금, ㉤ 위반행위의 기간 · 횟수 등, ㉥ 개인정보처리자의 재산상태, ㉦ 개인정보처리자가 정보주체의 개인정보 분실 · 도난 · 유출 후 해당 개인정보를 회수하기 위하여 노력한 정도, ㉧ 개인정보처리자가 정보주체의 피해구제를 위하여 노력한 정도의 사항을 고려하여야 한다.

제3절   고충민원처리제도

Ⅰ. 개설

감사원과 대통령비서실 및 국무총리비서실 등의 행정기관에서도 그에 제출된 민원사항을 처리하고 있다. 이들 기관에 의한 민원사무의 처리도 국민의 권익구제제도로서 일정 한도의 기능을 수행하고 있다. 그러나 민원사무처리와 그에 따른 국민의 권익구제에 있어 가장 중요한 기능을 수행하는 것은 국민고충처리위원회라 할 수 있다. 이 위원회는 '부패방지 및 국민권익위원회의 설치와 운영에 관한 법률'에 의하여 옴부즈만제도에 상응하는 제도로서 설치된 것이다. 이 제도에 대하여 살펴보면 다음과 같다.

Ⅱ. 국민고충처리위원회

1. 설치

고충민원의 처리와 이에 관련된 불합리한 행정제도를 개선하고, 부패의 발생을 예방하며 부패행위를 효율적으로 규제하도록 하기 위하여 국무총리 소속으로 국민권익위원회를 둔다 (제11조). 여기서 고충민원이란 행정기관 등의 위법·부당하거나 소극적인 처분 및 불합리한 행정제도로 인하여 국민의 권리를 침해하거나 국민에게 불편 또는 부담을 주는 사항에 관한 민원을 말한다(제2조 제5호).

2. 구성

위원회는 위원장 1명을 포함한 15명의 위원(부위원장 3명과 상임위원 3명을 포함한다)으로 구성한다. 위원장, 부위원장과 위원은 ① 대학이나 공인된 연구기관에서 부교수 이상 또는 이에 상당하는 직에 8년 이상 있거나 있었던 자, ② 판사·검사 또는 변호사의 직에 10년 이상 있거나 있었던 자, ③ 3급 이상 공무원 또는 고위공무원단에 속하는 공무원의 직에 있거나 있었던 자, ④ 건축사·세무사·공인회계사·기술사·변리사의 자격을 소지하고 해당 직종에서 10년 이상 있거나 있었던 자, ⑤ 시민고충처리위원회 위원으로 위촉되어 그 직에 4년 이상 있었던 자, ⑥ 그 밖에 사회적 신망이 높고 행정에 관한 식견과 경험이 있는 자로서 시민사회단체로부터 추천을 받은 자 중에서 임명 또는 위촉한다(제13조).

3. 운영

위원회는 재적위원 과반수의 출석으로 개의하고 출석위원 과반수의 찬성으로 의결한다. 다만, 위원회의 종전 의결례를 변경할 필요가 있는 사항은 재적위원 과반수의 찬성으로 의결한다(제19조).

4. 기능

위원회는 다음 각호의 업무를 수행한다(제12조)

① 국민의 권리보호·권익구제 및 부패방지를 위한 정책의 수립 및 시행

② 고충민원의 조사와 처리 및 이와 관련된 시정권고 또는 의견표명

③ 고충민원을 유발하는 관련 행정제도 및 그 제도의 운영에 개선이 필요하다고 판단되는 경우 이에 대한 권고 또는 의견표명

④ 위원회가 처리한 고충민원의 결과 및 행정제도의 개선에 관한 실태조사와 평가

⑤ 공공기관의 부패방지를 위한 시책 및 제도개선 사항의 수립·권고와 이를 위한 공공기관에 대한 실태조사

⑥ 공공기관의 부패방지시책 추진상황에 대한 실태조사·평가

⑦ 부패방지 및 권익구제 교육·홍보 계획의 수립·시행

⑧ 비영리 민간단체의 부패방지활동 지원 등 위원회의 활동과 관련된 개인·법인 또는 단체와의 협력 및 지원

⑨ 위원회의 활동과 관련된 국제협력

⑩ 부패행위 신고 안내·상담 및 접수 등

⑪ 신고자의 보호 및 보상

⑫ 법령 등에 대한 부패유발요인 검토

⑬ 부패방지 및 권익구제와 관련된 자료의 수집·관리 및 분석

⑭ 공직자 행동강령의 시행·운영 및 그 위반행위에 대한 신고의 접수·처리 및 신고자의 보호

⑮ 민원사항에 관한 안내·상담 및 민원사항 처리실태 확인·지도

⑯ 온라인 국민참여포털의 통합 운영과 정부민원안내콜센터의 설치·운영

⑰ 시민고충처리위원회의 활동과 관련한 협력·지원 및 교육

⑱ 다수인 관련 갈등 사항에 대한 중재·조정 및 기업애로 해소를 위한 기업고충민원의 조사·처리

⑲ 「행정심판법」에 따른 중앙행정심판위원회의 운영에 관한 사항

⑳ 다른 법령에 따라 위원회의 소관으로 규정된 사항

㉑ 그 밖에 국민권익 향상을 위하여 국무총리가 위원회에 부의하는 사항

5. 고충민원의 신청(제39조)

① 누구든지 위원회 또는 시민고충처리위원회에 고충민원을 신청할 수 있다. 이 경우 하나의 권익위원회에 대하여 고충민원을 제기한 신청인은 다른 권익위원회에 대하여도 고충민원을 신청할 수 있다.

② 권익위원회에 고충민원을 신청하고자 하는 자는 문서로 이를 신청하여야 한다. 다만, 문서에 의할 수 없는 특별한 사정이 있는 경우에는 구술로 신청할 수 있다.

③ 신청인은 법정대리인 외에 대리인으로 선임할 수 있다. 이 경우 대리인의 자격은 서면으로 소명하여야 한다.

6. 위원회의 조사

① 권익위원회는 고충민원을 접수한 경우에는 지체 없이 그 내용에 관하여 필요한 조사를 하여야 한다. 다만, 일정한 경우에는 조사를 하지 아니할 수 있다. ② 권익위원회는 조사를 개시한 후에도 조사를 계속할 필요가 없다고 인정하는 경우에는 이를 중지 또는 중단할 수 있다(제41조).

7. 합의의 권고 및 조정

권익위원회는 조사 중이거나 조사가 끝난 고충민원에 대한 공정한 해결을 위하여 필요한 조치를 당사자에게 제시하고 합의를 권고할 수 있다(제44조).

또한 권익위원회는 다수인이 관련되거나 사회적 파급효과가 크다고 인정되는 고충민원의 신속하고 공정한 해결을 위하여 필요하다고 인정하는 경우에는 당사자의 신청 또는 직권에 의하여 조정을 할 수 있다(제45조).

8. 시정의 권고 등

① 권익위원회는 고충민원에 대한 조사결과 처분등이 위법 · 부당하다고 인정할 만한 상당한 이유가 있는 경우에는 관계 행정기관 등의 장에게 적절한 시정을 권고할 수 있으며, 고충민원에 대한 조사결과 신청인의 주장이 상당한 이유가 있다고 인정되는 사안에 대하여는 관계 행정기관 등의 장에게 의견을 표명할 수 있다(제46조).

② 권익위원회는 고충민원을 조사 · 처리하는 과정에서 법령 그 밖의 제도나 정책 등의 개선이 필요하다고 인정되는 경우에는 관계 행정기관 등의 장에게 이에 대한 합리적인 개선을 권고하거나 의견을 표명할 수 있다(제47조).

③ 권고 또는 의견을 받은 관계 행정기관등의 장은 이를 존중하여야 하며, 그 권고 또는 의견을 받은 날부터 30일 이내에 그 처리결과를 권익위원회에 통보하여야 한다. 이 경우 권고를 받은 관계 행정기관 등의 장이 그 권고내용을 이행하지 아니하는 경우에는 그 이유를 권익위원회에 문서로 통보하여야 한다(제50조).

④ 고충민원의 조사 · 처리과정에서 관계 행정기관 등의 직원이 고의 또는 중대한 과실로 위법 · 부당하게 업무를 처리한 사실을 발견한 경우 위원회는 감사원에, 시민고충처리위원회는 당해 지방자치단체에 감사를 의뢰할 수 있다(제51조).

제3장
사후구제제도

제1절 행정상 손해전보

제1항 행정상 손해배상

제2항 행정상 손실보상

제3항 수용유사침해·수용적 침해 및 희생보상청구권

제4항 공법상의 결과제거청구권

제2절 행정쟁송

제1항 행정쟁송제도 개관

제2항 행정심판

제3항 행정소송

제3장 사후구제제도

제1절 행정상 손해전보

제1항 행정상 손해배상

Ⅰ. 개설

1. 의의

행정상 손해배상이란 공무원이 직무를 집행하면선 개인의 권리를 침해한 경우 국가가 그에 대한 손해배상을 하는 것을 말한다. 헌법 제29조 제1항은 "공무원의 직무상 불법행위로 손해를 받은 국민은 법률이 정하는 바에 의하여 국가 또는 공공단체에 정당한 배상을 청구할 수 있다. … "라고 규정하고 있다. 국가배상법도 제2조 제1항에서 "국가나 지방자치단체는 공무원 또는 공무를 위탁받은 사인(이하 공무원이라 한다)이 직무를 집행하면서 고의 또는 과실로 법령을 위반하여 타인에게 손해를 입히거나, … 이 법에 따라 그 손해를 배상하여야 한다"라고 규정하고 있으며, 제5조 제1항은 "도로 · 하천, 그 밖의 공공의 영조물의 설치나 관리에 하자가 있기 때문에 타인에게 손해를 발생하게 하였을 때에는 … 그 손해를 배상하여야 한다"라고 규정하고 있다.

이와 같은 규정에 근거하여 행정상 손해배상의 개념을 정의한다면 "공무원의 위법한 직무 집행행위 또는 공공의 영조물 설치 · 관리의 하자로 인하여, 개인에게 손해를 가한 경우에 국가나 공공단체(지방자치단체)가 그 손해를 배상하는 것"을 말한다고 할 수 있다.

행정상 손해배상제도는 개인주의적인 도의적 책임주의를 그 기초 원리로 하는 사법에서 발달했으므로 사법상의 불법행위책임과 공통점이 있다. 그러나 행정상 손해배상은 사법이 규율하는 분야와는 근본적으로 다르다. 즉, 행정상 손해배상은 공행정작용 및 기타의 공권력행사에 기인하는 배상책임을 규율하고 있으며, 그 배상주체도 국가 또는 공공단체가 된다.

2. 행정상 손실보상과의 구별

(1) 의의

행정상 손해배상은 공무원의 위법한 직무행위에 대한 배상임에 반하여, 행정상 손실보상은 공공의 필요에 의하여 적법한 공권력의 행사로 말미암아 사유재산에 가하여진 특별한 희생에 대한 재산적 보상을 말한다. 행정상 손실보상제도는 근대입헌주의의 확립에 의한 사유재산제의 보장에 따른 당연한 요청으로서 성립되었으며, 국가배상제도보다 훨씬 이전부터 발전되어 왔다.

(2) 구별

1) 발생원인

행정상 손해배상제도는 위법한 침해행위로 인한 손해, 고의 또는 과실로 야기된 손해를 배상하는 것이다. 반면, 행정상 손실보상제도는 법률이 허용한 적법한 침해행위에 대한 특별한 희생을 보전해 주는 것이다.

2) 기초원리

행정상 손해배상제도는 개인주의적인 도의적 책임주의를 기초원리로 한다. 반면, 행정상 손실보상제도는 공적 부담 앞의 평등의 견지에서 행하는 단체주의적인 사회적 평등부담주의를 기초원리로 한다.

(3) 구별의 상대화

행성상 손해배상과 손실보상은 그 발생원인과 기초원리를 각각 달리하지만, 오늘날 양 제도는 상호 접근하는 경향도 찾아볼 수 있다. 즉, 행정상 손해배상의 경우 무과실책임 또는 위험책임의 이론을 도입하여 손해발생에 고의·과실이 없는 경우에도 발생된 결과에 대하여 책임을 지도록 하는 이론이 대두되고 있다. 손실보상의 경우도 적법행위가 아닌 위법한 무과실행위로 인한 침해도 보상하여야 한다는 수용유사침해론도 제기되고 있다.

3. 외국의 손해배상제도

(1) 개설

근대국가의 초기에는 "국왕은 잘못을 행할 수 없다" 또는 주권면책 등에 입각하여 공무원의 불법행위로 인하여 개인에게 손해가 발생한 경우, 국가는 배상책임을 인정하지 않았다. 이와 같이 공무원 개인에게만 배상책임을 지우고 국가의 책임을 부인하는 것은 권리구제의 실효성이 없을 뿐만 아니라, 19세기 후반에는 사법상 종업원의 행위에 대한 고용주의 책임이 인정되어 국가는 더 이상 책임을 회피할 수 없게 되었다. 이에 따라 프랑스에서 판례에 의하여 먼저 국가배상제도가 확립된 이래, 독일과 영·미 등에서도 판례나 입법에 의하여 점차 널리 인정하게 되었다.

(2) 프랑스

프랑스는 최고행정재판소인 국참사원(Conseil d'Etat)의 판례에 의하여 정립·발전되어 왔으며, 과실책임론에 입각한 역무과실책임[128]과 무과실책임론[129]에 입각한 위험책임의 2원적 구조를 취하고 있다.[130]

(3) 독일

독일은 국가가 사인과 같은 지위에서 행한 손해에 대하여는 19세기 초부터 민법에 의한 손해배상책임이 인정되었다. 그러나 공행정작용에 대하여는 1910년의 국가공무원책임법에 의하여 국가의 책임이 인정되었으며, 1919년의 바이마르 헌법과 1949년의 본 기본법이 이를 명문화하기에 이르렀다. 독일의 경우 국가의 책임은 대위책임으로 보며, 또한 과실책임론의 입장을 취하고 있다.

---

128) 역무과실책임에 있어서는 과실의 개념을 엄격한 고의·과실에 한정하지 아니하고, 행정작용이 통상 요구되는 정상수준에 미달되는 상태까지 의미한다고 확대 해석함으로써 고의·과실이라는 주관적 요건을 떠나 '과실 개념의 객관화'를 통하여 폭넓은 피해구제를 기하고 있다.

129) 무과실책임론에 입각한 위험책임은 위험의 사회화를 이념으로 하여 공공시설로 인한 항구적 손해를 중심으로 극히 한정적으로 인정하고 있는 점에 특색이 있다.

130) 김동희, 행정법 I , 501면.

(4) 영국과 미국

영국과 미국의 경우, 제2차 대전 후 1946년 미국의 연방불법행위청구권법(The Federal Tort Claims Act), 영국의 1947년 국왕소추법(The Crown Proceedings Act)이 각각 제정되어 비로소 국가의 배상책임을 인정하게 되었다.

(5) 일본

일본은 제2차 대전 후 헌법 제17조에 근거하여 국가배상법을 제정하여 공행정작용에 대한 국가배상책임을 인정하게 되었다. 즉, 국가배상법 제1조는 공권력행사와 관련하여 공무원의 불법행위책임에 대하여, 제2조는 공공의 영조물의 설치·관리 및 하자에 대한 국가와 공공단체의 무과실책임배상을 규정하여 국가작용의 확대에 따른 국민의 권리확대라는 헌법적 의의를 수용하고 있다.[131]

4. 우리나라의 행정상 손해배상제도

(1) 헌법

헌법(제29조 제1항)은 "공무원의 직무상 불법행위로 인하여 손해를 받은 국민은 법률이 정하는 바에 의하여 국가 또는 공공단체에 정당한 배상을 청구할 수 있다. 이 경우 공무원 자신의 책임은 면제되지 아니한다"고 규정하여 국가·공공단체의 불법행위책임을 일반적으로 인정하고 있다. 이에 근거하여 제정된 국가배상법도 제2조 이하에서는 공무원의 위법한 직무행위로 인한 국가배상책임에 대하여 구체적으로 규정하고 있다.

(2) 국가배상법

1) 지위

국가배상법은 국가의 공권력작용으로 인한 불법행위책임과 함께 공공의 영조물의 설치·관리의 하자로 인한 손해에 대한 국가의 배상책임을 규정한 일반법이라고 할 수 있다. 동법 제8조는 "국가나 지방자치단체의 손해배상 책임에 관하여는 이 법에 규정된 사항 외에는「민법」에 따른다. 다만,「민법」외의 법률에 다른 규정이 있을 때에는 그 규정에 따른다."라고 규

---

131) 長谷部恭男, 憲法 第2版, 新世社, 2001, 307면.

정하고 있다.

본 규정의 의미는 ① 민법 이외의 특별법에 규정이 있으면 그 규정이 제일 우선적으로 적용되며,[132] ② 특별법이 없으면 국가배상법이 적용되고, ③ 국가배상법에 규정이 없는 세부사항에 관하여 또는 국가배상법이 적용되지 아니하는 분야(국고작용)에 있어서는 민법이 보충적으로 적용된다는 것이다.

2) 성격

국가배상법의 성격에 대하여는 공법이라고 보는 견해와 사법이라고 보는 견해로 대립되어 있다. 공법으로 보는 견해는 배상청구권을 공법상의 청구권인 공권으로 보며, 사법으로 보는 견해는 이를 사법상의 청구권인 사권으로 본다.

생각건대, ① 국가배상책임은 책임의 원인이 되는 공행정작용의 위법 또는 적법의 평가를 떠나서는 논할 수 없다는 점, ② 행정소송법 제3조 제2호의 당사자 소송은 행정처분 등을 원인으로 하는 법률관계에 관한 소송을 명시하고 있는 점, ③ 행정소송법 제10조 제1항에서 손해배상청구소송을 그 배상원인이 되는 행정처분의 취소를 구하는 행정소송에 병합하여 심리할 수 있다는 표현 등을 감안하면 공법설이 타당하다고 하겠다. 공법설이 다수설이다.[133]

> **【판례】** 국가배상책임은 민사상의 손해배상책임
> 공무원의 직무상 불법행위로 손해를 받은 국민이 국가 또는 공공단체에 손해배상을 구하는 것은 비록 국가배상법이 정한 바에 따른다고 하더라도 이 역시 민사상의 손해배상책임을 특별법인 국가배상법이 정한 데 불과하다(대판 1972. 10. 10, 69다701).

---

132) 민법 이외의 다른 특별법이 국가배상책임에 관한 특칙을 정한 예로서는 ① 무과실책임을 인정하고 있는 경우로, 원자력손해배상법·산업재해보상보험법·의사상자보호법·공무원연금법 등이 있으며, ② 배상책임·배상액의 한정이나 배상청구권의 단기소멸시효를 정한 경우로 우편법·철도법·전기통신사업법 등이 있다.

133) 공법설은 김도창·박윤흔·김동희·석종현 교수 등이 취하고 있고, 사법설은 이상규 교수가 취하고 있다.

Ⅱ. 공무원의 위법한 직무집행행위로 인한 손해배상

1. 배상책임의 요건

공무원의 위법한 직무집행행위에 대한 배상책임의 요건은 국가배상법 제2조에서 규정하고 있다. 즉, 제2조 제1항은 "국가나 지방자치단체는 ① 공무원 또는 공무를 위탁받은 사인이, ② 직무를 집행하면서, ③ 고의 또는 과실로, ④ 법령을 위반하여, ⑤ 타인에게 손해를 입히거나, … 이 법에 따라 그 손해를 배상하여야 한다"라고 규정하고 있으며, 제2항은 "공무원에게 고의 또는 중대한 과실이 있는 때에는 국가 또는 지방자치단체는 그 공무원에게 구상할 수 있다"고 규정하고 있다.

(1) 공무원 또는 공무를 위탁받은 사인

1) 공무원

공무원은 광의·협의 등 여러 가지의 의미로 사용되지만, 여기서 공무원이라 함은 광의의 공무원을 말한다. 즉, 국가공무원법, 지방공무원법 등 각종 공무원법에 의하여 공무원의 신분을 가진 자뿐만 아니라, 널리 국가 등의 공무를 수행하는 자를 포함한다는 것이 통설과 판례의 입장이다. 따라서 입법부·행정부·사법부의 모든 구성원도 포함된다.

판례가 국가배상법상 공무원으로 인정한 예로는 집행관,[134] 소집 중인 향토예비군,[135] 통장,[136] 미군부대 카츄샤,[137] 시청 청소차운전사,[138] 임시직공무원, 합의제 행정관청의 위원, 철도차장 등이 있다. 하지만, 의용소방대원은 공무원에서 제외하였으나,[139] 의용소방대원도 소방업무라는 공무에 종사하고 있으므로 소집 중인 향토예비군과 같이 공무원으로 보아야 할 것이다.[140]

---

134) 대판 1966. 7. 26, 66다854.

135) 대판 1970. 5. 6, 70다471.

136) 대판 1991. 7. 9, 91다5570.

137) 대판 1969. 2. 18, 68다2346.

138) 대판 1980. 9. 24, 80다1051

139) 대판 1978. 7. 11, 78다584.

【판례】 소방법 제63조의 규정에 의하여 시, 읍, 면이 소방서장의 소방업무를 보조하게 하기 위하여 설치한 의용소방대를 국가기관이라고 할 수 없음은 물론 또 그것이 이를 설치한 시, 읍, 면에 예속된 기관이라고도 할 수 없다(대판 1978. 7. 11, 78다584).

2) 공무를 위탁받은 사인

공무를 위탁받은 사인으로는 ① 사인이 별정우체국의 지정을 받아 통신업무를 수행하는 경우,141) ② 사인이 일정한 공공사업의 주체로서 국가로부터 토지수용권을 부여받아 토지수용을 하는 경우, ③ 사유 선박의 선장 · 해원 또는 항공기의 기장 · 승무원이 선박이나 항공기 내에서 발생한 범죄에 관하여 사법경찰관리의 직무를 수행하는 경우,142) ④ 사립대학의 총 · 학장이 교육법에 의하여 학위를 수여하는 경우, ⑤ 기타 변리사등록업무 · 건축사자격시험관리업무 등을 관련 협회의 장에게 위탁한 경우 등이 있다.

(2) 직무집행행위

1) 직무의 범위

국가작용 중 권력작용과 관리작용 및 국고작용의 어느 범위까지를 직무행위로 보는가에 관하여 협의설143)과 광의설144) 및 최광의설145)이 대립되어 있다.

---

140) 김남진, 행정법Ⅰ, 565면; 이상규, 신일반행정법론(상). 593면.

141) 별정우체국법 제2조 제1호: "별정우체국"이란 과학기술정보통신부장관의 지정을 받아 자기의 부담으로 청사와 그 밖의 시설을 갖추고 국가로부터 위임받은 체신 업무를 수행하는 우체국을 말한다.

142) 사법경찰관리의 직무를 수행할 자와 그 직무범위에 관한 법률 제7조: ① 해선[연해항로 이상의 항로를 항행구역으로 하는 총톤수 20톤 이상 또는 적석수 2백 석 이상의 것] 안에서 발생하는 범죄에 관하여는 선장은 사법경찰관의 직무를, 사무장 또는 갑판부, 기관부, 사무부의 해원 중 선장의 지명을 받은 자는 사법경찰리의 직무를 수행한다.

143) 국가배상법 제2조는 특별히 권력작용으로 인한 손해에 대하여만 국가의 배상책임을 인정한 것이라고 한다.

144) 권력작용뿐만 아니라 관리작용을 포함한다고 하며, 이는 사인과 같은 지위에서 행하는 국고작용과 공행정작용 간에는 법적 성질을 달리한다는 데에 근거하여 이론상 공법인 국가배상법은 사법이 적용되는 국고작용에는 적용될 수 없다는 이론이다.

145) 권력 · 관리작용뿐만 아니라 국고작용도 포함된다고 하며, 그 근거는 ① 헌법 제29조는 국가작용의 성질상의 구별 없이 배상책임을 인정하고 있으며, ② 국가배상법은 사법이므로 사경제적 작용에도 당연히 적용되는 것이고, 또한 ③ 동법은 민법상의 사용자의 면책규정을 두고 있지

① 국가배상법은 이론상 공법이므로 사경제적 작용에는 적용될 수 없으며, 제8조146)도 국가의 사경제적 작용으로 인한 것은 민법의 적용을 받는다는 뜻을 명시하고 있다. 또한 사경제적 작용에도 동법을 적용하면 사용자인 국가 등의 면책규정이 없어 피해자구제에 유리하다는 실제상의 이유는 오늘날 민법에서도 이론이 수정되어 사용자의 면책규정이 거의 적용되지 아니하기 때문에 그다지 큰 의미가 없다는 점 등을 고려하면 최광의설은 타당치 아니하다. 그리고 ② 협의설에 관하여는 현대행정에 있어 큰 비중을 차지하는 관리작용을 모두 민법상의 배상책임에 맡겨 두는 것은 타당치 아니하며, 권력작용과 관리작용을 다 같이 공법관계로 파악하는 이상 공법인 국가배상법이 적용되어야 하고, 실제로 양자 간의 구별도 명확하지 않다는 점 때문에 문제점이 있다.

따라서 광의설이 타당하다고 생각되며, 오늘날 판례의 견해이기도 하다(대판 1980. 9. 24, 80다1051).

> **【판례】** 국가배상법이 정한 배상청구의 요건인 공무원의 직무에는 <u>권력적 작용만이 아니라 행정지도와 같은 비권력적 작용도 포함되며 단지 행정주체가 사경제주체로서 하는 활동만 제외된다</u>(대판 1988. 7. 10. 96다38971).

2) 직무의 내용

직무의 내용에는 입법작용과 행정작용 및 사법작용이 모두 포함되며, 특히 행정작용에는 법률행위적 행정행위와 준법률행위적 행정행위는 물론 사실행위·행정지도 등 비권력 행위도 포함된다. 하지만 아래와 같은 문제점이 있다.

(가) 입법작용

국회의원이 위헌법률을 제정하고 제정된 법률에 근거하여 행정부 공무원이 집행하여 국민에게 손해를 입히게 된다면, 이에 대한 손해배상책임을 물을 수 없을 것이다. 왜냐하면,

---

아니하므로 사경제적 작용에 대하여도 동법을 적용하는 것이 피해자의 구제에 유리하다는 실제상의 이유 등을 들고 있다.

146) 제8조(다른 법률과의 관계) 국가나 지방자치단체의 손해배상 책임에 관하여는 이 법에 규정된 사항 외에는 「민법」에 따른다. 다만, 「민법」 외의 법률에 다른 규정이 있을 때에는 그 규정에 따른다.

행정부는 법률의 위헌 여부를 심사할 권한이 없으며 또한 국회는 매우 복잡한 법률안의 제안·의결절차를 거치기 때문에 구체적으로 어느 국회의원에게 고의·과실이 있었는지를 알기가 쉽지 않기 때문이다.

> **【판례】** 국회의원의 입법행위는 그 입법 내용이 헌법의 문언에 명백히 위반됨에도 불구하고 국회가 굳이 당해 입법을 한 것과 같은 특수한 경우가 아닌 한 국가배상법 제2조 제1항 소정의 위법행위에 해당된다고 볼 수 없다(대판 1997. 6. 13, 96다56115).

(나) 사법작용

개인에게 발생한 손해가 법관의 명백한 고의·과실에 의한 재판작용이었다면, 이에 대하여 국가배상책임을 인정할 수 있다고 하겠으나, 법관의 독립을 이유로 반대하는 견해도 있다. 한편, 영국과 미국에서는 면책이 인정되고 있으며, 독일에서는 고의로 인한 경우에만 국가책임이 인정된다.

(다) 부작위

과거의 통설은 부작위에 대한 국가배상책임을 부정하였다. 그러나 사인에 대한 적극적인 작위의무가 인정되는 경우의 고의·과실에 의한 부작위는 고의·과실에 의한 작위와 다를 바 없으므로 부작위행위와 손해발생 간에 인과관계가 인정되는 한 국가배상책임을 인정하여야 할 것이다.

> **【판례】** ① 지방자치단체는 그가 소유한 임야 내의 주택가에 돌출한 위험한 암벽을 제거하여야 할 의무가 있으며, 이를 게을리한 부작위로 붕괴사고가 나서 주민들이 손해를 입은 경우에는 이를 배상할 책임이 있다(대판 1980. 2. 26, 79다2341).
> ② 경찰서 대용감방에 배치된 경찰관 등으로서는 감방 내의 상황을 잘 살펴 수감자들 사이에서 폭력행위 등이 일어나지 않도록 예방하고 나아가 폭력행위 등이 일어난 경우에는 이를 제지하여야 할 의무가 있음에도 불구하고 이러한 주의의무를 게을리 하였다면 국가는 감방 내의 폭력행위로 인한 손해를 배상할 책임이 있다(대판 1993. 9. 28, 93다17546).

3) 직무를 집행하면서

직무를 집행하면서란 직무행위 그 자체[147]뿐만 아니라, 직무집행의 수단으로 행하여지거나 직무와 밀접하게 관련된 행위까지를 포함하는 개념이다.

직무집행의 판단여부에 관하여 통설[148]과 판례[149]는 외형설을 취한다. 즉, 공무원의 행위가 실질적으로 직무집행행위에 해당하는지, 또한 공무원이 직무집행의 의사를 갖고 있었는지의 여부와 관계없이 객관적으로 직무집행행위로서의 외형을 갖추고 있으면 된다. 따라서 실질적으로 공무집행행위가 아니라는 사실을 피해자가 알았다 하더라도 무방하다.

판례가 직무와 관련성이 인정된다고 한 예로는 공무원의 퇴근 중의 사고, 공무출장 후 귀대중의 사고, 상관의 명에 의한 이삿짐 운반, 훈계권 행사로서의 기합, 학군단 소속차량의 그 학교 교수의 장례식에 참석하기 위한 운행 등이 있다. 반면, 판례는 세무공무원이 재산압류시에 재산을 절취하거나, 경찰공무원이 도박장의 판돈을 착복하는 행위는 외형적으로 보아도 직무행위라 할 수 없다고 한다.

【판례】 직무와 밀접한 관련이 있는 행위도 직무집행행위

육군중사가 부대장의 명령에 따라 공무출장을 감에 있어서 관용차량이 없기 때문에 타인 소유의 개인차량을 빌려서 운전하고 가서 공무를 마친 후, 퇴근시간이 지나자 바로 집으로 퇴근하기 위하여 운전을 하다가 교통사고를 일으켰다면, 위 육군중사의 차량운전행위는 실질적·객관적으로 보아 출장명령을 수행하기 위한 행위로서 직무와 밀접한 관련이 있는 것이므로 직무집행행위에 속한다고 보아야 할 것이다(대판 1988. 3. 22, 87다카1163).

---

147) 조세부과, 영업허가취소, 건축물철거 등.

148) 김남진, 행정법Ⅰ, 571면; 김도창, 일반행정법론(상), 625면; 변재옥, 행정법강의Ⅰ, 502면 이상규, 신일반행정법론(상). 597면.

149) 국가배상법 제2조 1항의 '직무를 집행함에 당하여'라 함은 직접 공무원의 직무집행 행위이거나 그와 밀접한 관계가 있는 행위를 포함하고, 이를 판단함에 있어서는 행위 그 자체의 외관을 객관적으로 관찰하여 공무원의 직무행위로 보여진 때에는 비록 그것이 실질적으로 직무행위가 아니거나 또는 행위자로서는 주관적으로 공무집행의 의사가 없었다고 하더라도 그 행위는 공무원의 '직무를 집행함에 당하여'한 것으로 보아야 한다(대판 2001. 1. 5, 98다39060 ; 대판 1995. 4. 21, 93다14240).

(3) 고의 · 과실로 인한 행위

국가배상법 제2조는 과실책임주의에 입각하여 국가의 손해배상책임은 공무원의 직무집행행위가 고의 또는 과실에 의한 위법행위이어야 함을 규정하고 있다.

1) 고의 · 과실의 의의

고의란 공무원이 자기의 행위로 인한 결과의 발생을 인식하면서 그 결과를 용인하는 심리상태를 의미한다. 반면, 과실은 자기의 행위로 인하여 일정한 결과의 발생을 부주의로 인식하지 못하고 그 행위를 하는 심리상태를 말하는 것으로서 주의의무의 위반을 의미한다.

2) 공무원의 특정 여부

공무원의 과실입증은 먼저 공무원을 특정하여 과실 여부를 논하여야 한다. 하지만, 과실의 객관화이론에 의하면 굳이 가해 공무원을 특정할 필요는 없으며, 당해 직무집행행위가 누구이든지 간에 공무원에 의한 행위임이 인정되기만 하면 국가 등이 배상책임을 지게 된다.

> **【판례】** 국가 소속 전투경찰들이 시위진압을 함에 있어서 합리적이고 상당하다고 인정되는 정도로 가능한 한 최루탄의 사용을 억제하고 또한 최대한 안전하고 평화로운 방법으로 시위진압을 하여 그 시위진압 과정에서 타인의 생명과 신체에 위해를 가하는 사태가 발생하지 아니하도록 하여야 하는데도, 이를 게을리한 채 합리적이고 상당하다고 인정되는 정도를 넘어 지나치게 과도한 방법으로 시위진압을 한 잘못으로 시위 참가자로 하여금 사망에 이르게 하였다는 이유로 국가의 손해배상 책임을 인정(대판 1995. 11. 10, 95다23897).

3) 고의 · 과실의 입증책임

고의 · 과실의 입증책임에 관하여 대위책임설에 의하면 원칙적으로 피해자인 국민에게 있다. 그러나 과실을 입증하기에는 쉬운 일이 아니며 피해자에게만 일방적으로 부담을 지우는 것도 정의와 형평에도 맞지 않다. 따라서 최근에는 민사소송법에서 발달한 일응추정의 법리에 따라 국민에게 손해가 발생하면 공무원에게 일응 과실이 있는 것으로 추정하고, 피고가 과실이 없음을 입증하도록 하여 피해자 구제에 충실을 기하여야 한다는 견해150)가 유력하게 대두되고 있다.

【판례】 ① 법령의 해석이 복잡 미묘하여 어렵고 학설, 판례가 통일되지 않을 때에 공무원이 신중을 기해 그 중 어느 한 설을 취하여 처리한 경우에는 그 해석이 결과적으로 위법한 것이었다 하더라도 국가배상법상 공무원의 과실을 인정할 수 없다(대판 1973. 10. 10, 72다2583).

② 행정청이 관계 법령의 해석이 확립되기 전에 어느 한 설을 취하여 업무를 처리한 것이 결과적으로 위법하게 되어 그 법령의 부당집행이라는 결과를 빚었다고 하더라도 처분 당시 그와 같은 처리 방법 이상의 것을 성실한 평균적 공무원에게 기대하기 어려웠던 경우라면 특별한 사정이 없는 한 이를 두고 공무원의 과실로 인한 것이라고는 할 수 없기 때문에, 그 행정처분이 후에 항고소송에서 취소되었다고 할지라도 당해 행정처분이 곧바로 공무원의 고의 또는 과실로 인한 불법행위를 구성한다고 단정할 수는 없다(대판 1997. 7. 11, 97다7608).

(4) 법령에 위반한 행위

공무원의 직무집행행위가 법령에 위반한 것이어야 한다. 여기서 법령의 의미에 관하여서는 협의설과 광의설로 나누어진다. 협의설은 좁은 의미의 법령(헌법·법률·법규명령·자치법규)만을 의미한다고 하며, 광의설은 그 외에도 조리법(인권존중·권리남용금지·신의성실·평등·비례·공서양속 등)을 포함하여 널리 객관적인 정당성을 결한 행위라고 한다. 통설과 판례는 광의설의 입장을 취한다.151)

한편, 행정규칙은 행정조직 내부에서만 효력을 가지므로 이에 위반하여도 당해 행위의 효력에는 아무런 영향이 없다는 견해에 의하면 위법성을 인정할 수 없다. 그러나 위 광의설에 입각할 때 행정규칙이 재량준칙인 경우 합리적인 이유없이 이에 위반하면 평등원칙에 위반하여 위법성을 띠게 된다고 보아야 할 것이다. 또한 재량행위에 있어 재량의 범위 내에서 재량권행사를 잘못한 경우는 부당은 하지만 위법은 아니다. 그러나 광의설에 입각할 때 부당한 재량권 행사가 객관적으로 보아 정당성을 결하였다고 인정될 경우에는 위법성을 띠게 된다고 보아야 할 것이다.

---

150) 김도창, 일반행정법론(상), 629면; 박윤흔, 행정법강의(상), 685면; 석종현/송동수, 일반행정법(상), 639면.

151) 행정청의 준공검사의무가 법령상 일의적으로 결정되어 있으므로, 준공검사를 담당하는 공무원이 준공검사를 현저히 지연시켰고 그러한 지연이 직무에 충실한 보통 일반의 공무원을 표준으로 할 때 객관적 정당성을 상실하였다고 인정될 정도에 이른 경우에는, 국가배상법 제2조에서 말하는 위법의 요건을 충족하였다고 봄이 상당하다(대판 1998. 11. 23, 98다30285).

(5) 타인에게 손해를 가할 것

국가배상을 청구하기 위해서는 공무원의 위법한 직무집행행위로 타인에게 손해가 발생하여야 한다.

1) 손해

여기서 손해란 재산적 손해뿐만 아니라, 생명·신체·정신적 손해는 물론 적극적 손해뿐만 아니라 소극적 손해도 포함한다.

2) 인과관계

손해의 발생은 위법한 직무집행행위와 인과관계(상당인과관계)가 있어야 한다. 여기서 상당인과관계란 민법에서와 같이 법률상의 인과관계를 의미한다. 즉, 어떤 행위의 원인·결과의 관계에 내재되어 있는 여러 가지의 사실 가운데에서, 객관적으로 보아 어떤 전행행위로부터 보통 일반적으로 초래되는 후행행위가 있는 때에는 통상적으로 상당인과관계에 있게 된다.

> **【판례】** ① 공무원이 선박안전법 등의 규정에 위반하여 제대로 선박검사를 하지 아니한 채 화재위험이 있는 불량선박에 대하여 중간검사 합격증서를 발급하여 선박을 계속 운항케 한 결과 발생한 선박화재사고와, 공무원의 위법한 직무집행행위 간에는 상당한 인과관계가 있고, 따라서 국가는 사고로 인한 손해를 배상할 책임이 있다(대판 1993. 2. 12, 91다43466).
> ② 총기·탄약·폭발물 등의 관리책임자는 자기의 보관 및 관리소홀로 총기 등이 군 외부로 유출되면 그것이 범죄행위에 사용되어 국민 개개인의 생명과 신체를 침해하는 결과가 발생할 수 있다는 것을 충분히 예견할 수 있다. 그렇다면 이 사건 폭음탄의 관리상의 과실과 폭음탄이 범죄행위에 사용되어 원고가 입은 손해 사이에는 상당인과관계가 있다 (대판 1998. 2. 10, 97다49534).

3) 타인

타인이란 가해자인 공무원을 제외한 모든 자연인·법인 등의 제3자를 말한다. 따라서 가해자가 국가공무원인 경우에는 지방자치단체도 포함되며, 가해자가 아닌 다른 공무원도 포함된다. 예컨대 관용차 운전자의 과실로 동승한 공무원이 부상한 경우 동승한 공무원은 타인에 해당한다.

2. 배상책임

(1) 배상책임의 성질과 선택적 청구가능성

1) 대위책임설

이 견해에 의하면 가해자인 공무원 개인이 부담하여야 할 배상책임을 국가가 대신하여 책임을 진다라고 한다.[152] 따라서 국가는 당해 공무원에게 구상권을 행사할 수 있음은 물론이다. 다만 경과실인 경우에 구상권 행사를 제한한 이유는 공무원의 직무의욕 저하와 사무정체를 방지하기 위한 정책적 배려에 기한 것이라고 하며, 행위자인 공무원 개인은 어떠한 경우에도 직접 피해자에 대하여 배상책임을 지지는 않는다고 한다(선택적 청구권의 부정).

2) 자기책임설

이 견해는 국가 등은 항상 그 기관의 지위에 있는 공무원을 통하여 행위한다. 따라서 그 기관인 공무원의 행위의 효과는 항상 국가 등에게 귀속되므로 국가 등이 직접 책임을 지는 것이 당연하다고 본다. 이 견해에 의하면, 국가의 자기책임과 공무원 개인의 책임은 이론상 서로 무관한 것이므로 별도로 공무원 개인도 피해자에 대하여 직접 배상책임을 진다고 한다(선택적 청구권의 인정).

3) 중간설(절충설)

공무원의 고의·중과실에 의한 행위는 국가 등의 행위로 볼 수 없으므로 이에 대한 책임은 대위책임이지만, 경과실에 의한 행위는 국가 등의 행위로 볼 수 있으므로 이에 대한 책임은 자기책임이라는 견해이다.[153] 이 견해에 의하면 고의·중과실인 경우에는 국가가 공무원을 대신하여 책임을 지는 것이므로 당해 공무원에 대하여 당연히 구상할 수 있지만, 경과실의 경우에는 국가의 자기책임이므로 공무원에 대한 국가이 구상권은 인정될 수 없음은 당연하다고 한다.

대법원은 "고의·중과실에 의한 행위는 국가 등의 기관행위로 볼 수 없으므로 대위책임이지만, 경과실에 의한 행위는 기관행위로 볼 수 있으므로 자기책임이다"(대판 1996. 2. 15, 95다38677)라고 판시하여 이 견해를 취하고 있다.

---

152) 김도창, 일반행정법론(상), 636면; 박윤흔, 행정법강의(상), 675면; 서원우, 현대행정법(상), 701면.

153) 윤세창, 행정법(상), 373면; 이상규, 신일반행정법론(상), 612면.

(2) 배상책임자

1) 국가 또는 지방자치단체

헌법은 배상책임자를 국가 또는 공공단체로 넓게 규정하고 있으나, 국가배상법은 국가 또는 지방자치단체로만 한정하고 있다. 따라서 지방자치단체 이외의 공공단체(공공조합·영조물법인)의 배상책임은 민법에 의할 수밖에 없게 되었다.

2) 공무원의 선임·감독자와 비용부담자가 다른 경우

가해 공무원의 선임·감독주체와 봉급 기타의 비용부담주체가 서로 다른 경우에 피해자는 그 비용부담자에 대하여도 손해배상청구를 할 수 있다. 이 경우 손해를 배상한 주체는 궁극적으로 배상책임이 있는 다른 주체에 대하여 구상권을 가진다(제6조 제1항·제2항). 여기서 공무원의 선임·감독주체란 사무의 관리주체 또는 사무의 귀속주체를 말하며, 공무원의 봉급·비용부담주체란 사무에 관한 실질상 또는 형식상 비용부담자를 말한다.

> **【판례】** 군수가 도지사로부터 기관위임받은 사무를 처리하는 담당공무원이 군소속인 경우에 원칙적으로 군에는 국가배상책임이 없지만 군이 이들 담당공무원에 대한 봉급을 부담한다면 군도 국가배상법 제6조에 의한 비용부담자로서 국가배상책임이 있다(대판 1994. 1. 11, 92다29528).

(3) 배상액

1) 배상기준

배상액에 관하여 헌법은 제29조 제1항에서 정당한 배상을 하도록 규정하고 있다. 이는 민법상의 일반 불법행위로 인한 손해배상책임과 같이 가해행위와 상당인과관계가 있는 모든 손해를 정당한 가격으로 환산하여 배상하는 것을 말한다(국가배상법 제3조 참조).

2) 배상기준의 성격

국가배상법 제3조의 배상기준이 단순한 하나의 기준에 불과한 것인지, 아니면 이를 초과할 수 없는 상한을 정한 것인지에 관하여 기준액설154)과 한정액설155)이 대립되어 있다.

---

154) 민법상의 불법행위책임과 달리 국가의 배상책임만을 특별히 법으로 한정함은 형평에 어긋나므로, 이는 단순히 하나의 기준에 불과하고 구체적 사안에 따라서는 배상액을 증액할 수 있다는

(4) 배상청구권의 양도·압류금지 및 소멸시효

국가배상법 제4조[156]는 피해자·유족을 특별히 보호하기 위하여 배상청구권이라는 개인적 공권의 양도나 압류를 금지하고 있다. 한편, 배상청구권의 소멸시효에 관하여는 아무런 규정을 두고 있지 아니하므로 동법 제8조[157]에 의거하여 민법에 의하게 되며, 민법 제163조에 의하면 손해 및 그 가해자를 안 날로부터 3년이 지나면 시효로 소멸한다.

3. 배상청구의 절차

국가배상법 제9조는 결정전치주의를 폐지하고 배상심의회의 배상신청을 하지 않고 바로 국가배상청구소송을 제기할 수 있도록 하였다.[158] 즉, 임의적 전치주의로 정하고 있다.

(1) 행정절차에 의한 청구

1) 임의적 결정전치주의

국가배상에 있어서 결정전치주의를 채택하는 이유는 복잡하고 까다로운 소송절차를 피하고 시간과 비용 등을 절약하여 피해자 구제에 충실을 기하자는 데에 있다. 그러나 이와 같은 제도를 잘못 운영하게 되면 오히려 불필요한 절차만 거치게 되어 소송에 의한 구제를 지연시키는 결과를 초래할 수도 있다. 따라서 현행법은 결정전치주의를 임의적 절차로 채택하여 피해자의 선택에 맡기도록 함으로써 권리구제에 만전을 기하도록 하였다.

2) 배상심의회

배상심의회는 일종의 합의제 행정관청으로서 국가 또는 지방자치단체의 배상책임 여부와 배상금액을 결정한다. 그리고 배상심의회는 하급심의회인 지구배상심의회를 두고(일반 및

견해로서, 다수설 및 판례가 지지하고 있다(대판 1980. 12. 9, 80다1828).

155) 법으로 정한 것은 당사자 사이의 분쟁의 소지를 없애기 위한 것으로서 바로 이에 기하여 배상하라는 취지의 한정액이라는 견해(소수설).

156) 제4조(양도 등 금지) 생명·신체의 침해로 인한 국가배상을 받을 권리는 양도하거나 압류하지 못한다.

157) 제8조(다른 법률과의 관계) 국가나 지방자치단체의 손해배상 책임에 관하여는 이 법에 규정된 사항 외에는 「민법」에 따른다. 다만, 「민법」 외의 법률에 다른 규정이 있을 때에는 그 규정에 따른다.

158) 제9조(소송과 배상신청의 관계) 이 법에 따른 손해배상의 소송은 배상심의회(이하 "심의회"라 한다)에 배상신청을 하지 아니하고도 제기할 수 있다.

군지구배상심의회로 분리 설치), 상급심의회인 본부배상심의회를 법무부에 두고, 국방부에 특별배상심의회(군인·군무원 및 군 소속 영조물 사건만 관할)를 둔다.

3) 결정절차

배상금을 지급받고자 하는 자는 그 주소지·소재지 또는 배상원인 발생지를 관할하는 지구배상심의회에 배상금지급신청을 하여야 한다(제12조 제1항).[159] 지구배상심의회는 증인심문·감정·검증 등의 증거조사를 한 후 4주일 이내에 배상 여부를 결정하고, 결정 후 1주일 이내에 신청인에게 그 정본을 송달하여야 한다(제13조·제14조).

일정가액 이상의 중요배상사건은 본부 또는 특별심의회에 송부하여 본부 또는 특별심의회가 직접 결정하도록 하고 있으며(제13조 제6항), 지구심의회에서 배상금지급신청이 기각 또는 각하된 경우에도 2주일 이내에 본부 또는 특별심의회에 재심을 신청할 수 있다(제15조의2).

4) 결정의 효력

배상심의회의 배상결정은 신청인의 동의에 의하여 그 효력이 발생한다. 심의회의 결정에 동의하는 신청인은 지체없이 그 결정에 동의서를 붙여 국가 또는 지방자치단체에 배상금지급을 청구하여야 한다(제15조 제1항).

한편, 신청인은 배상결정에 동의하여 배상금을 수령한 후에도 손해배상청구소송을 제기하여 배상금의 증액청구를 할 수 있다.[160]

(2) 소송절차에 의한 청구

배상금청구소송의 성격에 대하여는 행정소송의 일종인 공법상 당사자소송이라 할 것이나, 판례와 소수설은 이를 민사소송으로 취급하고 있다. 그러나 행정소송법(제10조 제1항)에 의하더라도 위법한 행정행위의 취소소송을 행정소송으로 제기하고 이에 병합하여 청구하는 경우에 "취소소송과 ① 당해 처분등과 관련되는 손해배상·부당이득반환·원상회복등 청구소송, ② 당해 처분등과 관련되는 취소소송이 각각 다른 법원에 계속되고 있는 경우에 관련청구

---

159) 제12조(배상신청) ①. 이 법에 따라 배상금을 지급받으려는 자는 그 주소지·소재지 또는 배상원인 발생지를 관할하는 지구심의회에 배상신청을 하여야 한다.

160) 종래 신청인이 배상결정에 동의할 경우 확정판결과 같은 최종적 효력을 지니는 '재판상 화해'가 성립되는 것으로 간주하는 규정(16)은 헌법과 법률이 정한 법관에 의한 재판을 받을 권리의 과도한 제한으로서 헌법재판소의 위헌결정을 받게 되어(헌재결 1995. 5. 25, 91헌가7) 1997년 법 개정시 이 조항이 삭제되었다. 따라서 이러한 권리를 가질 수 있게 된 것이다.

소송이 계속된 법원이 상당하다고 인정하는 때에는 당사자의 신청 또는 직권에 의하여 이를 취소소송이 계속된 법원으로 이송할 수 있다"라고 규정하여 행정소송으로 다루어지게 된다.

Ⅲ. 영조물설치 · 관리의 하자로 인한 손해배상

1. 배상책임의 성질

국가배상법 제5조 제1항은 "도로 · 하천 그 밖의 공공의 영조물의 설치나 관리에 하자가 있기 때문에 타인에게 손해를 발생하게 하였을 때에는 국가나 지방자치단체는 그 손해를 배상하여야 한다"고 규정하고 있다. 또한 동조 제2항은 "이 경우 손해의 원인에 대하여 책임을 질 자가 따로 있을 때에는 국가 또는 지방자치단체는 그 자에 대하여 구상할 수 있다"고 규정하고 있다.

(1) 무과실책임

통설은 제5조의 규정에 의한 배상책임은 담당공무원의 고의 또는 과실을 불문하고, 공공의 영조물의 설치나 관리에 하자가 있다는 객관적 사실만으로도 성립한다는 점에서 무과실책임으로 보고 있다. 무과실책임주의를 택하게 되면, 피해자 구제에 아주 유리하게 되기 때문에 제5조는 불법행위의 형식을 취한 사회보장의 기능을 수행하고 있다는 평가 받는다.[161]

(2) 민법상 배상책임과의 차이점

제5조상의 손해배상책인은 민법 제758조[162]의 공작물로 인한 손해배상책임과 다르다. 즉, ① 대상물이 공작물보다 더 넓고, ② 점유자가 필요한 주의의무를 다한 때에는 그 소유자의 손해배상책임을 면책한다는 단서규정을 두고 있지 아니하기 때문에 피해자구제에 매우 유리하다는 점을 들 수 있다.

---

161) 박윤흔, 행정법강의(상), 701면.

162) 제758조(공작물등의 점유자, 소유자의 책임) ① 공작물의 설치 또는 보존의 하자로 인하여 타인에게 손해를 가한 때에는 공작물점유자가 손해를 배상할 책임이 있다. 그러나 점유자가 손해의 방지에 필요한 주의를 해태하지 아니한 때에는 그 소유자가 손해를 배상할 책임이 있다.

2. 배상책임의 요건

배상책임이 성립하기 위하여서는 ① 도로·하천 그 밖의 공공의 영조물의, ② 설치나 관리에 하자가 있기 때문에, ③ 타인에게 손해가 발생하였어야 한다.

(1) 공공의 영조물

제5조상의 공공의 영조물은 학문적 의미의 영조물(공적 목적을 달성하기 위한 인적·물적 시설의 총합체)이 아니라 널리 공공의 목적에 제공된 유체물, 즉, 학문상 공공용물과 공용물을 포함하는 공물을 말한다.

> **【판례】** 공공의 영조물이라 함은 국가 또는 지방자치단체에 의하여 공공의 목적에 공여된 유체물 내지 물적 설비를 지칭하며, 특정 공공의 목적에 공여된 물이라 함은 일반공중의 자유로운 사용에 직접적으로 제공되는 공공용물에 한하지 아니하고, 행정주체 자신의 사용에 제공되는 공용물도 포함하며 국가 또는 지방자치단체가 소유권, 임차권, 그 밖의 권한에 기하여 관리하고 있는 경우뿐만 아니라 사실상의 관리를 하고 있는 경우도 포함된다(대판 1995. 1. 25, 94다45302).

따라서 제5조의 영조물은 인공공물(도로·공원·가로수·제방·상하수도·학교·관공서청사 등)과 자연공물(하천·호수 등), 동산(자동차·항공기·동물 등)과 부동산(토지·건물 등)을 포함한다. 물론, 국가나 지방자치단체가 직접 소유하는 자유공물뿐만 아니라 직접 소유하지 아니하는 타유공물도 포함된다. 그러나 국유재산 중 잡종재산은 제외되며 그로 인한 손해는 민법상의 손해배상책임에 따른다(국가배상법 제8조·민법 제758조).

(2) 설치나 관리의 하자

1) 의의

영조물의 설치의 하자란 영조물을 설치하는 데 있어서 설계의 잘못, 불량자재의 사용 등 설계·건축의 잘못을 말하며, 관리의 하자란 설치 이후의 유지·수선·보관의 잘못을 말한다. 그러나 하자의 의미에 관하여는 다음과 같이 학설의 대립이 있다.

> **【판례】** 설치상의 하자라 함은 공공의 목적에 공여된 영조물이 그 용도에 따라 통상 갖추어야 할 안전성을 갖추지 못한 상태에 있음을 말한다. 따라서 공사 중이며 아직 완성되지 않아 일반 공중의 이용에 제공되지 않는 옹벽은 국가배상법 제5조 1항 소정의 영조물에 해당되지 않는다고 본다(대판 1998. 10. 23, 98다17381).

(가) 객관설

하자의 유무는 객관적으로 보아 영조물이 사회통념상 일반적으로 갖추어야 할 안전성을 결여한 것으로서 하자발생의 고의·과실은 문제되지 아니한다고 보는 견해이다. 다수설[163]과 판례의 입장이다.

(나) 주관설(의무위반설)

하자 자체의 존재를 요하는 점은 객관설과 같다. 다만 주관설은 영조물의 설치, 관리상의 하자를 설치, 관리상의 주관적인 안전관리의무위반, 즉, 주의의무위반으로 인한 경우로 보는 견해이다.[164]

(다) 절충설

영조물 자체에 객관적 하자가 있는 경우뿐만 아니라, 객관적 하자는 없더라도 관리자의 안전관리의무위반이 있을 경우에도 하자의 성립을 인정하는 입장이다. 즉, 영조물과 관련하여 발생하는 손해는 그것이 물적 하자로 인한 것이든 관리상의 과오에 기인한 것이든 국가배상책임이 발생한다는 것이다.

(라) 위법·무과실책임설

제5조에 의한 책임을 안전의무를 위반함으로써 발생한 손해에 대한 위법·무과실책임으로 보는 견해이다. 요컨대, 공물의 관리주체로서 국가와 공공단체 등 행정주체가 지는 책임은 민법 제758조에 의한 점유자의 책임이 위법·유책의 책임인데 대하여 위법·무책의 책임

---

163) 박윤흔, 행정법강의(상), 704면; 석종현/송동수, 일반행정법(상), 673면.

164) 김동희, 행정법Ⅰ, 534면.

이다. 교통안전의무는 국가의 법적 의무로서 공무원의 주관적인 과실과는 아무 관계가 없다. 따라서 제5조 제1항의 책임은 행정주체의 교통안전의 법적 의무위반에 대한 행위책임이며 무과실책임이라고 할 수 있다.[165]

(마) 판례

판례는 종래에 객관설을 취하여 왔으나, 최근에는 주관적인 요소를 고려한 판례도 등장하고 있다.

> **【판례】객관설을 취한 판례**
> 　국가배상법 제5조 소정의 영조물의 설치, 관리상의 하자라 함은 영조물의 설치 및 관리에 불완전한 점이 있어 이 때문에 영조물 자체가 통상 갖추어야 할 안전성을 갖추지 못한 상태에 있는 것을 말하는 것이다. 지방자치단체가 관리하는 도로 지하에 매설되어 있는 상수도관에 균열이 생겨 그 틈으로 새어 나온 물이 도로 위까지 유출되어 노면이 결빙되었다면 도로로서의 안전성에 결함이 있는 상태로서 설치·관리상의 하자가 있다. 국가배상법 제5조 소정의 영조물의 설치·관리상의 하자로 인한 책임은 무과실책임이고 나아가 민법 제758조 소정의 공작물의 점유자의 책임과는 달리 면책사유도 규정되어 있지 않으므로, 국가 또는 지방자치단체는 영조물의 설치·관리상의 하자로 인하여 타인에게 손해를 가한 경우에 그 손해의 방지에 필요한 주의를 해태하지 아니하였다 하여 면책을 주장할 수 없다(대판 1994. 11. 22, 94다32924).

---

165) 정하중, 국가배상법 제5조의 영조물의 설치·관리에 있어서 하자의 의미와 배상책임의 성격, 행정판례연구 Ⅲ, 1996, 215면.

2) 불가항력으로 인한 손해

  제5조상의 하자는 영조물이 통상 갖추어야 할 안전성을 결여한 상태를 의미하는 것이므로, 통상 예측할 수 없는 불가항력으로 인한 손해에 대하여는 국가 등의 배상책임은 발생하지 않는다. 예컨대 도로공사중이라는 표지판을 제3자의 차가 쓰러뜨린 직후에 추락하여 발생된 손해인 경우, 또는 예측 불가능한 지진·폭풍·해일·눈사태 등 자연재해의 경우에는 국가는 배상책임을 지지 않는다. 그러나 이 경우에도 영조물 설치·관리의 하자와 경합하여 손해가 발생되거나 손해액이 확대된 경우에는 경합된 범위 안에서는 배상책임이 인정될 것이다.

【판례】 ① 장마철에 가로수가 쓰러져 발생한 사고에 대하여 하자 인정

구청이 관할하는 도로상의 15m 높이의 가로수가 장마철에 쓰러지면서 때마침 이곳을 통과하던 원고 자동차의 지붕을 덮쳐 자동차가 파손된 경우, 매년 집중호우와 태풍이 동반되는 장마철을 겪고 있는 우리나라 기후 여건하에서는 예측 불가능한 천재지변이라고 볼 수 없으므로 영조물의 설치·관리에 하자가 있다고 할 것이다(대판 1993. 7. 27, 93다20702).

② 집중호우로 인한 제방도로의 유실을 영조물의 설치·관리의 하자로 인정

50년 빈도의 최대 강우량에 해당하는 집중호우가 내렸다는 사실만으로는 그 이전에도 하천이 범람하고, 제방도로가 유실된 바 있었던 점과 우리나라의 경우 여름철 집중호우가 예상하기 어려운 정도의 기상이변에 해당한다고 보기 어려운 점에 비추어, 제방도로가 유실되면서 그 곳을 걸어가던 보행자가 강물에 휩쓸려 익사한 경우의 사고가 예상할 수 없는 불가항력에 기인한 것이라 할 수 없으므로 제방도로의 설치·관리상의 하자가 있다고 할 것이다(대판 2000. 5. 6, 99다53247).

③ 도로상에서 제3자의 행위가 개입되어 발생한 사고에 대하여 배상책임 부정

국도상에 쇠파이프가 떨어져 있었고 그것이 다른 차량의 바퀴에 튕기어 승용차 앞 유리창을 뚫고 들어와 운전자가 사망한 경우에 일단 도로관리에 하자가 있다고 볼 수 있으나, 사고발생 33분 내지 22분 전에 피고 관리청이 운영하는 과적차량 검문소의 근무자 교대차량이 통과할 때 쇠파이프를 발견하지 못하였고, 피고가 넓은 국도를 더 짧은 간격으로 일일이 순찰하면서 낙하물을 제거하는 것은 현실적으로 불가능하다 할 것이므로 국가배상책임 없다(대판 1997. 4. 22, 97다3194).

④ 가변차로에 설치된 신호등의 용도와 오작동시에 발생하는 사고의 위험성과 심각성을 감안할 때, 만일 가변차로에 설치된 두 개의 신호기에서 서로 모순되는 신호가 들어오는 고장을 예방할 방법이 없음에도 그와 같은 신호기를 설치하여 그와 같은 고장을 발생하게 한 것이라면, 그 고장이 자연재해 등 외부요인에 의한 불가항력에 기인한 것이 아닌 한 그 자체로 설치·관리자의 방호조치의무를 다하지 못한 것으로서 신호등이 그 용도에 따라 통상 갖추어야 할 안전성을 갖추지 못한 상태에 있었다고 할 것이고, 따라서 설령 적정전압보다 낮은 저전압이 원인이 되어 위와 같은 오작동이 발생하였고 그 고장은 현재의 기술수준상 부득이한 것이라고 가정하더라도 그와 같은 사정만으로 손해발생의 예견가능성이나 회피가능성이 없어 영조물의 하자를 인정할 수 없는 경우라고 단정할 수 없다(대판 2001. 7. 27, 2000다56822).

3) 예산부족

예산부족이 면책사유가 되는지에 관하여 판례는 원칙적으로 부정하고 있는 것으로 보인다(대판 1967. 2. 21, 66다1723). 국가·지방자치단체의 재정상의 제약으로 인하여 영조물이 갖추어야 할 안전성을 확보하지 못한 경우에도 배상책임이 면제되는 것은 아니다. 다만 안전성의 판단에 있어서의 참작사유가 될 뿐이라고 하겠다.

> **【판례】** 영조물 설치의 하자라 함은 영조물의 축조에 불완전한 점이 있어 이 때문에 영조물 자체가 통상 갖추어야 할 완전성을 갖추지 못한 상태에 있음을 말한다고 할 것인바 그 하자 유무는 객관적 견지에서 본 안전성의 문제이고 그 설치자의 재정사정이나 영조물의 사용목적에 의한 사정은 안전성을 요구하는데 대한 정도 문제로서 참작사유에는 해당할지언정 안전성을 결정지을 절대적 요건에는 해당하지 아니한다 할 것이다(대판 1967. 2. 21, 66다1723).

4) 하자의 입증책임

하자의 입증책임은 원칙적으로 원고인 피해자에게 있다. 그러나 일반시민의 입장에 있는 피해자가 공물의 안전도에 관한 전문적 지식을 갖는다는 것은 기대하기 어려우므로 하자의 유무에 관한 입증책임은 엄격하게 새길 것이 아니라 피해자가 하자의 개연성만 주장하면 하자가 있는 것으로 추정되도록 하는 제도의 정착이 필요하다. 즉, 공무원의 직무상 불법행위 책임에 있어서의 고의·과실의 입증책임의 경우와 마찬가지로 일응추정의 법리에 따라 영조물에 의한 손해가 발생하면 일응 그 설치·관리의 하자가 있음이 추정된다고 보아 피고인 국가 등이 하자가 없음을 입증하여야 할 것이다.

(3) 타인에게 손해발생

영조물 설치·관리의 하자로 인하여 타인에게 손해가 발생하여야 하며, 하자와 손해 사이에는 상당인과관계가 있어야 한다. 상당인과관계가 인정되는 한 자연재해 또는 제3자의 행위와 경합하여 손해가 발생된 경우에도 그 한도 내에서 배상책임을 진다.

공무원이 영조물의 설치·관리의 하자로 손해를 입은 경우에도 타인에 포함될 수 있다. 그러나 국가배상법은 직무상 불법행위로 인한 손해배상과 마찬가지로 군인·군무원·경찰공무원·예비군대원의 경우는 군인연금법 등 각 개별 법률이 정하는 보상 외에 이 법에 의한 2중적인 배상청구는 금지하고 있다.

3. 배상책임

(1) 배상책임자

국가배상법 제5조의 배상책임의 요건이 충족되면 국가 또는 지방자치단체는 그 손해를 배상할 책임이 있다. 이 경우 영조물의 설치·관리 의무자와 그 비용부담자가 다른 경우에는 비용부담자도 배상책임자가 된다(제6조 제1항). 예컨대 국유 선박의 관리를 지방자치단체에게 위탁한 경우이다. 이 경우 영조물의 설치·관리자 및 비용부담자가 다 같이 배상책임자의 지위를 가지므로 피해자는 관리주체와 비용부담자 중에서 선택적으로 배상청구를 할 수 있다.

> **【판례】** 시가 국도의 관리상 비용부담자로서 책임을 지는 것은 국가배상법이 정한 자신의 고유한 배상책임이므로 도로의 하자로 인한 손해에 대하여 <u>시는 부진정연대채무자인 공동불법행위자와의 내부관계에서 배상책임을 분담하는 관계에 있으며</u> 국가배상법 제6조 제2항의 규정은 도로의 관리주체인 국가와 그 비용을 부담하는 경제주체인 시 상호간에 내부적으로 구상의 범위를 정하는데 적용될 뿐 이를 들어 구상권자인 공동불법행위자에게 대항할 수 없다(1993. 1. 26. 92다2684).

(2) 원인책임자에 대한 구상권

국가나 지방자치단체가 피해자에 대하여 손해를 배상한 경우에 있어서, 손해의 원인에 대하여 책임을 질 자가 따로 있을 때에는 국가 등은 그 자에게 구상권을 행사할 수 있다(제6조 제2항).

여기서 말하는 원인책임자란 영조물을 불완전하게 건조한 공사수급인이다. 또한 영조물의 관리기관을 구성하는 공무원도 그 관리의무의 해태가 손해방생의 원인으로 볼 수 있을 때에는 책임을 질 자에 해당한다. 이 경우 공무원은 직무상 불법행위책임과의 균형상 고의·중과실이 있는 경우에 한하여 구상책임이 있다고 하여야 할 것이다.

제2항 행정상 손실보상

Ⅰ. 개설

1. 의의

행정상 손실보상이라 함은 "행정주체가 적법한 공권력의 행사로 인하여 가해진 사유재산에 대한 특별한 희생에 대하여 사유재산권의 보장과 공평부담의 견지에서 행하는 조절적인 재산적 전보"를 말한다.

현행 헌법 제23조[166]는 국민의 재산권을 보장하는 한편, "공공필요에 의한 재산권의 수용 · 사용 또는 제한 및 그에 대한 보상은 법률로써 하되, 정당한 보상을 하여야 한다"라고 규정하고 있다. 이러한 규정은 재산권에 대한 수용 · 사용 · 제한과 이러한 공권력행사로 인한 손실보상에 관한 근거규정이다. 따라서 손실보상청구권이 성립하기 위해서는 재산권에 대한 공권적 침해, 즉, 공용수용 · 공용사용 및 공용제한이 있어야 한다.

2. 법적 근거

손실보상에 관한 일반법률은 없으며 개별법률에서 보상규정이 산재되어 있을 뿐이다. 따라서 손실보상에 관한 일반적인 요건은 헌법(제23조 제3항)으로부터 도출될 수 있다. 즉, "공공필요에 의한 재산권의 수용 · 사용 또는 제한 및 그에 대한 보상은 법률로써 하되, 정당한 보상을 지급하여야 한다"라고 규정하여 손실보상청구권의 발생요건에 관하여 규정하고 있다.

한편, 각 개별법상 재산권의 수용 · 사용 · 제한에 관하여 규정하고 있으면서도 이에 대한 보상규정을 두지 아니한 경우가 있어 문제가 되고 있다. 예컨대 '국토의 계획 및 이용에 관한

---

166) 제23조 ① 모든 국민의 재산권은 보장된다. 그 내용과 한계는 법률로 정한다.
　　　② 재산권의 행사는 공공복리에 적합하도록 하여야 한다.
　　　③ 공공필요에 의한 재산권의 수용 · 사용 또는 제한 및 그에 대한 보상은 법률로써 하되, 정당한 보상을 지급하여야 한다.

법률'에 의한 그린벨트, 즉 개발제한구역제도이다. 이에 대하여 헌법 규정을 근거로 직접 손실보상을 청구할 수 있는지에 관하여 견해가 대립되어 있다.

(1) 방침규정설

이 견해는 헌법규정은 입법에 대한 방침규정에 불과한 것으로서 재산권보장의 이상을 천명한 것에 불과하므로, 입법이 있기 전까지는 손실보상을 청구할 수 없다고 한다. 이 견해에 따르면 헌법상의 재산권보장원칙은 유명무실해진다.

(2) 위헌무효설(입법자에 대한 직접효력설)

이 견해는 헌법규정은 재산권을 침해당한 국민에게 직접 손실보상청구권을 부여하는 규정은 아니지만, 적어도 입법자에 대하여는 재산권침해 규정을 둘 때에는 반드시 보상규정을 두도록 구속하는 힘을 가진다고 한다. 따라서 이에 위반한 법률은 위헌무효이고, 이러한 법률에 근거한 행정처분은 위법행위가 된다. 따라서 이 경우 국가배상법에 의한 손해배상청구만이 가능하고 직접 헌법규정에 근거하여 손실보상을 청구할 수 없다고 본다.[167]

(3) 직접효력설

이 견해는 헌법규정은 재산권을 침해당한 국민에게 직접 손실보상청구권을 부여한 것이므로 헌법규정을 근거로 하여 직접 손실보상을 청구할 수 있다고 한다.[168] 따라서 어떤 법률이 재산권침해를 규정하면서 손실보상에 관한 규정을 두지 않는 경우라 하더라도 그런 법률이나 그에 의거한 재산권침해행위는 위헌무효가 아니고 유효하다. 따라서 그러한 재산권침해를 당한 자는 직접 헌법규정에 근거하여 민사소송 또는 공법상의 당사자소송으로 보상청구를 할 수 있게 된다.

(4) 유추적용설(간접효력설)

이 견해는 공용침해에 따르는 보상규정이 없는 경우에는 헌법 제23조 제1항의 재산권보장조항 및 제11조의 평등조항에 근거하며, 헌법 제23조 제3항 및 관계규정의 유추적용을 통

---

167) 김도창, 일반행정법론(상), 657면; 박윤흔, 행정법강의(상), 725면; 이상규, 신일반행정법론(상), 644면.

168) 김동희, 행정법 I, 556면.

하여 보상을 청구할 수 있다는 입장이다.[169)

> **【판례】** 유추적용을 인정한 판례
> 구 수산업법상 어업허가를 받고 허가어업에 종사하던 어민이 공유수면매립면허의 시행으로 피해를 입게 된 경우에 헌법 제23조 제3항, 면허어업권자 내지는 입어자에 관한 손실보상을 규정한 구 공유수면매립법 제16조, 공공용지의취득및손실보상에관한특례법 제3조 제1항 및 동법시행규칙 제25조의 2의 규정을 유추적용해 피해어민들에게 손실보상을 해 줄 의무가 있다(대판 1999. 11. 23, 98다11529).

(5) 결어

이상의 학설 중 ① 재산권보장 원칙을 천명한 우리 헌법(제23조 제1항)정신에 비추어 볼 때 방침규정설을 취하기는 어려우며, ② 헌법(제23조 제3항)이 "수용·사용·제한 및 그에 대한 보상은 법률로써 하되"로 규정되어 있는 이상, 법률에 구체적으로 보상규정이 없는 경우에는 헌법에 기하여 직접 보상을 청구하기에는 무리가 따른다고 할 수 있으므로, 위헌무효설과 유추적용설의 견해도 문제점이 있다. ③ 따라서 헌법은 손실보상에 관하여 입법자에게 유보시키고 있지만, 헌법 제23조를 목적론적으로 해석하면 헌법은 국민에 대해 발생한 특별희생은 반드시 보상하여야 한다는 원칙을 규정하고 있는 것이고 이에 따라 헌법 규정으로부터 직접 국민의 손실보상청구권은 발생하며, 단지 손실보상의 내용과 방법만 입법자에게 위임한 것으로 해석할 수 있으므로 직접효력설이 타당하다고 생각한다.

3. 손실보상청구권의 성질

행정상 손실보상청구권의 성질에 관해서는 공권설과 사권설이 대립된다.

(1) 공권설

이 견해는 손실보상의 원인행위가 공법적이기 때문에(토지수용·징발 등 권력작용) 그 효

---

169) 강구철, 강의행정법Ⅰ, 697면; 김남진/김연태, 행정법Ⅰ, 551면; 석종현/송동수, 일반행정법(상), 688면; 홍정선, 행정법원론(상), 652면.

과로서의 손실보상도 공법상의 권리라고 하는 견해이다. 따라서 이에 관한 소송 역시 행정소송인 당사자소송에 의하게 된다. 통설의 입장이다.[170)]

(2) 사권설

이 견해는 손실보상의 원인은 공법적인 것이라 하더라도, 그에 대한 보상은 당사자의 의사 또는 직접 법률에 근거하여 발생하는 사법상의 채권·채무관계로 보아 사법상의 권리로 보는 견해이다. 따라서 이에 관한 소송도 민사소송에 의하게 된다. 판례의 입장이다.

(3) 판례

판례의 일반적인 견해는 손실보상의 원인이 공권력의 행사인 행정처분에 해당된다 하여도 사권에 관한 손실보상청구는 사법상의 권리로 보고 있다.

> **【판례】** ① 징발보상청구권은 사권
> 징발이 국가의 일방적인 공권력의 행사에 의한 행정처분에 해당된다고 하여 피징발자의 국가에 대한 보상청구권까지를 공법관계에 속하는 권리라고는 할 수 없으므로, 비록 그것이 징발에 필수적으로 수반되는 권리이기는 하지만 그 성질은 사법상의 권리에 지나지 않는 것이다(대판 1969. 12. 30, 69다9).
> ② 어업권에 대한 손실보상은 민사소송
> 수산업 소정의 요건에 해당한다고 하여 손실보상을 청구하려는 자는 행정관청이 그 보상청구를 거부하거나 보상금액을 결정한 경우라 해도 이에 대해서는 행정소송을 제기할 것이 아니라 면허어업에 대한 처분을 한 행정관청이 속한 권리주체인 지방자치단체를 상대로 민사소송으로 직접 손실보상지급청구를 하여야 한다(대판 1998. 2. 27, 97다46450).

그러나 최근 대법원은 하천구역 편입도로에 대한 손실보상청구의 법적 성질은 공법상 권리라고 판시한 바 있다.

---

170) 김남진, 행정법 I , 605면; 김도창, 일반행정법론(상), 657면; 이상규, 신일반행정법론(상), 634면; 박윤흔, 행정법강의(상), 730면; 석종현/송동수, 일반행정법(상), 692면.

> **【판례】** 하천법 등이 하천구역으로 편입된 토지에 대하여 손실보상청구권을 규정한 것은 헌법 제23조 제3항이 선언하고 있는 손실보상청구권을 하천법에서 구체화한 것으로서, 하천법 그 자체에 의하여 직접 사유지를 국유로 하는 이른바 입법적 수용이라는 국가의 공권력 행사로 인한 토지소유자의 손실을 보상하기 위한 것이므로 하천구역 편입토지에 대한 손실보상청구권은 공법상의 권리임이 분명하고, 따라서 그 손실보상을 둘러싼 쟁송은 사인 간의 분쟁을 대상으로 하는 민사소송이 아니라 공법상의 법률관계를 대상으로 하는 행정소송절차에 의하여야 할 것이다(대판 2006. 5. 18, 2004다6207).

(4) 결어

판례의 일반적인 견해는 행정상의 손해배상청구권과 함께 손실보상청구권도 사권으로 보고 있다. 그러나 손실보상은 재산권에 대한 적법한 공권력에 의한 침해로 인하여 발생한 특별한 희생을 보전하기 위한 공법상 특유한 제도라는 점, 행정소송법도 행정청의 처분등을 원인으로 하는 법률관계에 관한 소송을 행정소송의 하나인 당사자소송으로 인정하는 점 등에 비추어 볼 때 손실보상은 공권으로 보는 것이 타당하다고 생각된다.

Ⅱ. 손실보상의 요건(원인)

공용침해로 인한 손실을 보상하기 위해서는 ① 공공필요를 위하여, ② 재산권의 적법한 공권적 침해로 인하여, ③ 개인에게 특별한 희생이 발생하여야 한다.

1. 공공필요에 의한 재산권의 수용 · 사용 · 제한

(1) 재산권

여기서 재산권이란 소유권뿐만 아니라 경제적 가치가 있는 사법상 · 공법상의 모든 권리를 말한다. 재산권은 현존하는 구체적 재산가치 이어야 하므로 농지의 지가상승의 기대와 같은 기대이익은 보호받지 못한다.

(2) 공공필요

손실보상의 원인이 되는 재산권에 대한 공권적 침해는 공공의 필요를 위하여 행해져야 한다. 헌법(제23조 제3항)은 "공공필요에 의한 재산권의 수용·사용 또는 제한 및 그에 대한 보상은 법률로써 하되, 정당한 보상을 지급하여야 한다"라고 규정하여 공공필요를 위하여 재산권의 수용 등을 할 수 있음을 규정하고 있으며, '공익사업을 위한 토지 등의 취득 및 보상에 관한 법률'도 제4조에서 공익사업에 관하여 자세히 규정하고 있다.

(3) 공권적 침해

손실보상청구권이 발생하기 위해서는 개인의 재산권에 대한 공권적 침해가 있어야 한다. 여기서 침해란 재산권에 대한 일체의 감소를 의미하고, 공권적이란 공법상의 것을 의미한다.

헌법 제23조 제3항의 공용침해에 해당하는 사용·수용·제한은 그 전형적 대표적인 예에 불과하지 공권적 침해의 전부는 아니다. 따라서 환지·환권 등의 방법에 의하여 재산적 가치의 감소가 있는 경우를 포함하여 재산가치를 멸실·감소시키는 일체의 공권력의 발동이 여기서의 공권적 침해에 해당한다고 볼 수 있다.[171]

2. 특별한 희생

손실보상의 요건이 충족되기 위해서는 타인의 재산권에 대한 공권적 침해로 인하여 사회적 제약을 초과하는 재산적 손실, 즉, 특별한 희생이 발생하여야 한다. 헌법(제23조 제1항·제2항)은 자기 재산에 관하여 무보상으로 일반적인, 적절한 그리고 기대 가능한 갖가지 제한을 받게 되고, 받게 될 수 있는 이른바 재산권의 사회적 구속[172]을 규정하고 있다. 헌법이 보상을 요하는 특별한 희생과 보상이 필요 없는 사회적 제약에 관하여 규정하고 있지만, 구체적으로 특별한 희생과 사회적 제약의 구별에 관하여는 학설상 다툼이 있다. 즉, 보상을 해야 할 특별한 희생의 범위를 어느 정도까지 인정할 것인가가 문제되고 있다. 이를 대별하면 형

---

171) 민경식, 헌법상 손실보상청구권, 월간고시, 1988. 8, 71면; 신보성, 손실보상의 기준, 월간고시, 1986. 3, 50면.

172) 오늘날에는 사회적 구속이라는 말로 일반적으로 Sozialbindung이 사용되고 있으나, 바이마르 시대에는 Sozialgebundenheit가 보다 많이 사용되었다. W. Leisner, Sozialbindung des Eigentums, Berlin 1972, S. 16.

식적 표준설과 실질적 표준설로 구분할 수 있다.

(1) 형식적 표준설

재산권에 대한 침해가 특정인 또는 특정집단에게 가해짐으로써 일반인에게 예기되지 않는 희생을 특별한 희생으로 보는 견해이다. 이 견해는 평등원칙에 위배되는 재산권의 침해가 되는 경우인가 아닌가에 따라 양자의 구분기준을 찾으려는 것이다.

그러나 특정인에게 가해진 권익침해도 사회적 제약에 해당하는 경우가 있을 수 있고, 침해가 어느 정도 일반적인 경우에도 특별한 희생이 될 수 있다고 볼 수 있기 때문에 실질적 기준설의 도움이 필요하게 된다.

(2) 실질적 표준설

이 견해는 공용침해의 실질적 내용, 즉, 침해행위의 성질·정도를 기준으로 하여 특별한 희생인지의 여부를 판단하는 이론이다. 이에는 다음과 같은 학설로 나누어진다.

1) 보호가치설

이 견해는 옐리네크가 주장한 것으로 재산권을 보호가치 있는 것과 없는 것으로 구분하여 전자에 대한 침해만이 특별한 희생으로 보상이 주어져야 한다고 한다.

2) 수인한도설

이 견해는 기대가능성설이라고도 하며 마운츠·슈퇴터 등이 주장하였다. 즉, 침해의 강도를 표준으로 하여 재산권의 침해가 현저하거나 참을 수 없을 때에 특별한 희생이라는 것이다.

3) 사적 효용설

이 견해는 라인하르트 등의 견해이다. 즉, 재산권의 본질을 개인의 이익과 사적지배(사적효용)에 있다 하고, 이것을 침해하는 경우에는 특별한 희생이고 사적이용이 유지되는 경우는 사회적 제약에 해당한다고 한다.

4) 목적위배설

이 견해는 포르스트호프 등의 견해로서, 재산권에 가해지는 침해행위가 그 재산권 본래의 기능 또는 목적에 위배되는 것인가 아닌가에 의해 양자를 구별한다.[173] 즉, 재산권에 대한 제한이 있더라도 재산권의 본래의 이용목적 내지 기능에 따른 이용이 유지되는 경우에는 사회적제약에 해당한다고 한다.

5) 상황구속설

이 견해는 같은 토지라 하더라도 그것이 위치하고 있는 지리적 상황에 따라 그에 상응하는 사회적 제약의 강약이 있다는 것이다. 즉, 토지가 처한 상황이 인구밀도가 높은 도시 및 그의 도시근교라면 그 토지는 본래대로 녹지로 묶어두는 개발제한을 하더라도 보상의 대상이 되지 않는다.

(3) 결어

이상의 견해에 대하여는 어느 것도 완전한 것은 아니며 내용도 추상적이라는 비판을 받고 있다. 우리나라의 다수견해는 위의 어느 설이나 일면의 타당성만이 있기 때문에 양설을 종합하여 판단하여야 한다고 한다.[174]

Ⅲ. 손실보상의 기준

1. 학설

공용침해로 인하여 발생한 재산적 손실을 어느 정도까지 보상하여야 하겠는가에 대하여 일반적으로 완전보상설과 상당보상설이 대립하고 있다.

---

173) Forsthoff, Lehrbuch des Vrtwaltungsrechs, 10 Aufl., 1973, S. 344.

174) 김동희, 행정법 Ⅰ, 554면; 박윤흔, 행정법강의(상), 733면; 이상규, 신일반행정법론(상), 646 면; 석종현/송동수, 일반행정법(상), 705 ~ 707면.

1) 완전보상설

이는 손실보상은 피침해재산이 가지는 완전한 가치를 보상하여야 한다는 설이다. 이에는 다시 ① 침해된 재산의 객관적 가치만을 완전히 보상하면 된다는 견해와 ② 발생된 손실의 전부를 보상하여야 하므로 부대적 손실인 사업장의 이전료, 영업상 손실 등도 보상하여야 한다는 견해로 나누어진다.

2) 상당보상설

이는 반드시 완전한 보상이어야 할 필요는 없다는 견해이다. 이에는 다시 ① 당시의 사회통념에 비추어 객관적으로 공정·타당한 것이면 충분하다는 견해와 ② 완전보상이 원칙이지만, 예외적으로 합리적인 이유가 있으면 그 이하의 보상도 허용된다는 견해로 나누어진다.

2. 현행법상의 보상원칙

(1) 정당보상의 원칙

헌법 제23조 제3항은 공용침해 및 보상은 법률로써 하되, 정당한 보상을 지급할 것을 규정하고 있다. 이 경우 정당한 보상이란 항상 획일적인 보상기준이 적용되는 것이 아니라, 원칙적으로 완전보상을 해주어야 하지만 경우에 따라서는 완전보상을 하회할 수도 있고 또한 생활보상까지 해주어야 하는 경우도 있다고 해석할 수 있다.[175]

(2) 개발이익배제의 원칙

공공사업 등으로 인하여 지가 등이 상승한 경우에 그 이익은 사인의 투자와 노력으로 이루어진 것이 아니므로 그 개발의 결과인 개발이익은 사인에게 귀속되는 것은 배제될 필요가 있다.

헌법재판소는 공시지가가 정당한 보상을 규정한 헌법에 위반되는 것이 아닌가의 문제에 대하여 토지보상법상의 공시지가제가 개발이익의 배제를 위한 취지의 규정이라는 전제하에 동 규정이 헌법상 정당보상의 원칙 및 평등원칙에 반하는 것은 아니라고 판시하였다.[176]

---

175) 김남진, 행정법I, 620면; 홍정선, 행정법원론(상), 547~548면.
176) 헌재 1990. 6. 25, 89헌마107.

【판례】① 개발이익을 배제한 공시지가에 의한 보상은 합헌

공시지가를 기준으로 보상하도록 규정한 지가공시및토지등의평가에관한법률(10①)과 토지수용법(46②)은 정당보상의 원리를 선언하고 그 보상의 기준과 방법을 법률에 유보한 헌법 제23조 제3항에 의거한 것이며, 그 내용이 정당한 보상에 합치되는 것이므로 헌법조항에 저촉된다고 볼 수 없다(대판 1993. 9. 10, 93누5307).

② 공시지가에 의한 보상은 위헌이 아님

헌법 제23조 제3항이 규정하는 정당한 보상이란 원칙적으로 피수용재산의 객관적인 재산가치를 완전하게 보상하여야 한다는 완전보상을 의미하며, (구)토지수용법 제46조 제2항 및 지가공시및토지등의평가에관한법률 제10조 제1항 제1호가 토지수용으로 인한 손실보상액의 산정을 공시지가를 기준으로 하되 개발이익을 배제하고, 공시기준일부터 재결시까지의 시점보정을 인근토지의 가격변동률과 도매물가상승률 등에 의하여 행하도록 규정한 것은, 위 각 규정에 의한 기준지가가 대상지역 공고일 당시의 표준지의 객관적 가치를 정당하게 반영하는 것이고, 표준지와 지가산정대상토지 사이에 가격의 유사성을 인정할 수 있도록 표준지의 선정이 적정하며, 대상지역 공고일 이후 수용시까지의 시가변동을 산출하는 시점보정의 방법이 적정한 것으로 보이므로, 헌법상의 정당보상의 원칙에 위배되는 것이 아니며, 또한 위 헌법조항이 법률유보를 넘어섰다거나 과잉금지의 원칙에 위배되었다고 할 수 없다(헌재결 1995. 4. 20, 93헌바20·66, 94헌바4·9, 95헌바6 병합).

(3) 생활보상의 원칙

현행헌법에 채택되어 있는 보상의 원칙의 하나로서 생활보상의 원칙을 들 수 있다. 헌법적 근거로는 제23조 제3항과 인간다운생활을 할 권리를 규정한 제34조 제1항을 들 수 있고, 헌법의 취지에 따라 생활보상을 구체화하고 있는 법률로는 '공익사업을 위한 토지 등의 취득 및 보상에 관한 법률' 등을 들 수 있다.

생활보상이라 함은 공용침해로 인하여 생활근거를 상실하게 되는 재산권의 피수용자 등에 대하여 이주대책을 수립하는 등 생활재건을 위한 조치를 그 보상의 내용으로 함을 의미한다. 예컨대 대단위 댐의 건설로 수몰되는 벽지의 농민들은 수용보상금만으로는 수용전의 상태와 같은 삶을 유지할 수 없게 될 수도 있다 이러한 경우에는 이주대책과 생계지원대책 등도 마련해 주어야 할 것이다.

3. 구체적 보상기준

(1) 원칙적인 보상기준

개인의 재산권에 대한 개별적·우연적 침해에 대해서는 피해자가 입은 모든 손실을 보상하여야 한다(완전보상). 토지보상법은 협의의 경우에는 협의성립당시의 가격을 재결의 경우에는 재결당시의 가격을 기준으로 할 것을 규정하고 있다(제26조·제28조). 즉, 계약체결당시의 가격을 기준으로 보상액을 산정하도록 하고 있다.

(2) 손실보상의 다양화

손실보상에 관한 과거의 이론은 도로·공원 등 주로 소규모 개발사업에 따라 토지소유권을 중심으로 하여 완전보상이냐 상당보상이냐를 논의해 왔다. 그러나 최근에는 댐·공단·항만·신도시 개발 등과 같은 대규모의 개발사업이 중심이 됨에 따라 단순한 토지소유권 외에 이에 부대되는 사업손실 등 다양한 경제적 손실에 대한 보상문제, 댐 건설시의 수몰민들에 대한 생활재건까지 배려하게 되는 등 손실보상의 내용이 매우 다양하게 전개되고 있는 실정에 있다.

(3) 재산권보상

재산권보상이란 개별적·구체적인 재산적 손실에 대한 보상을 말한다. 구체적으로는 토지보상, 토지 이외의 재산권보상, 실비변상적 보상, 일실손실보상으로 나누어진다.

1) 토지보상

(가) 일반적 보상기준

수용·사용에 대한 보상액은 협의성립 또는 재결 당시의 가격을 기준으로 한다. 그러나 ① 재결 당시의 현실적인 토지가격이 아니라 당해 공공사업의 시행으로 인한 지가상승분, 즉, 개발이익을 배제하기 위하여 '부동산 가격공시에 관한 법률'에 의한 공시지가를 기준으로 한다.

공시지가란 국토교통부장관이 매년 전국의 표준지에 대해 공시하는 단위면적의 가격을 말한다. 행정기관은 손실보상액을 산정함에 있어서 이러한 공시지가의 표준적인 비준표를 그대로 적용하여서는 아니되고 모든 가격산정요건을 구체적 · 종합적으로 참작하여 적정가격을 산출하여야 한다. 따라서 실제적용에서 다르게 가격산정이 이루어질 수 있다.[177]

(나) 개발이익의 배제

토지보상법 제67조 제2항은 보상액의 산정에 있어서는 당해 공익사업의 시행으로 인하여 토지의 가격에 변동이 있을 때에는 이를 고려하지 아니한다고 함으로써 개발이익배제의 원칙을 선언하고 있다. 현실을 보면 각종 공익사업 시행의 발표행위는 이미 수년전에 이루어졌고 그 영향으로 이미 공시지가 자체가 상당히 올라 있는 경우가 많으므로 공시지가 자체에 개발이익이 완전히 배제되었다고는 볼 수 없다. 따라서 공시지가 자체에 이미 개발이익이 포함되어 있을 경우에는 이를 공시지가에서 배제하고 손실보상을 하여야 한다.

한편 댐 · 폐기물매립장 건설 등과 같이 당해 공익사업으로 인하여 오히려 지가가 내려가는 경우도 있을 수 있는바, 이런 경우에는 반대로 공시지가에다 자연적인 지가상승분을 포함시켜서 보상하여야 할 것이다.

【판례】 손실보상에 있어서 개발이익은 배제하고 지가상승분은 포함

공시지가에 이미 당해 사업의 시행으로 인한 개발이익이 포함되어 있을 경우에는 그 공시지가에서 개발이익을 배제하여 손실보상액을 평가하고, 반대로 그 공시지가가 당해 사업의 시행으로 지가가 동결되어 개발이익을 배제한 자연적인 지가상승분조차 반영하지 못한 경우에는 그 자연적인 지가상승률을 포함하여 손실보상액을 평가하는 것이 정당보상의 원리에 합당하다고 할 것이다(대판 1993. 7. 27, 92누11084).

(다) 개발이익의 환수

토지를 수용당한 토지소유자는 지가공시제에 의하여 개발이익이 배제된다. 이에 반해 토지수용 대상에서 제외된 인근 지역의 토지소유자와 개발사업시행자는 당해 공익사업으로 인하여 엄청난 개발이익을 보게 된다.

---

177) 수용토지의 보상가격을 정함에 있어 표준지 공시지가를 기준으로 비교한 금액이 수용대상토지의 수용 사업인정 전의 개별공시지가보다 적은 경우가 있다고 하더라도, 이것만으로 지가공시및토지등의평가에관한법률 제9조에 위배되어 위헌이라 할 수 없다(대판 2001. 3. 27, 99두7968).

한편, 개발로 인한 부의 평등분배와 부동산투기억제를 위하여 ① 토지의 양도차익에 대한 양도소득세의 부과와 함께, ② 개발사업시행자가 당해 개발사업으로 인하여 얻게 되는 지가 상승분은 개발부담금으로 환수하도록 하고 있다(개발이익 환수에 관한 법률).

2) 토지 이외의 재산권 보상

(가) 지상물건에 대한 보상

건축물 · 공작물 · 과수 · 입목 기타 토지에 정착한 물건에 대하여는 그 이전에 필요한 비용을 보상하여야 한다. 그러나 ① 이전이 어렵거나 이전으로 인하여 종래의 목적대로 사용할 수 없는 경우, ② 이전비가 그 물건의 가격을 넘는 경우, ③ 사업시행자가 공익사업에 직접 사용할 목적으로 취득하는 경우에는 당해 물건을 수용할 때와 마찬가지로 당해 물건의 가격을 보상하도록 하였다(토지보상법 제75조).

(나) 농업에 관한 보상

농작물에 대한 손실은 그 종류와 성장의 정도 등을 종합적으로 참작하여 보상하도록 하고 있다(토지보상법 제75조 제2항).

(다) 권리에 대한 보상

지상권 등 토지에 대한 소유권 이외의 권리도 보상하여야 하며(토지보상법 제3조 제1항), 광업권 · 어업권 · 물의 사용에 관한 권리에 대하여도 보상하여야 한다(제75조 제2항, 제76조).

(라) 잔여지에 대한 보상

사업시행사는 농일한 소유자에게 속하는 일단의 토지의 일부가 취득되거나 사용됨으로 인하여 잔여지의 가격이 감소하거나 그 밖의 손실이 있을 때 또는 잔여지에 통로 · 도랑 · 담장 등의 신설이나 그 밖의 공사가 필요할 때에는 국토교통부령으로 정하는 바에 따라 그 손실이나 공사의 비용을 보상하여야 한다. 다만, 잔여지의 가격 감소분과 잔여지에 대한 공사의 비용을 합한 금액이 잔여지의 가격보다 큰 경우에는 사업시행자는 그 잔여지를 매수할 수 있다(토지보상법 제73조).

【판례】 토지수용법 제47조는 잔여지 보상에 관하여 규정하면서 동일한 소유자에 속한 일단의 토지의 일부 수용이라는 요건 외에 잔여지 가격의 감소만을 들고 있으므로, 일단의 토지를 일부 수용함으로써 잔여지의 가격이 감소되었다고 인정되는 한, 같은 법 제48조가 정하고 있는 잔여지 수용청구에서와는 달리 잔여지를 종래의 목적에 사용하는 것이 현저히 곤란한 사정이 인정되지 않는 경우에도 그에 대한 손실보상을 부정할 근거가 없다(대판 1999. 5. 14, 97누4623).

3) 실비변상적 보상

실비변상적 보상에 해당하는 것으로서는 ① 지상물건의 이전비보상과 ② 잔여지공사비보상 외에, ③ 분묘의 이장비보상 등이 있다(토지보상법 제75조 제4항).

4) 일실손실보상

(가) 농업의 폐지·이전에 대한 보상

농작물 등에 대한 보상과는 별도로 전업에 필요한 기간 또는 휴업기간 중의 일실손실을 보상한다(토지보상법시행규칙 제48조).

(나) 영업의 폐지·휴업에 대한 보상

인적·물적 시설을 갖추고 계속적으로 영리를 목적으로 행하고 있는 영업 또는 관계법령에 의하여 인·허가 등을 받은 각종 허가·신고영업자가 폐업하게 되면 당해 영업의 2년간의 영업이익에 영업용 고정자산·제품 등의 매각으로 인한 손실액을 더한 금액을 보상한다. 또한 영업장소를 다른 곳으로 이전하여 계속할 수 있는 경우에는 이전때까지의 휴업기간에 해당하는 영업이익에 인건비·영업시설 등의 이전비 등의 손실액을 더한 금액을 보상한다(토지보상법시행규칙 제46조·제47조·제52조).

(다) 휴직 또는 실직에 대한 보상

영업의 폐업 시에는 종사하는 근로자에 대하여 90일분의 평균임금을 실직보상으로, 영업장소의 이전으로 인하여 근로자가 휴직하게 되는 경우에는 휴직기간 동안 평균임금의 70퍼센트 금액을 휴직보상으로 지급한다(토지보상법시행규칙 제51조).

5) 생활보상

(가) 협의의 생활보상

토지보상법시행규칙상 생활보상에 관한 내용으로는 ① 2개월분의 주거이전비(제54조 제1항), ② 주거용 건물의 최저보상액제도(300만원 · 제58조), ③ 이주하는 농 · 어민이 지급받을 보상금이 없거나 있더라도 8개월 분의 평균생계비에 미달하는 경우에는 8개월분의 평균생계비(제56조), ④ 전세입자에게 지급하는 3개월분의 주거이전비(제54조 제3항), ⑤ 무허가 · 무신고 영업자에 대한 3개월분의 주거이전비 등이 있다(제52조).

(나) 광의의 생활보상(생활재건조치)

댐건설 · 해안매립 · 공단 또는 신도시 건설시에 많은 농어민이 생활 터전을 잃게 되는 경우, 이주희망자가 10호가 넘는 경우에 새로운 정착지를 조성하여 분양해 주는 이주대책의 수립 · 시행이 가장 피해가 적은 생활재건조치가 된다(토지보상법 제78조). 그러나 만약 이주대책을 수립 · 시행하지 아니하거나 이주대상자가 이주정착지가 아닌 다른 지역으로 이주하고자 하는 경우에는 이주정착금을 지급하여야 하며, 이주정착금은 보상대상인 주거용 건축물의 평가액의 30퍼센트에 해당하는 금액으로 하되, 그 금액이 500만원 미만인 경우에는 500만원으로 하고, 1천만원을 초과하는 경우에는 1천만원으로 한다(동법시행령 제41조 및 동법시행규칙 제53조).

6) 사업손실보상

사업손실보상은 공공사업의 시행 또는 완성후의 시설이 간접적으로 사업지(기업지) 밖의 타인의 재산권에 손실이 발생한 경우에 대한 보상을 말한다. 간접손실보상이라고도 한다. 토지보상법 · 농경지 등에 대한 간접보상 · 소수잔존지보싱 · 어업의 피해에 대한 보상 등을 말하며 흔히 생활보상의 내용으로 설명되고 있다.

현행법상으로는 ① 사업시행지구 인근의 어업에 대한 피해보상(토지보상법시행규칙 제63조), ② 사업시행으로 하천 · 산지 등으로 둘러싸여 교통이 두절되거나 경작이 불가능하게 된 경우, 소유농지의 대부분이 수용되고 건축물만이 사업시행지구밖에 남게 되는 경우로서 매매가 불가능하고 이주가 부득이한 경우, 그리고 1개 마을의 대부분이 수용되고 남은 잔존자로서는 생활이 현저히 불편하게 되어 이주가 불가피한 경우에는 각각 사업시행지구에 편입된 것으로 보아 보상하도록 규정하고 있으며(동법시행규칙 제59조~제61조. 소수잔존자보상), ③ 사업시행지구 밖에 있는 각종 허가·신고 영업자가 사업시행으로 인하여 배후지의 3분의 2 이상이 상실되어 당해 장소에서 영업을 계속 할 수 없는 경우에는 영업보상을 하며(동법시행규칙 제64조), ④ 사업시행지구 밖의 공작물 기타 시설이 본래의 기능을 다할 수 없게 되는 경우에도 이를 보상하도록 하고 있다(동법시행규칙 제62조).

Ⅳ. 손실보상의 방법 및 절차

1. 손실보상의 방법

손실보상의 방법으로서는 금전보상·현물보상·채권보상·매수보상 등의 방법이 있다.

(1) 금전보상

헌법 제23조 제3항의 "보상은 법률로써 하되 … "의 규정에 따라 보상의 방법도 법률로 정하는 것이지만, 금전은 그 유통이 자유로우며, 객관적인 가치의 변동이 적기 때문에 손실보상은 금전(현금)으로 지급함이 원칙이다(토지보상법 제63조 제1항).

(2) 현물보상

보상은 현금으로 함이 원칙이나, 예외적으로 현물로 보상하는 경우도 있다. 예컨대 도시재개발법상의 재개발사업에 의한 주택 기타 시설분양, 농어촌정비법이나 토지구획정리사업법상의 환지처분 등이다.

(3) 채권보상

사업시행자가 국가·지방자치단체·정부투자기관 및 공공단체인 경우에 한하여, ① 토지소유자 또는 관계인 등이 원하거나, ② 당해 지역에 부재하는 부동산소유자의 토지로서 일정금액을 초과하는 보상금에 한하여 채권으로 보상할 수 있으나, 정당한 보상이 될 수 있도록 5년 이내의 상환기간을 정하고 3년 만기 정기예금의 이자를 지급하도록 하고 있다(토지보상법 제63조 제2항 · 제3항).

(4) 매수보상

예컨대 토지의 일부가 수용됨으로써 잔여지가 종전의 목적에 이용되는 것이 현저히 곤란하거나, 토지를 장기적으로 사용함으로써 토지의 형질이 변경되거나 토지위에 존재하는 건물사용이 곤란한 경우에 상대방에게 당해 물건의 매수청구권을 인정하고 이에 따라 물건을 매수함으로써 실질적으로 보상을 행하는 방법이다(토지보상법 제72조).

2. 손실보상의 지급방법

손실보상액의 지급방법에는 선불과 후불, 개별불과 일괄불, 일시불과 분할불 등이 있으나, 선불 · 개별불 · 일시불을 원칙으로 하고 있다.

(1) 선불과 후불

보상액의 지급시기는 피수용자를 위하여 선불이 원칙이다. 다만, 천재지변 시의 토지 사용과 시급한 토지 사용의 경우 또는 토지소유자 및 관계인의 승낙이 있는 경우에는 후불이 인정된다(토지보상법 제62조).

(2) 일시불과 분할불

일시불이 원칙이나, 부득이하여 분할불로 하는 경우도 있다(징발법 제22조의2).

(3) 개별불과 일괄불

개별불이란 보상액을 피보상자에게 개인별로 지급하는 것이고, 일괄불이란 개인별 보상액의 산정이 불가능한 경우에 일단의 피보상자에게 일괄적으로 지급하는 것이다. 토지보상법은 개별불을 원칙으로 하고 있다(토지보상법 제64조).

3. 보상액의 결정방법

손실보상액의 결정방법에 관한 일반법 규정은 없고, 각 개별법에서 정하고 있으나, '토지보상법'에 의하면 다음과 같은 2가지 방법을 규정하고 있다.

① 당사자 간의 협의에 의하도록 한 경우(제80조 제1항) : 이 협의가 관할 토지수용위원회의 확인을 받게 되면, 토지수용위원회의 재결로 보게 된다.

② 토지수용위원회와 같은 합의기관에 의한 의결에 의하는 경우(제29조 제4항) : 다만, 재결의 효과에 있어서는 수용의 효과까지 발생시키는 것과 보상액의 결정에만 머무는 것이 구분된다.

징발법에 의하면 자문기관의 심의를 거쳐 행정권이 결정하는 경우(징발법 제24조)가 있으며, 법에 행정절차에 관한 규정이 없는 경우에는 법원에 직접 소송을 제기하여 보상액을 결정하는 방법 등이 있다.

4. 손실보상에 대한 불복

보상액의 결정은 일차적으로 당사자간의 협의에 의해 결정됨이 원칙이다. 그러나 협의가 이루어지지 않는 경우에는 행정청의 결정·재결에 대해서는 행정심판·행정소송 등의 방법으로 불복할 수 있다.

(1) 행정심판

지방토지수용위원회 또는 중앙토지수용위원회의 재결에 대하여 불복이 있는 자는 재결서의 송달을 받은 날부터 30일 이내에 중앙토지수용위원회에 이의신청을 할 수 있다. 이에 대하여 위원회는 원래의 재결이 위법·부당한 경우에는 수용재결의 전부 또는 일부를 취소하거나, 보상재결의 보상액을 증감하는 재결을 할 수 있다(토지보상법 제83조·제84조).

(2) 행정소송

행정소송의 경우 수용재결과 보상재결을 분리하여 할 수 있으며, 전자에 대하여는 수용재결취소소송을 항고소송으로 제기할 수 있으며, 이 경우의 피고는 중앙 또는 지방토지수용위원회가 된다. 후자의 경우에 대하여는 보상액증감청구소송을 공법상 당사자소송의 일종으로 독립하여 제기할 수 있다. 재결에 불복할 때에는 재결서를 받은 날부터 60일 이내에, 이의신청을 거쳤을 때에는 이의신청에 대한 재결서를 받은 날부터 30일 이내에 각각 행정소송을 제기할 수 있다(제85조).

제3항   수용유사침해 · 수용적 침해 및 희생보상청구권

Ⅰ. 개설

헌법(제23조 제3항)은 "공공필요에 의한 재산권의 수용 · 사용 또는 제한 및 그에 대한 보상은 법률로써 하되, 정당한 보상을 하여야 한다"라고 규정하고 있다. 이와 관련하여 다음과 같은 문제가 제기될 수 있다. 즉, ① 법률에서 재산권의 침해에 대한 규정만 있고 보상규정이 없을 경우에도 보상받을 수 있는지(수용유사침해), ② 법률에서 재산권 침해의 근거규정을 두지 아니한 경우에 적법한 공행정작용에 부수하여 발생된 침해에 대한 보상(수용적 침해), ③ 재산권의 침해가 아닌 비재산권에 대한 침해에 대한 보상(희생보상청구권)의 문제가 제기된다.

Ⅱ. 수용유사침해에 대한 보상

1. 의의

수용유사침해는 개인의 재산에 대하여 특별한 희생이 가하여졌지만 당해 법률에 보상규정이 없는 경우에 그 손실을 전보해 주기 위하여 도입된 개념이다. 요컨대 수용유사침해란 법률에 공용침해의 요건은 규정되어 있으나 보상에 관한 규정이 결여되어 결과적으로 위법한 침해로 평가되는 것을 말한다. 예컨대 택지에 대한 개발제한구역지정을 할 경우 그로 인하여 건축을 할 수 없게 된 택지소유자들이 입게 되는 손실이 특별한 희생이 될 경우에 그에 대한 보상규정이 없는 것이다.

2. 이론의 전개

수용유사침해는 위법은 하지만 무과실인 침해행위이므로 종래의 구제방법이었던 손해배상 또는 손실보상의 어느 것에 의하더라도 구제받을 수 없게 되어 있다. 이러한 보상을 해결하기 위하여 독일 연방최고법원은 기본법(제14조 제3항)의 손실보상조항에 근거하여 적법한 재산권 침해도 보상되는데 위법한 침해는 당연히 보상되어야 한다는 소위 수용유사침해론을 정립하였다.

그 후 독일의 연방헌법재판소는 1981년 7월 15일의 이른바 자갈채취사건의 결정을 통하여 수용유사침해의 법리를 통한 보상청구를 제약하는 판결을 하였다. 자갈채취사건은 자갈채취업자가 개정된 수자원법에 따라 자갈채취사업을 계속하기 위하여 채취업허가를 신청하였으나 행정청이 이를 거부하자 원고가 손실보상을 청구한 사건이다. 이에 대하여 연방헌법재판소는 "상대방은 손실보상은 청구할 수 없고 위법한 처분임을 이유로 취소소송을 제기할 수 있을 뿐이다"라고 하여 이 법리를 부정한 바 있다. 그러나 연방최고법원의 판례와 학설은 여전히 이를 인정하고 있다.

3. 판례

헌법재판소는 개발제한구역의 설정으로 인하여 특정 토지를 종래의 목적으로도 사용할 수 없게 되거나, 더 이상 법적으로 허용된 토지이용의 방법이 없기 때문에 실질적으로 토지의 사용·수익의 길이 없는 경우에는 보상을 하여야 하며 그렇지 아니하는 한 위헌으로 보아 헌법불합치결정을 한 바 있다(헌재결 1998. 12. 24, 89헌마214, 90헌바16, 97헌바78 병합).

한편, 소위 신군부에 의하여 문화방송주식을 강제로 빼앗긴 자가 국가를 상대로 손실보상청구를 한 사건에서 원심인 고등법원은 "국가의 주식강제취득은 법률의 근거없이 개인의 재산을 수용한 것으로서 이른바 수용유사침해에 해당하며 구 헌법 제22조 제3항의 효력으로서 국가에 그 손실의 보상을 청구할 수 있다"(서울고법 1992. 12. 24, 92나20073)고 하여 수용유사침해의 법리를 적극 활용한 바 있다. 이에 대하여 대법원은 "… 우리 법제하에서 그와 같은 이론을 채택할 수 있는 것인가는 별론으로 하더라도, 이 사건 주식취득이 공권력행사에 의한 수용유사적 침해에 해당한다고 볼 수는 없다"(대판 1993. 10. 26, 93다6409)고 판시하였다.

> **【판례】** 수용유사적 침해의 이론은 국가 기타 공권력의 주체가 위법하게 공권력을 행사하여 국민의 재산권을 침해하였고 그 효과가 실제에 있어서 수용과 다름없을 때에는 적법한 수용이 있는 것과 마찬가지로 국민이 그로 인한 손실의 보상을 청구할 수 있다는 것인데, 1980.6.말경의 비상계엄 당시 국군보안사령부 정보처장이 언론통폐합조치의 일환으로 사인 소유의 방송사 주식을 강압적으로 국가에 증여하게 한 것이 위 수용유사행위에 해당되지 않는다(대판 1993. 10. 26, 93다6409).

Ⅲ. 수용적 침해에 대한 보상

수용적 침해란 적법한 행정작용의 이형적 · 비의욕적인 부수적 결과로서 타인의 재산권에 가해진 침해를 말한다. 예컨대 도시계획상의 도로 · 공원용지 등의 도시계획시설로 고시되었으나 공사를 함이 없이 오랫동안 방치함으로써 고시구역 내의 토지소유자 등이 심대한 불이익을 입고 있는 경우,[178] 지하철공사가 장기간 계속됨으로 인하여 인근 영업자가 오랫동안 영업을 못하여 발생하는 손해 등이 이에 해당한다.

---

178) 예컨대 서울특별시 기타의 지방자치단체들이 도로 · 공원 · 녹지 기타 도시계획시설용지로 고시만 해 놓고 수용보상비 등 사업예산의 부족으로 10년 이상 이를 집행하지 않은 면적이 엄청나게 많아 해당 토지소유자의 재산권침해가 심각하다는 지적이 그 동안 언론에도 자주 보도된 바 있다.

Ⅳ. 희생보상청구권

1. 의의

희생보상청구권은 적법한 행정작용으로 인하여 재산권 아닌 생명·신체 등의 비재산권이 침해된 경우에 손실보상을 청구할 수 있는 권리이다. 예컨대 전염병예방접종사고로 생명·신체가 침해된 경우에 손실보상을 청구하는 것이다.

2. 학설

(1) 부정설

이 견해는 예방접종사고와 같은 것은 의도된 침해가 아닌 우연한 사고이므로 손실보상이 아닌 위험책임에 입각한 손해배상제도에 의하여 전보되어야 한다고 본다.

(2) 긍정설

이 견해는 예방접종은 오늘날 증명된 과학적 방법에 의한 것으로서 위험하다고도 볼 수 없고, 그 부작용에 의한 생명·신체의 침해는 의도되지는 아니하였지만 전염병예방이라는 공익을 위한 적법한 침해, 즉, 수용적 침해와 같은 논리구조를 가지는 것이다. 따라서 재산권과 비재산권에 대한 차등을 둘 합리적인 이유가 없는 이상 손실보상제도의 적용을 받아야 할 것이라고 한다.

한편, 희생보상청구권에 대한 근거에 관하여는 견해가 나누어진다. 즉, ① 헌법상 손실보상규정(제23조 제3항)은 명문으로 재산권에 한정하고 있으므로 기본권보장에 관한 일반규정(제10조), 신체의 자유(제12조) 및 평등원칙의 규정(제11조)을 근거로 하여 직접 청구할 수 있다는 견해와 ② 헌법상의 손실보상규정을 유추해석하여 청구할 수 있다는 견해이다.[179]

---

179) 박윤흔, 행정법강의(상), 777면. 일본의 하급심판결도 헌법상의 손실보상규정을 유추해석 또는 물론해석하여 적용한 예가 있다.

3. 희생보상청구권의 요건

희생보상청구권은 ① 개인의 비재산적 가치 있는 권리에 대한 ② 고권적 침해행위로 인하여 ③ 특별한 희생이 발생하여야 한다.

(1) 비재산적 가치 있는 권리

비재산적 가치 있는 권리에는 생명 · 건강 · 신체불훼손성에 관한 권리 · 인신의 자유 등이 포함된다. 독일 기본법(제2조 제2항)은 "누구든지 생명과 신체불가침에 관한 권리를 가진다. 사람의 자유는 불가침이다. 이 권리들은 법률을 근거로 해서만 침해될 수 있다"고 규정하였다.[180]

(2) 고권적 침해

고권적 침해는 고권적 조치로 인하여 권리에 대한 직접적 침해행위가 있는 것으로 족하다. 따라서 피침해자가 자유의사로 일정한 위험상황에 처하게 된 경우에는 침해(고권적 강제)는 부인된다.

(3) 특별한 희생

여기서 특별한 희생이란 당사자의 손실이 일반인이 통상 감수해야 할 희생의 한계를 넘어서는 특별한 부담을 의미한다. 따라서 일상적인 생활위험이 실현된 경우에 불과한 경우에는 특별한 희생이라 할 수 없다.

4. 결어

우리나라의 경우 비재산적 법익침해에 대한 손실보상의 문제에 관하여, 헌법 제23조 제3항[181]에 의거 손실보상을 청구하기가 어렵다. 손실보상규정의 유무에 따른 이러한 혼란을 방지하기 위하여 '감염병의 예방 및 관리에 관한 법률' 제70조는 손실보상을 인정하고 있다.

---

180) 신체불훼손성에 관한 권리의 내용과 인신의 자유의 개념내용에 관하여 자세한 것은, 권영성, 독일헌법론(상), 190면~193면 참조.

181) 제23조 ① 모든 국민의 재산권은 보장된다. 그 내용과 한계는 법률로 정한다.
② 재산권의 행사는 공공복리에 적합하도록 하여야 한다.
③ 공공필요에 의한 재산권의 수용 · 사용 또는 제한 및 그에 대한 보상은 법률로써 하되, 정당한 보상을 지급하여야 한다.

제4항 공법상의 결과제거청구권

Ⅰ. 개설

1. 의의

공법상의 결과제거청구권이란 "위법한 행정작용의 결과로서 남아있는 상태로 인하여 자기의 법률상의 이익을 침해받고 있는 자가 행정주체에 대하여 그 위법한 상태를 제거하여 줄 것을 청구하는 권리"를 말한다. 예컨대 토지수용처분이 취소된 후에도 반환하지 않고 계속 공공용지로 사용하는 경우 등이다.[182]

2. 성질

(1) 공권 여부

사권설은 공권이든 사권이든 간에 결국 아무런 법적 권원 없는 침해상태의 제거를 목적으로 하는 이상 굳이 사권 아닌 공권으로 따로 규율할 필요는 없는 것이므로 사인 상호간의 법률관계와 동일하게 취급할 것을 주장하고 있다.[183] 그러나 공권설은 행정주체의 위법한 공행정작용을 원인으로 한 침해상태인 이상 공권이며 따라서 이에 관한 소송도 행정청의 처분 등을 원인으로 하는 법률관계에 관한 소송인 공법상의 당사자소송이라고 한다.[184] 그러나 행정상 손해배상청구권에서 설명한 것과 마찬가지로 공권설이 타당하다고 생각된다.

---

182) 학자에 따라서는 원상회복청구권(김도창, 일반행정법론(상), 645면) 또는 방해배제청구권(이상규, 신일반행정법론(상), 625면)이라고 하기도 한다.

183) 이상규, 신일반행정법론(상), 626면.

184) 김남진, 행정법Ⅰ, 639면; 김도창, 일반행정법론(상), 645면; 박윤흔, 행정법강의(상), 716면.

(2) 물권적 청구권 여부

물권적 지배권이 침해된 경우에만 발생하는 물권적 청구권이라는 주장도 있다.[185] 그러나 예컨대 공무원의 위법한 명예훼손적 발언으로 인하여 개인의 명예권 등 비재산권이 침해된 경우에도 성립될 수 있다고 할 것이므로 물권적 청구권으로 한정하는 것이 타당하지 않다고 할 것이다.[186]

Ⅱ. 법적 근거

결과제거청구권의 실체법적 근거에 관하여 독일의 판례와 학설은 헌법상의 법치주의 내지 법률에 의한 행정의 원리 및 기본권 규정과 민법상 소유권에 기한 방해배제청구권 규정의 유추적용에서 법적 근거를 찾고 있다. 우리의 학설도 대체로 이와 유사하다.

한편 절차법적 근거로서는 행정소송법상의 당사자소송(제39조 ~ 제44조) 및 관련청구의 병합(제10조)규정 등에서 찾고 있다.[187]

Ⅲ. 결과제거청구권의 성립요건

1. 행정주체의 공행정작용으로 인한 침해

행정주체의 공행정작용에는 법적 행위와 사실행위는 물론 권력작용과 비권력작용도 포함되지만, 행정주체의 사법작용으로 인한 침해는 제외된다. 그리고 의무위반의 부작위도 포함된다. 예컨대 타인의 승용차를 행정주체가 처음에는 합법적으로 압류하였다가 그 압류가 취소된 후에도 계속 억류하고 반환하지 아니하는 행위 등이 그에 해당한다.

---

185) 이상규, 신일반행정법론(상), 626면.
186) 김남진, 행정법Ⅰ, 639면; 김도창, 일반행정법론(상), 645면; 박윤흔, 행정법강의(상), 716면.
187) 김남진, 행정법Ⅰ, 640면; 박윤흔, 행정법강의(상), 718면.

2. 타인의 법률상 이익침해

공행정작용으로 인하여 야기된 결과적 상태가 타인의 권리 또는 법률상 이익을 침해하고 있어야 한다. 여기서의 권리 또는 법률상 이익은 재산적 가치있는 것뿐만 아니라, 명예·호평 등 정신적인 것까지 포함한다.

3. 위법한 상태의 존재

결과제거청구권은 위법한 상태의 제거를 목적으로 하는 것이므로, 행정주체의 공행정작용의 결과로서 야기된 위법한 상태가 존재하고 있어야 한다. 위법한 상태의 존재여부는 사실심의 변론종결시를 기준으로 판단하여야 한다. 여기에서의 위법성은 처음부터 발생할 수도 있고, 기간의 경과, 해제조건의 성취, 행정행위의 폐지(취소·철회) 등에 의하여 사후에 발생할 수도 있다.

4. 위법한 상태의 계속

행정주체의 공행정작용의 결과로서 야기된 위법한 상태가 계속 존재하여야 하므로, 위법한 상태가 더 이상 존재하지 않는다면 결과제거청구권의 행사는 불가능하다. 따라서 권리침해로서의 불이익만 남아 있는 경우에는 국가배상·손실보상청구의 문제만이 고려될 수 있다.

5. 결과제거의 가능성·허용성·기대가능성

결과제거의 가능성 즉, 원래의 상태 또는 동가치의 상태로서의 회복이 사실상 가능하여야 하며, 법적으로 허용되어야 한다. 또한 결과제거의무자(행정주체)에게 있어서 그것이 기대가능한 것이어야 한다. 이와 같은 요건이 충족되지 않으면 손해배상이나 손실보상만이 문제된다 하겠다.

한편, 결과제거를 통한 원상회복이 지나치게 많은 비용이 든다든가 또는 신의성실의 원칙에 반한다고 판단되는 때에는 기대가능성이 없기 때문에, 이 경우에는 대상의 지급으로 만족

해야 할 것이다.[188)

【판례】대지소유자가 그 소유권에 기하여 그 대지의 불법점유자인 시에 대하여 권원없이 그 대지의 지하에 매설한 상수도관의 철거를 구하는 경우에 공익사업으로서 공중의 편의를 위하여 매설한 상수도관을 철거할 수 없다거나 이를 이설할 만한 마땅한 다른 장소가 없다는 이유만으로써는 대지소유자의 위 철거청구가 오로지 타인을 해하기 위한 것으로서 권리남용에 해당한다고 할 수는 없다(대판 1987. 7. 7, 85다카1383).

Ⅳ. 결과제거청구권의 내용

1) 결과제거청구권은 공행정작용의 결과로 야기된 위법한 상태를 제거하여 침해가 없는 원래의 상태로 회복시켜줄 것을 내용으로 하는 권리이다. 따라서 손해배상청구·손실보상청구는 결과제거청구권의 내용이 될 수 없다. 그러나 원상회복을 통하여 피해가 충분히 구제되지 않는 경우에 손해배상을 추가로 청구하는 것은 가능하다.

2) 결과제거청구권은 행정주체의 위법한 행정작용의 직접적인 결과의 제거를 내용으로 하며, 간접적으로 행정주체가 아닌 행정작용의 상대방 등이 행한 결과의 제거를 내용으로 하는 것은 아니다. 예컨대 건축허가와 같이 복효적 행정행위에 있어서 제3자가 위법한 건축허가의 취소를 구하는 행정소송을 제기하여 승소한 경우에, 건축허가의 직접 상대방의 행위로 인하여 생긴 결과의 제거를 청구할 수 없다.

3) 결과제거청구권은 단순한 방해중지청구권과 구별된다. 왜냐하면, 방해중지청구권은 방해와 침해의 중단, 즉, 공법적으로 운영되는 시설(공기업 등)에 의한 환경오염의 중지 등을 목표로 한다. 그러나 결과제거청구권은 과거의 상태를 회복시키는 적극적인 행위(시설의 제거·명예훼손발언취소)를 요구하는 권리이다.

---

188) 김남진, 행정법Ⅰ, 642면 ; 홍준형, 행정구제법(제2판), 207면 ; 김동희, 행정법Ⅰ, 538면 ; 유지태, 행정법신론, 398면.

V. 쟁송절차

결과제거청구권의 성질을 공권으로 본다면, 행정소송의 일종으로서의 공법상 당사자소송을 제기하여야 할 것이다(행정소송법 제3조 2호, 제39조 이하). 또한 당사자소송만을 독자적으로 제기하지 아니하고 처분의 취소·변경을 구하는 취소소송에 결과제거소송을 병합하여 제기할 수 있다(제10조).[189]

제2절 행정상 쟁송

제1항 행정쟁송의 개관

I. 행정쟁송의 의의

행정쟁송이란 행정상의 법률관계에 관한 분쟁이 있을 경우에 당사자의 쟁송제기에 의하여 일정한 기관이 이를 심리·판정하는 심판절차를 말한다. 일반적으로 행정쟁송은 광의와 협의의 개념으로 구분한다. 광의의 개념은 그 심리·판정하는 기관이 행정청이거나 법원이거나를 불문하고 행정상의 분쟁에 관한 판정절차를 의미하는 경우이다. 이에는 행정소송과 행정심판이 모두 포함된다. 이에 반해 협의의 개념은 일반법원과는 계통을 달리하는 행정조직내의 특별기관이 행정상의 법률관계에 관한 분쟁을 판정하는 절차를 말한다. 이에는 이의신청 및 행정심판이 이에 속한다. 협의의 행정쟁송은 과거에 대륙법계국가의 특유한 제도로

---

189) 제10조(관련청구소송의 이송 및 병합) ① 취소소송과 다음 각호의 1에 해당하는 소송(이하 "관련청구소송"이라 한다)이 각각 다른 법원에 계속되고 있는 경우에 관련청구소송이 계속된 법원이 상당하다고 인정하는 때에는 당사자의 신청 또는 직권에 의하여 이를 취소소송이 계속된 법원으로 이송할 수 있다.
   1. 당해 처분등과 관련되는 손해배상·부당이득반환·원상회복등 청구소송
   2. 당해 처분등과 관련되는 취소소송
② 취소소송에는 사실심의 변론종결시까지 관련청구소송을 병합하거나 피고외의 자를 상대로 한 관련청구소송을 취소소송이 계속된 법원에 병합하여 제기할 수 있다.

생각되었으나, 오늘날에는 영·미법계국가에 있어서도 널리 인정되고 있다.

II. 행정쟁송제도의 발달

행정쟁송제도는 행정부 내에 행정재판소를 설치하여 행정사건을 다루었던 독일·프랑스 등 대륙법계 국가에서만 독자적으로 발달되어 왔다(대륙식 행정국가주의). 영·미법계 국가에서는 행정쟁송도 일반 민·형사사건과 마찬가지로 일반법원의 관할하에 두기 때문에 행정사건이라 하여 특별히 달리 취급되지 아니하였다(영·미식 사법국가주의).

그러나 19세기 말 이후 영·미법계 국가에서도 행정권의 기능확대와 전문적·기술적 사안을 처리하기 위하여 일반 행정청의 권한으로부터 독립한 행정위원회(독립규제위원회)·행정심판소 등을 설치하여 이들 기관으로 하여금 관장케 하는 경향이 있게 되었다. 이들 기관은 단순한 행정기능만이 아니라 준입법적 기능·준사법적 기능도 아울러 수행함으로써, 이들 기관에 의한 행정심판이 널리 행해지게 되었다.

반면, 대륙법계 국가 특히 독일은 제2차 세계대전 이후 행정부 소속의 행정재판소가 그 조직 및 기능에 있어 사법부소속으로 탈바꿈하였고, 프랑스에서도 19세기 말 이래의 행정부 소속의 행정재판소가 소속은 그대로 유지하면서 완전한 사법기관으로 독립성을 가지게 됨으로써 실질적인 권리구제에 기여하고 있다.

III. 행정쟁송제도의 기능

행정쟁송제도는 위법·부당한 행정작용으로부터 국민의 권리·이익을 구제하는 기능을 수행하는 반면, 다른 한편으로는 행정작용의 적법성 및 합목적성의 보장을 통하여 행정통제의 기능을 수행한다.

1. 국민의 권익구제

법치국가원리하의 행정작용은 법에 따라 행해질 것을 요구한다. 그러나 현실적으로 행정작용이 위법·부당하게 행해지는 경우가 있는 바, 이를 바로 잡아 국민의 권리를 구제하여야 한다. 행정쟁송제도는 이와 같이 위법·부당한 행정작용에 대하여 국민에게 쟁송제기를 가능케 하여 그들의 권리구제를 도모하고 있다.

2. 행정의 자기통제

행정쟁송은 행정작용의 적법성 및 합목적성에 대한 심사를 통하여 행정통제의 기능도 수행한다. 즉, 위법·부당한 행정작용에 대한 국민의 쟁송제기를 통하여 행정작용의 적법성 및 합목적성을 기할 수 있는 바, 이는 간접적으로 행정의 적법성·타당성 통제라는 행정통제의 기능을 수행한다.

Ⅳ. 행정쟁송의 종류

행정쟁송은 심판기관·내용·절차 등을 기준으로 여러 가지로 분류할 수 있다.

1. 성질에 의한 구분

(1) 주관적 쟁송과 객관적 쟁송
① 주관적 쟁송은 쟁송제기자의 권리·이익의 구제를 직접목적으로 하는 쟁송을 말한다. 주관적 쟁송에 있어서는 당사자가 쟁송제기를 통하여 다툴만한 개별적·직접적인 이해관계가 있어야 한다. 일반적으로 모든 쟁송은 이에 해당한다. ② 객관적 쟁송은 적법성·공익의 보호를 직접 목적으로 하는 쟁송을 말한다. 객관적 쟁송은 개인의 권리나 이익을 보호하기 위한 것이 아니므로 그 제기를 위하여 개별적·직접적인 이해관계를 갖는 당사자일 필요가 없다. 후술하는 민중쟁송과 기관쟁송은 이 이에 해당한다.

(2) 항고쟁송과 당사자쟁송

① 항고쟁송은 이미 행하여진 행정처분의 위법·부당을 이유로 그 취소나 변경을 구하는 쟁송을 말한다. 행정쟁송은 일반적으로 자기의 권리·이익을 침해한 행정처분의 취소·변경을 구하는 것이기 때문에 항고쟁송의 성질을 띠는 것이 대부분이다. 이에 해당하는 것으로는 각 개별법에 의한 이의신청·심사청구·심판청구 등(국세기본법), 행정심판법에 규정된 행정심판(제4조), 행정소송법에 규정된 항고소송(제4조) 등이 있다.

② 당사자소송이란 서로 대등한 당사자간에 법률상의 다툼(법률관계의 형성·존부에 관한 다툼)이 있는 경우에 일방당사자가 타방당사자를 상대로 하는 쟁송을 말한다. 행정청에 대한 재결의 신청(예, 토지보상법상의 재결의 신청), 행정소송법상의 당사자소송(예, 공무원의 봉급청구, 공법상 손실보상청구소송 등)이 이에 속한다. 구체적으로 토지소유자와 공공사업자 간에 협의가 되지 아니한 경우에 토지수용위원회가 행하는 재결절차와 행정소송 중 행정청의 처분등을 원인으로 하는 법률관계에 관한 소송, 그 밖에 공법상의 법률관계에 관한 소송으로서 그 법률관계의 한쪽 당사자를 피고로 하는 소송(제3조 제2항)이다. 예컨대 행정상 손해배상청구소송·손실보상청구소송·부당이득반환청구소송·결과제거청구소송, 공무원봉급·연금지급청구소송 등 행정처분(위법한 특허·인허가 취소, 토지수용, 조세부과, 공무원파면행위) 등이 원인이 되어 파생된 권리·의무관계에 대한 분쟁을 말한다.

(3) 민중쟁송과 기관쟁송

① 민중쟁송은 행정법규의 적법·타당한 적용을 보장하기 위하여 널리 일반민중 또는 선거인에 의하여 제기되는 쟁송이다. 현행법상 선거법에서 대통령·국회의원의 선거 또는 당선의 효력에 관하여 선거인이 대법원에 제기하는 선거소송(공직선거법 제222조·제223조), 지방의회의원·지방자치단체의 장의 선거 또는 당선의 효력에 관하여 선거인인 주민이 선거관리위원회에 제기하는 선거소청(제219조) 등이 그 예이다.

② 기관쟁송이란 행정법규의 적정한 적용을 보장하기 위하여 국가 또는 공공단체의 기관 상호간의 분쟁을 해결하기 위하여 인정되는 경우의 쟁송을 말한다. 지방자치단체의 장 또는 교육감이 지방의회·교육위원회의 의결의 위법을 이유로 지방의회 또는 교육위원회를 피고로 하여 대법원에 제소하는 것(지방자치법 제172조)과 주무부장관 또는 시·도지사의 위법·부당한 시정명령 또는 취소·정지 처분에 대한 지방자치단체의 장의 대법원에의 제소

(제169조) 등이 있다. 객관적 쟁송은 주관적 쟁송과는 달라서 법률이 특별히 인정하는 경우에만 그 제기가 가능하다.

2. 정식쟁송과 약식쟁송(행정쟁송의 절차에 의한 구분)

쟁송에 대한 공정한 해결을 위해서 심판기관이 독립된 지위를 가지고 있고, 그 절차에 있어 상호 대립하는 양당사자에게 구술변론의 기회가 보장되는 쟁송을 정식쟁송이라 하고, 이 두 요건 중 어느 하나를 결여한 쟁송을 약식쟁송이라 한다. 행정소송은 정식쟁송에 속하고 행정심판은 약식쟁송에 속한다.

3. 시심적 쟁송과 복심적 쟁송(행정쟁송의 단계에 의한 구분)

① 시심적 쟁송이란 법률관계의 형성이나 존부에 관한 제1차적 행정작용 그 자체가 쟁송의 형식을 거쳐 행하여지는 경우의 쟁송을 말한다. 즉, 처음부터 행정법관계에 관한 원고·피고의 다툼이 있게 된다. 이에 대하여 ② 복심적 쟁송은 이미 행하여진 행정청의 처분의 하자(위법·부당)을 주장하여 이의 재심사를 구하는 경우의 쟁송을 말한다. 당사자쟁송은 시심적 쟁송에 속하며, 항고쟁송은 복심적 쟁송에 속한다.

4. 행정심판과 행정소송(행정쟁송의 심사기관에 의한 구분)

① 행정기관에 의하여 심리·재결되는 행정쟁송을 행정심판이라 한다. 이에 반하여 ② 행정소송은 법원에 의하여 심리·판결되는 행정쟁송을 말한다. 양자는 심판사항·심판기관에 있어 차이가 있지만 행정심판이 행정소송의 전심절차를 형성하고 있으므로 양자는 밀접한 관계를 가지고 있다.[190]

---

190) 제18조(행정심판과의 관계) ① 취소소송은 법령의 규정에 의하여 당해 처분에 대한 행정심판을 제기할 수 있는 경우에도 이를 거치지 아니하고 제기할 수 있다. 다만, 다른 법률에 당해 처분에 대한 행정심판의 재결을 거치지 아니하면 취소소송을 제기할 수 없다는 규정이 있는 때에는 그러하지 아니하다.
② 제1항 단서의 경우에도 다음 각호의 1에 해당하는 사유가 있는 때에는 행정심판의 재결을 거치지 아니하고 취소소송을 제기할 수 있다.

제2항 행정심판

I. 행정심판의 의의

1. 행정심판의 개념

행정심판이란 행정기관이 재결청이 되어 행하는 행정법상의 분쟁해결절차를 말한다. 즉, 행정청의 위법·부당한 행정처분이나 기타 공권력의 행사·불행사로 인하여 권리·이익을 침해당한 자가 행정기관에 대하여 그 시정을 구하는 절차를 말한다(실질적 의미의 행정심판). 이러한 내용의 행정심판은 실정법상 행정심판이라는 명칭 이외에 이의신청·재결신청·심사청구·심판청구·재심청구 등 여러 가지 명칭으로 불리어지고 있다.

그러나 헌법 제107조 제3항[191]에 근거한 일반법으로서의 행정심판법의 적용을 받는 행정쟁송만을 행정심판으로 이해할 때도 있다(형식적 또는 제도적 의미의 행정심판). 즉, 위법 또는 부당한 처분 그밖에 공권력의 행사·불행사 등으로 인한 국민의 권리 또는 이익의 침해를 구제하기 위한 행정기관에 의한 심판절차를 가리킨다. 아래에서의 행정심판은 행정심판법의 적용을 받는 행정쟁송을 의미하기로 한다.

---

　　1. 행정심판청구가 있은 날로부터 60일이 지나도 재결이 없는 때
　　2. 처분의 집행 또는 절차의 속행으로 생길 중대한 손해를 예방하여야 할 긴급한 필요가 있는 때
　　3. 법령의 규정에 의한 행정심판기관이 의결 또는 재결을 하지 못할 사유가 있는 때
　　4. 그 밖의 정당한 사유가 있는 때
③ 제1항 단서의 경우에 다음 각호의 1에 해당하는 사유가 있는 때에는 행정심판을 제기함이 없이 취소소송을 제기할 수 있다.
　　1. 동종사건에 관하여 이미 행정심판의 기각재결이 있은 때
　　2. 서로 내용상 관련되는 처분 또는 같은 목적을 위하여 단계적으로 진행되는 처분중 어느 하나가 이미 행정심판의 재결을 거친 때
　　3. 행정청이 사실심의 변론종결후 소송의 대상인 처분을 변경하여 당해 변경된 처분에 관하여 소를 제기하는 때
　　4. 처분을 행한 행정청이 행정심판을 거칠 필요가 없다고 잘못 알린 때
④ 제2항 및 제3항의 규정에 의한 사유는 이를 소명하여야 한다.

191) 제107조 ③ 재판의 전심절차로서 행정심판을 할 수 있다. 행정심판의 절차는 법률로 정하되, 사법절차가 준용되어야 한다.

2. 다른 개념과의 구별

(1) 이의신청과의 구별

행정심판은 원칙적으로 직근상급행정청에 제기하지만, 이의신청은 처분청 자체에 제기한다. 또한 행정심판은 모든 위법·부당한 처분등에 대하여 인정되는 것이 원칙이지만, 이의신청은 개별법에서 정하고 있는 처분등에 대해서만 인정된다(예컨대 국세기본법 제55조 제3항[192]), 토지보상법 제83조 이하 참조).

한편, 동일한 처분에 대하여 이의신청과 행정심판이 함께 인정되는 경우(국세기본법 제55조 1항[193]))에는 전심과 후심의 관계에 있는 것이 보통이지만, 이의신청이나 행정심판 중 택일하여 당사자에게 허용되기도 한다. 예컨대 대집행에 관하여 행정심판을 제기할 수 있다(행정대집행법 제7조).

(2) 청원과의 구별

헌법은 제26조[194]에서 청원권을 규정하고 있다. 따라서 개인은 청원권의 행사를 통하여 위법·부당한 행정처분 등의 취소·변경을 구할 수 있고 국가기관은 수리·심사할 의무와 통지의무까지 있는바, 이는 행정심판과 거의 같다고 할 수 있다.

그러나 ① 청원은 절차와 요건이 까다로운 소송법상의 권리구제수단 대신에 편리한 방법으로 권리구제를 받을 수 있는 기능을 가지는 제도이며, ② 청원법(제9조)은 청원에 대하여 국가의 심사의무 및 결과의 통지의무를 규정하고 있으나, 그 결과가 국가기관을 구속하는 것은 아니다. 또한 ③ 청원은 행정심판과는 달리 쟁송수단이 아니므로 누구든지 기간의 제한 없이 어떠한 국가기관에 대해서도, 또한 원칙적으로 어떠한 사항에 대해서도 제출할 수 있다. 이러한 점에서 제기권자·제기기간·제기사항 등에 있어 제한이 있는 행정심판과 구별된다.

---

192) ③ 제1항과 제2항에 따른 처분이 국세청장이 조사·결정 또는 처리하거나 하였어야 할 것인 경우를 제외하고는 그 처분에 대하여 심사청구 또는 심판청구에 앞서 이 장의 규정에 따른 이의신청을 할 수 있다.

193) ① 이 법 또는 세법에 따른 처분으로서 위법 또는 부당한 처분을 받거나 필요한 처분을 받지 못함으로 인하여 권리나 이익을 침해당한 자는 이 장의 규정에 따라 그 처분의 취소 또는 변경을 청구하거나 필요한 처분을 청구할 수 있다. 다만, 다음 각 호의 처분에 대해서는 그러하지 아니하다.

194) 제26조 ① 모든 국민은 법률이 정하는 바에 의하여 국가기관에 문서로 청원할 권리를 가진다.
② 국가는 청원에 대하여 심사할 의무를 진다.

(3) 진정과의 구별

진정은 법정의 형식과 절차상의 제한 없이 행정청에 대해서 어떠한 희망을 진술하는 행위이고, 이에 대한 행정청의 회답은 아무런 법적 효과도 발생하지 않는 사실행위이다. 이는 재결에 기속력이 인정되는 행정심판과는 다르다. 다만, 진정에 대한 행정청의 답변이 행정상의 확약의 요건을 충족시키는 경우가 있을 수 있다. 이경우 진정이라는 제목을 사용하더라도 그 내용이 실질적으로 행정심판청구에 해당하는 것이면 행정심판을 제기한 것으로 보아야 한다.195)

(4) 특별행정심판과의 구별

행정기관이 재결청이 되는 행정쟁송절차인 점에서는 행정심판(형식적 의미의 행정심판)과 성질을 같이 하나, 특별법에 의한 심판이 행해진다는 점에서 일반법인 행정심판법의 적용을 받는 행정심판과 구별된다. 특별행정심판으로는 특허심판, 해난심판, 국세심판, 중앙노동위원회의 재심 등이 있다.

(5) 행정소송과의 구별

행정심판과 행정소송의 차이점으로는 ① 기능에 있어 행정심판은 행정의 자기통제에, 행정소송은 국민의 권익구제에 보다 중점을 두고 있으며, ② 행정심판은 행정기관이 판정기관이지만, 행정소송은 법원이 판정기관이며, ③ 행정심판의 대상사안은 위법 또는 부당까지 심판하지만, 행정소송은 위법성만 심사하게 되며, ④ 행정심판의 심리는 구술심리주의와 함께 서면심리주의도 병행하여 채택하고 있지만, 행정소송은 구술심리주의를 원칙으로 하고 있으며, ⑤ 행정심판에 있어서는 의무이행심판이 인정되지만, 행정소송에 있어서는 의무이행소송이 인정되지 않는 등의 차이점이 있다.

---

195) 원고가 제출한 진정서에는 건축불허가처분을 재고하여 달라거나 이 사건 처분에 불복한다는 취지도 포함되어 있음을 알 수 있는 바 위 문서는 비록 제목이 "진정서"로 되어 있고, … 행정심판청구서로서의 형식을 다 갖추고 있다고 볼 수 없으나, 피청구인인 처분청과 청구인의 이름과 주소가 기재되어 있고, 청구인의 기명이 되어 있으며, 위 문서의 기재내용에 의하여 심판청구의 대상이 되는 행정처분의 내용과 심판청구의 취지 및 이유, 처분이 있는 것을 안 날을 알 수 있고, 여기에 기재되어 있지 않은 재결청, 처분을 한 행정청의 고지의 유무 등의 내용과 날인 등의 불비한 점은 보정이 가능하므로 이를 이 사건 처분에 대한 행정심판청구로 보는 것이 옳다(대판 2000. 6. 9, 98누2621).

Ⅱ. 행정심판의 기능

1. 행정의 자기통제

행정심판은 행정청이 먼저 내린 행정처분에 대하여 반성의 기회를 가지게 함으로써 위법 또는 부당한 처분을 자율적으로 시정할 수 있기 때문에 행정의 자기통제 기능을 수행하게 된다.

2. 신속 · 경제적인 권익구제

행정심판은 ① 약식쟁송인 만큼 2월(예외적으로 3월) 이내에 종결되는 신속성이 있으며, ② 소송대리인 선임과 인지대 등의 비용 없이 간단한 행정심판청구서의 제출만으로도 가능하다는 경제성이 있다.

3. 행정청의 전문지식의 활용

행정심판은 일반적 법률문제만을 다루는 법원보다 행정의 전문적 · 기술적 지식과 경험이 풍부하게 축적된 내용을 다시 활용케 함으로써 분쟁의 합리적 해결에 기여할 수 있다.

Ⅲ. 행정심판법상의 행정심판의 종류

1. 취소심판

(1) 의의

취소심판은 행정심판의 중심을 이루고 있으며, 행정청의 위법 또는 부당한 처분을 취소하거나 변경하는 행정심판을 말한다(제5조). 행정심판 중에서 가장 대표적인 것이 취소심판이며, 행정심판법은 취소심판을 중심으로 규정한 취소심판중심주의를 채택하고 있다.

(2) 성질

취소심판은 취소소송의 성질과 마찬가지로 형성적 쟁송인지 확인적 쟁송인지에 관하여 논란이 있다. 형성적 쟁송설의 견해는 취소심판을 원래의 처분의 효력을 취소 · 변경하여 법률관계를 소멸 · 변경시키는 형성적 성질의 것으로 본다. 하지만, 확인적 쟁송설의 견해는 행정심판은 원처분의 위법 · 부당성을 단순히 확인하는 것에 불과하다고 한다. 형성적 쟁송설이 통설의 견해이다.[196]

(3) 재결

취소심판의 재결은 직접 원처분을 취소 · 변경할 수도 있고(처분취소재결 · 처분변경재결), 단순히 원처분청에 대하여 취소 · 변경할 것을 명하는 데 그칠 수도 있다(처분취소명령재결 · 처분변경명령재결).[197] 즉, 형성적 재결과 이행적 재결을 할 수 있다.

2. 무효등확인심판

(1) 의의

무효등확인심판이란 행정청의 처분의 효력 유무 또는 존재 여부를 확인하는 행정심판을 말한다(제5조).

> **【판례】** 행정처분의 당연무효를 주장하여 그 무효확인을 구하는 행정소송에 있어서는 원고에게 그 행정처분이 무효인 사유를 주장, 입증할 책임이 있다(대판 1992. 3. 10, 91누6030).

(2) 성질

무효등확인심판의 성질은 무효등확인소송의 성질과 마찬가지로 확인적 쟁송설 · 형성적 쟁송설 · 준형성적 쟁송설이 대립되어 있으나, 형성적 쟁송으로서의 성격을 함께 가지는 것으로 보는 준형성적 쟁송설이 통설이다.[198]

---

196) 김도창, 일반행정법론(상), 698면; 류지태/박종수, 행정법신론, 569면; 이상규, 신일반행정법론(상), 694면.

197) 제43조(재결의 구분) ③ 위원회는 취소심판의 청구가 이유가 있다고 인정하면 처분을 취소 또는 다른 처분으로 변경하거나 처분을 다른 처분으로 변경할 것을 피청구인에게 명한다.

(3) 재결

무효등확인심판의 재결에는 처분무효확인재결 · 처분유효확인재결 · 처분부존재확인재결 · 처분존재확인재결 · 처분실효확인재결 등을 하게 된다.[199] 이 재결에 불복하는 경우에는 무효등확인소송을 제기하게 된다.

3. 의무이행심판

(1) 의의

의무이행심판은 행정청의 위법 또는 부당한 거부처분이나 부작위로 인하여 권익의 침해를 당한 자의 청구에 의하여 일정한 처분을 할 것을 구하는 심판을 말한다(제5조).

(2) 성질

의무이행심판은 행정청에 대하여 일정한 처분을 이행할 것을 명하는 심판이므로 이행적 쟁송의 성질과 항고쟁송으로서의 성질도 가진다.

(3) 재결

의무이행심판청구의 재결에는 직접 신청에 따른 처분을 할 수도 있고(형성적 재결), 원처분청에 대하여 신청에 따른 처분을 할 것을 명할 수도 있다(이행적 재결).[200] 이 경우 행정청은 지체 없이 그 재결의 취지에 따라 다시 이전의 신청에 대한 처분을 하여야 한다.

---

198) 김도창, 일반행정법론(상), 698면; 박윤흔, 행정법강의(상), 793면; 이상규, 신일반행정법론 (상), 696면.

199) 제43조(재결의 구분) ④ 위원회는 무효등확인심판의 청구가 이유가 있다고 인정하면 처분의 효력 유무 또는 처분의 존재 여부를 확인한다.

200) 제43조(재결의 구분) ⑤ 위원회는 의무이행심판의 청구가 이유가 있다고 인정하면 지체 없이 신청에 따른 처분을 하거나 처분을 할 것을 피청구인에게 명한다.

Ⅳ. 행정심판의 대상

1. 개설

행정심판의 대상이란 행정심판을 청구할 수 있는 요건적 사항을 말한다. 행정심판의 대상에 관하여 제2차 대전 전의 독일·일본 등의 대륙법계 국가는 법률이 특별히 열거하는 사항에 한하여 행정심판의 제기를 허용하는 열기주의를 채택하였다. 그러나 오늘날은 영미법계와 대륙법계의 국가들이 모두 개괄주의를 택하고 있다. 우리 행정심판법(제3조 제1항)도 "행정청의 처분 또는 부작위에 대하여는 다른 법률에 특별한 규정이 있는 경우 외에는 이 법에 따라 행정심판을 청구할 수 있다"라고 규정하고 있다. 이는 행정심판을 제기할 수 있는 사항을 한정하여 명기하지 아니하고 모든 처분에 대하여 행정심판을 제기할 수 있게 하여 개괄주의를 채택하고 있는 것이다.

한편, 대통령의 처분 또는 부작위에 대하여는 행정부의 수반이라는 점과 업무부담을 감안하여 행정심판대상에서 제외하고 바로 행정소송을 제기하도록 하고 있다(제3조 제2항[201]).

2. 행정청

행정심판의 대상은 행정청의 처분 또는 부작위이다. 여기서 행정청이란 처분 또는 부작위를 행할 수 있는 권한을 가지는 행정기관, 즉, 국가 또는 지방자치단체의 행정에 관한 의사를 결정하고 표시할 수 있는 권한을 가진 모든 행정기관을 말한다(학문상의 행정관청). 또한 행정청에는 법령에 의하여 행정권한의 위임 또는 위탁을 받은 행정기관, 공공단체 및 그 기관, 사인이 포함된다(제2조 제4호[202]).

그리고 행정심판법은 피청구인의 적격·경정에 관하여, 처분이나 부작위가 있는 뒤에 그

---

201) 제3조(행정심판의 대상) ② 대통령의 처분 또는 부작위에 대하여는 다른 법률에서 행정심판을 청구할 수 있도록 정한 경우 외에는 행정심판을 청구할 수 없다.

202) 제2조(정의) 제4호 : 행정청이란 행정에 관한 의사를 결정하여 표시하는 국가 또는 지방자치단체의 기관, 그 밖에 법령 또는 자치법규에 따라 행정권한을 가지고 있거나 위탁을 받은 공공단체나 그 기관 또는 사인을 말한다.

처분이나 부작위에 관계되는 권한이 다른 행정청에 승계된 때에는 이를 승계한 행정청을 피청구인으로 하여야 한다고 하여 권한을 승계한 행정청도 처분청 또는 부작위청으로 하고 있다(제17조 제1항 단서).[203]

3. 처분

행정심판의 대상인 처분이란 "행정청이 행하는 구체적 사실에 관한 법집행으로서의 공권력의 행사 또는 그 거부와 그 밖에 이에 준하는 행정작용"(제2조 제1호)을 말한다.

(1) 공권력행사

공권력행사는 행정행위 즉, 인가 · 허가 · 면허 등의 취소처분, 조세 · 개발부담금 · 도로사용료 등의 부과처분 등이 중심이 된다. 그러나 행정행위뿐만 아니라 권력적 사실행위도 계속적 성질을 가지는 한 구제받을 실익이 인정되므로 공권력행사에 포함된다.

(2) 거부처분

거부처분은 일정한 공권력행사를 신청한 경우에 그 신청에 따른 공권력행사를 거부하는 의사표시를 말한다. 예컨대 각종 인가 · 허가 · 면허 · 등록신청 또는 신고에 대하여 인가거부 · 불허가 · 등록거부 또는 신고수리거부 등의 처분을 한 경우이다. 거부처분은 당사자의 신청내용에 대해 행정청이 부정적인 의사판단을 하여 외부적으로 행위를 행하는 것이라는 점에서 외부적으로 아무런 행위가 존재하지 않는 부작위와는 구별된다. 또한 일정한 신청에 대하여 일정기간 내에 아무런 처분을 하지 않으면 이를 거부처분으로 본다고 법령이 규정하고 있는 경우, 즉, 간주거부도 거부처분에 포함된다고 보아야 할 것이다.

---

203) 제17조(피청구인의 적격 및 경정) ① 행정심판은 처분을 한 행정청(의무이행심판의 경우에는 청구인의 신청을 받은 행정청)을 피청구인으로 하여 청구하여야 한다. 다만, 심판청구의 대상과 관계되는 권한이 다른 행정청에 승계된 경우에는 권한을 승계한 행정청을 피청구인으로 하여야 한다.

> **【판례】** 거부행위는 행정처분
>
> 지적법 제12조 제1항은 일반 국민에게 지적공부의 열람과 등본의 교부신청을 할 권리가 있음을 규정한 것인바, 그러므로 이 신청을 거부하는 행위는 그 거부행위가 정당한 것인지 여부는 별론으로 하고, 항고소송의 대상이 되는 행정처분에 해당한다(대판 1992. 5. 26, 91누5952).

(3) 공권력행사 또는 그 거부에 준하는 행정작용

이러한 행정작용은 공권력행사 또는 그 거부처분은 아니지만, 예컨대 구속적 행정계획, 행정지도, 처분법령, 대물적 처분 등을 말한다. 행정심판법은 이들 행위에 대하여도 취소·변경을 통하여 국민의 권익구제가 가능한 한 널리 행정심판의 대상으로 인정하고 있다.

4. 부작위

(1) 의의

행정심판의 대상인 부작위란 "행정청이 당사자의 신청에 대하여 상당한 기간 내에 일정한 처분을 하여야 할 법률상 의무가 있는데도 처분을 하지 아니하는 것"(제2조 제2호)을 말한다. 예컨대 인가·허가 신청 등에 대하여 행정관청이 장기간 아무 응답 없이 방치하는 경우에 신청내용에 따른 처분을 해 줄 것을 요구하는 것이다. 부작위도 행정심판의 대상에 포함시킨 것은 부작위로 인한 개인의 권익침해의 구제는 물론, 행정청에 대한 사무처리를 촉진시키는 의미도 있다.

(2) 요건

1) 당사자의 신청

일정한 처분을 받기 위한 신청권이 법령에 명시적으로 인정된 경우(여권발급신청에 관한 여권법(제5조204)) 뿐만 아니라, 법령해석상 신청권이 있다고 인정되는 경우도 포함된다. 예컨대

---

204) 제5조(여권의 유효기간) ① 제4조에 따른 여권의 종류별 유효기간은 다음 각 호와 같다.
    1. 일반여권 : 10년 이내
    2. 관용여권 : 5년 이내
    3. 외교관여권 : 5년 이내

"건축물을 건축하고자 하는 자는 허가를 받아야 한다"고만 규정되어 있는 건축법(제8조 제1항)의 경우처럼 구체적인 허가신청조항이 없더라도 당연히 허가신청권이 있다고 해석된다.

2) 상당한 기간의 경과

부작위는 상당한 기간 내에 어떤 처분을 하지 아니하는 경우에만 성립된다. 여기서 상당한 기간이란 사회통념상 일반적으로 그러한 신청에 대하여 검토·처리하는 데 필요한 기간을 말한다. 그러나 최근에는 분쟁의 소지를 없애고 신속한 권리구제수단을 취할 수 있도록 인가·허가 등 법령에 규정된 모든 신청의 처리기간·구비서류 등을 법령 또는 훈령 등으로 정하고 있다. 즉, 부처별·내용별로 종합한 '민원사무처리기준표'를 관보에 고시하도록 하고 있으므로(민원처리에 관한 법률 제13조[205]), 여기에 규정된 처리기간을 상당한 기간으로 볼 수 있을 것이다.

3) 처분을 할 법률상 의무의 존재

통설에 의하면 처분이 기속행위일 경우에는 처분을 할 법률상 의무가 존재하지만, 재량행위인 경우에는 재량권이 0으로 수축된 경우 이외에는 처분을 할 법률상 의무가 없다고 본다.[206] 그러나 여기서 말하는 처분을 할 법률상 의무는 처분행위의 성질이 기속행위이든 재량행위이든 불문하고 상당한 기간 내에 인용 또는 거부의 처분을 내려야 할 의무만 있으면 충분하다고 할 것이다.[207]

4) 처분의 부존재

처분의 부존재는 적극적 또는 소극적 처분이라고 볼 만한 외관 자체가 없어야 한다. 따라서 거부처분이나 무효인 처분이 있는 경우에는 처분의 부존재가 아니라 처분이 존재하는 것이 된다.

---

205) 제13조(민원편람의 비치 등 신청편의의 제공) 행정기관의 장은 민원실(민원실이 설치되지 아니한 기관의 경우에는 문서의 접수·발송을 주관하는 부서를 말한다)에 민원의 신청에 필요한 사항을 게시(인터넷 등을 통한 게시를 포함한다)하거나 편람을 비치하는 등 민원인에게 민원신청의 편의를 제공하여야 한다.

206) 김도창, 일반행정법론(상), 644면; 박윤흔, 행정법강의(상), 793면; 석종현/송동수, 일반행정법(상), 778면.

207) 김동희, 행정법Ⅰ, 609면.

> **【판례】** 기능직지방공무원으로 특별임용된 원고가 청소차운전원으로서의 근무경력 중 일부를 유사경력으로 인정하지 아니하여 이를 호봉재획정에 산입하지 아니한 것은 위법하다 하여 그 확인을 구하는 부작위위법확인의 소에 대하여 그 신청으로 구하는 피고의 응답행위는 유사경력을 합산하거나 또는 하지 아니한 결과인 '호봉재획정처분'으로 나타나는 것이지 그 합산행위 또는 불합산행위 자체는 아니라 할 것이고 따라서 피고는 '호봉재획정처분'으로써 위 신청에 대한 거부처분을 하였다고 볼 것이므로 위 처분의 경위 내지 이유에 불과한 '유사경력을 합산하지 아니한 것' 자체를 항고소송의 대상이 되는 '부작위'로 보아 그 위법확인을 구할 수는 없을 것이다(대판 1992. 6. 9, 91누11278).

5. 위법 또는 부당한 처분 · 부작위

(1) 위법성

행정행위의 성립요건과 효력요건을 결하게 되면 하자 있는 행정행위 즉, 위법한 행정행위가 된다. 여기서 행정행위의 하자가 중대하고 명백한 경우에는 무효인 행정행위가 되고, 그 이외의 단순한 위법에 그치는 경우에는 취소사유가 되는 행정행위가 된다.

한편, 재량행위에 대하여는 원칙적으로 위법성의 문제가 생기지 아니한다. 따라서 재량행위에 하자가 있으면, 당 · 부당의 문제가 될 뿐이다. 그러나 재량권을 일탈 · 남용한 경우에는 위법한 행정행위가 된다고 본다.

(2) 부당성

재량행위는 그 한계 내에서 행사된 경우에는 위법성이 문제되지 않는다. 그러나 재량권을 부여한 목적에 비추어 합목적적이라고 인정할 수 없는 경우에는 부당한 행사가 되어, 행정심판의 대상이 된다. 예컨내 법령위반행위에 대하여 법령의 범위 내에서 3개월의 영업정지 또는 감봉처분을 한 경우, 비록 법령의 범위이내의 처분일지라도 위반내용에 비하여 처분내용이 과도하다고 판단되는 경우는 부당한 처분이 된다고 보아야 한다.

> **【판례】** 부당한 행정처분에 대한 취소 · 변경
>
> ① A는 건설업법에 의한 포장공사업면허신청 마감일인 1992. 9. 26까지 4종의 장비를 갖추어 건설부장관에게 신청하였으나 오직 아스팔트살포기만을 갖추지 못하였다는 이유로 면허신청이 거부된 경우에, "동 거부처분을 위법하다고 볼 수는 없으나 ㉠ 신청인은 이미 4종의 장비를 구입하면서 2억 6천만 원을 지출하였고, ㉡ 주문한 아스팔트살포기가 중국 상해에서 태풍 등으로 선적작업이 늦어져서 부산항에 늦게 입항하여 10. 6에야 이를 갖추게 된 것이므로, 이와 같은 지연사유와 면허거부로 신청인이 받게 될 불이익 등을 감안할 때 이 건 면허거부처분은 청구인에게 너무 가혹하여 부당한 처분이다"(국무총리행정심판위원회 재결, 1992. 11. 23, 국행심92-222).
>
> ② 시장이 개인택시에 설치된 자동개폐장치를 제거하도록 개선명령을 내렸음에도 불구하고 이에 불응한 개인택시사업자 대하여 60만원의 과징금을 부과하였으나, "㉠ 청구인이 자동개폐장치를 하게 된 동기가 승객이 주행 중에 뒷문을 열고 내리려는 것을 방지하기 위한 것이었으며, ㉡ 청구인이 63세로서 17년 간 모범운전자로 내무부장관의 표창을 받은 사실 등을 고려할 때에, 이 건 과징금 부과처분은 지나치게 가혹하여 30만원의 과징금으로 변경한다"(국무총리행정심판위원회 재결, 1994. 10. 28, 국행심94-416).

V. 행정심판기관

1. 의의

행정심판기관이라 함은 행정심판의 청구를 수리하여 이를 심리 · 재결하는 권한을 가진 기관이다. 현행 행정심판법은 행정심판위원회에 심리 및 재결권을 부여하여 재결기관으로 하고 있다.

2. 행정심판위원회

(1) 행정심판위원회의 설치

행정심판위원회는 국민권익위원회에 두는 중앙행정심판위원회, 행정청에 두는 행정심판위원회, 시 · 도지사 소속으로 두는 행정심판위원회, 해당 행정청의 직근 상급행정기관에 두는 행정심판위원회가 있다(행정심판법 제6조 참조).

1) 중앙행정심판위원회

국민권익위원회에 두는 중앙행정심판위원회에서 심리·재결하는 행정청의 처분 또는 부작위로는 다음과 같다. 즉, ① 제1항에 따른 행정청 외의 국가행정기관의 장 또는 그 소속 행정청, ② 특별시장·광역시장·특별자치시장·도지사·특별자치도지사(특별시·광역시·특별자치시·도 또는 특별자치도의 교육감을 포함한다. 이하 시·도지사라 한다) 또는 특별시·광역시·특별자치시·도·특별자치도(이하 시·도라 한다)의 의회(의장, 위원회의 위원장, 사무처장 등 의회 소속 모든 행정청을 포함한다), ③ '지방자치법'에 따른 지방자치단체조합 등 관계 법률에 따라 국가·지방자치단체·공공법인 등이 공동으로 설립한 행정청. 다만, 제3항 제3호에 해당하는 행정청은 제외한다.

2) 행정청에 두는 행정심판위원회

다음 각 호의 행정청 또는 그 소속 행정청(행정기관의 계층구조와 관계없이 그 감독을 받거나 위탁을 받은 모든 행정청을 말하되, 위탁을 받은 행정청은 그 위탁받은 사무에 관하여는 위탁한 행정청의 소속 행정청으로 본다)의 처분 또는 부작위에 대한 행정심판의 청구에 대하여는 다음 각 호의 행정청에 두는 행정심판위원회에서 심리·재결한다. 즉, ① 감사원, 국가정보원장, 그 밖에 대통령령으로 정하는 대통령 소속기관의 장, ② 국회사무총장·법원행정처장·헌법재판소사무처장 및 중앙선거관리위원회사무총장, ③ 국가인권위원회, 그 밖에 지위·성격의 독립성과 특수성 등이 인정되어 대통령령으로 정하는 행정청

3) 직근 상급행정기관에 두는 행정심판위원회

대통령령으로 정하는 국가행정기관 소속 특별지방행정기관의 장의 처분 또는 부작위에 대한 심판청구에 대하여는 해당 행정청의 직근 상급행정기관에 두는 행정심판위원회에서 심리·재결한다.

4) 시·도지사 소속으로 두는 행정심판위원회

시·도지사 소속으로 두는 행정심판위원회에서 심리·재결하는 행정청의 처분 또는 부작위에 대하여는 다음과 같다. 즉, ① 시·도 소속 행정청, ② 시·도의 관할구역에 있는 시·군·자치구의 장, 소속 행정청 또는 시·군·자치구의 의회(의장, 위원회의 위원장, 사무국

장, 사무과장 등 의회 소속 모든 행정청을 포함한다), ③ 시·도의 관할구역에 있는 둘 이상의 지방자치단체(시·군·자치구를 말한다)·공공법인 등이 공동으로 설립한 행정청

(2) 행정심판위원회의 구성

1) 중앙행정심판위원회(제8조)

① 중앙행정심판위원회는 위원장 1명을 포함하여 70명 이내의 위원으로 구성하되, 위원 중 상임위원은 4명 이내로 한다.

② 중앙행정심판위원회의 위원장은 국민권익위원회의 부위원장 중 1명이 되며, 위원장이 없거나 부득이한 사유로 직무를 수행할 수 없거나 위원장이 필요하다고 인정하는 경우에는 상임위원(상임으로 재직한 기간이 긴 위원 순서로, 재직기간이 같은 경우에는 연장자 순서로 한다)이 위원장의 직무를 대행한다.

③ 중앙행정심판위원회의 상임위원은 일반직공무원으로서 '국가공무원법' 제26조의5에 따른 임기제공무원으로 임명하되, 3급 이상 공무원 또는 고위공무원단에 속하는 일반직공무원으로 3년 이상 근무한 사람이나 그 밖에 행정심판에 관한 지식과 경험이 풍부한 사람 중에서 중앙행정심판위원회 위원장의 제청으로 국무총리를 거쳐 대통령이 임명한다.

④ 중앙행정심판위원회의 비상임위원은 제7조 제4항 각 호의 어느 하나에 해당하는 사람 중에서 중앙행정심판위원회 위원장의 제청으로 국무총리가 성별을 고려하여 위촉한다.

⑤ 중앙행정심판위원회의 회의(제6항에 따른 소위원회 회의는 제외한다)는 위원장, 상임위원 및 위원장이 회의마다 지정하는 비상임위원을 포함하여 총 9명으로 구성한다.

⑥ 중앙행정심판위원회는 심판청구사건 중 '도로교통법'에 따른 자동차운전면허 행정처분에 관한 사건(소위원회가 중앙행정심판위원회에서 심리·의결하도록 결정한 사건은 제외한다)을 심리·의결하게 하기 위하여 4명의 위원으로 구성하는 소위원회를 둘 수 있다.

⑦ 중앙행정심판위원회 및 소위원회는 각각 제5항 및 제6항에 따른 구성원 과반수의 출석과 출석위원 과반수의 찬성으로 의결한다.

⑧ 중앙행정심판위원회는 위원장이 지정하는 사건을 미리 검토하도록 필요한 경우에는 전문위원회를 둘 수 있다.

⑨ 중앙행정심판위원회, 소위원회 및 전문위원회의 조직과 운영 등에 필요한 사항은 대통령령으로 정한다.

2) 일반 행정심판위원회의 구성(제7조)

① 행정심판위원회(중앙행정심판위원회는 제외한다)는 위원장 1명을 포함하여 50명 이내의 위원으로 구성한다.

② 행정심판위원회의 위원장은 그 행정심판위원회가 소속된 행정청이 되며, 위원장이 없거나 부득이한 사유로 직무를 수행할 수 없거나 위원장이 필요하다고 인정하는 경우에는 다음 각 호의 순서에 따라 위원이 위원장의 직무를 대행한다.

　　㉠ 위원장이 사전에 지명한 위원

　　㉡ 제4항에 따라 지명된 공무원인 위원(2명 이상인 경우에는 직급 또는 고위공무원단에 속하는 공무원의 직무등급이 높은 위원 순서로, 직급 또는 직무등급도 같은 경우에는 위원 재직기간이 긴 위원 순서로, 재직기간도 같은 경우에는 연장자 순서로 한다)

③ 제2항에도 불구하고 제6조제3항에 따라 시ㆍ도지사 소속으로 두는 행정심판위원회의 경우에는 해당 지방자치단체의 조례로 정하는 바에 따라 공무원이 아닌 위원을 위원장으로 정할 수 있다. 이 경우 위원장은 비상임으로 한다.

④ 행정심판위원회의 위원은 해당 행정심판위원회가 소속된 행정청이 다음 각 호의 어느 하나에 해당하는 사람 중에서 성별을 고려하여 위촉하거나 그 소속 공무원 중에서 지명한다.

　　㉠ 변호사 자격을 취득한 후 5년 이상의 실무 경험이 있는 사람

　　㉡ '고등교육법' 제2조제1호부터 제6호까지의 규정에 따른 학교에서 조교수 이상으로 재직하거나 재직하였던 사람

　　㉢ 행정기관의 4급 이상 공무원이었거나 고위공무원단에 속하는 공무원이었던 사람

　　㉣ 박사학위를 취득한 후 해당 분야에서 5년 이상 근무한 경험이 있는 사람

　　㉤ 그 밖에 행정심판과 관련된 분야의 지식과 경험이 풍부한 사람

⑤ 행징심판위원회의 회의는 위원장과 위원장이 회의마다 지정하는 8명의 위원(그중 제4항에 따른 위촉위원은 6명 이상으로 하되, 제3항에 따라 위원장이 공무원이 아닌 경우에는 5명 이상으로 한다)으로 구성한다. 다만, 국회규칙, 대법원규칙, 헌법재판소규칙, 중앙선거관리위원회규칙 또는 대통령령(제6조 제3항에 따라 시ㆍ도지사 소속으로 두는 행정심판위원회의 경우에는 해당 지방자치단체의 조례)으로 정하는 바에 따라 위원장과 위원장이 회의마다 지정하는 6명의 위원(그중 제4항에 따른 위촉위원은 5명 이상으로 하되, 제3항에 따라 공무원이 아닌 위원이 위원장인 경우에는 4명 이상으로 한다)으로 구성할 수 있다.

⑥ 행정심판위원회는 제5항에 따른 구성원 과반수의 출석과 출석위원 과반수의 찬성으로 의결한다.

⑦ 행정심판위원회의 조직과 운영, 그 밖에 필요한 사항은 국회규칙, 대법원규칙, 헌법재판소규칙, 중앙선거관리위원회규칙 또는 대통령령으로 정한다.

3) 위원의 제척·기피·회피(제10조)

① 위원회의 위원은 다음 각 호의 어느 하나에 해당하는 경우에는 그 사건의 심리·의결에서 제척된다. 이 경우 제척결정은 위원회의 위원장이 직권으로 또는 당사자의 신청에 의하여 한다.

　　㉠ 위원 또는 그 배우자나 배우자이었던 사람이 사건의 당사자이거나 사건에 관하여 공동 권리자 또는 의무자인 경우

　　㉡ 위원이 사건의 당사자와 친족이거나 친족이었던 경우

　　㉢ 위원이 사건에 관하여 증언이나 감정을 한 경우

　　㉣ 위원이 당사자의 대리인으로서 사건에 관여하거나 관여하였던 경우

　　㉤ 위원이 사건의 대상이 된 처분 또는 부작위에 관여한 경우

② 당사자는 위원에게 공정한 심리·의결을 기대하기 어려운 사정이 있으면 위원장에게 기피신청을 할 수 있다.

③ 위원에 대한 제척신청이나 기피신청은 그 사유를 소명한 문서로 하여야 한다. 다만, 불가피한 경우에는 신청한 날부터 3일 이내에 신청 사유를 소명할 수 있는 자료를 제출하여야 한다.

④ 제척신청이나 기피신청이 제3항을 위반하였을 때에는 위원장은 결정으로 이를 각하한다.

⑤ 위원장은 제척신청이나 기피신청의 대상이 된 위원에게서 그에 대한 의견을 받을 수 있다.

⑥ 위원장은 제척신청이나 기피신청을 받으면 제척 또는 기피 여부에 대한 결정을 하고, 지체 없이 신청인에게 결정서 정본을 송달하여야 한다.

⑦ 위원회의 회의에 참석하는 위원이 제척사유 또는 기피사유에 해당되는 것을 알게 되었을 때에는 스스로 그 사건의 심리·의결에서 회피할 수 있다. 이 경우 회피하고자 하는 위원은 위원장에게 그 사유를 소명하여야 한다.

⑧ 사건의 심리·의결에 관한 사무에 관여하는 위원 아닌 직원에게도 제1항부터 제7항까지의 규정을 준용한다.

(3) 행정심판위원회의 권한

1) 심리권

행정심판위원회는 심판청구사건을 심리하는 권한을 가진다. 동시에 심리권에 부수되는 권한으로서 ① 공동심판청구사건에 있어서의 대표자선정권고권(제15조), ② 청구인의 지위 승계허가권(제16조), ③ 피청구인 경정결정권(제17조), ④ 심판참가허가권(제20조), ⑤ 청구의 변경허가권(제29조), ⑥ 청구의 보정명령권(제32조) 등이 있다.

2) 재결권

행정심판위원회는 재결권을 갖는 바, 각하재결, 기각재결, 취소 또는 변경재결, 무효등확인재결, 의무이행재결 등을 행한다(제43조).

행정심판위원회는 재결 이외에 집행정지결정(제30조), 집행정지결정의 취소(제30조), 사정재결(제44조)을 행한다.

VI. 당사자와 관계인

1. 당사자

행정심판노 행정쟁송인 이상 행정소송과 마찬가지로 청구인과 피청구인이 서로 대립하여 어느 정도 대등한 지위에서 공격·방어의 방법으로 의견진술과 증거를 바탕으로 하여 심리가 진행되게 되어 있다.

(1) 청구인

1) 의의

행정심판의 청구인이란 행정심판 청구의 대상인 행정청의 처분 또는 부작위에 불복하여 그 취소 또는 변경 등을 구하는 행정심판을 제기하는 자를 말한다. 청구인은 원칙적으로 자연인과 법인이 되지만, 법인격 없는 사단 또는 재단으로서 대표자 또는 관리인이 있을 때에는 그 이름으로 청구인이 될 수 있다(제14조).

다수인이 공동으로 심판청구를 할 때에는 그 중 3인 이하의 대표자를 스스로 선정할 수 있으며, 위원회도 그 선정을 권고할 수 있다. 선정대표자는 다른 청구인을 위해 그 사건에 관한 모든 행위를 할 수 있으나, 심판청구의 취하를 하려면 다른 청구인들의 동의를 얻어야 한다. 선정대표자가 선정된 때에는 다른 청구인들은 그 선정대표자를 통해서만 그 사건에 관한 행위를 할 수 있다(제15조).

2) 청구인적격
(가) 취소심판의 청구인적격
(a) 법률상 이익의 존재

청구인적격이란 특정행정심판에 있어서 청구인으로서 심판을 제기하여 본안에 관한 재결을 받기에 적합한 자격을 가지는 것을 말한다. 행정심판법(제13조 제1항)은 취소심판의 청구인적격에 관하여 "처분의 취소 또는 변경을 구할 법률상 이익이 있는 자가 제기할 수 있다"라고 규정하고 있다.

(b) 처분의 효과가 소멸된 때

행정심판법(제13조 제1항 후단)은 "처분의 효과가 기간의 경과, 처분의 집행, 그 밖의 사유로 소멸된 뒤에도 그 처분의 취소로 회복되는 법률상 이익이 있는 자의 경우에도 또한 같다"라고 규정하여 처분의 효과가 이미 소멸된 후임에도 불구하고 행정심판을 제기할 수 있도록 하였다. 예컨대 영업정지기간이 모두 지난 경우 또는 외국인이 강제퇴거명령에 의거하여 이미 국외로 퇴거당한 경우에도 회복되는 법률상 이익이 있는 자는 청구인의 적격이 있다.

(나) 무효등확인심판의 청구인적격

무효등확인심판은 처분의 효력 유무 또는 존재 여부의 확인을 구할 법률상 이익이 있는 자가 청구할 수 있다(제13조 제2항). 여기서 확인을 구할 법률상 이익이란 행정처분의 효력 유무 또는 존재 여부에 관하여 당사자 간에 다툼이 있어서 재결로써 공권적인 확인을 하는 것이 청구인의 법적 지위의 불안정상태를 제거할 수 있게 되는 경우를 말한다.

(다) 의무이행심판의 청구인적격

의무이행심판은 처분을 신청한 자로서 행정청의 거부처분 또는 부작위에 대하여 일정한 처분을 구할 법률상 이익이 있는 자가 청구할 수 있다(제13조 제3항). 여기서 처분을 구할 법률상 이익이란 거부처분의 경우에는 취소심판에서 말하는 법률상 이익과 같은 개념이며, 부작위의 경우에는 행정심판의 대상 중 기속행위든 재량행위든 간에 상당한 기간 내에 인용 또는 거부의 처분을 내려야 할 의무가 법령상 인정되는 경우를 말한다.

3) 청구인의 지위승계

청구인이 사망한 때에는 그 상속인 기타 권리·이익의 승계자가, 법인 또는 법인격 없는 단체인 청구인이 합병한 때에는, 합병 후 존속하는 법인·단체 또는 합병으로 설립된 법인·단체가 청구인의 지위를 당연히 승계한다(제16조 제1항~제4항).208) 한편, 심판대상인 처분에 관계되는 권리·이익을 양수받은 자는 위원회의 허가를 받아 청구인의 지위를 승계할 수 있다(제16조 제5항).209) 예컨대 자동차운수업·음식점영업·건설업 등을 허가관청에 인가·신고한 후 적법하게 양수받은 자 등이다.

(2) 피청구인

1) 피청구인적격

행정심판은 처분을 한 행정청(의무이행심판의 경우에는 청구인의 신청을 받은 행정청)을

---

208) 제16조(청구인의 지위 승계) ① 청구인이 사망한 경우에는 상속인이나 그 밖에 법령에 따라 심판청구의 대상에 관계되는 권리나 이익을 승계한 자가 청구인의 지위를 승계한다.
　② 법인인 청구인이 합병에 따라 소멸하였을 때에는 합병 후 존속하는 법인이나 합병에 따라 설립된 법인이 청구인의 지위를 승계한다.
　③ 제1항과 제2항에 따라 청구인의 지위를 승계한 자는 위원회에 서면으로 그 사유를 신고하여야 한다. 이 경우 신고서에는 사망 등에 의한 권리·이익의 승계 또는 합병 사실을 증명하는 서면을 함께 제출하여야 한다.
　④ 제1항 또는 제2항의 경우에 제3항에 따른 신고가 있을 때까지 사망자나 합병 전의 법인에 대하여 한 통지 또는 그 밖의 행위가 청구인의 지위를 승계한 자에게 도달하면 지위를 승계한 자에 대한 통지 또는 그 밖의 행위로서의 효력이 있다.

209) 제16조(청구인의 지위 승계) ⑤ 심판청구의 대상과 관계되는 권리나 이익을 양수한 자는 위원회의 허가를 받아 청구인의 지위를 승계할 수 있다.

피청구인으로 하여 청구하여야 한다(제17조 제1항). 이론적으로는 권리·의무의 주체인 국가 또는 지방자치단체 등을 피청구인으로 하여야 한다. 그러나 행정소송과 마찬가지로 쟁송절차에 있어서 공격·방어의 용이성 등의 기술적 이유로 처분(또는 부작위) 행정청을 직접 피청구인으로 한 것이다.[210]

한편, 행정청의 권한이 법령에 의하여 다른 행정청, 공공단체 및 그 기관 또는 사인에게 위임 또는 위탁된 경우에는 위임 또는 위탁을 받은 자가 피청구인이 된다(제2조 제4호).

2) 피청구인의 경정

피청구인을 잘못 지정하여 심판청구를 한 경우에 행정심판위원회는 당사자의 신청에 의하거나 직권에 의한 결정으로 피청구인을 경정할 수 있다(제17조 제2항).[211] 경정이 있으면 종전의 피청구인에 대한 심판청구는 취하되고 새로운 피청구인에 대한 심판청구가 처음의 심판청구를 한 시점에 소급하여 제기된 것으로 간주된다. 이렇게 함으로써, 심판청구기간의 경과를 이유로 각하 당하는 불이익이 없도록 배려한 것이다(제17조 제4항).[212]

3) 권한승계에 따른 경정

행정심판의 대상인 행정처분에 대한 권한이 다른 행정청에 승계된 경우에는 원래의 처분청이 아닌 승계한 행정청을 피청구인으로 하여 행정심판을 제기하여야 한다(제17조 제1항 단서). 그러나 행정심판이 청구된 후에 권한승계가 있은 경우에는 위원회는 당사자의 신청에 의하거나 직권에 의한 결정으로 피청구인을 경정할 수 있다. 경정결정이 있은 때에는 종전의 피청구인에 대한 심판청구는 취하되고, 새로운 피청구인에 대한 심판청구가 처음에 심판청구를 한 때에 제기된 것으로 본다(제17조 제5항).

---

210) 행정소송법 제3조는 처분행정청을 피고로 규정하고 있으나, 그것은 원래는 국가가 당사자가 되는 것이 원칙인 것을 소송수행의 편의상 당해 행정청이 국가를 대표하는 의미에서 피고가 되는 데 불과하다(대판 1961. 10. 5, 4292행상63).

211) 제17조(피청구인의 적격 및 경정) ② 청구인이 피청구인을 잘못 지정한 경우에는 위원회는 직권으로 또는 당사자의 신청에 의하여 결정으로써 피청구인을 경정할 수 있다.

212) 제17조(피청구인의 적격 및 경정) ④ 제2항에 따른 결정이 있으면 종전의 피청구인에 대한 심판청구는 취하되고 종전의 피청구인에 대한 행정심판이 청구된 때에 새로운 피청구인에 대한 행정심판이 청구된 것으로 본다.

2. 행정심판의 관계인

(1) 참가인

행정심판의 결과에 대하여 이해관계가 있는 제3자 또는 행정청은 위원회의 허가를 받아 심판에 참가할 수 있고, 위원회도 필요하다고 인정되면 참가할 것을 요구할 수 있다(제20조).[213]

예컨대 ① 체납자의 납세보증을 위하여 자기의 재산을 세무서에 담보로 제공하였던 물상보증인이 체납자가 제기한 재산 공매처분 취소심판에 참가하는 경우, 또는 ② 인근주민이 연탄공장에 대한 허가취소를 구하는 행정심판을 제기한 경우에 당해 공장주가 심판에 참가하는 경우 등을 말한다.

(2) 대리인

청구인은 법정대리인 외에, 배우자 · 직계존비속 · 형제자매 · 법인의 임직원 및 변호사, 다른 법률의 규정에 의하여 심판청구의 대리를 할 수 있는 자(공인노무사 · 세무사 등), 기타 위원회의 허가를 받은 자를 행정심판절차에 있어서의 대리인으로 선임할 수 있다(제18조 제1항).[214]

---

213) 제20조(심판참가) ① 행정심판의 결과에 이해관계가 있는 제3자나 행정청은 해당 심판청구에 대한 제7조제6항 또는 제8조제7항에 따른 위원회나 소위원회의 의결이 있기 전까지 그 사건에 대하여 심판참가를 할 수 있다.
   ② 제1항에 따른 심판참가를 하려는 자는 참가의 취지와 이유를 적은 참가신청서를 위원회에 제출하여야 한다. 이 경우 당사자의 수만큼 참가신청서 부본을 함께 제출하여야 한다.
   ③ 위원회는 제2항에 따라 참가신청서를 받으면 참가신청서 부본을 당사자에게 송달하여야 한다.
   ④ 제3항의 경우 위원회는 기간을 정하여 당사자와 다른 참가인에게 제3자의 참가신청에 대한 의견을 제출하도록 할 수 있으며, 당사자와 다른 참가인이 그 기간에 의견을 제출하지 아니하면 의견이 없는 것으로 본다.
   ⑤ 위원회는 제2항에 따라 참가신청을 받으면 허가 여부를 결정하고, 지체 없이 신청인에게는 결정서 정본을, 당사자와 다른 참가인에게는 결정서 등본을 송달하여야 한다.
   ⑥ 신청인은 제5항에 따라 송달을 받은 날부터 7일 이내에 위원회에 이의신청을 할 수 있다.

214) 제18조(대리인의 선임) ① 청구인은 법정대리인 외에 다음 각 호의 어느 하나에 해당하는 자를 대리인으로 선임할 수 있다.
   1. 청구인의 배우자, 청구인 또는 배우자의 사촌 이내의 혈족
   2. 청구인이 법인이거나 제14조에 따른 청구인 능력이 있는 법인이 아닌 사단 또는 재단인 경우 그 소속 임직원
   3. 변호사

피청구인도 소속 직원·변호사 기타 위원회의 허가를 받은 자를 대리인으로 선임할 수 있다(제18조 제2항).[215] 대리인은 청구인 또는 피청구인을 위하여 대리권의 범위 안에서 자기의 의사결정과 명의로 심판청구에 관한 행위를 하는 자이지만, 그 행위의 효과는 직접 청구인 또는 피청구인에게 귀속되게 된다.

Ⅶ. 행정심판의 청구

1. 심판청구의 요건

행정심판은 청구인적격이 있는 자가 심판청구의 대상이 되는 위법 또는 부당한 처분이나 부작위를 대상으로 하여, 심판청구기간 내에 심판청구서에 의하여 피청구인인 처분청 또는 행정심판위원회에 제기하여야 한다.[216]

(1) 심판청구기간

행정심판법이 심판청구기간에 제한을 두는 이유는 처분은 그 상대방뿐만 아니라 일반 공공의 이해에 관계되는 것이기 때문에 처분과 관련된 행정법관계의 안정을 기하기 위한 것이다.

심판청구기간은 취소심판과 거부처분에 대한 의무이행심판에 대하여만 적용되고, 무효등확인심판과 부작위에 대한 의무이행심판에는 성질상 적용되지 아니한다(제27조 제7항).

1) 원칙

행정처분이 있음을 안 날로부터 90일 이내 또는 행정처분이 있은 날로부터 180일 이내에 제기하여야 한다(제27조 제1항·제3항).[217] 이들 기간 중 어느 하나라도 먼저 경과해 버리

---

4. 다른 법률에 따라 심판청구를 대리할 수 있는 자
5. 그 밖에 위원회의 허가를 받은 자

215) 제18조(대리인의 선임) ② 피청구인은 그 소속 직원 또는 제1항 제3호부터 제5호까지의 어느 하나에 해당하는 자를 대리인으로 선임할 수 있다.

216) 제23조(심판청구서의 제출) ① 행정심판을 청구하려는 자는 제28조에 따라 심판청구서를 작성하여 피청구인이나 위원회에 제출하여야 한다. 이 경우 피청구인의 수만큼 심판청구서 부본을 함께 제출하여야 한다.

면 행정심판을 제기할 수 없다.

여기서 처분이 있음을 안 날이란 상대방이 행정처분이 있은 것을 실제로 알았는가에 관계없이 행정처분을 하는 서면이 도달한 날을 의미하며, 사실행위인 경우에는 그것이 자기의 권리·이익을 침해하고 있다는 인식을 한 날을 의미한다.

한편, 처분이 있은 날이란 처분이 외부에 표시되어 객관적으로 효력이 발생된 날을 말하며, 상대편이 알았는가에 관계없이 행정법관계가 장기간 동안 불안정한 상태에 놓이게 되는 것을 방지하려는 취지에서 마련된 것이다.

> **【판례】** 통상 고시 또는 공고에 의하여 행정처분을 하는 경우에는 그 처분의 상대방이 불특정 다수인이고, 그 처분의 효력이 불특정 다수인에게 일률적으로 적용되는 것이므로, 그에 대한 행정심판 청구기간도 고시일 또는 공고일에 그 행정처분이 있음을 알았던 것으로 보아 기산하여야 한다(대판 1998. 11. 27, 96누13927).

2) 예외

① 행정심판은 처분이 있음을 안 날로부터 90일 이내에 제기하여야 하지만, 예외적으로 청구인이 천재지변, 전쟁, 사변, 그 밖의 불가항력으로 인하여 90일 이내에 심판청구를 할 수 없었을 때에는 그 사유가 소멸한 날부터 14일 이내에 행정심판을 청구할 수 있다. 다만, 국외에서 행정심판을 청구하는 경우에는 그 기간을 30일로 한다(제27조 제2항).

② 행정심판은 처분이 있은 날로부터 180일에 제기하여야 하지만, 예외적으로 정당한 사유가 있으면 180일이 경과한 후에도 제기할 수 있다(제27조 제3항).

3) 복효적 행정행위의 제3자의 심판청구기간

복효적 행정행위에 있어서 행정처분의 직접 상대방이 아닌 제3자(공해공장의 인근주민 등)가 행정심판을 청구하는 경우에도 원칙적으로 처분이 있음을 안 날로부터 90일, 처분이 있은 날로부터 180일 이내에 제기하여야 할 것이다(제27조). 제3자가 어떤 경위로든 처분이 있음을 객관적으로 알았거나 쉽게 알 수 있는 등 행정심판 청구기간 내에 심판청구가 가능하

---

217) 제27조(심판청구의 기간) ① 행정심판은 처분이 있음을 알게 된 날부터 90일 이내에 청구하여야 한다. ③ 행정심판은 처분이 있었던 날부터 180일이 지나면 청구하지 못한다. 다만, 정당한 사유가 있는 경우에는 그러하지 아니하다.

였다는 사정이 있는 경우에는 그 때부터 90일 이내에 행정심판을 청구해야 한다.

> **【판례】** 행정처분의 상대방이 아닌 제3자는 일반적으로 처분이 있는 것을 바로 알 수 있는 처지에 있지 아니하므로 처분이 있은 날로부터 180일이 경과하더라도 특별한 사유가 없는 한 구 행정심판법(1995. 12. 6. 법률 제5000호로 개정되기 전의 것) 제18조 제3항 단서 소정의 정당한 사유가 있는 것으로 보아 심판청구가 가능하다고 할 것이나, 그 제3자가 어떤 경위로든 행정처분이 있음을 알았거나 쉽게 알 수 있는 등 행정심판법 제18조 제1항 소정의 심판청구기간 내에 심판청구가 가능하였다는 사정이 있는 경우에는 그 때로부터 60일(현행법 90일) 이내에 행정심판을 청구하여야 한다(대판 1997. 9. 12, 96누14661).

그런데 행정처분은 직접 상대방에게는 통지하도록 되어 있지만 제3자에 대한 통지의무규정은 없으므로 제3자는 통상 행정처분이 있었음을 알 수 없는 상태에 놓이게 된다. 그러므로 제3자가 심판청구를 제기하는 경우는 처분이 있은 날로부터 180일 내가 되는 것이 보통이다.

> **【판례】** 행정심판법 제18조 제3항에 의하면 행정처분의 상대방이 아닌 제3자라도 처분이 있은 날로부터 180일을 경과하면 행정심판청구를 제기하지 못하는 것이 원칙이지만, 다만 정당한 사유가 있는 경우에는 그러하지 아니하도록 규정되어 있는바, 행정처분의 직접 상대방이 아닌 제3자는 일반적으로 처분이 있는 것을 바로 알 수 없는 처지에 있으므로, 위와 같은 심판청구기간 내에 심판청구를 제기하지 아니하였다고 하더라도, 그 기간 내에 처분이 있은 것을 알았거나 쉽게 알 수 있었기 때문에 심판청구를 제기할 수 있었다고 볼 만한 특별한 사정이 없는 한, 위 법조항 본문의 적용을 배제할 "정당한 사유"가 있는 경우에 해당한다고 보아 위와 같은 심판청구기간이 경과한 뒤에도 심판청구를 제기할 수 있다(대판 1992. 7. 28, 91누12644).

4) 심판청구기간의 불고지의 경우

행정청이 서면으로 행정처분을 하는 경우에는 처분의 상대방에게 심판청구의 가능 여부, 심판청구절차 및 청구기간을 고지하여야 한다(제58조 제1항[218]). 행정청이 이러한 고지를

---

218) 제58조(행정심판의 고지) ① 행정청이 처분을 할 때에는 처분의 상대방에게 다음 각 호의 사항을 알려야 한다.
  1. 해당 처분에 대하여 행정심판을 청구할 수 있는지

함에 있어서 ① 착오로 법정기간보다 긴 기간으로 잘못 고지한 경우에는 그 잘못 고지된 기간 내에, ② 청구기간을 고지하지 아니한 경우에는 처분이 있은 날로부터 180일 이내에 심판청구를 하면 되도록 함으로써, 잘못된 고지 또는 불고지에 대한 책임을 행정청이 지도록 하였다(제27조 제5항 · 제6항).

(2) 심판청구방식

심판청구는 청구인의 이름 · 주소, 피청구인인 행정청과 행정심판위원회, 심판청구의 대상이 되는 처분의 내용, 처분이 있은 것을 안 날, 심판청구의 취지 및 이유, 처분을 한 행정청이 행정심판을 제기할 수 있는지와 그 절차 · 기간을 고지한 여부 및 그 내용을 등 필요적 기재사항을 기재한 행정심판청구서에 의하도록 함으로써 구술에 의할 경우의 불명확성을 예방하고 있다. 필요적 기재사항에 관하여 결함이 있을 경우에 이를 보정할 수 있는 내용이라고 위원회가 인정할 때에는 상당한 기간을 정하여 보정을 명할 수 있으며, 보정할 사항이 경미한 경우에는 직권으로 보정할 수 있다(제28조 제1항[219]).

> **【판례】** ① 행정심판법 제19조, 같은 법 제23조의 규정취지와 행정심판제도의 목적에 비추어 보면 행정소송의 전치요건인 행정심판 청구는 엄격한 형식을 요하지 아니하는 서면행위라고 볼 것이므로 행정청의 위법 부당한 처분 등으로 인하여 권리나 이익을 침해당한 자로부터 처분의 취소나 변경을 구하는 서면이 제출되었을 때에는 표제와 제출기관의 여하를 불문하고 행정심판 청구로 보고 심리와 재결을 하여야 하고, 불비된 사항이 있을 때에는 보정 가능한 때에는 보정을 명하고 보정명령에 따르지 아니하거나 보정이 불가능한 때에는 각하하여야 하며, 제출된 서면의 취지가 불명확한 경우에도 행정청으로서는 그 서면을 가능한 한 제출자의 이익이 되도록 해석하고 처리하여야 한다(대판 1993. 6. 29,

---

2. 행정심판을 청구하는 경우의 심판청구 절차 및 심판청구 기간

219) 제28조(심판청구의 방식) ① 심판청구는 서면으로 하여야 한다.
② 처분에 대한 심판청구의 경우에는 심판청구서에 다음 각 호의 사항이 포함되어야 한다.
  1. 청구인의 이름과 주소 또는 사무소(주소 또는 사무소 외의 장소에서 송달받기를 원하면 송달 장소를 추가로 적어야 한다)
  2. 피청구인과 위원회
  3. 심판청구의 대상이 되는 처분의 내용
  4. 처분이 있음을 알게 된 날
  5. 심판청구의 취지와 이유
  6. 피청구인의 행정심판 고지 유무와 그 내용

92누19194).

②　행정심판청구는 엄격한 형식을 요하지 아니하는 서면행위이므로 행정청의 위법·부당한 처분으로 인하여 권리나 이익을 침해당한 사람이 당해 행정청에 그 처분의 취소나 변경을 구하는 취지의 서면을 제출하였다면 서면의 표제나 형식 여하에 불구하고 행정심판청구로 봄이 옳다(대판 1999. 6. 22, 99두2772).

(3) 심판청구서 제출기관

1) 처분청 또는 위원회

행정심판은 피청구인인 행정청 또는 위원회에 직접 제기하거나 피청구인인 처분청(또는 부작위청)에 제기할 수 있다(제23조 제1항).

2) 처분청의 처리

처분청이 심판청구서를 접수하면 ① 행정청이 고지를 하지 아니하거나 잘못 고지하여 청구인이 심판청구서를 다른 행정기관에 제출한 경우에는 그 행정기관은 그 심판청구서를 지체 없이 정당한 권한이 있는 피청구인에게 보내야 하며, ② 심판청구서를 보낸 행정기관은 지체 없이 그 사실을 청구인에게 알려야 하며, ③ 피청구인이 심판청구서를 접수하거나 송부받으면 10일 이내에 심판청구서와 답변서를 위원회에 보내야 한다. 다만, 청구인이 심판청구를 취하한 경우에는 그러하지 아니하다.[220]

2. 심판청구의 변경

(1) 청구의 변경

청구인은 청구의 기초에 변경이 없는 한도 내에서 위원회의 의결이 있기 전까지는 청구취지(예, 취소심판을 무효확인심판으로, 조세부과취소청구를 조세경감청구로) 또는 청구이유(예, 처분의 위법성을 이유로 하던 것을 처분의 부당성을 이유로 변경하거나 그 반대의 경우, 또는 다른 위법 또는 부당한 이유를 추가하는 경우)를 변경할 수 있다(제29조 제1항).

---

220) 행정심판법 제23조 및 제24조 참조.

(2) 처분의 변경으로 인한 청구의 변경

행정심판이 청구된 후에 피청구인이 새로운 처분을 하거나 심판대상의 대상인 처분을 변경한 경우(예, 영업허가취소처분을 영업정지처분으로 변경)에는 청구인은 새로운 처분이나 변경된 처분에 맞추어 청구의 취지나 이유를 변경할 수 있다(제29조 제2항).

3. 심판청구의 효과

(1) 행정심판위원회에 대한 효과

행정심판이 제기되면 위원회는 그 심판사건을 심리·재결할 의무를 진다.

(2) 처분에 대한 효과

1) 집행부정지의 원칙

행정심판청구는 처분의 효력이나 그 집행 또는 절차의 속행에 영향을 주지 아니한다. 즉, 집행부정지가 원칙이다(제30조 제1항).

2) 집행정지의 결정

위원회는 처분, 처분의 집행 또는 절차의 속행 때문에 중대한 손해가 생기는 것을 예방할 필요성이 긴급하다고 인정할 때에는 직권으로 또는 당사자의 신청에 의하여 처분의 효력, 처분의 집행 또는 절차의 속행의 전부 또는 일부의 정지를 결정할 수 있다. 다만, 처분의 효력정지는 처분의 집행 또는 절차의 속행을 정지함으로써 그 목적을 달성할 수 있을 때에는 허용되지 아니한다(제30조 제2항). 집행정지는 공공복리에 중대한 영향을 미칠 우려가 있을 때에는 허용되지 아니한다(제30조 제3항).

3) 정지결정의 대상

집행정지결정의 대상은 처분의 효력, 처분의 집행, 또는 절차의 속행이다. 정지범위는 그 전부 또는 일부이다(제30조 제2항).

(가) 처분의 효력정지

행정처분의 내용에 따르는 구속력·공정력·집행력 등을 본안에 대한 재결이 있을 때까지 잠정적으로 정지시키는 것을 말한다. 예컨대 운전면허, 음식점·목욕장 영업허가의 취소나 정지처분에 대한 처분의 효력정지결정이 있으면 본안 재결시까지 잠정적으로 영업을 계속할 수 있게 된다.

(나) 처분의 집행정지

행정처분의 내용을 강제로 실현하는 집행력의 행사를 정지시키는 것을 말한다. 예컨대 강제퇴거명령을 받은 외국인이 실제로 퇴거처분이 집행까지 되지는 아니한 상태라면 강제퇴거명령의 효력은 그대로 유지하되, 그 현실적인 집행만 정지하더라도 목적이 달성된다.

(다) 절차의 속행정지

행정처분에 따르는 일련의 남아 있는 후속처분만을 정지시키는 것을 말한다. 예컨대 행정대집행절차 중 대집행의 계고처분의 효력은 유지시키되, 후속절차인 대집행영장에 의한 통지를 정지시키는 것을 말한다.

4) 정지결정의 취소

위원회는 집행정지를 결정한 후에 집행정지가 공공복리에 중대한 영향을 미치거나 그 정지사유가 없어진 경우에는 직권으로 또는 당사자의 신청에 의하여 집행정지 결정을 취소할 수 있다(제30조 제4항).

Ⅷ. 행정심판의 심리

행정심판의 심리란 재결의 기초가 되는 사실관계 및 법률관계를 명백히 하기 위하여 당사자의 주장을 듣고 증거자료를 수집·조사하는 일련의 절차를 말한다. 심리절차는 "행정심판의 절차는 법률로 정하되 사법절차가 준용되어야 한다"는 헌법(제107조 제3항)의 원칙에 따라 대심주의, 보충적 구술심리주의 등을 취하고 있다.

1. 심리의 내용

(1) 요건심리

행정심판이 제기되면 먼저 청구인적격, 심판청구의 대상, 청구기간, 심판청구서의 필요적 기재사항 등 행정심판청구의 요건을 갖추었는지를 심리하여야 한다(형식적 심리 또는 본안 전 심리).

요건을 갖추지 못한 부적법한 심판청구는 위원회가 이를 각하한다. 그러나 위원회는 심판 청구가 적법하지 아니하나 보정할 수 있다고 인정하면 기간을 정하여 청구인에게 보정할 것을 요구할 수 있다. 다만, 경미한 사항은 직권으로 보정할 수 있다(제32조 제1항).

(2) 본안심리

본안심리란 요건심리의 결과 심판청구가 요건을 모두 갖추어 적법한 것으로 판단되는 경우에 당해 심판청구의 내용, 즉, 심판청구의 대상인 행정처분의 위법·부당 여부를 심리하는 것을 말한다. 실질적 심리라고도 한다.

본안심리의 결과 청구인의 주장이 이유 있으면 인용재결을 하고, 이유 없으면 기각재결(사정재결 포함)을 한다.

2. 심리의 범위

(1) 불고불리 및 불이익변경금지의 원칙

행정심판법(제47조)은 "① 위원회는 심판청구의 대상이 되는 처분 또는 부작위 외의 사항에 대하여는 재결하지 못하며, ② 위원회는 심판청구의 대상이 되는 처분보다 청구인에게 불리한 재결을 하지 못한다"라고 규정하여 불고불리의 원칙[221] 및 불이익금지의 원칙을 인정하고 있다.

---

221) 불고불리의 원칙이란 형사소송법상 법원은 공소의 제기가 없는 사건에 관하여 심판할 수 없다는 원칙을 말한다. 법원은 공소제기가 없는 한 사건에 대하여 심판할 수 없고, 당사자가 신청한 사항에 대해서만 심판할 수 있다는 원칙이다. 행정심판의 재결에 대하여도 이 원칙이 적용되고 있다.

(2) 법률문제와 사실문제

행정심판의 심리범위는 적법·위법에 대한 법률문제, 당·부당에 관한 재량문제, 그리고 사실문제까지 모두 미친다.

3. 심리의 절차

(1) 심리의 기본원칙

1) 대심주의(쌍방심리주의)

대심주의란 대립되는 당사자 간에 대등한 공격·방어의 기회를 보장하고(예, 심판청구서에 대한 답변서 제출기회 보장, 구술심리시 공평한 진술기회의 부여 등), 당사자가 제출한 공격·방어자료를 심리의 바탕으로 하며, 위원회는 제3자적인 중립적 지위에서 심리를 진행하는 것을 말한다.

2) 구술심리 또는 서면심리주의

행정심판법은 심리는 구술심리 또는 서면심리로 한다고 규정하고 있어 어느 방식을 취하는가는 위원회의 선택에 맡기고 있다. 그러나 어느 일방 당사자가 구술심리를 신청한 경우에는 서면심리만으로 결정할 수 있다고 인정되는 경우 외에는 구술심리를 하여야 한다.[222]

3) 직권심리주의

직권심리주의는 당사자주의에 대응한 것으로서, 심리의 진행을 위원회의 직권으로 함과 동시에 필요한 증거자료를 당사자가 제출한 것에만 의존하지 않고 직권으로 수집·조사하는 제도를 말한다. 행정심판법(제39조)은 "위원회는 필요하면 당사자가 주장하지 아니한 사실에 대하여도 심리할 수 있다"고 규정하여 직권심리주의를 택하고 있다.

4) 비공개주의

위원회에서 위원이 발언한 내용이나 그 밖에 공개되면 위원회의 심리·재결의 공정성을

---

222) 제40조(심리의 방식) ① 행정심판의 심리는 구술심리나 서면심리로 한다. 다만, 당사자가 구술심리를 신청한 경우에는 서면심리만으로 결정할 수 있다고 인정되는 경우 외에는 구술심리를 하여야 한다.

해칠 우려가 있는 사항으로서 대통령령으로 정하는 사항은 공개하지 아니한다(제41조).

(2) 당사자의 절차적 권리
당사자는 심리에 있어 다음의 절차적 권리를 가진다.

1) 위원·직원에 대한 기피신청권
당사자는 위원에게 심리·재결의 공정을 기대하기 어려운 사정이 있는 경우에는 기피신청을 할 수 있다. 이 경우에 위원회의 위원장은 기피신청에 대하여 직권으로 또는 당사자의 신청에 의하여야 한다(제10조 제1항).

2) 구술심리신청권
당사자는 위원회에 구술심리를 신청할 수 있다(제40조).

3) 보충서면신청권
당사자는 심판청구서·보정서·답변서·참가신청서 등에서 주장한 사실을 보충하고 다른 당사자의 주장을 다시 반박하기 위하여 필요하면 위원회에 보충서면을 제출할 수 있다. 이 경우 다른 당사자의 수만큼 보충서면 부본을 함께 제출하여야 한다. 위원회는 필요하다고 인정하면 보충서면의 제출기한을 정할 수 있다(제33조 제1항·제2항).

4) 증거제출권
당사자는 심판청구서·보정서·답변서·참가신청서·보충서면 등에 덧붙여 그 주장을 뒷받침하는 증거서류나 증거물을 제출할 수 있다(제34조 제1항). 여기서 증거서류는 서증의 일종으로서 일정한 서면의 내용이 심판의 증거로 되는 것을 말한다. 증거물은 증거서류 외의 서류, 물품 등을 말하며, 이 두 가지를 합하여 물적 증거라 한다. 증거서류에는 다른 당사자의 수에 따르는 부본을 첨부해야 하며, 위원회는 제출된 부본을 지체없이 다른 당사자에게 송달해야 한다(제34조 제2항·제3항).

5) 증거조사 신청권

당사자는 그의 주장을 뒷받침하기 위하여 당사자 본인 또는 참고인의 심문, 당사자 또는 관계인이 소지한 증거자료의 제출, 감정·검증 등의 증거조사의 실시 등을 행정심판위원회에 신청할 수 있다(제36조 제1항). 그러나 행정심판법은 당사자인 국민이 직접 행정기관이 보유하는 관계자료의 열람·복사를 요구할 수 있는 규정은 따로 두지 않고 있다. 따라서 당사자인 국민은 '공공기관의 정보공개에 관한 법률'에 의하여 행정기관에 대하여 그 보유정보의 공개를 청구할 수밖에 없다.

(3) 관련청구의 병합과 분리

위원회는 여러 개의 심판청구사건이 동일한 행정청이 행한 유사한 내용의 처분이거나, 서로 관련되는 사건일 경우에는 심리의 신속·경제성의 관점에서 이들 사건을 병합하여 함께 심리할 수 있다. 반대로 위원회는 병합하여 심리 중인 관련청구사건이라도 분리하여 심리할 필요가 생긴 경우에는 직권으로 분리하여 심리할 수 있다(제37조).

Ⅸ. 행정심판의 재결

1. 의의

행정심판의 재결이란 심판청구에 대한 심리의 결과를 판단하는 행위를 말한다. 즉, 심판청구사건에 대하여 재결기관이 분쟁에 대하여 확인·판단하는 작용으로서 종국적 의사표시를 말한다. 재결의 성질은 준법률행위적 행정행위에 속하는 확인행위이다.

2. 재결기간·방식 등

(1) 재결기간

① 재결은 피청구인 또는 위원회가 심판청구서를 받은 날부터 60일 이내에 하여야 한다. 다만, 부득이한 사정이 있는 경우에는 위원장이 직권으로 30일을 연장할 수 있다. 위원장은

재결 기간을 연장할 경우에는 재결 기간이 끝나기 7일 전까지 당사자에게 알려야 한다(제45조 제1항·제2항). 위원회가 심판청구의 결함의 보정을 명한 경우에 그 보정기간은 재결기간의 계산에서 제외한다(제32조 제5항).

(2) 재결방식

재결은 서면으로 하되, 재결서에는 사건번호와 사건명, 당사자·대표자 또는 대리인의 이름과 주소, 주문, 청구의 취지, 이유, 재결한 날짜 등을 기재하고 기명날인하여야 한다. 재결서에 적는 이유에는 주문 내용이 정당하다는 것을 인정할 수 있는 정도의 판단을 표시하여야 한다(제46조).

(3) 재결범위

위원회는 심판청구의 대상이 되는 처분 또는 부작위 외의 사항에 대하여는 재결하지 못하며, 심판청구의 대상이 되는 처분보다 청구인에게 불리한 재결을 하지 못한다(제47조).

(4) 재결의 송달 및 효력 발생

① 위원회는 지체 없이 당사자에게 재결서의 정본을 송달하여야 한다. 이 경우 중앙행정심판위원회는 재결 결과를 소관 중앙행정기관의 장에게도 알려야 하며, ② 재결은 청구인에게 송달되었을 때에 그 효력이 발생하며, ③ 위원회는 재결서의 등본을 지체 없이 참가인에게 송달하여야 한다. ④ 처분의 상대방이 아닌 제3자가 심판청구를 한 경우 위원회는 재결서의 등본을 지체 없이 피청구인을 거쳐 처분의 상대방에게 송달하여야 한다(제48조).

3. 종류

재결은 그 내용에 따라 각하재결·기각재결·인용재결의 3종이 있다

(1) 각하재결

각하재결이란 행정심판청구의 요건심리의 결과 그 제기 요건에 흠결이 있어 부적법한 행정심판에 대하여 청구의 내용인 본안의 심리를 거부하는 재결을 말한다(제43조 제1항). 예컨대

청구인적격이 없거나, 청구의 대상인 행정처분 또는 부작위가 없거나, 심판청구기간이 경과한 때, 대통령의 처분·부작위에 관한 심판청구, 대상이 소멸한 때, 재심판청구 등이 있다.

(2) 기각재결

기각재결은 본안심리의 결과 심판청구가 이유 없다고 하여 청구를 배척하고 원처분을 인정하는 재결이다(제43조 제2항). 원처분을 인정하는 데 그치므로 기각재결 후에 처분청이 직권으로 원처분을 취소·변경하는 것은 가능하다.

(3) 인용재결

인용재결은 본안심리의 결과 심판청구가 이유 있다고 인정하여 청구인의 청구취지를 받아들이는 재결이다. 행정심판의 종류에 대응하여 각각 취소재결·무효등확인재결·의무이행재결로 구분된다.

1) 취소재결

위원회는 취소심판의 청구가 이유가 있다고 인정하면 처분을 취소 또는 다른 처분으로 변경하거나 처분을 다른 처분으로 변경할 것을 피청구인에게 명한다(제43조 제3항).

> **【재결례】** 원처분을 직접 변경하는 형성적 재결
> 자동차 운수사업법상 중대한 교통사고를 야기한 자동차운송사업자에 대하여는 운송사업면허를 취소하거나 6월 이내의 사업정지를 명할 수 있다는 규정에 근거하여 서울 특별시장이 사업면허를 취소한 사건에 있어서, 국무총리행정심판위원회는 운송사업자가 피해배상을 하는 등 정상을 참작할 여지가 있어 '운송사업면허취소처분을 6월의 운행정지처분으로 변경한다'는 재결을 하였다(국행심1991. 5. 6, 91-73).

2) 무효등확인재결

위원회는 무효등확인심판의 청구가 이유가 있다고 인정하면 처분의 효력 유무 또는 처분의 존재 여부를 확인한다(제43조 제4항).

3) 의무이행재결

위원회는 의무이행심판의 청구가 이유가 있다고 인정하면 지체 없이 신청에 따른 처분을 하거나 처분을 할 것을 피청구인에게 명한다(제43조 제5항).

(4) 사정재결

1) 의의

취소심판 또는 의무이행심판에 있어 처분이나 부작위가 위법 또는 부당하다고 인정되는 경우 인용재결을 하여야 한다. 그러나 예외적으로 청구인의 심판청구가 이유 있다고 인정되는 경우에도 이를 인용하는 것이 현저히 공공복리에 적합하지 아니하다고 인정하는 때에는 위원회의 의결을 거쳐 그 심판청구를 기각하는 재결을 할 수 있다. 예컨대 토지수용이 위법·부당하였지만 이미 사업이 종료되어 그 토지에 고속철도가 건설되어 버린 경우 등이다. 이와 같이 재결형식으로는 기각재결에 속하지만 특별한 사정을 고려한 재결이라는 뜻에서 특히 사정재결이라고 한다(제44조[223]).

2) 위법·부당의 주문에의 명시

사정재결을 한다고 해서 처분의 위법·부당성이 소멸하는 것이 아니므로, 재결의 주문에 처분 또는 부작위가 위법 또는 부당함을 명시하여야 한다(제44조 제1항 후단). 이는 사정재결에 의하여 청구는 기각되더라도 당해 처분 또는 부작위가 위법·부당함을 유권적으로 확정하여 사정재결 이후에 행하여질 청구인의 손해배상청구나 다른 구제방법을 용이하게 하려는 목적에서 마련된 것이다.

3) 손해배상 등 구제방법

위원회는 청구인을 위하여 손해배상·피해방지시설의 설치 기타 상당한 구제방법을 스스로 취하거나, 피청구인(처분청)으로 하여금 이를 취할 것을 명하여야 한다(제44조 제2항).

---

223) 제44조(사정재결) ① 위원회는 심판청구가 이유가 있다고 인정하는 경우에도 이를 인용하는 것이 공공복리에 크게 위배된다고 인정하면 그 심판청구를 기각하는 재결을 할 수 있다. 이 경우 위원회는 재결의 주문에서 그 처분 또는 부작위가 위법하거나 부당하다는 것을 구체적으로 밝혀야 한다.
② 위원회는 제1항에 따른 재결을 할 때에는 청구인에 대하여 상당한 구제방법을 취하거나 상당한 구제방법을 취할 것을 피청구인에게 명할 수 있다.
③ 제1항과 제2항은 무효등확인심판에는 적용하지 아니한다.

4. 재결의 효력

행정심판의 재결도 행정행위의 일종이므로 그것이 당연무효인 경우 외에는 행정행위가 가지는 일반적인 효력을 가진다. 즉, 공정력, 불가쟁력, 불가변력을 가지며, 그 외에 쟁송에 의한 판단작용이라는 특성에서 오는 형성력과 기속력을 가진다. 행정행위의 효력에 관하여는 행정행위 편에서 설명하였으므로 아래에서는 형성력과 기속력에 대하여만 설명한다.

(1) 형성력

형성력이란 재결의 내용에 따라 기존의 법률관계에 직접 변동을 가져오는 효력을 말한다. 예컨대 처분에 대한 취소·변경 재결이 있으면 원처분청에 의한 별도의 취소·변경처분 없이도 원처분시에 소급하여 재결내용대로 취소·변경되어 버린다(대판 1999. 12. 16, 98두18619 ; 대판 1998. 4. 24, 97두17131). 이러한 형성력에는 대세적 효력이 인정된다.

(2) 기속력

1) 관계 행정청에 대한 기속력

행정심판청구를 인용하는 재결은 피청구인과 그 밖의 관계 행정청을 기속한다(제49조 제1항).

> **【판례】** 양도소득세 및 방위세부과처분이 국세청장에 대한 불복심사청구에 의하여 그 불복사유가 이유있다고 인정되어 취소되었음에도 처분청이 동일한 사실에 관하여 부과처분을 되풀이 한 것이라면 설령 그 부과처분이 감사원의 시정요구에 의한 것이라 하더라도 위법하다(대판 1986. 5. 27, 86누127).

2) 취소·변경명령재결의 기속력

재결에 의하여 취소되거나 무효 또는 부존재로 확인되는 처분이 당사자의 신청을 거부하는 것을 내용으로 하는 경우에는 그 처분을 한 행정청은 재결의 취지에 따라 다시 이전의 신청에 대한 처분을 하여야 한다(제49조 제2항).

3) 의무이행명령재결의 기속력

당사자의 신청을 거부하거나 부작위로 방치한 처분의 이행을 명하는 재결이 있으면 행정청은 지체 없이 이전의 신청에 대하여 재결의 취지에 따라 처분을 하여야 한다(제49조 제3항).

5. 재결에 대한 불복

(1) 재심판청구의 금지

행정심판법은 재결에 대하여는 다시 행정심판을 청구하지 못하도록 하였다(제51조[224]).

(2) 재결 자체에 대한 행정소송

행정소송법상의 취소소송은 재결이 아닌 원처분을 대상으로 하여 제기하도록 되어 있으므로(원처분주의), 재결내용에 불복이 있더라도 원처분의 위법성을 가지고 행정소송에서 다투어야 한다. 그러나 재결도 행정처분의 하나이므로 재결처분 그 자체에 고유한 위법(예, 위원회 등 주체에 관한 하자, 재결의 심리·의결절차나 재결서의 형식에 관한 하자 등)이 있는 경우에는 재결 그 자체에 대하여 행정소송을 제기할 수 있음은 물론이다.

X. 행정심판청구의 고지제도

1. 의의

행정심판청구의 고지제도란 행정청이 모든 행정처분을 함에 있어서는 상대방이 이에 불복할 경우에 용이하게 행정심판을 제기할 수 있도록 행정심판 제기에 필요한 사항들(심판청구절차·청구기간 등)을 상대방에게 함께 고지하도록 의무화한 제도를 말한다.

행정심판법은 처분의 상대방 또는 이해관계인에 대한 처분청의 직권 또는 청구에 기한 고지의무를 규정하고 그 불고지 또는 잘못된 고지에 대한 구제수단을 마련하고 있다(제58조[225]).

---

224) 제51조(행정심판 재청구의 금지) 심판청구에 대한 재결이 있으면 그 재결 및 같은 처분 또는 부작위에 대하여 다시 행정심판을 청구할 수 없다.

225) 제58조(행정심판의 고지) ① 행정청이 처분을 할 때에는 처분의 상대방에게 다음 각 호의 사

2. 종류

(1) 직권에 의한 고지

1) 고지대상인 처분

서면에 의한 처분에 있어서는 행정심판의 제기가능 여부 등을 함께 고지하여야 한다. 따라서 구두에 의한 처분, 처분이외의 행정작용은 불복고지의 대상이 되지 아니한다. 고지의 대상인 처분은 행정심판법상의 심판청구의 대상이 되는 처분에 국한되지 않고 널리 행정심판의 대상이 될 수 있는 처분을 총칭한다. 따라서 행정심판법상의 심판의 대상은 처분뿐만 아니라 특별법에 의한 특별행정심판 · 이의신청 등 모든 종류의 행정심판청구의 대상이 되는 처분이 포함된다.

2) 고지의 상대방

행정심판법은 처분의 직접 상대방에게만 고지하도록 되어 있다(제58조). 그러나 오늘날 많은 수익적 처분이 복효적인 경우가 많이 있으므로, 적어도 처분청이 당해 처분으로 인하여 권익이 침해되는 제3자가 있음을 안 때에는 이들에게도 성실하게 고지를 하는 것이 바람직하다고 하겠다.

3) 고지의 내용

당해 처분에 대한 행정심판제기를 위하여 반드시 알아야 할 사항을 고지하여야 할 것이다. 따라서 ① 처분에 대하여 행정심판을 제기할 수 있는지의 여부, ② 제기하는 경우의 심판청구절차, ③ 청구기간 등을 알려야 한다.

4) 고지의 시기 · 방법

원칙적으로 처분시에 처분서에 함께 기재하여 고지하여야 할 것이지만, 처분 시에 누락된 경우 처분 후 지체 없이 따로 고지하여 보완할 수도 있다. 고지의 방법도 명문의 규정은 없으

항을 알려야 한다.
　　1. 해당 처분에 대하여 행정심판을 청구할 수 있는지
　　2. 행정심판을 청구하는 경우의 심판청구 절차 및 심판청구 기간
② 행정청은 이해관계인이 요구하면 다음 각 호의 사항을 지체 없이 알려 주어야 한다. 이 경우 서면으로 알려 줄 것을 요구받으면 서면으로 알려 주어야 한다.
　　1. 해당 처분이 행정심판의 대상이 되는 처분인지
　　2. 행정심판의 대상이 되는 경우 소관 위원회 및 심판청구 기간

나 고지유무 · 내용에 관한 다툼을 없애기 위하여서도 서면에 의하여야 할 것이다.

(2) 청구에 의한 고지

1) 고지의 청구권자

고지의 청구권자는 당해 처분에 대한 이해관계인이다(제58조 제2항). 여기서 이해관계인은 처분의 직접 상대방도 처분만 받고 행정심판청구 가능 여부 등을 고지받지 않은 경우에는 해당되며, 복효적 행정행위에 있어서 제3자도 당연히 고지를 청구할 수 있다고 하겠다.

한편, 고지청구인은 자기가 당해 처분에 대하여 이해관계가 있음을 소명하여야 한다.

2) 고지청구의 대상인 처분

명문으로는 제한 없이 모든 처분을 대상으로 고지의 청구를 할 수 있는 것 같이 표현되어 있다. 그러나 직권고지와 차이를 둘 이유가 없으며 또한 고지제도의 목적에 비추어 보아 행정심판청구의 대상인 처분(사실행위도 포함)에 대하여만 고지를 청구할 수 있다고 하겠다.

3) 고지의 내용

고지의 내용은 당해 처분이 행정심판의 대상이 되는 처분인지의 여부와 대상이 되는 경우에는 위원회 및 청구기간을 알려주어야 한다(제58조 제1항).

4) 고지의 시기 · 방법

고지의 청구를 받은 후 지체 없이 알려 주어야 하며, 방법은 서면 · 구술 어느 방법으로도 가능하겠다. 그러나 청구인이 서면으로 고지해 줄 것을 요구한 경우에는 반드시 서면으로 고지하여야 한다(제58조 제2항 후단).

3. 불고지 및 오고지의 효과

고지를 하지 아니하거나 잘못 고지한 경우에도 당해 처분 자체의 효력에는 아무런 영향도 미치지 아니하지만, 처분청에 대하여 일정한 절차법상의 불이익을 과하고 있다.

(1) 불고지의 효과

1) 심판청구서의 송부

행정청이 고지를 하지 아니하여 청구인이 심판청구서를 다른 행정기관에 제출한 경우에는 그 행정기관은 그 심판청구서를 지체 없이 정당한 권한이 있는 피청구인에게 보내야 하며, 심판청구서를 보낸 행정기관은 지체 없이 그 사실을 청구인에게 알려야 한다(제23조 제2항·제3항).

2) 청구기간

심판청구기간을 고지하지 아니한 때에는 심판청구기간은 처분이 있은 날로부터 180일로 된다(제27조 제6항). 따라서 청구인이 실제로 처분이 있었음을 알았는지의 여부와 심판청구기간에 관하여 알았는지의 여부는 묻지 아니하고 항상 처분이 있은 날로부터 180일만이 적용될 뿐이므로 상대방에게는 매우 유리하게 된다.

> **【판례】** 도로점용료 상당 부당이득금의 징수 및 이의절차를 규정한 지방자치법에서 이의제출기간을 행정심판법 제18조 제3항 소정기간 보다 짧게 정하였다고 하여도 같은법 제42조 제1항 소정의 고지의무에 관하여 달리 정하고 있지 아니한 이상 도로관리청인 피고가 이 사건 도로점용료 상당 부당이득금의 징수고지서를 발부함에 있어서 원고들에게 이의제출기간 등을 알려주지 아니하였다면 원고들은 지방자치법상의 이의제출기간에 구애됨이 없이 행정심판법 제18조 제6항, 제3항의 규정에 의하여 징수고지처분이 있은 날로부터 180일 이내에 이의를 제출할 수 있다고 보아야 할 것이다(대판 1990. 7. 10, 89누6839).

(2) 오고지의 효과

1) 심판청구서의 송부

행정청이 잘못 고지하여 청구인이 심판청구서를 다른 행정기관에 제출한 경우에는 그 행정기관은 그 심판청구서를 지체 없이 정당한 권한이 있는 피청구인에게 보내야 하며, 심판청구서를 보낸 행정기관은 지체 없이 그 사실을 청구인에게 알려야 한다(제23조 제2항·제3항).

2) 청구기간

행정청이 심판청구 기간을 제1항에 규정된 기간보다 긴 기간으로 잘못 알린 경우 그 잘못 알린 기간에 심판청구가 있으면 그 행정심판은 제1항에 규정된 기간에 청구된 것으로 본다 (제27조 제5항). 반대로 법정기간보다 짧게 고지한 경우에는 명문의 규정이 없으나 당연히 아무런 효과를 발생할 수 없으며, 따라서 법정기간 내에만 제기하면 될 것이다.

제3항   행정소송

제1관   개설

Ⅰ. 행정소송의 의의

행정소송이란 "행정법상의 법률관계에 관한 분쟁에 대하여 당사자의 소송제기에 의하여 법원이 이를 심리·판단하는 정식재판절차"를 말한다. 행정소송은 크게 위법한 행정작용으로 인하여 권리나 이익을 침해받은 자가 직접 제기하는 주관적 소송과 직접 자기의 법률상의 이익과 관계없이 그 시정을 구하기 위하여 제기하는 객관적 소송으로 대별된다. 주관적 소송은 다시 항고소송과 당사자소송으로 나누어지는데, 항고소송에는 취소소송, 무효등확인소송 및 부작위위법확인소송이 있으며, 객관소송으로는 기관소송과 민중소송이 있다.

Ⅱ. 행정소송의 특수성

행정소송은 일반 사인간의 권리의무관계를 심판대상으로 하는 민사소송과 달리 기본적으로 공익 실현을 목적으로 하는 공권력행사를 심판대상으로 한다. 이러한 점에서 민사소송에 대하여 약간의 특수성이 인정된다.

행정소송법(제8조)은 "① 행정소송에 대하여는 다른 법률에 특별한 규정이 있는 경우를 제외하고는 이 법이 정하는 바에 의한다. ② 행정소송에 관하여 이 법에 특별한 규정이 없는 사항에 대하여는 법원조직법과 민사소송법 및 민사집행법의 규정을 준용한다"고 함으로써 행정소송법이 민사소송법에 대한 특별법임을 선언하고 있다. 행정소송법이 규정하고 있는 민사소송에 대한 특수성은 다음과 같은 것들이 있다.

1. 예외적·임의적 행정심판전치주의

행정심판전치주의란 행정소송을 제기하기 전에 원칙적으로 행정심판을 먼저 제기하고 그 재결을 거친 후에 행정소송을 제기하도록 하는 제도를 말한다. 현행법상 행정심판의 필요적 전치주의의 적용을 받는 처분으로는 공무원에 대한 징계 기타 불이익처분에 대한 소청심사위원회, 세법상의 불이익처분에 대한 국세심판원 등이 있다. 현행 행정소송법(제18조)은 "취소소송은 법령의 규정에 의하여 당해 처분에 대한 행정심판을 제기할 수 있는 경우에도 이를 거치지 아니할 수 있다. 다만, 다른 법률에 당해 처분에 대한 행정심판의 재결을 거치지 아니하면 취소소송을 제기할 수 없다는 규정이 있는 때에는 그러하지 아니하다"라고 규정하여 예외적·임의적 행정심판전치주의를 채택하고 있다.

2. 단기제소기간

행정소송은 일정한 제소기간의 제한을 두고 있다. 특히 취소소송은 원칙적으로 처분등이 있음을 안 날로부터 90일 이내에 제기하거나 처분이 있은 날로부터 1년 이내에 제기하여야 하는 단기의 제소기간을 두고 있다. 이에 비하여 민사소송에서는 이러한 단기제소기간제도는 없다.

3. 피고

민사소송의 경우 피고는 권리·의무의 주체인 국가·지방자치단체 등이 되지만, 행정소송에 있어서는 재판의 편리·신속·정확을 위하여 처분등을 직접 행한 행정청이 피고가 된다. 다만, 행정청이 없게 된 때에는 그 처분등에 관한 사무가 귀속되는 국가 또는 공공단체를 피고로 한다(제13조).[226]

---

226) 제13조(피고적격) ① 취소소송은 다른 법률에 특별한 규정이 없는 한 그 처분등을 행한 행정

4. 집행부정지

행정심판과 마찬가지로 행정소송에 있어서도 행정의 부당한 중단을 막기 위하여 집행부정지의 원칙을 채택하고, 예외적으로만 집행정지를 인정하고 있다(제23조). 이는 민사소송에서의 가처분제도보다 원고의 피해구제에 불리하게 되어 있다.

5. 관련청구소송의 병합

행정소송의 대상인 처분과 원인·결과의 관계에 있는 손해배상·손실보상·부당이득반환·결과제거 등의 관련청구소송이 일반 민사소송 등에 계속되어 있는 경우에는 이들을 그 원인행위인 처분등의 취소소송이 계속된 법원에 이송·병합심리하여 재판의 중복과 판결의 저촉을 방지하도록 배려하였다(제10조).

6. 직권심리주의

민사소송의 심리는 엄격한 당사자주의와 불고불리의 원칙이 적용된다. 그러나 행정소송은 그 공익성 때문에 예외적으로 다소의 직권심리주의를 도입하여 법원은 필요하다고 인정되면 직권으로 증거조사를 할 수 있고, 당사자가 주장하지 아니한 사실에 대하여도 판단할 수 있도록 하였다(제26조).

> **【판례】** 행정소송에 있어서도 불고불리의 원칙이 적용되어 법원은 당사자가 청구한 범위를 넘어서까지 판결을 할 수는 없지만, 당사자의 청구의 범위 내에서 일건 기록상 현출되어 있는 사항에 관하여 직권으로 증거조사를 하고 이를 기초로 하여 당사자가 주장하지 아니한 사실에 관하여도 판단할 수 있다(대판 1999. 5. 25, 99두1052).

청을 피고로 한다. 다만, 처분등이 있은 뒤에 그 처분등에 관계되는 권한이 다른 행정청에 승계된 때에는 이를 승계한 행정청을 피고로 한다.
② 제1항의 규정에 의한 행정청이 없게 된 때에는 그 처분등에 관한 사무가 귀속되는 국가 또는 공공단체를 피고로 한다.

7. 사정판결

행정심판에서와 같이 행정소송에서도 원고의 주장이 이유 있음에도 불구하고 보다 큰 공익의 보호를 위하여 기각판결을 하는 사정판결제도가 인정되고 있다(제28조). 이는 당사자 간의 사익보호만을 목적으로 하는 민사소송에서는 인정되지 않는 특수한 제도이다.

> **【판례】** 행정처분이 위법한 때에는 이를 취소함이 원칙이고 그 위법한 처분을 취소·변경함이 도리어 현저히 공공의 복리에 적합하지 않은 경우에 극히 예외적으로 위법한 행정처분의 취소를 허용하지 않는다는 사정판결을 할 수 있으므로 사정판결의 적용은 극히 엄격한 요건 아래 제한적으로 하여야 하고, 그 요건인 현저히 공공복리에 적합하지 아니한 가의 여부를 판단함에 있어서는 위법·부당한 행정처분을 취소·변경하여야 할 필요와 그 취소·변경으로 인하여 발생할 수 있는 공공복리에 반하는 사태 등을 비교·교량하여 그 적용 여부를 판단하여야 한다(대판 1999.3.9., 98두18565).

8. 당사자소송의 특수성

당사자소송에 있어서는 그 특성상 취소소송의 특수성인 ① 임의적 행정심판전치주의, ② 단기제소기간, ③ 피고, ④ 집행부정지, ⑤ 사정판결, ⑥ 판결의 대세적 효력 등은 적용되지 아니한다(제44조).

9. 민중소송과 기관소송의 인정

사인의 권리구제를 기본목적으로 하는 민사소송과는 달리, 사익의 구제와 함께 행정법규의 적정한 적용으로 공익을 도모한다는 행정소송의 목적상 민중소송과 기관소송이라는 특수한 소송형태를 인정하고 있다.

제2관 행정소송의 한계

Ⅰ. 개설

헌법은 모든 국민에게 재판을 받을 권리를 보장하면서 모든 행정사건에 대하여도 대법원의 최종심사권을 보장하고 있다(제27조 제1항 및 제107조 제2항). 행정소송법도 모든 행정처분·거부처분과 부작위에 관하여 행정소송의 제기를 허용하는 개괄주의를 택하고 있다(제2조 및 제19조).

행정소송법이 개괄주의를 택하고 있다고 하여 모든 행정처분을 소송으로 다툴 수 있는 것은 아니며 여기에는 일정한 한계가 있다. 즉, ① 소송이란 구체적 권리·의무에 관한 분쟁으로서 법률의 적용에 의하여 해결될 수 있는 성질의 것이어야 한다는 사법의 본질에서 오는 한계와 ② 행정소송은 행정부가 행한 처분을 사법부가 심판하는 구조를 취하고 있기 때문에 권력분립의 원칙에서 오는 한계가 있게 된다.

Ⅱ. 사법의 본질에서 오는 한계

법원조직법(제2조 제1항)은 "법원은 헌법에 특별한 규정이 있는 경우를 제외한 일체의 법률상의 쟁송을 심판한다"고 규정하고 있다. 여기서 말하는 법률상의 쟁송이 바로 사법의 본질에서 오는 한계로서, ① 구체적 권리·의무관계에 관한 쟁송과 ② 법률에 의한 분생해결 가능성을 의미한다.

1. 구체적 권리·의무관계에 관한 쟁송

소송제도를 인정한 근본취지는 소송을 통하여 국민의 구체적인 권리·의무관계에 관한 다툼을 해결해 주려는 데에 있는 것이므로 다음의 경우는 행정소송의 대상이 될 수 없다.

(1) 추상적인 법령의 효력·해석

헌법(제107조 제2항)은 "명령·규칙의 위헌·위법 여부는 재판의 전제가 된 경우에만 대법원이 최종심사권을 갖는다"고 선언하고 있다. 이는 명령·규칙은 일반적·추상적 규정이므로 이에 근거하여 행정청이 특정인에 대하여 구체적 처분을 한 경우에 비로소 국민의 권리·의무가 발생되기 때문에, 구체적 처분이 있기도 전에 미리부터 추상적인 법령의 효력·해석 문제를 소송으로 제기할 수는 없다.

다만, 예외적으로 법령에 의한 구체적 처분이 있기 전에 법령 그 자체가 직접 국민의 권리 또는 의무의 발생·변경·소멸을 가져오는 법령, 즉, 처분법령인 경우에는 그 자체가 구체적 사건성을 가지므로 행정소송의 대상이 된다. 예컨대 공립초등학교의 분교를 폐지하는 내용의 조례가 의결·공포되면 집행행위의 개입이 없어도 조례 그 자체로서 직접 국민의 구체적인 권리·의무나 법적 이익에 영향을 미치는 등의 법률상의 효과를 발생한다고 할 것이므로 이 경우, 그 조례는 항고소송의 대상이 되는 행정처분에 해당된다(대판 1996.9.20, 95누8003).

> **【판례】** 법령 자체의 취소를 구하는 소송은 부적법
> 취소소송의 대상은 구체적인 권리·의무에 관한 분쟁이어야 하고, 일반적·추상적인 법령이나 규칙 등은 그 자체로서 국민의 구체적인 권리·의무에 직접적 변동을 초래케 하는 것이 아니므로 그 대상이 될 수 없다고 할 것인바, 교통부령 제938호로 개정된 자동차관리법시행규칙의 취소를 구하는 소는 행정소송의 대상이 될 수 없는 부적법한 소이다(대판 1992.3.10, 91누12639).

(2) 반사적 이익

행정소송은 처분의 취소 등을 구할 법률상 이익이 있는 자에 대하여만 원고적격을 인정하고 있다. 법률상 이익의 개념에 관하여는 권리회복설, 법률상이익구제설, 보호가치 있는 이익구제설, 적법성보장설 등의 견해가 대립되고 있다. 통설 및 판례가 지지하는 법률상이익구제설에 의하면 당사자가 받는 이익이 단순히 그 반사적인 효과로서 사실상의 이익에 불과한 경우에는 이를 반사적 이익으로 보아 행정소송으로 구제를 청구할 수 없다고 한다.

(3) 단순한 사실행위

행정청의 행위 중 단순한 사실행위(주의, 권고, 희망의 표시, 지도 등)는 사인의 권리·의무를 형성하는 것이 아니므로 아무런 법적 효과가 발생할 수 없다. 따라서 원칙적으로 행정소송의 대상이 될 수 없다.

> 【판례】 피고 국가보훈처장이 발행·보급한 독립운동사, 피고 문교부장관이 저작하여 보급한 국사교과서 등의 각종 책자와 피고 문화부장관이 관리하고 있는 독립기념관에서의 각종 해설문·전시물의 배치 및 전시 등에 있어서, 일제치하에서의 국내외의 각종 독립운동에 참가한 단체와 독립운동가의 활동상을 잘못 기술하거나, 전시·배치함으로써 그 역사적 의의가 그릇 평가되게 하였다는 이유로 그 사실관계의 확인을 구하고, 또 피고 국가보훈처장은 이들 독립운동가들의 활동상황을 잘못 알고 국가보훈상의 서훈추천권을 행사함으로써 서훈추천권의 행사가 적정하지 아니하였다는 이유로 이러한 서훈추천권의 행사, 불행사가 당연무효임의 확인, 또는 그 불작위가 위법함의 확인을 구하는 청구는 과거의 역사적 사실관계의 존부나 공법상의 구체적인 법률관계가 아닌 사실관계에 관한 것들을 확인의 대상으로 하는 것이거나 행정청의 단순한 부작위를 대상으로 하는 것으로서 항고소송의 대상이 되지 아니하는 것이다(대판 1990. 11. 23, 90누3553).

2. 법령의 적용으로 해결할 수 있는 분쟁

비록 당사자 간의 구체적 권리·의무 관계에 관한 분쟁이라 하더라도 법령을 적용하여 해결할 수 없는 분쟁은 사법심사의 대상이 될 수 없다. 따라서 학술·예술적 평가, 정치·경제적인 정책의 타당성 등은 제외된다.

(1) 학술·예술상의 문제

학술·예술의 우월성 논쟁 등은 비록 구체적 권리·의무에 관한 것이라도 법령을 적용하여 판정할 수 있는 성질의 것이 아니므로 행정소송의 대상이 되지 않는다.

(2) 재량행위

행정소송법(제27조)은 "행정청의 재량에 속하는 처분이라도 재량권의 한계를 넘거나 그 남용이 있는 때에는 법원은 이를 취소할 수 있다"라고 규정하여 재량행위도 원칙적으로 사법심사의 대상이 됨을 전제로 하고 있다. 그러나 학설[227]과 판례는 재량행위에 관한 문제는 사법심사 대상의 문제라기보다는 사법심사의 범위에 관한 문제로 보고 있다.

> **【판례】** 어떤 행정처분이 재량권의 남용이나 일탈에 해당하는 경우에는 그 재량권이 기속재량이거나 자유재량이거나를 막론하고 사법심사의 대상이 된다고 할 것인바, 외교관 자녀 등의 입학고사 특별전형이 교육법 제111조의2, 동법시행령 제71조의2 제4항에 의하여 대학교 총장이 정하는 방법에 의하도록 그 재량에 위임되어 있더라도 위 특별전형에 관한 대학교 총장의 처분이 재량권을 남용한 위법한 처분이라고 다투는 사건은 행정소송의 대상이 된다(대판 1990. 8. 28, 89누8255).

(3) 특별권력관계 내부적 행위

전통적 특별권력관계이론에 따르면 특별권력관계 내에서의 행위는 사법권에 의한 재판의 대상이 될 수 없다고 보았다. 그러나 오늘날은 전적으로 또는 제한된 범위 내에서 사법심사가 가능하다는 것이 일반적 견해이다.

Ⅲ. 권력분립에서 오는 한계

1. 통치행위

통치행위는 고도의 정치성을 띤 행위로서 법률을 적용한 적법·위법성만으로 평가하기에는 부적절하다.

2. 의무이행소송

의무이행소송이란 행정청이 사인의 신청에 대하여 법령상 일정한 작위의무가 존재함에도 불구하고 부작위로 방치하고 있을 경우에 신청에 따른 행정처분을 법원이 직접 행하는 판결(적극적 형성판결)을 구하는 소송, 또는 일정한 행정처분을 할 것을 행정청에 명하는 판결

---

227) 김성수, 행정법 Ⅰ, 171면; 박윤흔, 행정법강의(상), 861면; 이상규, 신일반행정법론(상), 774면.

(이행판결)을 구하는 소송을 말한다.

의무이행소송은 독일에서 인정되고 있으며, 영·미에서는 직무집행명령의 형태로 인정되고 있다. 그러나 우리나라는 아직 도입하지 않고 부작위위법확인소송만 인정하고 있다.

> **【판례】** 이행판결을 구하는 행정소송 불허
> ① 시장상인들이 영업에 장애가 있다는 이유로 구청장에 대하여 인근 공터에 설치된 위법 건축물의 철거를 위한 대집행절차를 이행하라는 내용의 이행판결을 구하는 것은, 행정청으로 하여금 일정한 행정처분을 하도록 명하는 이른바 이행판결을 구하는 소송으로서, 현행 소송법에 의하여 허용되지 아니한다(대판 1989. 5. 23, 88누8135).
> ② 검사에게 압수물 환부를 이행하라는 청구는 행정청의 부작위에 대하여 일정한 처분을 하도록 하는 의무이행소송으로 현행 행정소송법상 허용되지 아니한다(대판 1995. 3. 10, 94누14018).

3. 예방적 부작위청구소송

의무이행소송이 수익적 처분에 대한 청구임에 반해, 예방적 부작위청구소송이란 일정한 행정작용이 행하여질 경우에는 손해를 입을 가능성이 명백히 예견되는 침해적 처분의 경우에 사전 예방적 수단으로서 어떤 행정행위 또는 사실행위를 하지 아니할 것을 미리 구하는 소송을 말한다. 금지소송이라고도 한다.

판례는 신축건물의 준공검사처분을 하지 아니할 것을 구하는 소송은 행정소송법상 허용되지 아니한다고 함으로써 소극설의 입장을 지지하고 있다(대판 1987. 3. 24, 86누182).

4. 작위의무확인소송

작위의무확인소송은 행정청에 대하여 일정한 처분(작위)을 할 법적 의무가 있다는 확인을 구하는 소송을 말한다. 의무이행소송은 법원이 직접 일정한 처분을 하거나 행정청에 대하여 이를 할 것을 명하는 판결임에 반하여, 작위의무확인소송은 일정한 처분을 할 의무가 있음을 확인·선언하는 데 그치는 소송이다. 행정소송법상 명문으로 인정하고 있지 않으며, 판례 또한 같다.

국가보훈청장에게 독립운동가들에 대한 서훈추천권의 행사가 적정하지 아니하였으니 이를 바로잡아 다시 추천하고 독립운동사 등의 책자를 다시 편찬·보급하고, 독립기념관 전시관의 해설문·전시물 중 잘못된 부분을 고쳐서 다시 전시할 의무가 있음의 확인을 구하는 청구는 작위의무확인소송으로서 항고소송의 대상이 되지 아니한다(대판 1990. 11. 23, 90누3553).

제3관   행정소송의 종류

Ⅰ. 성질에 따른 분류

1. 형성의 소

형성의 소는 행정법상의 법률관계를 발생·변경·소멸시키는 판결을 구하는 소송이다. 항고소송 중 취소소송이 이에 해당한다.

2. 이행의 소

이행의 소는 행정청에 대하여 일정한 처분을 할 것을 명하는 판결을 구하는 소송이다. 현행 행정소송법상 이행의 소는 인정되지 아니한다.

한편, 당사자소송으로 손해배상·손실보상·부당이득반환·공무원보수지급·결과제거 등을 이행할 것을 명하는 판결을 구하면 이는 바로 이행의 소에 해당한다.

3. 확인의 소

확인의 소는 법률관계의 존부에 관한 확인을 구하는 소송이며, 행정소송법상 항고소송 중 무효등확인소송 및 부작위위법확인소송이 본질적으로 이에 해당한다.

당사자소송 중에서도 손해배상 등을 바로 청구하지 아니하고 손해배상청구권 등의 존재에 관한 단순한 확인만을 구하는 소송이 가능하며 이 경우에 이들은 확인의 소에 해당한다고 볼 수 있다.

Ⅱ. 내용에 따른 분류

1. 항고소송

항고소송은 행정청의 처분 또는 부작위에 불복하여 제기하는 소송으로서, 행정소송법(제4조)은 취소소송·무효등확인소송 및 부작위위법확인소송의 3가지만을 인정하고 있다.

(1) 취소소송

취소소송은 행정청의 위법한 처분 또는 재결의 취소·변경을 구하는 소송이며, 행정소송의 전형을 이루고 있는 소송이다. 재결의 취소를 구하는 것은 재결 자체에 고유한 위법이 있을 때에만 인정되며, 그 외의 경우에는 재결 아닌 원처분을 대상으로 하여야 한다(원처분주의).

(2) 무효등확인소송

무효등확인소송은 행정청의 처분등의 효력 유무 또는 존부에 대한 확인을 구하는 소송이다. 행정행위가 무효 또는 부존재인 경우에는 처음부터 아무 효력도 발생하지 못하며 누구든지 공적인 확인절차 없이 이를 주장할 수 있는 것이다. 무효등확인소송에는 처분등의 무효확인소송, 유효확인소송, 부존재확인소송, 존재확인소송 및 실효확인소송 등이 있다.

(3) 부작위위법확인소송

부작위위법확인소송은 상대방의 신청에 대하여 상당한 기간 내에 일정한 처분을 하여야 할 법률상 의무가 있음에도 불구하고 이를 하지 아니하는 경우에 그 위법의 확인을 구하는 소송이다.

(4) 무명항고소송

행정소송법(제4조)은 항고소송의 종류로 취소소송, 무효등확인소송, 부작위위법확인소송만 열거하고 있다. 이에 대하여 무명항고소송(법정외 항고소송)으로 불리는 의무이행소송, 예방적 부작위위법확인소송 등도 인정될 수 있는가에 대하여 긍정설과 부정설이 대립하고 있다. 판례는 부정하고 있다.

2. 당사자소송

당사자소송은 "행정청의 처분등을 원인으로 하는 법률관계에 관한 소송, 그 밖에 공법상의 법률관계에 관한 소송으로서, 그 법률관계의 한쪽 당사자를 피고로 하는 소송"(제3조)을 말한다.

3. 민중소송

민중소송은 국가 또는 공공단체의 기관이 법률에 위반되는 행우를 한 때에 직접 자기의 법률상 이익과 관계 없이 그 시정을 구하기 위해 제기하는 소송을 말한다.

4. 기관소송

기관소송은 국가 또는 공공단체의 기관상호간에 있어서의 권한의 존부 또는 그 행사에 관한 다툼이 있을 때에 이에 대하여 제기하는 소송을 말한다.

제4관 취소소송228)

Ⅰ. 재판관할

1. 사물관할

사물관할이란 사건의 성질을 기준으로 재판권을 분배하는 것을 말한다. 행정소송에서 취소소송의 제1심 관할법원은 지방법원급의 행정법원이다(제9조 제1항). 행정법원의 심판권은 판사 3인으로 구성된 합의부에서 행한다. 아직 행정법원이 설치되지 않은 지역에서 지방법원 본원이 행정사건을 담당하는 경우에도 역시 합의부의 관장사항이다.

2. 토지관할

토지관할이란 소재지를 달리하는 제1심 사건의 동종의 법원 사이에 재판권의 분담관계를 정하여 놓은 것을 말한다. ① 취소소송의 제1심관할법원은 피고의 소재지를 관할하는 행정법원으로 한다. ② 제1항에도 불구하고 ㉠ 중앙행정기관, 중앙행정기관의 부속기관과 합의제행정기관 또는 그 장, ㉡ 국가의 사무를 위임 또는 위탁받은 공공단체 또는 그 장의 어느 하나에 해당하는 피고에 대하여 취소소송을 제기하는 경우에는 대법원소재지를 관할하는 행정법원에 제기할 수 있다. ③ 토지의 수용 기타 부동산 또는 특정의 장소에 관계되는 처분등에 대한 취소소송은 그 부동산 또는 장소의 소재지를 관할하는 행정법원에 이를 제기할 수 있다(제9조).

---

228) 우리 행정소송법은 항고소송 중 취소소송을 중심으로 상세히 규정하고 있고, 항고소송 중 나머지인 무효등확인소송 · 부작위위법확인소송과 당사자소송 및 객관적 소송은 취소소송과 다른 몇 개의 특칙들만 규정할 뿐 대부분은 취소소송에 관한 규정들을 준용하는 취소소송중심주의를 취하고 있다. 따라서 취소소송에 관한 내용설명이 제4장 행정소송의 거의 대부분을 차지하고 있는 실정을 감안하여, 본서에서는 다소 파격적으로 이 절의 제명을 '취소소송'으로 하고, 이어서 제5 · 6 · 7 · 8절에서 각각 무효등확인소송, 부작위위법확인소송, 당사자소송, 객관적 소송을 서술하고자 한다.

3. 관할법원에의 이송

법원은 소송의 전부 또는 일부가 그 관할에 속하지 않는다고 인정할 때에는 결정으로 관할법원에 이송한다. 또한 원고의 고의 또는 중대한 과실 없이 행정소송이 심급을 달리하는 법원(지방법원이나 그 지원 등)에 잘못 제기된 경우에는 관할권 있는 관할법원에 이송하여야 한다(제7조·제8조 제2항, 민사소송법 제34조 제1항).

4. 관련청구소송의 이송·병합

(1) 의의

관련청구소송의 이송·병합이란 하나의 취소소송이 제기된 경우에 문제의 처분등을 원인으로 하여 발생된 손해배상청구소송 등 공법상 당사자소송, 또는 문제의 처분등과 밀접한 관련이 있는 다른 취소소송을 최초에 제기된 취소소송에 병합하여 함께 심리함으로써 재판간의 모순·저촉을 피하고 당사자와 법원의 시간적·경제적 부담을 경감하려는 제도를 말한다.

(2) 관련청구소송의 범위

취소소송에는 관련청구소송을 병합할 수 있고, 혹은 취소소송이 계속된 법원에 그것을 이송할 수 있는 경우가 인정되고 있다. 행정소송법(제10조 제1항)은 ① 당해 처분등을 원인으로 하여 발생된 손해배상·손실보상·부당이득반환·원상회복등 청구소송과 ② 당해 처분등과 관련되는 취소소송의 두 가지만 인정하고 있다.

(3) 관련청구소송의 이송

취소소송과 관련청구소송이 각각 다른 법원에 계속되고 있는 경우에 관련청구소송이 계속된 법원이 상당하다고 인정하는 때에는 당사자의 신청 또는 직권에 의하여 이를 취소소송이 계속된 법원으로 이송할 수 있다(제10조 제1항).

(4) 관련청구소송의 병합

취소소송에는 사실심의 변론종결시까지 관련청구소송을 병합하거나 피고외의 자를 상대로 한 관련청구소송을 취소소송이 계속된 법원에 병합하여 제기할 수 있다(제10조 제2항).

> **【판례】** 소의 주관적 예비적 청구의 병합에 있어서 예비적 당사자 특히 예비적 피고에 대한 청구의 당부에 관한 판단은 제1차적 피고에 대한 청구의 판단결과에 따라 결정되므로 예비적 피고의 소송상의 지위가 현저하게 불안정하고 또 불이익하게 되어 이를 허용할 수 없으므로 예비적 피고에 대한 청구는 이를 바로 각하하여야 한다(대판 1996. 3. 22, 95누5509).

Ⅱ. 당사자

1. 개설

취소소송에 있어서 당사자는 원고와 피고를 말한다. 원고란 행정청의 위법한 처분등으로 권리·이익이 침해되었음을 이유로 그 처분의 취소·변경을 주장하는 자를 말한다. 반면, 피고란 공익을 대표하여 행정법규의 적용에 위법이 없음을 주장하는 자이다. 취소소송에 있어서 당사자가 될 수 있는 능력, 즉, 당사자능력은 민사소송에 있어서와 마찬가지로 자연인·법인뿐만 아니라 법인격 없는 사단·재단도 대표자 또는 관리인이 있으면 당사자가 될 수 있다.

2. 원고적격(소익)

행정소송법(제12조 전단)은 "취소소송은 처분의 취소를 구할 법률상의 이익이 있는 자가 제기할 수 있다"라고 규정하고 있다. 법률상 이익이 있는 자가 원고적격이 되지만, 법률상의 이익은 불확정 개념이어서 어느 범위까지가 이에 해당하는지에 대해서는 견해가 나누어진다.

3. 피고적격

(1) 처분청

행정소송법(제13조 제1항)은 "다른 법률에 특별한 규정이 없는 한 그 처분등을 명한 행정청을 피고로 한다"고 규정하고 있다. 원래 권리주체인 국가·공공단체 등이 직접 피고가 되어야 하지만 현실적인 소송수행의 편의를 위하여 처분을 행한 행정청을 피고로 한 것이다.

이 법을 적용함에 있어서 행정청에는 법령에 의하여 행정권한의 위임 또는 위탁을 받은 행정기관, 공공단체 및 그 기관 또는 사인이 포함된다(제2조 제2항). 다른 법률에서 특별히 처분청 아닌 행정청을 피고로 한 예는 대통령이 행한 공무원 징계 기타 불이익처분의 피고를 소속장관으로(국가공무원법 제16조·경찰공무원법 제28 등), 대법원장의 처분에 대한 피고를 법원행정처장으로 한 것(법원조직법 제70조) 등이 있다.

(2) 권한승계 또는 기관폐지의 경우

처분등이 있은 뒤에 그 처분등에 관계되는 권한이 다른 행정청에 승계된 때에는 이를 승계한 행정청을 피고로 한다(제13조 제1항 단서). 승계기관이 없는 경우에는 처분등에 관한 사무가 귀속되는 국가 또는 공공단체가 직접 피고가 된다(제13조 제2항).

(3) 피고의 경정

원고가 피고를 잘못 지정한 때에는 법원은 원고의 신청에 의하여 결정으로써 피고의 경정을 허가할 수 있다(제14조 제1항). 이 경우에는 종전의 피고에 대한 소송은 취하된 것으로 보고, 처음 소를 제기한 시점에 새로운 피고에 대한 소송이 제기된 것으로 본다(제14조 제4항·제5항).

4. 공동소송(관련청구의 주관적 병합)

수인의 청구 또는 수인에 대한 청구가 처분등의 취소청구와 관련되는 청구인 경우에 한하여 그 수인은 공동소송인이 될 수 있다(제15조)라고 함으로써 관련청구소송의 주관적 병합을 인정하고 있다.

5. 소송참가

(1) 제3자의 소송참가

행정소송법(제16조 제1항)은 "법원은 소송의 결과에 따라 권리 또는 이익의 침해를 받을 제3자가 있는 경우에는 당사자 또는 제3자의 신청 또는 직권에 의하여 결정으로써 그 제3자를 소송에 참가시킬 수 있다"라고 규정하고 있다. 예컨대 체납처분에 따른 압류재산 공매에서의 경락자는 당해 공매처분취소소송이 인용되어 버리는 경우 취소판결의 대세적 효력(제29조 제1항[229])에 의거하여 경락취소의 효과가 자기에게도 미친다.

한편, 행정행위의 제3자가 취소소송의 원고가 된 경우(연탄공장의 인근주민 등)에는 당해 행정처분의 직접 상대방(연탄공장주)이 소송의 결과에 따라 권익의 침해를 받게 되므로 제3자로서 소송에 참가할 수 있음은 물론이다. 소송에 참가한 제3자에 대하여는 민사소송법 제67조[230]의 규정을 준용한다(제16조 제4항).

(2) 행정청의 소송참가

법원은 다른 행정청을 소송에 참가시킬 필요가 있다고 인정할 때에는 당사자 또는 당해 행정청의 신청 또는 직권에 의하여 결정으로써 그 행정청을 소송에 참가시킬 수 있다(제17조 제1항). 이 경우 참가행정청은 민사소송법에 의한 보조참가인의 지위에 서게 되므로, 공격·방어 등의 소송행위를 할 수는 있으나 처분행정청의 소송행위와 저촉되는 행위는 할 수 없다(제17조 제3항 및 민사소송법 제76조).

---

229) 제29조(취소판결등의 효력) ① 처분등을 취소하는 확정판결은 제3자에 대하여도 효력이 있다.

230) 제67조(필수적 공동소송에 대한 특별규정) ① 소송목적이 공동소송인 모두에게 합일적으로 확정되어야 할 공동소송의 경우에 공동소송인 가운데 한 사람의 소송행위는 모두의 이익을 위하여서만 효력을 가진다.
　② 제1항의 공동소송에서 공동소송인 가운데 한 사람에 대한 상대방의 소송행위는 공동소송인 모두에게 효력이 미친다.
　③ 제1항의 공동소송에서 공동소송인 가운데 한 사람에게 소송절차를 중단 또는 중지하여야 할 이유가 있는 경우 그 중단 또는 중지는 모두에게 효력이 미친다.

6. 소송대리인

원고와 피고는 모두 민사소송에서와 같이 변호사 등 소송대리인을 선임하여 소송을 수행하게 할 수 있다(제8조). 다만, 국가를 당사자로 하는 공법상 당사자소송인 경우에는 '국가를 당사자로 하는 소송에 관한 법률'(제2조·제3조)에 의거하여 법무부장관이 국가를 대표한다. 검사를 소송수행자로 지정하여 소송을 수행하거나 필요할 경우 변호사를 소송대리인으로 선임하여 소송을 수행하게 할 수 있다.

III. 취소소송의 소익(원고적격)

1. 소익의 의의

소익이란 "원고의 청구가 국가의 재판제도를 이용하여 해결될 만한 가치 또는 필요성"을 말한다. 원래 민사소송에서 이익 없으면 소권 없다고 하는 바와 같이 행정소송에도 이와 같이 분쟁을 소송을 통해 해결할 권리보호의 필요성이 있는 경우에 한하여 소의 제기가 허용된다. 소익이란 이와 같이 본안판결을 구할 정당한 이익 내지 필요성이다. 행정소송의 소익의 개념은 다음과 같이 나누어진다.

(1) 최광의의 소익

최광의의 소익은 ① 취소를 구하는 처분·부작위 등의 존재(소송의 대상적격), ② 원고에게 소송으로 처분등의 취소를 구할 법률상의 이익의 존재(원고적격), ③ 소송을 통하여 현실적으로 권리구제를 받을 수 있는 가능성 또는 실익의 존재(협의의 소익)를 모두 포함하는 개념이다.

(2) 광의의 소익

광의의 소익은 최광의의 소익 중에서 ②의 원고적격과 ③의 협의의 소익을 의미한다.

(3) 협의의 소익

협의의 소익은 최광의의 소익 중 ③의 협의의 소익을 의미한다.

2. 원고적격

(1) 개설

행정소송법(제12조)은 처분등의 취소를 구할 법률상의 이익이 있는 자에게 원고적격을 인정하고 있다. 여기서 말하는 법률상의 이익에 관하여는 취소소송의 목적과 기능을 무엇으로 보는가에 따라 다음의 4가지 학설이 대립되고 있다.

(2) 학설

1) 권리회복설

권리회복설은 과거의 전통적 견해로서, 취소소송의 목적을 위법한 처분으로 인하여 침해된 개인의 권리회복에 있다고 보고, 권리(자유권·수익권 등의 공권과 재산권·어업권·광업권 등의 사권)가 침해된 자만이 원고적격이 있다고 한다.

이 견해에 의하면 ① 권리침해가 없으면 아무리 불이익이 초래되더라도 원고적격이 부인되며, ② 침해된 권리 자체의 회복이 불가능하게 된 경우에는 비록 부수적인 이익의 회복가능성이 남아 있더라도 원고적격이 부인된다.

2) 법률상이익구제설

법률상이익구제설은 권리침해뿐만 아니라, 어떤 법률이 공익의 보호와 동시에 개인의 이익도 보호함을 목적으로 하는 경우(사익보호성)에 그 법률에 의하여 보호되는 이익을 침해한 경우에도 원고적격을 인정한다. 예컨대 건축제한법규·특허제도로 인한 인근주민, 특허기업자의 이익 등에도 원고적격이 인정된다. 그러나 법률이 질서유지·공공복리 등 순수한 공익보호만을 목적으로 한 경우에 상대방이 얻게 되는 단순한 반사적 이익의 침해는 여전히 제외된다고 한다. 예컨대 공중위생이라는 공공복리를 목적으로 설정된 공중목욕장허가제도로 인하여 기존 허가업자가 얻는 이익은 반사적이익으로 본다. 이 견해가 우리의 통설·판례[231]의 입장이다.

> **【판례】** 행정처분의 직접 상대방이 아닌 제3자라도 당해 행정처분의 취소를 구할 법률 상 이익이 있는 경우에는 원고적격이 인정되는데, 여기서 말하는 법률상 이익이란 당해 처분의 근거 법률에 의하여 보호되는 직접적이고 구체적인 이익이 있는 경우를 말하고, 다만 공익보호의 결과로 국민 일반이 공통적으로 가지는 추상적·평균적·일반적 이익과 같이 간접적이거나 사실적·경제적 이해관계를 가지는 데 불과한 경우에는 여기에 포함되 지 않는다. (중략)
>
> 도시계획의 내용이 화장장의 설치에 관한 것일 때에는 도시계획법 외에 매장및묘지등에 관한법률도 그 근거법률이 된다고 보아야 할 것이고, 동법시행령상 20호 이상의 인가가 밀 집한 지역, 학교 등으로부터 1,000m 이상 떨어질 것 등의 규정에 의하여 보호되는 부근 주민들의 이익은 부산시립영락공원 내의 공설화장장의 설치를 내용으로 하는 도시계획시 설결정처분의 취소를 구할 법률상 이익으로 보아야 한다(대판 1995. 9. 26, 94누14544).

3) 보호가치 있는 이익구제설

보호가치 있는 이익구제설은 실체법이 보호하고 있는 권리 또는 이익이 침해된 경우뿐만 아니라, 소송을 통하여 개인의 실생활상의 이익에 관한 구체적 분쟁이 해결될 수 있다면, 그 것이 법률상의 이익이든 사실상의 이익이든 불문하고 널리 소송법상으로 보호할 가치가 있 는 이익이라 하여 소익을 인정하는 견해이다.

이 견해에 의하면 소익이 더욱 확대되지만, 실체법이 보호하고 있지 않는 소송법상의 이 익의 개념과 범위가 모호하다는 비판이 따른다.

4) 적법성보장설

적법성보장설은 취소소송의 목적을 개인의 이익보호에 두지 아니하고 행정처분의 적법성 보장에 두는 견해이다. 즉, 자기의 권리·이익의 침해 여부와는 관계없이 처분을 다투기에 적합한 상태에 있는 자에 대하여 널리 소익을 인정하는 견해이다.

이 견해는 취소소송을 행정의 적법성 보장을 위한 객관적 쟁송, 그 중에서 특히 민중소송으로 파악하게 된다. 따라서 현행 소송구조를 전면적으로 부인하게 되어 부당하다는 비판이 따른다.

---

231) 대법원이 1969년에 이미 선박운항사업면허를 받은 사업자가 다른 자에 대한 새로운 선박운항 사업면허의 취소청구소송을 제기한 사건에 있어, 기존 면허사업자의 이익을 단순한 시설상의 이익이 아니라 법에 의하여 보호되는 이익이라 하여 원고적격을 인정한 이래 계속 이 견해를 취하고 있다(대판 1969. 12. 30, 69누106 등).

5) 결어

소익의 개념은 종래의 권리회복설에서 법률상이익구제설로 확대되어 지금에 이르고 있다. 그러나 최근 원고적격을 법률상이익이 아닌 정당한(상당한) 이익으로 개정하여 원고적격의 범위를 확대하자는 견해가 대두되고 있다. 그러나 아직은 도입하기에는 다소 무리가 있다고 본다. 따라서 판례 및 다수설의 견해인 법률상이익구제설의 입장에서 점차 확대하여 권익구제의 길을 넓혀 가야 할 것으로 본다.

(3) 제3자의 원고적격

1) 경업자소송

경업자소송이란 행정청의 신규업자에 대한 인·허가처분에 대하여 기존업자가 그의 취소를 구하는 소송을 말한다. 경업자소송의 원고적격에 관하여 판례는 특허기업자가 받는 이익은 법률상 이익이므로 원고적격을 인정하고, 허가영업자가 받는 이익은 단순한 반사적 이익 내지 사실상의 이익이라 하여 원고적격을 부정하고 있다.

판례가 원고적격을 인정한 예로는 기존영업자의 신규영업자에 대한 ① 선박운항사업면허 취소소송(대판 1969. 12. 30, 69누106), ② 자동차운송사업의 노선연장허가취소소송(대판 1975. 7. 22, 73누173), ③ 자동차(시외버스)정류장설치허가취소소송(대판 1975. 7. 22, 75누12), ④ 광구의 증구허가취소소송(대판 1982. 7. 27, 81누271), ⑤ 약종상영업소이전허가 취소소송(대판 1988. 6. 14, 87누873), ⑥ 화물자동차증차인가취소소송(대판 1992. 7. 10, 91누9107), ⑦ 하천부지점용허가취소소송(대판 1993. 10. 8, 93누5017) 등이 있다.

한편, 원고적격이 부정된 예로는 기존영업자의 신규영업자에 대한 ① 공중목욕장영업허가취소소송(대판 1963. 8. 22, 63누97 등), ② 석탄가공업허가취소소송(대판 1980. 7. 22, 80누33·34), ③ 양곡가공업허가취소소송(대판 1981. 1. 27, 79누433), ④ 도로점용허가 없이 도로부지에 무허가건물을 건축·사용 중인 자가 같은 부지에 대하여 행정청이 행한 타인의 도로점용허가의 취소를 구한 소송(대판 1991. 11. 26, 91누1219), ⑤ 약사들에게 한약 조제권을 인정한 데 대하여 한의사들이 제기한 취소소송(대판 1998. 3. 10, 97누4289) 등이 있다.

> **【판례】** 기존 화물자동차운송사업자의 이익은 법률상 이익
>
> 자동차운수사업법에서 동 사업면허의 기준으로 『당해 노선 또는 사업구역의 수송수요와 수송력공급에 적합할 것』을 정한 것은 동 사업에 관한 질서를 확립하고 동 사업의 종합적인 발달을 도모하여 공공의 복리를 증진함과 동시에(즉, 공익의 보호를 목적으로 함과 동시에), 업자 간의 경쟁으로 인한 경영의 불합리를 미리 방지하는 데 그 목적이 있다 할 것이므로(즉, 사익의 보호도 목적으로 하고 있으므로), 개별화물 자동차운수사업면허를 받아 이를 영위하고 있는 기존의 업자인 원고로서는 동일한 사업구역 내의 동종의 사업용 화물자동차면허대수를 늘리는 이 사건 인가처분에 대하여 그 취소를 구할 이익이 있다(대판 1992. 7. 10, 91누9107).

2) 인인소송

인인소송이란 제3자에 대한 수익처분에 의하여 불이익을 받은 인근주민이 그 수익처분의 취소를 구하는 소송을 말한다. 예컨대 주거지역 내의 위법한 연탄공장건축허가취소소송에서 건축법 등에 의하여 주거지역 내의 주민이 받는 주거의 안정과 생활환경을 보호받는 이익은 단순한 반사적 이익 또는 사실상의 이익이 아니라 법률에 의하여 보호되는 이익이다(대판 1975. 5. 13, 73누96 및 97).

> **【판례】** ① 인근 주민에게 자동차LPG충전소 설치허가취소소송의 원고적격 인정
>
> 자동차LPG충전소 설치허가장소에 인접하여 거주하는 주민들이 설치허가처분이 고압가스관리안전법에 규정된 공공의 안전을 위한 설치허가기준에 미달한 위법한 처분임을 이유로 동 처분의 취소를 구한 소송에서, 대법원은 『행정처분의 상대방이 아닌 제3자도 그 처분으로 인하여 법률상 보호되는 이익이 침해당한 경우에는 그 처분의 취소·변경을 구하는 행정소송을 제기할 법률상 자격이 있다』고 판시하였다(대판 1983. 7. 12, 83누59).
>
> ② 인근 공장주인에게 고압가스충전 및 주입시설 설치허가취소소송의 원고적격 부정
>
> 준공업지역 내의 인근 공장주들은 갑이 허가받은 고압가스충전 및 주입시설이 언제 폭발하여 원고들의 공장에 위해를 가할지 모르므로 안전한 조업을 할 법률상 이익을 침해당하였다고 주장하지만 …가까운 장래에 이 시설이 폭발할 위험이 있다고 인정되지 아니하므로 원고들의 법률상 이익이 침해되었다고 할 수 없으므로, 이 사건 제소는 당사자적격이 없는 부적법한 소임을 이유로 이를 각하한 조치는 정당하다(대판 1981. 9. 22, 80누449).

3) 환경소송

환경소송은 인인소송보다 폭넓게 쾌적한 생활환경의 유지를 위하여 주민 일반에게 인정되는 소송형태이다. 미국은 집단소송, 독일은 단체소송, 일본[232]은 민중소송의 형태로 인정하고 있다. 우리나라에서도 근래 환경소송에서 지역주민의 원고적격은 점차 확대되고 있다. 예컨대 환경영향평가대상지역 안의 주민들이 제기한 전원개발사업 실시계획 승인처분의 취소소송에서 원고적격을 인정하였다(대판 1998. 9. 22, 97누19571).

> **【판례】** 환경영향평가대상지역 안의 주민에 대한 원고적격 인정
>
> ① 속리산국립공원 내의 용화온천지구에 대한 공원사업시행허가에 있어 환경영향평가대상지역안의 그 하류지역주민들이 갖는 식수원 등 환경적 이익은 단순히 환경공익보호의 결과로 국민일반이 갖는 추상적 · 평균적 · 일반적 이익이 아니라, 주민 개개인이 갖는 개별적 · 직접적 · 구체적 이익이다(대판 1998. 4. 24, 97누3286).
>
> ② 강원도 인제군과 양양군에 행한 양수발전소건설을 위한 '전원개발사업실시계획승인'처분에 대하여 환경영향평가대상지역 안에 거주하는 주민들은 원고적격이 있으나, 동지역 밖의 주민 · 산악인 · 생태연구가 · 사진가 · 환경보호단체 등의 이익은 전원개발에관한특별법 · 환경영향평가법 등이 이를 개별적 · 직접적 · 구체적으로 보호하려는 취지의 규정을 두고 있지 아니하므로 이들은 그 취소를 구할 원고적격이 없다(대판 1998. 9. 22, 97누19571).

환경소송의 특색은 취소소송의 형태 외에도 행정청이 대기 · 수질 · 토양 · 소음 · 진동 등에 대한 규제권의 발동을 게을리 하는 경우에 적극적으로 규제권 발동을 명할 것을 법원에 청구하는 의무이행소송의 형태를 띠게 되는 경우가 많다. 그러나 의무이행소송은 현행 행정소송법상 인정되지 않는 문제점이 있다.

4) 소비자소송

사인에 의한 소비자의 피해는 한국소비자보호원 소비자분쟁조정위원회에의 조정신청과 법원에의 민사소송으로 구제받게 된다. 하지만, 행정처분으로 인한 소비자의 피해에 대한 별도의 소비자소송제도는 실정법상 따로 인정되지 않고 있으며 관련 판례도 아직 없다.

---

232) 일본은 유명한 성전(나리타)공항건설용지수용을 위한 사업인정처분에 대한 취소소송에 있어서 지역주민에게 원고적격을 인정하였다(동경지재 1984. 7. 6).

한편, 독일과 일본에서는 그 소비자소송에 관한 판례가 있다. 예컨대 가스사용자가 제기한 가스공급조건인가처분의 취소소송에서 원고적격을 인정(동경지재 1978. 7. 1)한 바가 있다. 그러나 독점금지법에 의하여 일반소비자가 받는 이익은 반사적 이익에 불과하다는 이유로 원고적격이 부정되었다(일최고재 1978. 3. 14).

5) 물건에 관한 이해관계 소송

물건에 관한 일반처분에 대하여 이해관계를 가지는 자가 있는 경우가 있다. 예컨대 보안림·문화재·주차금지구역 등의 지정 또는 해제와 같은 대물적 처분(특정 상대방에 대하여만 효력을 가지는 통상의 행정처분에 대한 반대개념)에 대하여 지역주민에게 원고적격을 인정할 것인가의 문제이다. 이러한 처분의 직접적인 규율대상은 물건이지만 이로 인하여 사람도 직·간접으로 규율을 받는 것이라 볼 수 있기 때문에 이로써 권리·이익이 침해된 지역주민도 원고적격이 인정된다고 하겠다. 일본에서는 보안림지정해제처분에 대하여 지역주민에게 원고적격이 인정된 바 있다(일최고재 1989. 6. 20).

(4) 집단소송(단체소송)

집단소송이란 행정처분에 의하여 널리 지역주민이나 소비자와 같은 일반의 집단적 이익이 침해된 경우에 피해자 개개인이 소송을 제기하고 이를 병합심리하는 통상의 소송형태가 아니라, 이들 전체의 주민대표나 소비자단체 등에 대하여 취소소송의 원고적격을 인정하고 그 판결의 효력을 전체주민과 소비자에게 미치게 함으로써 집단적 분쟁을 용이하게 처리·해결하고자 하는 소송형태를 말한다. 미국의 집단소송(class action)이나 독일의 단체소송(verbandsklage)이 그 예이다.

미국인의 집단소송은 공통의 이해관계를 가진 집단의 1인 또는 수인이 그 전체를 위하여 제소 또는 피소될 수 있는 소송형태를 말한다. 그리고 독일의 단체소송은 다수인의 소액피해의 구제책으로서 단체 자체가 당사자가 되어 타인의 이익의 대표자로서 행동하고 가해자에 대하여 무작위청구나 손해배상청구를 행사하는 제도이다.

3. 협의의 소익

(1) 개설

협의의 소익이라 함은 분쟁을 재판에 의하여 해결할 만한 현실적 필요성을 의미하는데, 일명 권리보호의 필요라고도 하며, 협의의 소익만을 소익 또는 소의 이익이라고 부름이 보통이다.

소송제도를 인정한 취지는 당사자에게 단순한 관념적 만족을 주기 위한 것이 아니라 현실적인 권익구제에 있다. 따라서 현실적인 권익구제의 가능성 내지는 실익이 없으면 소송을 구할 소익이 인정되지 않는다. 종전의 통설·판례에 의하면 취소판결에 의하여 취소대상인 원처분 자체가 부활될 가능성이 존재하지 않으면 소익이 인정되지 아니한다고 하여 소익의 범위를 좁게 해석하였다. 그러나 오늘날의 통설·판례는 비록 취소대상인 원처분이 기간의 경과, 처분의 집행종료 기타의 사유로 더 이상 부활될 가능성이 없더라도 그 처분이 취소됨으로 인하여 회복되는 법률상 이익이 있는 경우에는 소익을 인정하고 있으며, 행정소송법(제12조 후단)도 이를 명문으로 규정하고 있다.

(2) 처분의 효과 소멸 후에도 소익이 인정되는 경우

행정소송법은 처분의 효과가 ① 기간의 경과(예, 1개월의 운전면허나 영업정지처분시 그 1개월이 모두 경과한 경우), ② 처분의 집행(예, 불법체류 외국인의 강제퇴거조치가 집행되어 강제 출국되어 버린 경우), 또는 ③ 그 밖의 사유로 인하여 소멸된 뒤에는 당해 처분에 위법한 하자가 있다 하더라도 취소판결을 받을 필요성이 없기 때문에 소의 이익이 부정됨이 원칙이다. 따라서 이러한 경우에는 취소소송이 아니라 손해배상 청구나 원상회복 청구(공법상 결과제거 청구) 등을 통하여 권리를 구제받아야 할 것이다. 그러나 처분등의 효과가 소멸하였다 하더라도 예외적으로 그 처분의 취소로 인하여 회복되는 법률상 이익이 있는 경우에는 원고적격을 인정하고 있다(제12조 후단).

여기서 말하는 법률상 이익에는 ① 원고의 부수적 이익이 회복될 수 있는 경우, ② 당해 처분이 존재하고 있다는 사실 자체가 원고에게 장래 어떤 불이익처분을 함에 있어서의 요건사실로 작용할 경우 등이 있다. ①의 예로는 공무원파면취소소송 도중에 공무원 정년이 넘게 되어 승소하더라도 공무원으로는 더 이상 복귀가 불가능하게 된 경우에도, 파면이 취소되면 정년까지의 보수 및 연금은 청구할 수 있게 된다(대판 1977. 7. 12, 74누147). ②의 예로는 출입국관리법 제12조에 의거하여 한번 강제 퇴거된 자는 5년 내에 재입국이 금지되고, 도로교통법상 1년 간의 운전면허정지기간을 모두 합산하여 120일이 넘으면 면허가 취소되게 되며, 음식점영업이나 건축사 업무 등을 규제하는 많은 행정법규는 한번 영업정치처분을 받으면 두 번째부터는 가중 처분하도록 되어 있다. 이처럼 장래 가중적 제재처분을 당할 수 있는 요건사실로 작용하게 되는 경우에는 당해 영업정지처분의 위법을 이유로 취소판결을 받아야 할 필요성이 있으므로 그 취소를 구할 소익이 있게 된다.

【판례】① 기간의 경과 후에는 소의 이익 부정

행정처분이 법령이나 처분 자체에 의하여 효력기간이 정하여져 있는 경우에는 그 기간의 경과로 효력이 상실되므로 그 기간 경과 후에는 처분이 외형상 잔존함으로 인하여 어떠한 법률상의 이익이 침해되고 있다고 볼 만한 별다른 사정이 없는 한 그 처분의 취소 또는 무효확인을 구할 법률상의 이익은 없다(대판 2000. 11. 10, 99두486).

② 기간도과 후에도 소의 이익 긍정

건축사에 대한 제재적인 행정처분인 업무정지명령을 보다 무거운 제재처분인 사무소등록취소처분의 기준요건으로 규정하고 있는 이상, 건축사업무정지처분을 받은 건축사로서는 위 처분에서 정한 기간이 도과되었다 하더라도 위 처분을 그대로 방치하여 둠으로써 장래 건축사사무소 등록취소라는 가중된 제재처분을 받게 될 우려가 있는 것이므로 건축사로서의 업무를 행할 수 있는 법률상 지위에 대한 위험이나 불안을 제거하기 위하여 건축사업무정지처분의 취소를 구할 이익이 있다(대판 1991. 3. 27, 91누3512).

Ⅳ. 취소소송의 대상

1. 개설

행정소송법상 취소소송의 대상은 처분등이다. 즉, "행정청이 행하는 구체적 사실에 관한 법집행으로서의 공권력의 행사 또는 그 거부와 그 밖에 이에 준하는 행정작용 및 행정심판에 대한 재결"(제2조 제1항 제1호)을 말한다. 이는 소송의 대상에 관하여 열거주의가 아닌 개괄주의 원칙을 채택하고 있는 것이다.

한편, 취소소송의 대상적격과 관련하여 문제가 되는 것은 취소소송의 대상이 되는 처분의 구체적 개념이 무엇인지와 재결 자체의 고유한 위법이 무엇인지 등이다. 이러한 내용에 관하여 아래에서 살펴본다.

2. 행정청의 처분

행정청이란 국가 또는 지방자치단체의 의사를 결정·표시할 수 있는 권한을 가진 모든 행정기관, 즉, 학문상의 행정관청으로서, 행정심판에서 말하는 행정청과 같은 개념이다. 행정청의 처분의 인정 여부는 소송요건이므로 직권조사사항이며 처분성이 부정되면 그 소는 부적법하여 각하된다. 판례도 "서울특별시 지하철공사 사장이 소속 직원의 재직기간 합산신청을 받아들이지 아니한 사건에 있어서 행정소송의 대상이 되지 아니한다"(대판 1989. 8. 8, 89누2257)고 판시하였다.

> **【판례】** 서울특별시 지하철공사에 재직중인 자가 서울특별시의 지방공무원으로 재직한 기간을 공무원연금법 제50조에 따라 위 공사의 재직기간으로 합산하여 줄 것을 신청한데 대하여, 위 공사 사장이 이를 하지 않는 것은 행정소송법 제3조 제1호 소정의 항고소송의 대상이 되는 행정청의 부작위에 해당되지 않는다(대판 1989. 8. 8, 89누2257).

3. 처분

(1) 개념

1) 실체법적 개념설

이 견해에 의하면 처분은 실체법적으로 공정력이 인정되는 행정행위의 효력을 제거하기 위하여 인정된 개념이므로 실체법상의 행정행위와 같은 개념이라고 한다. 다만, 이 견해에 의하더라도 예외적으로 행정행위는 아니지만 공권력적 사실행위(강제격리·강제수거 등)도 강제성·계속성이 있는 한 권익구제의 가능성이 있다는 측면에서 행정행위에 준하여 처분의 개념에 포함시키고 있다.

2) 쟁송법적 개념설

이 견해는 취소소송의 기능이 권익구제에 있음을 중시하여 행정처분의 개념을 실체적 행정행위와는 별개의 관념으로 파악한다. 즉, 행정에의 의존이 대폭 확대된 현대행정국가에서는 행정활동의 형식이 다양하므로 국민의 권리구제의 견지에서 학문상의 행정행위가 아닌 국가작용도 항고소송의 대상으로 삼아야 한다는 견해이다.

이 견해에 의하면 실체법적인 행정행위 외에 행정기관의 행위로서 공권력행사에 해당되지는 않지만, 국민의 법익에 대하여 계속적으로 사실상의 영향력을 미치는 행위(공공시설의 설치, 행정지도 등)를 일종의 형식적 행정행위라고 하여 이들을 절차법적으로 취소소송의 대상인 처분의 개념에 포함시키게 된다.

3) 결어

오늘날 행정의 다양화 추세에 부응하여 국민의 권익구제의 대상을 확대하려는 절차법적 개념설의 취지는 긍정적인 면이 있다. 그러나 실체법적으로 발전해 온 전통적인 행정행위의 개념 자체를 형식적인 개념으로 확대하려는 방법보다는 행정작용의 다양성을 그대로 인정하되 실체법상의 행정행위가 아닌 행정작용도 취소소송의 성질에 반하지 아니하는 한 취소소송의 대상에 포함시키는 방법이 좋을 듯하다. 대법원 판례는 전통적으로 실체법적 개념설을 취해 왔으나, 쟁송법적인 개념을 도입하려는 시도가 있었다. 그러나 주된 경향은 실체법적 개념설에 입각하고 있다.

> **【판례】** 도지사가 광업법 제47조 제3항의 규정에 의한 채광계획변경명령권을 행사하면서 이와 함께 동법상 아무 근거규정이 없는 "작업중지명령"권을 행사한 사건에 있어서 "어떤 행위를 행정처분으로 볼 것이냐의 문제는 행정청이 공권력의 주체로서 행하는 구체적 사실에 관한 법집행으로서 국민의 권리·의무에 직접 영향을 미치는 행위라는 점을 고려하고 … 행정청의 어떤 행위가 법적 근거도 없이 국민에게 불이익을 주는 행정처분과 같은 외형을 갖추고 있고, 상대방이 이를 행정처분으로 인식할 정도라면 국민의 불이익 내지 불안감을 제거시켜 주기 위한 구제수단이 필요한 점 … 국민의 권리의식 수준 등은 물론 당해 행정청의 태도 등도 고려하여 판단하여야 한다"(대판 1992. 1. 17, 91누1714; 대판 1993. 12. 10, 93누12619).

(2) 구체적 검토

다음의 판례를 분석하면 행정소송의 대상을 ① 공법적 행위, ② 공권력행사작용, ③ 구체적 사건성을 골자로 하고 있다. 이에 관하여 구체적으로 살펴보면 다음과 같다.

> **【판례】** 행정소송의 대상이 되는 처분이라 함은 공법상의 행위로서 특정사항에 대하여 법규에 의한 권리의 설정 또는 의무의 부담을 명하거나 기타 법률상 효과를 발생케 하는 등 국민의 권리의무에 직접 관계가 있는 행위를 말한다(대판 1992. 2. 11. 91누4126).

1) 공법적 행위

행정소송의 대상은 공법적 행위에 한정되기 때문에 사법행위(국유잡종재산매각·물품구입·공사계약 등)는 제외되며 이들은 민사소송의 대상이 된다. 또한 법적행위에 한정되므로 순수한 사실행위는 제외되지만, 준법률행위적 행정행위로서의 대집행의 계고와 같은 통지행위나 감사원의 변상판정에 대한 재검판정과 같은 확인행위에 대해서도 처분성이 인정된다. 판례는 준법률행위적 행정행위로서의 공증행위에 대하여는 제한적으로만 처분성을 인정하고 있다.

> **【판례】** 구 상표법(1990.1.13. 법률 제4210호로 전문개정되기 전의 것) 제29조 제1항, 제3항, 제31조 제1항, 제2항, 구 상표등록령(1990.8.28. 대통령령 제13085호로 개정되기 전의 것) 제6조, 제7조, 제10조, 구 특허등록령(1990.8.28. 대통령령 제13082호로 개정되기 전의 것) 제34조 1항의 규정내용을 종합하면, 상표사용권설정등록신청서가 제출된 경우 특허청장은 신청서와 그 첨부서류만을 자료로 형식적으로 심사하여 그 등록신청을 수리 할 것인지의 여부를 결정하여야 되는 것으로서, 특허청장의 상표사용권설정등록행위는 사인간의 법률관계의 존부를 공적으로 증명하는 준법률행위적행정행위임이 분명하다(대판 1991. 8. 13. 90누9414).

대법원은 특허청장의 상표사용등록행위에 대해서는 처분성을 인정하고 있으나, 토지대장에의 등재 등의 행위는 행정내부에서의 행정사무집행의 편의와 사실증명의 자료로 삼기 위한 것이고, 이들 등재나 등록 등의 행위로 권리변동이 생기는 것은 아니라고 하여 처분성을 부정하고 있다.

결국 취소소송은 행정작용의 취소를 통하여 기존의 법적 효과를 소멸시키는 형성의 소로 보기 때문에 법적 효과를 발생시키는 작용에 한하여 취소를 구하기에 적합하다고 보고 있는 것이다.

(가) 공권력적 사실행위

국민의 신체·재산에 물리력을 행사하는 공권력적 사실행위(예, 강제격리·강제수거 등)는 그것이 계속성을 띠는 한 소송으로 구제될 가능성이 있다. 이에 대한 근거로는 이러한 사실행위는 수인하명(수인의무라는 공법적 효과를 발생하는)과 집행행위(사실행위)의 합성행위로 보는 것이다(합성행위설[233]).

그러나 공권력적 사실행위도 국민에 대하여 자력집행력에 따라야 할 수인의무를 부과하는 법적 효과가 부수적으로 수반된다고 보아 그것이 계속성을 띠고 있어 권익구제에 적합한 성질을 구비하고 있는 한 취소소송으로 구제할 수 있다고 하는 것이 타당하다고 생각된다.

(나) 공공시설의 설치행위

공공시설의 설치행위에 대하여 전통적인 실체법적 처분개념설의 입장에서는 처분성을 부인한다. 이와 관련하여 일본의 하급심은 육교설치행위를 기공결정이라는 공법적 행위와 시공이라는 사실행위가 복합된 행위라 하여 처분성을 인정하고 학계의 지지도 받았다. 그러나 결국 항소심에서 순수한 사실행위에 불과하고 아무런 법적 효과를 발생시키는 것이 아니므로 취소를 구하기에 적합하지 못하다는 이유로 처분성이 부인되었다(동경지재 1970. 10. 14 및 동경고재 1974. 4. 30).

(다) 준법률행위적 행정행위

대법원은 "직접 법률의 규정에 의하여 공법적 효과를 발생하는 한 당연히 취소소송의 대상이 된다"(대판 1989. 12. 26, 87누308)라고 판시하여 준법률행위적 행정행위도 취소소송의 대상으로 인정한바 있다.

---

233) 김남진, 행정법 I, 776면.

【판례】 사회단체등록신청에 형식상의 요건불비가 없는데 등록청이 이미 설립목적 및 사업내용을 같이 하는 선등록단체가 있다 하여 그 단체와 제휴하거나 또는 등록없이 자체적으로 설립목적을 달성하는 것이 바람직하다는 이유로 원고의 등록신청을 반려하였다면 그 반려처분은 사회단체등록에관한법률 제4조에 위반된 것이 명백하고, 국가기관이 공식으로 등록을 하여 준 단체와 등록을 받지 못한 단체 사이에는 유형, 무형의 차이가 있음을 부인할 수 없으며 특히 선등록한 단체와 경쟁관계에 서게 되는 경우 등록을 받지 못한 단체가 열세에 놓이게 되는 것은 피할 수 없으므로 이건 등록신청의 반려는 원고의 자유로운 단체활동을 저해한다는 점에서 헌법이 보장한 결사의 자유에 역행하는 것이며 선등록한 단체의 등록은 수리하고 원고의 등록신청을 반려했다는 점에서는 헌법이 규정한 평등의 원칙에도 위반된다고 할 것이고, 행정소송에서 소의 이익이란 개념은 국가의 행정재판제도를 국민이 이용할 수 있는 한계를 구획하기 위하여 생겨난 것으로서 그 인정을 인색하게 하면 실질적으로는 재판의 거부와 같은 부작용을 낳게 될 것이므로 이 사건의 경우는 소의 이익이 있다고 보아야 할 것이다(대판 1989. 12. 26. 87누308).

그러나 대법원은 가옥대장에의 등재·말소(대판 1982. 01. 26. 82누411), 임야도에의 등록(대판 1991. 11. 26. 91누5150) 등과 같은 공증행위는 조세부과 등의 행정편의와 토지·임야 등에 관한 사실상태의 파악을 목적으로 작성된 데 불과하고, 당해 토지 등에 대한 실체상의 권리관계에 변동을 초래하는 것은 아니므로 행정소송의 대상이 되지 않는다고 판시하였다.

【판례】 ① 행정청에 대하여 행정상의 처분의 급부를 구하는 청구는 특별한 규정이 없는 한 행정소송의 대상이 될 수 없고 가옥대장에 일정한 사항을 등재하는 행위는 행정사무집행의 편의와 사실증명의 자료로 삼기 위한 것일뿐 그 등재행위로 인하여 당해가옥에 관한 실체상의 권리관계에 어떠한 변동을 가져오는 것은 아니라 할 것이므로 가옥대장의 등재행위는 행정처분이라 할 수 없으니 구청에 비치된 가옥대장에 한 등재의 말소를 구하는 소는 부적법하다(대판 1982. 10. 26. 82누411).

② 하천대장은 하천관리청이 하천에 관한 행정사무집행의 원활을 기하기 위하여 그 현황과 관리사항을 기재, 작성하는 것일 뿐, 어떤 특정 토지를 하천대장에 기재하였다 하여 그 토지에 관한 권리변동의 효력이 발생케 하는 것이 아니므로 이러한 하천대장에 등재하는 행위는 하천구역의 지정처분이라 할 수 없다(대판 1991. 11. 26. 91누5150).

2) 공권력행사 작용

취소소송의 대상은 공권력행사 작용에 한정되므로 비권력적인 공법상 계약이나 합동행위는 취소소송의 대상이 될 수 없다. 물론 이들은 공법상 당사자소송의 대상이 되겠지만, 판례는 민사소송의 대상으로 보고 있다.

3) 구체적 사건성

상대방의 권리·의무에 구체적으로 변경을 가하는 행정작용이 아닌 한 처분성이 인정되지 아니한다. 따라서 이와 관련하여 입법행위·행정규칙·행정계획·행정지도·행정내부적 행위 등이 문제가 된다.

(가) 입법행위

법령의 제정은 그 자체만으로는 국민의 권리·의무에 직접 변동을 초래하지 못하므로 법령 자체를 취소소송의 대상으로 할 수는 없다. 다만 처분법령은 그 자체로서 권리·의무에 변동을 가져오므로 취소소송의 대상이 된다.

> **【판례】** 조례가 집행행위의 개입 없이도 그 자체로서 직접 국민의 구체적인 권리의무나 법적 이익에 영향을 미치는 등의 법률상 효과를 발생하는 경우 그 조례는 항고소송의 대상이 되는 행정처분에 해당하고, 이러한 조례에 대한 무효확인소송을 제기함에 있어서 행정소송법 제38조 제1항, 제13조에 의하여 피고적격이 있는 처분 등을 행한 행정청은, 행정주체인 지방자치단체 또는 지방자치단체의 내부적 의결기관으로서 지방자치단체의 의사를 외부에 표시한 권한이 없는 지방의회가 아니라, 구 지방자치법(1994. 3. 16. 법률 제4741호로 개정되기 전의 것) 제19조 제2항, 제92조에 의하여 지방자치단체의 집행기관으로서 조례로서의 효력을 발생시키는 공포권이 있는 지방자치단체의 장이다(대판 1996. 9. 20, 95누8003).

(나) 행정규칙

행정규칙은 그 자체만으로는 권리·의무에 변동이 초래되는 것이 아니라 구체적 행정처분이 있어야 한다. 따라서 행정규칙 그 자체를 취소소송의 대상으로 할 수는 없다. 그러나 행정규칙 그 자체의 취소를 구하지 않고는 권리구제가 어려운 경우에는 이를 허용하여야 한다는 견해도 있다.

(다) 행정계획

과거에는 행정계획에 대하여 일률적으로 처분성이 부인되었었다. 그러나 대법원은 도시계획결정과 같이 국민의 권리·의무를 구체적으로 규제하는 효과를 발생하는 구속적 계획에 대하여는 처분성을 인정하였다

> 【판례】도시계획법 제12조 소정의 고시된 도시계획결정은 특정 개인의 권리 내지 법률상의 이익을 개별적이고 구체적으로 규제하는 효과를 가져오게 하는 행정청의 처분이라 할 것이고, 이는 행정소송의 대상이 된다(대판 1982. 3. 9, 80누105).

(라) 행정지도

주의·권고·알선·중재·희망의 표시 등과 같은 행정지도는 권리·의무를 구체적으로 변동시키는 효과가 없으므로 처분성이 부인된다. 다만, 행정지도에 불응할 경우 이에 대하여 행하여지는 허가취소·영업정지·시정명령 등의 전제조건으로 작용할 경우에는 취소소송의 대상이 된다고 하겠다.

(마) 일반처분

일반처분이란 특정 일자·시간대에 특정 번호차량의 도심 진입을 금지하거나, 특정 교량의 통행금지, 특정 장소에서의 집회금지를 명하는 불특정 다수인에 대한 처분을 말한다. 독일 행정절차법(제35조 제2항)은 명문으로 행정행위의 일종으로 보고 있으며, 우리의 경우에도 이를 취소소송의 대상인 행정처분으로 볼 수 있다.

(바) 대물적 처분

보안림·문화재·주차금지구역 등의 지정 또는 해제와 같은 대물적 처분은 직접적으로는 물건을 규율대상으로 한다. 그러나 이로 인하여 권리·이익이 침해되는 소유자 또는 지역주민들은 취소를 구할 수 있다고 할 수 있다.

(사) 법령해석

행정청이 국민의 질의에 대하여 행한 법령해석은 법원을 구속하지 못함은 물론, 그 상대

방이나 기타 관계자들의 법률상의 지위에 직접적인 변동을 초래하는 것이 아니므로 취소소송의 대상이 아니다.

> **【판례】** 행정소송은 구체적인 권리의무에 관한 분쟁을 전제로 하여 제기되는 것으로서 행정소송의 대상이 되는 행정처분은 행정청의 공법상의 행위로서 특정사항에 대하여 법규에 의하여 권리를 설정하고 의무를 명하여 기타 법률상의 효과를 발생케 하는 등 국민의 권리의무에 직접 관계가 있는 행위를 말한다고 할 것인바, 행정 각 부처의 장 등이 일반 국민의 소관 법령의 해석에 관한 질의에 대하여 하는 회신은 법원을 구속하지 못함은 물론 그 상대방이나 기타 관계자들의 법률상의 지위에 직접적으로 변동을 가져 오게 하는 것이 아니므로 특별한 사정이 없는 한 그 자체로서 항고소송의 대상이 될 수는 없다(대판 1992. 10. 13, 91누2441).

(아) 중간단계의 행위

최종단계의 행위를 위한 일련의 절차 중 중간단계의 행위는 그 행위 자체만으로 직접 국민의 권리·의무에 변동을 초래하는 경우에는 취소소송의 대상이 된다. 예컨대 ① 토지수용을 위한 사업인정고시행위만으로도 당해 토지에 대한 형질변경금지의무, 측량 등을 위한 출입허용의무 등이 부과되며, ② '지가공시 및 토지 등의 평가에 관한 법률'에 의한 표준공시지가 또는 개별공시지가 결정행위도 각종 부담금 및 조세산정의 기준이 되어 국민의 권리·의무나 법률상 이익에 직접 영향을 미친다.

> **【판례】** ① 토지초과이득세법, 택지소유상한에관한법률, 개발이익환수에관한법률 및 각 그 시행령이 각 그 소정의 토지초과이득세, 택지초과소유부담금 또는 개발부담금을 산정함에 있어서 기초가 되는 각 토지의 가액을 시장, 군수, 구청장이 지가공시및토지등의평가에관한법률 및 같은법시행령에 의하여 정하는 개별공시지가를 기준으로 하여 산정한 금액에 의하도록 규정하고 있고, 시장,군수, 구청장은 같은 법 제10조 제1항 제6호, 같은법시행령 제12조 제1, 2호의 규정에 의하여 각개 토지의 지가를 산정할 의무가 있다고 할 것이므로 시장, 군수, 구청장이 산정하여 한 개별토지가액의 결정은 토지초과이득세, 택지초과소유부담금 또는 개발부담금 산정 등의 기준이 되어 국민의 권리, 의무 내지 법률상 이익에 직접적으로 관계된다고 할 것이고, 따라서 이는 행정소송법 제2조 제1항 제1호 소정의 행정청이 행하는 구체적 사실에 관한 법집행으로서의 공권력행사이어서 행정소송의

대상이 되는 행정처분으로 보아야 할 것이다(대판 1993. 1. 15, 92누12407).

　② 지가공시및토지등의평가에관한법률 제4조 제1항에 의하여 표준지로 선정되어 공시지가가 공시된 토지의 공시지가에 대하여 불복을 하기 위하여는 같은 법 제8조 제1항 소정의 이의절차를 거쳐 처분청인 건설부장관을 피고로 하여 위 공시지가 결정의 취소를 구하는 행정소송을 제기하여야 한다(대판 1994. 3. 8, 93누10828).

한편, 그렇지 아니한 경우에는 최종단계의 행정처분을 기다려 이를 대상으로 취소소송을 제기하여야 한다. 예컨대 ① 군의관의 신체등위판정행위는 중간단계의 행위에 불과하므로, 최종단계의 행위인 지방병무청장의 병역처분을 대상으로 하여야 하며, ② 운전면허행정처분처리대장에의 벌점기재행위는 운전면허 취소·정지처분의 기초자료로 제공하기 위한 것이고 벌점기재 자체만으로는 구체적인 권익침해를 발생시키지 아니한다.

【판례】① 병역법상 신체등위판정은 행정청이라고 볼 수 없는 군의관이 하도록 되어 있으며, 그 자체만으로 바로 병역법상의 권리의무가 정하여지는 것이 아니라 그에 따라 지방병무청장이 병역처분을 함으로써 비로소 병역의무의 종류가 정하여지는 것이므로 항고소송의 대상이 되는 행정처분이라 보기 어렵다(대판 1993. 8. 27, 93누3356).

　② 운전면허 행정처분처리대장상 벌점의 배점은 도로교통법규 위반행위를 단속하는 기관이 도로교통법시행규칙 별표 16의 정하는 바에 의하여 도로교통법규 위반의 경중, 피해의 정도 등에 따라 배정하는 점수를 말하는 것으로 자동차운전면허의 취소, 정지처분의 기초자료로 제공하기 위한 것이고 그 배점 자체만으로는 아직 국민에 대하여 구체적으로 어떤 권리를 제한하거나 의무를 명하는 등 법률적 규제를 하는 효과를 발생하는 요건을 갖춘 것이 아니어서 그 무효확인 또는 취소를 구하는 소송의 대상이 되는 행정처분이라고 할 수 없다(대판 1994. 8. 12, 94누2190).

(자) 자족적 공법행위로서의 신고행위

건축법상 소규모건축물 등은 허가대상건축물이 아니라 단순한 신고만 하면 건축할 수 있는 소위 신고대상건축물이다. 이 경우에 행하는 신고는 행정청에 도달된 때에 당연히 그 효력이 발생되며, 행정청에 의한 별도의 수리행위를 요하지 아니한다고 한다. 만약 행정청이 수리를 거부하거나 반려하더라도 상대방인 국민은 아무 제약 없이 적법하게 건축행위를 할 수 있기 때문에 이는 신고인의 권리나 지위에 아무런 변동을 초래하지 아니한다는 의미에서 행정처분으로 볼 수 없다. 따라서 이에 대하여 제기된 수리거부취소소송 또는 반려(처분)취소소송은 이를 각하하여야 한다는 것이 우리 판례의 태도이다.

한편, 신고가 단순한 신고가 아닌 완화된 인·허가제로서의 실질을 갖는 경우에 판례는 그 거부처분에 대하여 처분성을 인정하고 있다. 예컨대 골프연습장업신고, 당구장업신고 및 액화석유가스충전사업 등의 사업자 지위승계사실의 신고 등이 있다.

【판례】① 구 건축법(1991.5.31. 법률 제4381호로 전문 개정되기 전의 것)과 체육시설의설치·이용에관한법률은 입법목적, 규정사항, 적용범위 등을 서로 달리하고 있어서 골프연습장의 설치에 관하여 체육시설의설치·이용에관한법률이 건축법에 우선하여 배타적으로 적용되는 관계에 있다고 해석되지 아니하므로 체육시설의설치·이용에관한법률에 따른 골프연습장의 신고요건을 갖춘 자라 할지라도 골프연습장을 설치하려는 건물이 건축법상 무허가 건물이라면 적법한 신고를 할 수 없다(대판 1993. 4. 27, 93누1374).

② 당구장업소에 대한 체육시설업신고 거부처분 취소소송에서 같은 조건 하에 있는 다른 당구장업소에 대하여 체육시설업 신고가 수리된 적이 있다는 진술만 가지고 바로 취소소송의 대상인 거부처분이 재량권의 한계를 넘은 것이라는 주장으로 보기는 어렵다(대판 1991. 7. 12, 90누8350).

③ 액화석유가스의안전및사업관리법 제7조 제2항에 의한 사업양수에 의한 지위승계신고를 수리하는 허가관청의 행위는 단순히 양도, 양수자 사이에 발생한 사법상의 사업양도의 법률효과에 의하여 양수자가 사업을 승계하였다는 사실의 신고를 접수하는 행위에 그치는 것이 아니라 실질에 있어서 양도자의 사업허가를 취소함과 아울러 양수자에게 적법히 사업을 할 수 있는 법규상 권리를 설정하여 주는 행위로서 사업허가자의 변경이라는 법률효과를 발생시키는 행위이므로 허가관청이 법 제7조 제2항에 의한 사업양수에 의한 지위승계신고를 수리하는 행위는 행정처분에 해당한다(대판 1993. 6. 8, 91누11544).

---

4. 재결

취소소송의 대상은 처분 외에 행정심판에 대한 재결도 포함된다. 여기서 말하는 행정심판에는 반드시 행정심판법에 의한 것만이 아니라, 이의신청·국세심판 등 모든 항고쟁송에 대한 결정행위가 포함된다. 재결을 행정소송의 대상으로 한다면, 그 재결이 취소되더라도 원처분이 취소되지 않는 한 원고의 목적은 달성될 수 없기 때문에 행정소송의 대상을 원처분으로 하는 것이다(원처분주의).

한편, 원처분주의만을 고집할 경우에는 복효적 행정행위의 제3자와 같이 원처분의 효력을 다툴 수 없거나 다툴 필요가 없는 자가 재결에 의하여 권익이 침해된 경우에 행정구제의 길이 막히게 된다.[234] 따라서 원칙적으로는 원처분주의에 의하되, 재결 자체에 고유한 주체·내용·절차·형식상의 위법이 있는 경우에는 재결도 취소소송의 대상이 되도록 한 것이다(대판 1992. 2. 28, 91누6979).

> **【판례】** 행정처분무효확인 등의 행정심판청구를 각하한 재결에 대한 항고소송은 원처분의 존재 여부나 그 유·무효를 이유로 주장할 수 없고, 그 재결 자체에 주체, 절차, 형식 또는 내용상의 위법이 있는 경우에 한한다 할 것이다(대판 1992. 2. 28, 91누6979).

V. 취소소송의 제기요건

1. 제기요건

소송의 제기요건은 법원에 본안판결을 구하기 위한 요건을 말한다. 취소소송은 "행정청의 처분등이 존재하고, 그것의 위법성을 이유로, 원고적격을 가진 자가 피고적격을 가진 행정청을 상대로 일정한 제소기간 내에 일정한 소장에 의하여 예외적으로 또는 임의적으로 행정심판을 거쳐 관할 지방법원에 처분등의 취소·변경을 구하는 것이다" 이상의 주어진 모든 요건을 갖추어야 적법하고 그렇지 못하면 부적법한 것으로서 본안심리에 들어가지 않고 각하된다.

이상의 요건에 관하여 대부분 앞에서 설명하였으므로, 설명하지 않은 내용에 관하여만 살펴보고자 한다. 아래에서는 처분등의 위법성, 제소기간, 소상에 관하여 살펴보고, 행정심판 전치주의와 관련하여는 다음 항에서 설명하고자 한다.

(1) 처분등의 위법성

행정심판의 대상은 처분등의 위법·부당성이 되지만, 처분의 부당성은 행정소송의 대상은 되지 않는다. 따라서 재량행위에 있어서의 재량권 행사를 그르친 경우에는 행정소송의 대

---

234) 박윤흔, 행정법강의(상), 916면; 이상규, 신일반행정법론(상), 812면.

상이 되지 않으며, 재량권의 일탈·남용에 이르러야 취소소송의 대상이 된다.

한편, 행정규칙은 법규성이 없으므로 이에 위반한 처분은 위법의 문제가 발생하지 아니한다는 것이 종래의 통설이었다. 그러나 오늘날은 행정규칙이 재량준칙으로 작용하는 경우에는 이를 위반한 처분은 헌법상의 평등원칙을 매개로 하여 위법이 된다고 본다.

또한, 일정한 행정목적을 위하여 두 개 이상의 행정행위가 단계적으로 연속하여 행해지는 경우, 선행행위의 위법을 이유로 후행행위의 취소를 구할 수 있는가에 관하여 문제가 된다. 이에 관하여, 우선, 양자가 결합하여 하나의 법률효과를 완성하는 때에는 긍정적으로 해석하여야 한다. 다음으로 양자가 서로 독립하여 별개의 효과의 발생을 목적으로 하는 경우에는 부정적으로 해석하여야 할 것이다.

(2) 제소기간

행정법관계는 공익과 밀접한 관계가 있으므로 오랫동안 불확정상태에 둘 수 없어 제소기간을 제한하고 있다.

① 취소소송은 처분등이 있음을 안 날 또는 행정심판의 재결을 거친 경우에는 재결서 정본의 송달을 받은 날로부터 90일 이내에 제기하여야 한다(제20조 제1항). 이 경우의 행정심판은 필요적 전치주의에 의한 것이든 임의적으로 제기한 것이든 가리지 아니한다. 이 기간은 불변기간이다.

② 처분이 있은 날 또는 재결이 있은 날부터 1년이 지나면 제기할 수 없다. 그러나 이는 불변기간이 아니므로 정당한 사유가 있는 경우에는 예외가 인정된다(제20조 제2항).

제1항 및 제2항의 두 기간은 선택적이 아니라 경합적으로 진행되는 것이므로 이들 기간 중 어느 하나가 만료되면 제소기간이 만료된다. 제소기간의 도과여부는 법원의 직권조사사항이다. 처분이 있음을 안 날이란 그 처분의 존재를 현실적으로 안 날을 말하며, 구체적으로 처분의 위법여부를 안 날을 의미하지는 않는다(대판 1974. 7. 26, 73누31). 처분이 있은 날은 처분의 효력 발생일을 말한다.

(3) 소장

소장의 형식에 관하여는 특별한 규정이 없고 민사소송법이 준용된다(제8조 제2항). 따라서 필요적 기재사항인 ① 당사자 및 법정대리인의 표시, ② 청구의 취지(○○처분의 취소를 구함 등), ③ 청구의 원인(청구의 옳음을 입증할 수 있는 법률적·사실적 논거)만 기재하면 되며, 기타 임의적 기재사항도 기재할 수 있다(예, 증거서류 등).

2. 소의 변경

(1) 개념

소의 변경이란 소송의 계속 중에 원고가 소송의 대상인 청구의 취지를 변경하는 것을 말하며, 행정소송법은 다음의 두 종류를 인정하고 있다.

(2) 소의 종류의 변경

법원은 취소소송을 당해 처분등에 관계되는 사무가 귀속되는 국가 또는 공공단체를 피고로 하는 당사자소송, 예컨대 세무서장에 대한 조세부과취소소송을 제기한 후 세금을 납부해 버린 경우에, 위법인 과세처분을 이유로 국가에 대한 부당이득반환청구소송으로 변경할 수 있다. 또한 취소소송 외의 다른 항고소송, 예컨대 취소소송의 이유로 제기하였다가 무효등확인소송 또는 부작위위법확인소송으로 변경하는 것이다. 이러한 소의 변경에 관하여 상당하다고 인정할 때에는 청구의 기초에 변경이 없는 한 사실심의 변론 종결시까지 원고의 신청에 의하여 결정으로써 소의 변경을 허가할 수 있다(제21조 제1항).[235]

반대로 당사자소송을 취소소송으로 변경하거나(제42조), 무효등확인소송·부작위위법확인소송을 취소소송으로 변경하는 것(제37조)도 같은 요건 하에서 허가할 수 있다. 여기서 청구의 기초에 변경이 없어야 한다는 것은 원고가 소송에 의하여 구제받고자 하는 법률상 이익의 동일성이 유지되어야 한다는 의미이다.

(3) 원처분의 변경으로 인한 소의 변경

취소소송의 계속 중에 피고인 행정청이 스스로 소송의 대상인 처분을 변경한 경우(예, 의사면허취소를 면허정지처분으로 변경)에는 원고의 신청이 있으면 법원의 결정으로 청구의

---

[235] 제21조(소의 변경) ① 법원은 취소소송을 당해 처분등에 관계하는 사무가 귀속하는 국가 또는 공공단체에 대한 당사자소송 또는 취소소송외의 항고소송으로 변경하는 것이 상당하다고 인정할 때에는 청구의 기초에 변경이 없는 한 사실심의 변론종결시까지 원고의 신청에 의하여 결정으로써 소의 변경을 허가할 수 있다.
　② 제1항의 규정에 의한 허가를 하는 경우 피고를 달리하게 될 때에는 법원은 새로이 피고로 될 자의 의견을 들어야 한다.

취지 또는 청구의 원인의 변경을 허가할 수 있도록 하였다(제22조 제1항·제2항). 또한 원처분의 변경으로 인한 소의 변경의 경우에는 필요적 행정심판전치주의의 적용을 받는 사건이라 하더라도 행정심판절차를 거칠 필요가 없도록 함으로써 원고의 불편이 없도록 배려하고 있다(제22조 제3항).

원처분의 변경에 의한 허가결정이 있은 때에는 새로운 피고에 대한 소송은 처음에 소를 제기한 때에 제기된 것으로 보며, 결정이 있은 때에는 종전의 피고에 대한 소송은 취하된 것으로 본다(제21조 제4항, 제14조 제4항·제5항).

3. 처분이유의 추가·변경

소의 변경은 원고가 행하는 것이지만, 피고도 취소소송의 진행 중에 당초의 행정처분사유를 추가하거나 변경할 수 있는가의 문제가 제기될 수 있다.

학설은 ① 행정소송에 있어서 양 당사자는 자기에게 유리한 모든 주장을 할 수 있으므로 가능하다는 긍정설과 ② 당초의 처분이유를 변경하는 것은 별개의 새로운 행정처분에 의하여 행하여져야 할 것이라는 이유로 이를 불허하는 부정설 등이 있다. 대법원은 중간적 입장에서 당초의 처분이유와 기본적 사실관계에 있어서 동일성을 해치지 아니하는 범위 안에만 이를 허용하고 있으며, 그 근거로 들고 있는 것이 바로 신뢰보호의 원칙이다.

> **【판례】** 행정처분의 취소를 구하는 항고소송에 있어서는 실질적 법치주의와 행정처분의 상대방인 국민에 대한 신뢰보호라는 견지에서 처분청은 당초 처분의 근거로 삼은 사유와 기본적 사실관계에 있어서 동일성이 인정되는 한도 내에서만 새로운 처분사유를 추가하거나 변경할 수 있을 뿐 기본적 사실관계와 동일성이 인정되지 않는 별개의 사실을 들어 처분사유로 주장하는 것은 허용되지 아니하며 법원으로서도 당초의 처분사유와 기본적 사실관계의 동일성이 없는 사실은 처분사유로 인정할 수 없는 것이다(대판 1992. 8. 18, 91누3659).

Ⅵ. 취소소송의 제기효과(집행부정지)

1. 취소소송의 제기효과

(1) 법원 등에 대한 효과(주관적 효과)

취소소송의 제기로 사건은 법원에 계속되어 법원은 이를 심리·판결해야 할 의무를 지게 된다. 반면, 당사자는 동일사건에 대하여 다시 소를 제기하지 못하게 된다(민사소송법 제259조[236]).

(2) 처분에 대한 효과(객관적 효과)

취소소송이 제기되었다고 하여 소송의 대상인 처분의 집행을 정지시키면 ① 행정의 계속성이 저해되어 공공복리에 영향을 끼치게 된다. 예컨대 퇴폐유흥음식점의 영업행위 계속, 마약중독자의 운전행위의 계속, 부실시공건설업자의 시공행위의 계속 등으로 인하여 공공복리에 영향을 끼치게 된다. 또한 ② 소송제기를 남용할 우려도 있으므로 행정심판의 경우와 마찬가지로 집행부정지를 원칙으로 하고 예외적으로 집행정지의 결정을 할 수 있도록 하였다(제23조).

2. 집행부정지의 원칙

현행 행정소송법(제23조 제1항)은 "취소소송의 제기는 처분등의 효력이나 그 집행 또는 절차의 속행에 영향을 주지 아니한다"라고 규정하여 집행부정지를 원칙으로 하고 있다.[237]

[236) 제259조(중복된 소제기의 금지) 법원에 계속되어 있는 사건에 대하여 당사자는 다시 소를 제기하지 못한다.

237) 그러나 독일의 경우에는 행정기관의 처분에 대한 소송이 제기되면 이에 대한 잠정적인 집행정지의 효력을 인정하는 것이 권리보호의 기본적인 요소가 되는 것이므로 이를 통해서 비로소 소송제도도 그 효율성을 보장할 수 있다는 점에서 집행정지의 원칙을 취하고 있다.

3. 집행정지의 결정

(1) 집행정지결정의 요건

행정심판에 있어서의 집행정지의 요건과 같다. 즉, 행정소송법(제23조 제2항)은 그 요건으로서 "처분등이나 그 집행 또는 절차의 속행으로 인하여 생길 회복하기 어려운 손해를 예방하기 위하여 긴급한 필요가 있다고 인정할 경우"에 법원의 결정에 의해 처분의 효력을 정지할 수 있도록 하고 있다.

1) 적극적 요건

(가) 집행정지 대상인 처분의 존재

집행정지는 행정소송제도와 연계하여 잠정적으로 행정기관의 처분 또는 그 효과로부터 당사자를 보호하기 위한 것이므로 이미 집행이 완료되거나 처분의 목적이 달성된 경우에는 집행정지는 인정되지 않는다. 또한 부작위는 집행정지의 대상이 존재하지 아니하므로 부작위위법확인소송에서는 집행정지가 인정되지 아니하며, 취소소송 중에서도 거부처분에 대한 취소소송 역시 집행정지로 인하여 회복될 그 무엇이 존재하지 아니하므로 인정되지 아니한다.

> **【판례】** 신청에 대한 거부처분의 효력을 정지하더라도 거부처분이 없었던 것과 같은 상태, 즉 거부처분이 있기 전의 신청시의 상태로 되돌아가는 데에 불과하고 행정청에게 신청에 따른 처분을 하여야 할 의무가 생기는 것이 아니므로, 거부처분의 효력정지는 그 거부처분으로 인하여 신청인에게 생길 손해를 방지하는 데 아무런 보탬이 되지 아니하여 그 효력정지를 구할 이익이 없다(대결 1995. 6. 21. 95두26).

(나) 적법한 본안소송의 계속

집행정지는 민사소송법상의 가처분이 본안소송제기 전에 보전수단으로서 신청될 수 있는 것과는 달리 본안소송이 법원에 계속되어 있을 것을 요건으로 한다. 행정소송법 제23조 제2항이 취소소송이 제기된 경우에, 본안이 계속되고 있는 법원이라고 규정하고 있음은 이를 나타낸다.

본안이 적법한 것이어야 하므로, 기간을 도피하였거나 피고를 잘못 정한 소송 등은 집행정지의 신청한 경우에는 본안소송이 계속되지 않는 것으로 본다.

(다) 회복하기 어려운 손해발생의 우려

집행정지결정은 회복하기 어려운 손해를 예방하기 위하여 필요한 경우에만 인정된다. 여기에서 회복하기 어려운 손해란 사회통념상 금전보상이나 원상회복이 어렵다고 인정되는 손해를 의미하는바, 이는 금전보상이 불능인 경우뿐만 아니라 금전보상으로는 사회관념상 행정처분을 받은 당사자가 참고 견딜 수 없거나 현저히 곤란한 경우의 유형·무형의 손해를 말한다.

> **【판례】** ① 형사피고인이 안양교도소에서 진주교도소로 이송되면 서울 거주 변호인과 가족들의 접견권 행사에 지장을 초래하게 되어 회복하기 어려운 손해가 발생할 염려가 있다고 볼 것이다(대결 1992. 8. 7, 92두30).
> ② 과세처분으로 인하여 입게 되는 손해는 후에 국가에 대하여 금전배상청구가 가능한 것이므로 회복할 수 없는 손해가 발생할 염려가 있다고 볼 수 없다(대결 1971. 1. 28, 70두7).
> ③ 본안소송에서 승소판결을 받을 경우에는 재항고인이 특례보충역으로 해당 전문분야에서 2개월 남짓만 더 종사하여 5년의 의무종사기간을 마침으로써 (구)병역법 제46조 1항에 의하여 방위소집복무를 마친 것으로 볼 것이나, 만약 위 처분의 효력이 정지되지 아니한 채 본안소송이 진행된다면, 재항고인은 1992. 2. 24부터 입영하여 다시 현역병으로 복무하지 않을 수 없는 결과 병역복무를 중복하여 이행하는 셈이 되어 불이익을 입게 되고 상당한 정신적 고통을 받게될 것임을 짐작하기 어렵지 아니하며, 이와 같은 손해를 금전으로 보상할 수 잇는 성질의 것이 아니어서 사회관념상 회복하기 어려운 손해에 해당한다(대결 1992. 4. 29, 92두7).

(라) 긴급한 필요

집행정지는 손해발생가능성이 절박하여 본안판결을 기다릴 만한 시간적인 여유가 없는 경우에만 허용될 수 있다. 여기에서 긴급한 필요란 집행정지의 필요성이 절박하다는 것, 즉, 회복하기 어려운 손해의 발생이 절박하여 본안판결을 기다릴 여유가 없음을 의미한다.

> **【판례】** 과세부과처분에 의하여 받은 손해는 만일 본안소송에서 부과처분이 취소된다면 그 배상을 청구할 수 있을 것이므로 그 집행정지 신청은 행정소송법 소정요건에 해당되지 않는다(대결 1962. 1. 20, 4294 행상 7).

한편 회복하기 어려운 손해의 예방과 긴급한 필요는 각각 개별적으로 판단할 것이 아니라, 앞의 요건이 충족되면 뒤의 요건이 충족되는 것으로 보아 합일적·포괄적으로 판단하여야 할 것이다.

2) 소극적 요건

소극적 요건은 집행정지결정을 위하여 존재하여서는 아니 되는 요건을 말한다. 행정소송법(제23조 제3항)은 집행정지의 소극적 요건으로 "집행정지는 공공복리에 중대한 영향을 미칠 우려가 있는 경우에는 허용되지 아니한다"라고 규정하고 있다.

> **【판례】** 행정처분의 집행을 정지하려면 소극적 요건으로서 그 집행의 정지가 공공의 복리에 중대한 영향을 미치게 할 우려가 없어야 한다(대결 1971. 3. 5, 71두2).

(2) 집행정지결정의 성질

처분등의 집행정지의 성질에 관하여 행정작용의 일종으로 보는 견해와 사법작용으로 보는 견해가 있다.

행정작용의 일종으로 보는 견해는 처분등의 집행정지결정의 성질은 본래 일반 행정작용과 다름없지만 편의상 본안소송이 계속된 법원이 그 권한을 갖는 데 불과한 것으로 보는 견해이다. 이에 반하여 사법작용으로 보는 견해는 집행정지는 사법절차에 의한 구제조치의 일종이며, 사법절차에는 본안에 대한 재판절차뿐만 아니라 그에 부수되는 구제절차가 당연히 포함되는 것으로 보는 견해이다.

그러나 집행정지결정이란 원고의 권리보전을 도모하기 위하여 법원이 계쟁처분의 집행을 잠정적으로 정지하는 것이므로, 형식적으로나 내용적으로나 보전소송절차인 것으로 보아야 하므로 사법작용설이 타당하다고 본다.

(3) 집행정지결정의 대상

집행정지결정은 처분의 효력, 처분의 집행 및 절차의 속행정지를 그 내용으로 하며, 그 전부에 대해서 또는 일부에 대해서 행할 수 있다(제23조 제2항).

1) 처분의 효력정지

처분의 효력정지는 처분의 내용에 따르는 구속력, 공정력, 집행력 등의 효력을 정지함으로써 당사자에 대한 효과에 있어서 당해 처분이 잠정적으로 존재하지 아니한 상태로 두는 것을 말한다.

그러나 처분의 집행정지 또는 절차의 속행정지만으로 집행정지의 목적을 달성할 수 있을 경우에는 처분의 효력정지는 허용되지 아니한다고 함으로써(제23조 제2항 단서), 행정의 계속성을 최대한 보장하도록 하였다.

2) 처분의 집행정지

처분의 집행정지는 처분의 효력은 유지하되 이를 실현하기 위한 집행력의 행사만을 정지하는 것을 말한다.

3) 절차의 속행정지

절차의 속행정지란 처분의 효력은 유지하면서 당해 처분의 후속절차를 잠정적으로 정지하게 하는 것을 말한다.

(4) 집행정지결정의 절차

집행정지결정은 당사자의 신청에 의하거나 직권에 의하여 법원의 결정으로 행하며, 당사자가 신청할 경우에는 그 이유에 대한 소명이 있어야 한다(제23조 제4항). 여기서 법원은 상술한 집행정지 요건의 구비 여부만을 판단대상으로 하여야 하며, 본안에서의 인용가능성은 판단대상이 되어서는 아니 됨은 행정심판에서 설명한 바와 같다.

> **【판례】** 행정처분의 효력정지나 집행정지를 구하는 신청사건에 있어서는 그 행정처분의 효력이나 집행을 정지시킬 필요가 있는지의 여부, 즉 행정소송법 제23조 제2항 소정 요건의 존부만이 판단대상이 되는 것이므로, 이러한 요건을 결어하였다는 이유로 집행정지신청을 기각한 결정에 대하여는 행정처분 자체의 적법여부를 가지고 불복사유로 삼을 수 없다(대결 1990.6.22., 90두6).

그러나 집행정지사건 자체만으로 판단하여도 본안에서 원처분의 취소가능성이 없음이 명백한 경우에까지 집행정지를 인정한다는 것은 이 제도의 취지에 반하므로 이 경우에는 집행정지의 결정을 할 수 없다고 하겠다(대결 1992.6.8, 92두14; 대결 1992.8.7, 92두30; 대결 1994.10.11., 94두23).

> **【판례】** 행정처분의 효력정지를 구하는 신청사건에 있어서는 행정처분 자체의 적법 여부는 궁극적으로 본안판결에서 심리를 거쳐 판단할 성질의 것이므로 원칙적으로는 판단할 것이 아니고, 그 행정처분의 효력을 정지할 것인가에 대한 행정소송법 제23조 제2항 소정의 요건의 존부만이 판단의 대상이 되나, 본안소송에서의 처분의 취소가능성이 없음에도 불구하고 처분의 효력정지를 인정한다는 것은 제도의 취지에 반하므로, 효력정지사건 자체에 의하여도 신청인의 본안청구가 이유 없음이 명백할 때에는 행정처분의 효력정지를 명할 수 없다(대결 1994. 10. 11, 94두23).

(5) 집행정지결정의 효력

집행정지결정은 그 결정내용에 따라 처분의 효력, 처분의 집행 또는 절차의 속행의 전부 또는 일부를 정지시키는 효력을 발생한다. 법원에 의해 집행정지결정이 내려지면 당해 처분의 당사자와 관계행정기관은 이에 구속을 받게 되어 기속력이 발생하며, 처분 이전의 상태를 유지하는 형성력도 발생한다.

1) 형성력

처분등의 효력정지는 행정행위의 공정력을 바탕으로 한 당해 처분등의 구속력을 일응 정지시킴으로써 당해 행정처분등이 없었던 것과 같은 상태를 실현시키는 것이므로 그 범위 안에서 형성력을 가진다고 볼 수 있다. 그러나 정지결정 직전까지 형성된 법률관계에는 아무런 영향을 미치지 못한다. 예컨대 3월의 영업정지처분기간 중 1월이 경과한 후에 집행정지결정이 있은 경우 이미 영업을 정지했던 1월은 어쩔 수 없다.

2) 기속력

집행정지결정은 본안에 대한 취소판결에 준하여 당사자인 행정청과 그 밖의 관계행정청 및 제3자에 대하여도 효력이 미친다(대세적 효력). 예컨대 인근주민이 낸 건축허가처분 집행정지결정의 효력이 건축허가를 받은 자에게도 미친다.

(6) 집행정지결정에 대한 불복

집행정지의 결정 또는 기각의 결정에 대하여는 즉시항고 할 수 있다. 이 경우 집행정지의 결정에 대한 즉시항고에는 결정의 집행을 정지하는 효력이 없다(제23조 제5항).

(7) 집행정지결정의 취소

집행정지의 결정이 확정된 후 집행정지가 공공복리에 중대한 영향을 미치거나 그 정지사유가 없어진 때에는 당사자의 신청 또는 직권에 의하여 결정으로써 집행정지의 결정을 취소할 수 있다(제24조 제1항). 여기서 당사자에는 행정청과 복효적 행정행위의 수익자인 상대방도 포함된다. 집행정지결정의 취소에 대하여도 즉시항고를 할 수 있다(제24조 제2항).

4. 가처분

(1) 의의

집행정지결정은 이미 행하여진 침해적 행위에 대한 소극적·현상유지적 보전처분의 성격을 가질 뿐이며, 적극적으로 잠정적인 수익적 처분을 할 것을 명하거나, 장래 행하여질 침해적 처분의 금지를 명하는 작용은 아니다. 이에 반하여 가처분이란 금전채권 외의 계쟁물에 관한 청구권의 집행을 보전하거나 임시적인 지위를 정해, 후일 법률관계가 확정될 때가지 잠정적인 법률관계를 정하는 절차이다. 가처분제도는 민사집행법(제300조)[238]상 인정되는 제도인데 행정소송에도 행정소송법(제8조 제2항)상의 민사소송법 준용규정에 근거하여 민사소송상의 가처분규정의 준용가능성에 관하여 견해가 대립되고 있다.

(2) 학설
1) 소극설

사법부가 행정부를 대신하여 적극적 형성행위를 하는 것은 비록 잠정적인 것일지라도 권력분립의 원칙에 반하며, 이러한 의미에서 행정소송법(제23조)상의 집행정지제도는 민사소송법상의 가처분제도의 포괄적인 적용을 배제하기 위한 특별한 규정이므로 동법(제8조 제2항)상 "행정소송에 관하여 이 법에 특별한 규정이 없는 사항에 대하여는 민사소송법의 규정

---

238) 제300조(가처분의 목적) ① 다툼의 대상에 관한 가처분은 현상이 바뀌면 당사자가 권리를 실행하지 못하거나 이를 실행하는 것이 매우 곤란할 염려가 있을 경우에 한다.
　　② 가처분은 다툼이 있는 권리관계에 대하여 임시의 지위를 정하기 위하여도 할 수 있다. 이 경우 가처분은 특히 계속하는 권리관계에 끼칠 현저한 손해를 피하거나 급박한 위험을 막기 위하여, 또는 그 밖의 필요한 이유가 있을 경우에 하여야 한다.

을 준용한다"는 규정의 반대해석으로 민소법상의 가처분제도는 준용될 수 없다고 한다.[239]

> **【판례】** ① 행정소송법 제14조 (현행행소법 제8조 2항)가 동법에 특별한 규정이 없는 사항은 민사소송법이 정하는 바에 의한다고 하였어도 무제한하게 적용한다는 뜻이 아니고 그 성질이 허용되는 한도에서만 민사소송법의 규정에 의한다는 뜻으로 해석할 것인바, 항고소송에 대하여는 민사소송법중 가처분에 관한 규정이 적용된다고 인정할 수 없다(대결 1961. 12. 22, 80두5).
> ② 공직선거및선거부정방지법 제227조가 행정소송법 제8조 제2항과 제26조의 규정을 준용한다고 규정하고 행정소송법 제8조 제2항이 특별한 규정이 없는 사항에 관하여 민사소송법의 규정을 준용한다고 하였어도 이는 특별한 규정이 없는 사항에 대하여 무제한으로 민사소송법을 준용한다는 취지가 아니라 그 성질이 허용하는 한도 내에서만 민사소송법의 규정이 준용된다는 취지로 해석하여야 할 것인데, 선거소송의 경우 선거소송이나 선거제도의 취지, 민사소송법상 가처분제도의 성격 등에 비추어 선거소송을 인정한 개별법에 가처분을 인정하는 규정이 없는 이상 민사소송법상의 가처분에 관한 규정을 그대로 준용하여 당선효력의 정지를 명할 수는 없다(서울고법 1998. 9. 24, 98주1).

다만, 행정처분이 무효인 경우에는 가처분이 허용된다는 견해도 있다.[240]

2) 적극설

가처분제도의 준용에 관한 적극설의 주된 내용으로는 ① 권리구제의 실효성을 확보하기 위하여는 가처분제도가 필요하며, ② 권력분립의 궁극목표도 3권간의 균형과 억제를 통한 국민의 기본권보호에 있다는 점, ③ 행정소송법(제23조)의 집행정지제도가 민사소송법상의 가처분제도의 적용을 배제하기 위하여 둔 특별한 규정이라고 볼 수는 없다는 점, ④ 일본의 행정사건소송법(제44조)은 명문으로 민사소송법상의 가처분규정의 준용을 배제하고 있지만 우리는 이러한 준용배제조항이 없다는 점 등을 제시하고 있다.[241]

(3) 결어

행정소송법이 보전처분으로서 집행정지제도를 인정하고 있기 때문에 동 제도를 통해 목

---

239) 박윤흔, 행정법강의(상), 942면.

240) 김도창, 일반행정법론(상), 794면; 서원우, 현대행정법(상), 844~845면.

241) 김남진, 행정법 I, 795면.

적을 달성할 수 있는 한 민사소송법상의 보전조치에 관한 규정이 적용될 여지는 없다고 할 것이다. 그러나 취소소송 가운데는 행정처분의 집행정지라고 하는 보전처분으로써는 목적을 달성할 수 없는 경우가 있을 수 있으므로, 사안에 따라서 가처분제도를 활용하여 행정처분에 따르는 불이익을 잠정적이나마 배제할 필요가 있을 것이다.

Ⅶ. 예외적 행정심판전치주의

1. 개설

현행 행정소송법(제18조 제1항)은 "취소소송은 법령의 규정에 의하여 당해 처분에 대한 행정심판을 제기할 수 있는 경우에도 이를 거치지 아니하고 제기할 수 있다. 다만 다른 법률에 당해 처분에 대한 행정심판의 재결을 거치지 아니하면 취소소송을 제기할 수 없다는 규정이 있는 때에는 그러하지 아니하다"라고 규정하고 있다.

따라서 원칙적으로 행정심판임의주의를 채택하고 있으며, 예외적으로 각 개별 법률이 규정하고 있는 경우에만 필요적 행정심판전치주의를 채택하고 있다. 이는 행정심판의 경제적·기능적 장점에도 불구하고 행정기관이 스스로 심판관의 지위에 선다는 기본적인 문제점에 기인하여 도입된 제도이다.

국가공무원법(제16조) 및 지방공무원법(제20조의2) 상의 공무원징계처분, 국세기본법(제56조)·관세법(제38조의2) 상의 조세부과처분, 도로교통법(제101조의3) 상의 운전면허취소·정지처분 등은 반드시 행정심판의 재결을 거치게 하여 예외적 행정심판전치주의를 채택하고 있다.

2. 적용범위

(1) 적용대상인 행정소송

행정심판은 행정청의 처분등이 있고 나서 이에 대하여 제기하는 것이므로 성질상 항고소송에만 적용된다. 하지만, 항고소송 중에서도 이론상 취소소송과 부작위위법확인소송에는 당연히 적용된다(제18조 제1항 및 제38조 제2항). 그러나 무효등확인소송에는 적용되지 않는다. 그 이유는 무효등확인소송은 처음부터 아무런 효력이 발생하지 않거나 존재 자체가 의심스러운 행위를 대상으로 하여 단지 무효 등임을 공적으로 확인받기 위한 것에 불과하므로 굳이 행정심판전치주의를 적용할 이유가 없다고 본다. 행정소송법(제38조 제1항)도 이를 명백히 하고 있다.

(2) 무효선언을 구하는 취소소송

이는 형식적으로는 처분의 취소를 구하는 소송이지만 그 청구원인은 무효선언을 구하는 내용인 경우이다. 이에 관하여 ① 판례는 무효사유와 취소사유의 구별의 상대성, 형식이 취소소송이면 취소소송에 요구되는 소송요건이 구비되어야 한다는 점 등을 들어 행정심판전치주의가 적용된다는 적극설을 취하고 있다. 반면, ② 다수설은 소송은 형식보다는 내용을 중심으로 판단하여야 한다는 전제하에 이러한 경우도 무효확인소송으로 볼 것이므로 행정심판전치주의가 적용되지 않는다고 하는 소극설[242]을 취하고 있다.

> **【판례】** 행정처분의 무효를 선언하는 의미에서 취소를 구하는 소송도 항고소송의 일종이므로 전심절차를 거쳐야 한다(대판 1987. 9. 22, 87누482).

(3) 복효적 행정행위의 제3자

복효적 행정행위에서 원고적격이 인정되는 제3자(예, 연탄공장의 인근주민 등)가 취소소송을 제기하려고 하는 경우에 예외적 행정심판전치주의가 적용될 것인가가 문제된다. 이에 대하여 그 제3자는 그러한 처분이 있었다는 사실을 알 수 없기 때문에 행정심판 제기기간 내에 행정심판을 제기하기 어렵다는 이유로 행정심판을 거치지 아니할 정당한 사유가 있는 것으로 보아 행정심판전치주의의 적용 자체를 배제하여야 한다는 견해가 있다. 구 행정소송법하에서는 이러한 입장에 선 판례도 있었다(대판 1983. 7. 12, 83누59).

그러나 현행 행정소송법(제18조)은 ① 행정심판은 제기하되 그 재결은 거칠 필요가 없는 경우와 ② 처음부터 행정심판의 제기 자체가 필요 없는 경우를 구분하여 상세히 규정하고 있다. 전자의 경우에는 그 밖의 정당한 사유라는 규정을 두었으나, 후자의 경우에는 이를 두지 아니한 것으로 보아, 실정법의 형식적 해석론이라는 비판은 있겠지만 적어도 행정심판의 제

---

242) 김동희, 행정법 I, 717면; 박윤흔, 행정법강의(상), 948면; 변재옥, 행정법강의 I, 647면; 이상규, 신일반행정법론(상), 782면.

기는 필요하다고 하겠다.[243] 다만, 제3자의 출소권을 최대한 보장하기 위하여 행정심판청구기간을 처분이 있은 날로부터 1년을 적용하되, 이 경우에도 정당한 사유에 의한 적용배제조항을 활용하여 구제하여야 할 것이다. 판례도 현행 행정소송법 하에서는 같은 입장을 취하고 있다(대판 1989. 5. 9, 88누5150).

> **【판례】** 행정처분의 직접상대방이 아닌 제3자는 행정처분이 있음을 곧 알 수 없는 처지이므로 행정심판법 제18조 제3항 소정의 심판청구의 제척기간내에 처분이 있음을 알았다는 특별한 사정이 없는 한 그 제척기간의 적용을 배제할 같은 조항 단서 소정의 정당한 사유가 있는 때에 해당한다(대판 1989. 5. 9, 88누5150).

3. 내용

(1) 행정심판의 의의

행정심판전치주의에서 말하는 행정심판에는 이의신청과 특별행정심판 등 광의의 행정심판을 모두 포함한다.

(2) 2개 이상의 행정심판절차

하나의 처분에 대하여 이의신청과 행정심판 등 2개 이상의 행정심판절차가 인정되어 있는 경우에는 이들 모두를 거쳐야 한다는 명문의 규정이 없는 한, 행정청에게는 1회의 반성기회만 부여하면 충분하다. 따라서 이 경우 모든 절차를 거치게 하면 상대방에게 너무 큰 부담을 주게 된다는 점에서 어느 한 절차만 거치면 되는 것으로 해석하여야 할 것이다.[244] 예컨대 시장·군수의 생활보호결정에 대한 도지사 등에의 이의신청 및 도지사 등의 결정에 대한 보건복지부 장관에의 재이의신정 등이다(국민기초생활보장법 제38조~제41조 참조).

(3) 행정심판과 행정소송의 관련도

1) 인적 관련

공동소송의 경우에 그 중 1인이 행정심판을 거쳤으면 다른 공동소송인들은 바로 행정소송

---

243) 박윤흔, 행정법강의(상), 949면; 이상규, 신일반행정법론(상), 783면.
244) 박윤흔, 행정법강의(상), 952면; 이상규, 신일반행정법론(상), 786면.

을 제기할 수 있다고 함이 절차의 중복을 피할 수 있어 합리적이라고 생각된다.

> **【판례】** 소원전치주의의 취의는 소송제기전에 소원을 경유함으로써 행정처분의 위법임을 확정한 때에 자진하여 이를 시정케 하여 남소를 방지하려 함에 있다 할 것이므로, 공동권리자의 1인이 소청을 제기하여 행정처분청으로 하여금 그 행정처분을 시정할 기회를 갖게 한 이상, 다른 공동권리자는 소청을 경유함이 없이 행정소송을 제기할 수 있다고 해석함이 타당하다(대판 1958. 4. 29, 4291행상6,7).

2) 물적 관련

행정심판에서 주장했던 청구원인과 행정소송의 청구원인 간에는 기본적인 점에서 동일성이 유지되면 족하다(대판 1969. 11. 28, 67누91). 따라서 내용이 완전히 일치할 필요는 없으며, 원고는 행정심판에서 제출하지 아니하였던 새로운 청구원인을 주장할 수도 있다(대판 1999. 11. 26, 99두9407; 대판 1982. 9. 28, 81누106).

> **【판례】** 하나의 행정처분인 택지초과소유부담금 부과처분 중 일부의 액수에 대하여만 불복하여 전심절차를 거치고 그 후 다시 행정소송에서 위 액수에 관하여만 부과처분의 취소를 구하였다가 택지소유상한에관한법률이 헌법에 위반된다는 헌법재판소의 결정에 따라 그 청구취지를 부과처분 전부의 취소를 구하는 것으로 확장하였다고 하더라도, 이는 동일한 처분의 범위 내에서 청구의 기초에 변경이 없이 이루어진 소의 변경에 해당하여 적법하다(대판 1999. 11. 26, 99두9407).

(4) 행정심판전치에 관한 하자의 치유

1) 행정심판 제기기간의 경과 등 보정이 불가능하여 부적법한 행정심판에 대하여는 위원회가 각하하여야 하며, 각하된 경우에는 행정심판전치의 요건을 충족치 못하게 되어 행정소송을 제기하여도 역시 각하된다. 그러나 만일 이를 간과하고 위원회가 재결을 해 버린 경우에는 행정심판전치의 요건이 충족된다는 판례(대판 1960. 12. 12, 4294행상104)와 충족치 못한 것이라는 판례(대판 1963. 2. 24, 62누225; 대판 1982. 6. 22, 81누368; 대판 1991. 6. 25, 90누6091)가 있으나, 현행 행정심판기간의 단기성으로 인한 실기의 가능성 등을 고려하건대 이러한 경우까지 굳이 권리구제의 길을 봉쇄할 필요는 없는 것으로 생각된다.

2) 반대로 적법한 행정심판임에도 불구하고 착오로 위원회가 각하해 버린 경우에는 당연히 행정심판전치의 요건이 충족된 것으로 보아야 할 것이다(대판 1960. 11. 28, 4291행상96).

> **【판례】** 행정소송에 있어서는 법원은 직권으로 소제기의 전제조건인 소청의 적법여부와 행정소송법(51.8.24 법률 제213호) 제2조 단서에 관한 사실의 무효를 검토하여야 한다(대판 1960. 11. 28, 4291행상96).

3) 행정심판만 제기하고 그 재결이 있기 전에 제기된 행정소송은 원칙적으로 부적법하므로 각하되어야 마땅하다. 그러나 실제로 사실심변론종결 전까지 재결이 있기만 하면 불필요한 절차의 반복을 피한다는 점에서 그 하자는 치유된 것으로 보고 있다(대판 1965. 6. 29, 65누57). 나아가서 행정심판과 행정소송을 동시에 제기하거나, 행정소송만 먼저 제기한 경우에도 그 후 행정심판 제기기간 내에 행정심판을 제기하고 사실심의 변론 종결시까지 재결이 있을 때에는 하자가 치유된 것으로 보고 적법한 소로서 인정하고 있다(대판 1987. 4. 28, 86누29).

> **【판례】** 전심절차를 밟지 아니한 채 증여세부과처분취소소송을 제기하였다면 제소당시로 보면 전치요건을 구비하지 못한 위법이 있다 할 것이지만, 소송계속중 심사청구 및 심판청구를 하여 각 기각결정을 받았다면 원심변론종결일 당시에는 위와 같은 전치요건흠결의 하자는 치유되었다고 볼 것이다(대판 1987. 4. 28, 86누29).

4. 전치주의에 대한 예외[245)

(1) 행정심판은 제기하되, 그 재결은 없어도 되는 경우

① 행정심판 청구가 있은 날로부터 60일이 지나도 재결이 없는 때

② 처분의 집행 또는 절차의 속행으로 생길 중대한 손해를 예방하여야 할 긴급한 필요가 있는 때

③ 행정심판기관이 의결 또는 재결을 하지 못할 사유가 있는 때

④ 기타 정당한 사유가 있는 때

---

245) 행정소송법 제18조

(2) 행정심판 자체를 제기하지 않아도 되는 경우

① 동종사건에 관하여 이미 행정심판의 기각재결이 있은 때

② 내용상 관련되는 처분 또는 같은 목적을 위하여 단계적으로 진행되는 처분 중 어느 하나가 이미 행정심판의 재결을 거친 때

③ 행정청의 처분의 변경으로 인하여 새로운 소를 제기할 때

④ 행정청이 행정심판을 거칠 필요가 없다고 잘못 알린 때

Ⅷ. 취소소송의 심리

1. 심리의 내용

소송의 심리란 소에 대한 판결을 하기 위하여 그 기초가 되는 소송자료를 수집하는 절차를 말한다. 이에는 요건심리와 본안심리가 있다.

(1) 요건심리

요건심리는 소송이 소송요건을 갖추었는지의 여부를 심리하는 것이다. 제소기간과 예외적 행정심판전치 여부 및 관할권 등 형식적 요건을 심사하여 부적법하다고 판단되면 본안심리에 들어가지 않고 각하한다. 요건심리는 법원의 직권조사사항이며, 사실심의 변론 종결시까지 요건을 갖추면 적법하게 된다.

(2) 본안심리

본안심리는 법원이 소송요건에 관하여 심리해 본 결과 그 요건을 갖춘 것이라고 인정하면 사건의 본안에 관하여 실질적으로 심사하는 것을 말한다. 본안심리의 결과 청구의 전부 또는 일부를 인용하거나 기각함을 내용으로 하는 판결이 나오게 된다.

2. 심리의 범위

(1) 불고불리의 원칙과 그 예외

행정소송도 민사소송과 같이 원고가 청구한 범위를 넘어서 심리 · 재판할 수 없음을 원칙으

로 한다. 그러나 행정심판과 마찬가지로 "법원은 필요하다고 인정할 때에는 당사자가 주장하지 아니한 사항에 대하여도 판단할 수 있다"(제26조 후단)고 하여 예외를 인정하고 있다.

이러한 이유는 행정사건은 민사사건과는 달리 공익의 실현과 밀접한 관련이 있기 때문에 실체적 진실의 발견을 단순히 당사자의 주장에만 맡겨 둘 수 없기 때문이다. 그렇다고 원고의 청구범위를 넘어서 그 이상의 청구의 인용까지 허용되는 것은 아니며, 어디까지나 청구의 범위 내에서 주장한 사실 이외의 사실에 대하여도 심리·판단할 수 있다는 의미에 불과하다 (대판 1992. 3. 10, 91누6030).

> 【판례】 행정소송법 제26조는 법원이 필요하다고 인정할 때에는 직권으로 증거조사를 할 수 있고 당사자가 주장하지 아니한 사실에 대하여 판단할 수 있다고 규정하고 있으나, 이는 행정소송에 있어서 원고의 청구범위를 초월하여 그 이상의 청구를 인용할 수 있다는 뜻이 아니라 원고의 청구범위를 유지하면서 그 범위 내에서 필요에 따라 주장 외의 사실에 관하여 판단할 수 있다는 뜻이고 또 법원의 석명권은 당사자의 진술에 모순, 흠결이 있거나 애매하여 그 진술의 취지를 알 수 없을 때 이를 보완하여 명료하게 하거나 입증책임 있는 당사자에게 입증을 촉구하기 위하여 행사하는 것이지 그 정도를 넘어 당사자에게 새로운 청구를 할 것을 권유하는 것은 석명권의 한계를 넘어서는 것이다(대판 1992. 3. 10, 91누6030).

(2) 재량행위의 심리

행정소송법(제27조)은 "행정청의 재량에 속하는 처분이라도 재량권의 한계를 넘거나 그 남용이 있는 때에는 법원은 이를 취소할 수 있다"라고 명문으로 인정하고 있다. 따라서 재량행위라고 하여 본안심리를 거부하여서는 아니 되며 일탈·남용 여부를 판단하기 위하여서는 모두 본인심리를 하여야 한다.

(3) 법률문제와 사실문제

행정소송(특히 취소소송)의 심리에 있어서 계쟁의 처분이나 재결에 관련되는 모든 법률문제가 그 심리범위에 포함됨은 당연하다. 법을 적용하여 적법·위법을 따지는 것이 법원의 본연의 임무이기 때문이다.

한편, 미국법의 경우 이른바 실질적 증거의 법칙(substantial evidence rule)이 인정되는 국가에서는 법원은 법률문제만 다루고 사실문제는 행정청만이 심사한다. "법률문제는 법원이 심사하고, 사실문제는 실질적 증거에 의하여 증명되고 있는 한 행정기관의 결정은 최종적이다"라는 표현이 그것이다.

우리나라에 있어서는 법원은 법률문제만 심사하고 사실문제는 행정청의 실질적 인정을 받아들이는 실질적 증거의 법칙은 채택하지 않고, 사실문제의 모든 점에 걸쳐 심리할 수 있다. 행정의 전문성 및 통일성을 살리기 위하여 법원의 심리범위를 법률문제(question of rule)에 한정시키고 있는 미국법제와 다르다. 따라서 항고소송에 있어서 증거제출의 제한문제는 우리나라에서는 아직 판례나 제도에서 도입하지 않고 있다.

3. 심리절차

(1) 일반원칙

행정소송의 심리는 원칙적으로 민사소송법이 준용되는 결과 공개심리주의·구술심리주의·변론주의 등의 원칙이 적용된다. 그러나 행정소송법은 판결의 객관적인 공정·타당성을 보장하기 위해서, 변론주의에 대한 예외로서 직권증거조사주의(제26조)와 법원의 행정심판기록제출명령(제25조) 등에 관해 규정하고 있다.

(2) 행정소송에 특유한 원칙

1) 직권증거조사주의

행정소송은 공익의 실현과 밀접한 관련이 있으므로, 행정소송법(제26조 단서)은 "법원은 필요하다고 인정할 때에는 직권으로 증거조사를 할 수 있다"고 규정하고 있다. 이는 당사자가 제시한 증거에만 의존하는 변론주의의 한계를 극복하고 적극적으로 실체적 진실의 발견에 임할 수 있는 근거를 마련한 것이다.

> 【판례】 행정소송에 있어서도 불고불리의 원칙이 적용되어 법원은 당사자가 청구한 범위를 넘어서까지 판결을 할 수는 없지만, 당사자의 청구의 범위 내에서 일건 기록상 현출되어 있는 사항에 관하여 직권으로 증거조사를 하고 이를 기초로 하여 당사자가 주장하지 아니한 사실에 관하여도 판단할 수 있다(대판 1999. 5. 25, 99두1052).

2) 행정심판기록제출명령권

법원은 당사자의 신청이 있는 때에는 결정으로써 위원회에 대하여 행정심판청구서·답변서·위원회회의록·재결서 기타 원고 및 관계 행정청이 제출한 바 있는 행정심판에 관한 기록의 제출을 명할 수 있다. 또한 제출명령을 받은 위원회는 지체 없이 이를 제출하여야 한다(제25조 제1항·제2항). 그러나 행정심판관련기록뿐만 아니라 처분과 관련하여 행정청이 보유하고 있는 모든 문서에 대한 열람 및 복사청구권은 아직 인정되지 않고 있다.

4. 주장책임과 입증책임

(1) 주장책임

변론주의 하에서는 법원은 당사자가 주장하지 아니한 사실에 대하여는 판결의 기초로 할 수 없다. 따라서 당사자는 자기의 이익을 위하여 적극적으로 어떤 사실에 대한 주장을 할 필요가 있다. 만일, 당사자가 주장하지 아니하면 그 사실이 존재하지 않는 것으로 다루어져서 불리한 재판을 받게 된다. 그러나 직권탐지주의를 취하고 있는 행정소송에 있어서는 법원은 당사자가 주장하지 아니한 사실에 대하여도 판단할 수 있기 때문에 주장책임은 크게 문제가 되지 아니하며 입증책임만이 문제될 뿐이다.

(2) 입증책임

1) 의의

법원은 당사자 간의 다툼이 있는 사실의 존부를 변론의 전 취지와 증거조사의 결과를 참작하여 자유심증으로 판단하여야 한다(민사소송법 제202조). 하지만 어떤 사실의 존부에 관하여 끝까지 심증형성에 이르지 못하게 되면 결국 존재 또는 부존재 간에 택일하여 어느 일방 당사자에게 불리한 사실판단을 내리지 않을 수 없게 된다. 이 경우를 대비하여 미리 어느 일방에게 입증책임을 지워 둘 필요가 있으며 이를 입증책임의 분배라고 한다. 입증책임분배의 문제는 변론주의뿐만 아니라 직권탐지주의 하에서도 문제가 된다.

2) 학설

(가) 원고책임설

이 견해는 행정행위에는 공정력이 있어 일응 적법성이 추정되므로 행정행위의 위법임을 주장하는 원고에게 항상 입증책임이 있다고 한다. 그러나 공정력은 행정의 계속성 및 국민의 신뢰보호상 인정되는 절차상·사실상의 통용력일 뿐, 실체법상의 적법성의 추정을 의미하는 것은 아니므로 행정권을 부당하게 보호한다는 비판이 있다. 과거의 판례 중에는 이 입장에 선 판례도 있었다(대판 1962.11.1, 62누157; 대판 1961.3.27, 4291행상45).

(나) 피고책임설

이 견해는 법치주의의 견지에서 행정청은 행정행위의 적법성을 스스로 담보하여야 하므로 언제나 행정청이 당해 처분의 적법성을 입증하여야 한다고 한다. 그러나 원고책임설과 마찬가지로 어느 일방에게만 전적으로 책임을 부과하는 것은 공평의 이념에 반한다는 비판이 있다. 최근의 판례 중에는 이 견해에 입각한 것도 있다(대판 1989.1.24, 88누5624; 대판 1987.2.24, 86누578).

(다) 민사소송법상의 입증책임분배설

이 견해는 행정소송에 있어서도 민사소송법상의 입증책임분배의 원칙이 그대로 적용된다고 본다.246) 이에 의하면 행정청의 권한발생의 요건사실(예, 과세표준·세율 등)은 피고인 행정청이, 권한발생을 저지하는 요건사실(예, 비과세대상자라는 사실247))은 원고가 각각 입증책임을 부담하게 된다.

판례 중에는 "입증책임은 원칙적으로 민사소송의 일반원칙에 따라 분배되고, 당해 처분의 적법을 주장하는 피고에게 그 적법사유에 대한 입증책임이 있다 할 것이므로, 당해 처분의 적법성이 합리적으로 수긍될 수 있는 일응의 입증이 있는 경우에는 그 처분은 정당하다고 할 것이며, 그와 같이 합리적으로 수긍할 수 있는 증거와 상반되는 주장과 입증은 상대방인 원고에게 그 책임이 돌아간다"(대판 1984. 7. 24, 84누124)고 하여 이 견해를 취하고 있는 것이 많다.

(라) 행정법독자분배설(특수성인정설)

이 견해는 대립되는 사익 간의 이해조정을 목적으로 하는 민사소송과 달리 행정소송은 공익과 사익 간의 조정을 목적으로 하므로 민사소송법상의 입증책임분배의 원칙이 그대로 적용될 수 없다. 따라서 행정행위의 성질·입증의 난이도·공평성 등을 종합적으로 고려하여 독자적인 분배원칙을 확립하여야 한다고 한다.248)

---

246) 김남진, 행정법 I, 805면; 김도창, 일반행정법론(상), 805면; 이상규, 신일반행정법론(상), 873면.
247) 대판 1985.7.9., 84누780.
248) 박윤흔, 행정법강의(상), 968면; 석종현/송동수, 일반행정법(상), 935면.

이 견해에 의하면, ① 국민의 권익을 제한하거나 의무를 과하는 행정행위의 취소를 구하는 소송은 피고인 행정청이 그 적법성에 대하여,[249] ② 국민이 자기의 권익의 확장을 구하는 소송[250]은 원고가 그 청구의 정당성에 대하여, ③ 무효확인소송의 무효사유는 원고가,[251] ④ 재량행위에 있어서 재량권 일탈·남용 사실은 원고[252]가 각각 입증책임을 진다고 한다. 또한 ⑤ 소송요건의 존재사실도 비록 직권조사사항이기는 하지만 그 존부가 불명확한 경우 최종적으로 원고에게 불이익이 돌아간다는 점에서 역시 원고에게 입증책임이 있다고 하겠다.

3) 결어

입증책임에 관하여 판례의 입장을 놓고도 민사소송법상의 입증책임분배설의 입장이라는 견해[253]와 행소법독자분배설의 입장이라는 견해[254]로 나누어지고 있다. 생각건대 헌법상의 기본권 보장의 정신, 행정행위의 성질, 입증의 난이도, 증거와의 접근정도 등을 고려하여 행정소송법에 특유한 입증책임분배원칙의 정립을 주장하는 행정소송법독자분배설이 타당하다고 생각된다.

Ⅸ. 취소소송의 판결

1. 판결의 의의

판결이란 법원이 소송의 대상인 구체적 쟁송을 해결하기 위하여 변론을 거쳐 무엇이 법인가를 판단하여 선언하는 행위를 말한다.

---

249) 예, 과세처분의 실체적·절차적 적법요건의 구비사실의 입증: 대판 1986. 2. 11, 85누604.

250) 거부처분의 취소소송, 부작위위법확인소송 등. 예, 공무상 질병을 원인으로 한 공무원요양급여신처에 대한 거부처분에 대하여는 원고가 공무와 질병 사이의 인과관계를 입증하여야 한다(대판 1997. 2. 28., 96누14883).

251) 납세고지서에 법정기재사항이 기재되어 있지 않아 무효라는 사실은 원고가 주장하여야 한다(대판 1992. 3. 10., 91누6030).

252) 대판 1987. 12. 8., 87누861.

253) 이상규, 신일반행정법론(상), 873면.

254) 박윤흔, 행정법강의(상), 969면.

2. 판결의 종류

판결은 여러 기준에 따라 분류할 수 있으며, 대표적인 것은 다음과 같다.

(1) 중간판결과 종국판결

중간판결이란 소송의 진행 중에 발생한 쟁점을 해결하기 위한 확인적 성질의 판결을 말한다. 예컨대 원고적격이 없다는 피고의 항변을 이유 없다고 판결하는 것 등이다. 반면, 종국판결이란 사건의 전부 또는 일부를 종료시키는 판결을 말한다. 종국판결에는 본안판결과 소각하판결이 있다. 종국판결은 소의 적법요건에 관한 판단인가 혹은 청구의 당부에 관한 판단인가에 따라 소송판결과 본안판결로 구별된다.

(2) 소송판결과 본안판결

소송판결은 원고적격 · 필요적 행정심판전치 · 제소기간 등 형식적 소송요건의 하자를 이유로 소를 각하하는 판결(각하판결)이다. 반면, 본안판결은 청구내용의 당부에 대한 판결로서, 청구의 인용 여부에 따라 청구인용판결 · 청구기각판결 및 사정판결로 나누어진다.

(3) 인용판결

인용판결이란 원고의 청구가 이유 있다고 하여 청구의 전부 또는 일부를 인용하는 판결로서, 그 내용 및 효력에 따라 확인판결 · 형성판결 및 이행판결로 구분된다. 항고소송 중 취소소송의 판결은 형성판결에 해당하며, 항고소송 중 부작위위법확인소송 및 무효등확인소송, 당사자소송 중 공법상 법률관계의 존부만을 확인하는 소송의 판결은 모두 확인판결에 해당한다.

그러나 현행 소송법상 항고소송에 있어서는 적극적인 의무이행소송이 인정되지 않기 때문에 이행판결은 있을 수 없다. 다만 당사자소송 중에서만 이행판결을 찾을 수 있다. 예컨대 손해배상청구 · 손실보상청구 · 공무원봉급 · 연금청구 · 부당이득반환청구 기타 결과제거청구소송 등이다.

(4) 기각판결

기각판결이란 원고의 청구가 이유 없다고 하여 이를 배척하는 판결이다. 그러나 기각판결이 있더라도 행정청이 직권으로 원처분을 취소 · 변경할 수 있음은 물론이다.

(5) 사정판결

행정심판의 사정재결과 같은 취지로 사정판결을 할 수 있다(제28조).

1) 의의

사정판결이란 기각판결의 일종으로서 원고의 청구가 이유 있다고 인정하는 경우에도 처분등을 취소하는 것이 현저히 공공복리에 적합하지 아니하다고 인정하는 때에는 법원이 원고의 청구를 기각하는 판결을 말한다. 사정판결은 그 취지면에서 행정에 우월적 가치를 부여하는 제도이기 때문에 헌법상 국민의 재판청구권을 침해할 소지가 크다. 그러므로 공익을 위하여 특별히 희생을 강요당하는 원고를 위하여 법원은 반드시 손해배상 기타 적절한 구제조치를 취하도록 함으로써 공익과 사익의 조화를 꾀하고 있다.

2) 근거

처분이 위법하여 취소되어야 함에도 불구하고 그대로 효력을 유지하게 함은 법치주의에 반하는 것이다. 그럼에도 불구하고 이를 인정하는 것은 처분의 효력을 취소함으로써 보호하고자 하는 사익보다 처분의 효력을 유지함으로써 보호하고자 하는 공익이 현저히 크기 때문이라 하겠다. 따라서 이 제도의 남용을 경계함과 동시에 원고의 권익구제수단의 완비가 요청되고 있다.

3) 요건

사정판결의 요건으로는 ① 취소하는 것이 현저히 공공복리에 적합하지 아니한 경우, 즉, 사익보다 현저히 큰 공익을 보호하기 위하여서만 인정되며(대판 1999. 3. 9, 98두18565), ② 공 · 사익 간의 이익형량을 위한 구체적 자료를 마련하기 위하여 원고가 입게 될 손해의 정도와 배상방법 그 밖의 사정을 조사하여야 한다(제28조 제2항).

> **【판례】** 행정처분이 위법한 때에는 이를 취소함이 원칙이고 그 위법한 처분을 취소·변경함이 도리어 현저히 공공의 복리에 적합하지 않은 경우에 극히 예외적으로 위법한 행정처분의 취소를 허용하지 않는다는 사정판결을 할 수 있으므로 사정판결의 적용은 극히 엄격한 요건 아래 제한적으로 하여야 하고, 그 요건인 현저히 공공복리에 적합하지 아니한가의 여부를 판단함에 있어서는 위법·부당한 행정처분을 취소·변경하여야 할 필요와 그 취소·변경으로 인하여 발생할 수 있는 공공복리에 반하는 사태 등을 비교·교량하여 그 적용 여부를 판단하여야 한다(대판 1999. 3. 9, 98두18565).

4) 심리

(가) 위법성판단의 기준시

처분의 위법성에 대한 판단은 일반원칙대로 처분시의 법령을 기준으로 한다. 그러나 사정판결은 처분 이후의 사정변경을 고려하는 취지에서 인정된 것이므로 사정판결을 하여야 할 현저히 공공복리에 적합하지 아니하는 경우에의 해당 여부의 판단은 판결시를 기준으로 한다. 대법원도 "건축불허가처분당시에는 위법한 처분이었으나 구두변론 종결시에는 이미 도시계획이 변경되어 녹지지역으로 지정·고시된 만큼 건축불허가처분을 취소하는 것은 현저히 공공복리에 적합하지 아니 한다"(대판 1970. 3. 24, 69누29)고 판시한 바 있다.

(나) 직권탐지의 가능성

사정판결을 하여야 할 사유의 존재는 피고인 행정청이 주장·입증하여야 할 것이지만, 대법원은 피고 행정청의 주장이 없더라도 법원의 직권탐지에 의하여 사정판결을 할 수 있다(대판 1993. 9. 28, 93누9132; 대판 1992. 2. 14, 90누9032)고 판시하고 있다.

> **【판례】** 행정소송법 제26조, 제28조 제1항 전단의 각 규정에 비추어 행정소송에 있어서 법원이 사정판결을 할 필요가 있다고 인정하는 때에는 당사자의 명백한 주장이 없는 경우에도 일건기록에 나타난 사실을 기초로 하여 직권으로 사정판결을 할 수 있다(대판 1992. 2. 14, 90누9032).

5) 판결

(가) 판결주문에 위법성의 명시

법원은 사정판결의 주문에서 그 처분등이 위법함을 명시하여야 한다(제28조 제1항 후단).

따라서 처분의 위법성에 대하여는 기판력과 제3자에 대한 대세적 효력이 인정된다.

(나) 소송비용

취소청구가 기각되거나 행정청이 처분등을 취소 또는 변경함으로 인하여 청구가 각하 또는 기각된 경우에는 소송비용은 피고의 부담으로 한다(제32조).

6) 원고의 권익구제

원고는 피고인 행정청이 속하는 국가 또는 공공단체를 상대로 손해배상, 제해시설의 설치 그 밖에 적당한 구제방법의 청구를 당해 취소소송등이 계속된 법원에 병합하여 제기할 수 있다(제28조 제3항).

7) 적용범위

사정판결은 취소소송에만 적용된다(제28조). 즉, 처음부터 무효인 처분에 대하여는 그 효력을 유지시킨다는 것이 논리적으로 불가능하다는 의미에서 무효등확인소송에는 적용될 여지가 없으며(대판 1992. 11. 10, 91누8227, 대판 1987. 3. 10, 84누158), 부작위위법확인소송 역시 사정판결에 친하지 아니하다고 하겠다.

> **【판례】** ① 사정판결 인정
>
> 도시재개발조합의 설립 및 그 사업시행에 대한 인가처분은 법정요건인 토지 및 건축물 소유자 총수의 3분의 2 이상의 동의를 얻지 못하여 위법하였지만, 그 후 90% 이상의 토지 및 건축물 소유자가 재개발사업의 속행을 바라고 있어 새로이 위 인가처분이 행해질 경우에는 그 법정요건을 갖출 것으로 충분히 예상되므로, 위 인가처분이 애당초 법정요건을 갖추지 못해 위법한 것이라 하더라도 이를 이유로 위 인가처분을 취소하는 것은 오히려 현저히 공공복리에 적합하지 아니하다(대판 1995. 7. 28, 95누4629).
>
> ② 사정판결 부인
>
> 시외버스운송사업자가 제출한 시외버스운송사업계획변경인가처분을 취소하면 연장될 노선을 이용할 승객들의 불편이 예상되지만 그러한 불편은 피고가 여러 대응조치들을 취함으로써 일시적인 현상에 그칠 것으로 예상되는 점에서 사정판결의 요건을 갖추지 못하고 있다(대판 1991. 5. 28, 90누1359).

3. 위법성판단의 기준시

(1) 처분시설

처분시설은 항고소송의 성격을 처분에 대한 사법적 사후심사로 보아 처분시의 법령과 사실상태를 기준으로 위법 여부를 판단하여야 한다고 주장한다. 통설과 판례의 입장이다(대판 1993. 5. 27, 92누19033). 처분시설의 논거로는 판결시를 기준으로 하게 되면 법원이 행정기관의 행정감독적인 기능을 수행하게 되는 문제가 발생하고, 취소소송은 처분등에 대한 사후적 사법통제수단이라는 점을 들고 있다.

> 【판례】 항고소송에 있어서 행정처분의 위법 여부를 판단하는 기준 시점에 대하여 판결시가 아니라 처분시라고 하는 의미는 행정처분이 있을 때의 법령과 사실상태를 기준으로 하여 위법 여부를 판단할 것이며 처분 후 법령의 개폐나 사실상태의 변동에 영향을 받지 않는다는 뜻이고 처분 당시 존재하였던 자료나 행정청에 제출되었던 자료만으로 위법 여부를 판단한다는 의미는 아니므로, 처분 당시의 사실상태 등에 대한 입증은 사실심 변론종결 당시까지 할 수 있고, 법원은 행정처분 당시 행정청이 알고 있었던 자료뿐만 아니라 사실심 변론종결 당시까지 제출된 모든 자료를 종합하여 처분 당시 존재하였던 객관적 사실을 확정하고 그 사실에 기초하여 처분의 위법 여부를 판단할 수 있다(대판 1993. 5. 27, 92누19033).

(2) 판결시설

판결시설은 항고소송의 목적이 행정청의 책임을 묻는 것만이 아니고, 판결시의 현행법에 비추어 처분의 효력을 유지케 할 것인가를 판단함에 있다고 보아 판결시(구두변론 종결시)를 기준으로 판단하여야 한다는 견해이다.

4. 판결의 효력

(1) 기속력

1) 의의

기속력이란 판결이 그 내용에 따라 소송 당사자인 행정청과 기타 관계행정청을 기속하는 효력을 말한다(제30조 제1항). 기속력을 인정하는 이유는 판결이 행정처분을 취소하였음에도 불구하고 처분청이 동일한 행위 또는 판결의 취지와 배치되는 행위를 할 수 없도록 하기 위함이다. 기속력은 무효등확인소송과 부작위위법확인소송에 준용된다(제38조 제1항·제2항).

기속력은 처분등을 취소하는 확정판결, 즉, 청구인용판결에서만 인정되고, 청구기각판결에는 인정되지 않는다. 청구기각판결은 당해 처분이 적법함으로 피고 행정청에게 어떠한 의무가 발생하지 않기 때문이다. 행정소송법(제30조 제1항)도 "처분등을 취소하는 확정판결은 그 사건에 관하여 당사자인 행정청과 그 밖의 관계행정청을 기속한다"라고 명시함으로써 청구인용판결에만 기속력이 인정됨을 밝히고 있다. 또한 기판력은 모든 판결에 인정되는 효력이지만 기속력은 이와 같이 인용판결에서만 인정되는 효력이라는 점에서도 양자는 차이가 있다.

2) 성질

모든 민·형사판결의 주문은 그 후의 모든 재판을 구속하여 이와 모순되는 재판을 금지하는 효력, 즉, 기판력의 내용에 따른 결과로서 인정되는 것이라는 기판력설이 있다. 그러나 취소소송의 실효성을 확보하기 위하여 기판력보다 널리 직접 행정청을 구속하는 효력이라는 특수효력설이 통설이다.

3) 내용

(가) 반복금지효 및 원상회복의무

취소판결이 있으면 행정청은 동일한 사정 하에서 동일한 당사자에게 동일한 내용의 처분을 반복하여서는 아니 된다(반복금지효). 대법원도 이에 위반하면 그 자체가 중대하고 명백한 하자로 되어 무효사유에 해당한다(대판 1982. 5. 11, 80누104)라고 판시한 바 있다.

> 【판례】 행정처분 취소판결이 확정된 경우에 처분행정청이 그 행정소송의 사실심 변론 종결이전의 사유를 내세워 다시 확정판결에 저촉되는 행정처분을 하는 것은 확정판결의 기판력에 저촉되어 허용될 수 없다(대판 1982. 5. 11, 80누104).

그러나 행정청은 판결에서 위법으로 적시된 주체·내용·절차·형식에 관한 하자를 보완하여 새로운 처분을 할 수 있음은 물론이다(대판 1992. 11. 24, 91누10275).

한편, 이러한 소극적 반복금지효에서 한걸음 더 나아가 행정청은 취소된 처분에 의하여 초래된 위법상태를 원상으로 회복할 적극적인 의무까지도 진다. 예컨대 과세처분의 취소판결이 있으면 나아가 압류·공매 등의 체납처분까지도 취소하는 경우이다.

(나) 재처분의무

판결에 의하여 취소되는 처분이 당사자의 신청을 거부하는 것을 내용으로 하는 경우에는 그 처분을 행한 행정청은 판결의 취지에 따라 다시 이전의 신청에 대한 처분을 하여야 한다 (제30조 제2항). 이 경우 원고는 처분에 대한 신청을 다시 할 필요가 없다. 피고인 행정청은 반드시 원고의 신청대로 재처분할 의무는 없으며, 판결내용에 적시되지 않은 다른 적법한 거부사유가 있으면 이를 이유로 다시 거부처분을 할 수 있다.

4) 범위

기속력은 당사자인 행정청뿐만 아니라 모든 관계행정청까지 미치며(주관적 범위), 판결의 주문뿐만 아니라 이유에 명시된 사실인정과 법률문제에 대한 판단에까지 미친다(객관적 범위).

5) 기속력 위반행위의 효과

기속력에 위반하여 행한 행정청의 행위는 중대하고 명백한 하자로 무효가 된다. 대법원도 같은 입장을 취한다.

> **【판례】** 확정판결의 당사자인 처분행정청이 그 행정소송의 사실심 변론종결 이전의 사유를 내세워 다시 확정판결과 저촉되는 행정처분을 하는 것은 허용되지 않는 것으로서 이러한 행정처분은 그 하자가 중대하고도 명백한 것이어서 당연무효라 할 것이다(대판 1990. 12. 11, 90누3560).

(2) 형성력

1) 의의

취소판결이 확정되면 처분청의 별도의 취소처분 없이 당해 처분은 당연히 효력을 상실하게 된다. 이에 따라 처분등에 기하여 형성된 기존의 법률관계나 법률상태에 변동을 가지고 오는 효력을 형성력이라 한다.

【판례】① 과세처분을 취소하는 판결이 확정되면 그 과세처분은 처분시에 소급하여 소멸하는 것이므로 그 과세처분을 경정하는 경정처분도 할 수 없는 것이며, 이에 위반하여 행한 경정처분은 그 하자가 중대하고 명백한 당연무효인 처분이다(대판 1989. 5. 9. 88다카16096).

② 행정처분을 취소한다는 확정판결이 있으면 그 취소판결의 형성력에 의하여 당해 행정처분의 취소나 취소통지 등의 별도의 절차를 요하지 아니하고 당연히 취소의 효과가 발생한다(대판 1991. 10. 11. 90누5443).

2) 범위

행정소송법(제29조 제1항)은 "처분등을 취소하는 확정판결은 제3자에 대하여도 효력이 있다"라고 규정하여 대세적 효력을 명문으로 인정하고 있다. 따라서 제3자가 예측하지 못한 손해를 입는 것을 방지하기 위하여 제3자의 소송참가 및 재심청구를 인정하고 있다(제16조·제31조).

(3) 기판력

1) 의의

기판력이란 취소판결이 확정되면 후일에 동일한 소송물에 관한 동일한 당사자간의 분쟁에 있어서 당사자와 법원은 이에 구속되어 이와 모순되는 주장과 판단을 할 수 없게 하는 효력을 말한다. 따라서 동일사항이 문제되면 당사자는 그에 반하여 되풀이하여 다투는 소송은 허용되지 않으며, 어느 법원도 그와 모순·저촉되는 판단을 해서는 안 된다.[255]

2) 범위

(가) 주관적 범위

기판력은 원칙적으로 당해 소송의 당사자 및 당사자와 동일시 할 수 있는 자에게만 미치고, 제3자에게는 미치지 않는 것이 원칙이다. 이를 기판력의 상대성이라 한다. 다만, 취소소송에 있어서는 편의상 권리주체인 국가·공공단체가 아닌 처분행정청을 피고로 하기 때문에

---

255) 행정처분취소판결은 그 행정처분이 위법이었음에 관하여 기판력을 가지게 되는 것이므로 피고인 행정청은 그 판단내용에 구속되어 이후 동일 당사자에 대한 관계에 있어 동일 사항을 처리함에는 판결이 위법이라고 확정한 판단에 저촉되는 행정행위를 할 수 없는 것이다(대판 1960. 9. 26. 4291행상146). 즉, 행정청을 피고로 하는 취소소송에 있어서의 기판력은 당해 처분이 귀속하는 국가 또는 공공단체에 미친다는 것이다(대판 1998. 7. 24. 98다10854).

그 판결의 기판력은 피고인 처분행정청이 속하는 국가나 공공단체에도 미친다고 볼 것이다. 따라서 피고 행정청이 속하는 국가 또는 공공단체는 취소소송에서 당해 처분이 위법으로 확정된 이상 당해 처분의 위법을 이유로 제기된 국가배상청구소송에서 당해 처분이 위법이 아님을 주장할 수 없다.[256]

(나) 객관적 범위

행정소송의 기판력도 민사소송의 경우와 마찬가지로 판결의 주문에 표시된 소송물에 관한 판단에 대해서만 발생하는 것이 원칙이다. 따라서 판결이유 중에서 설시된 사실인정, 선결적 법률관계, 항변 그리고 법률적 성질결정에 대하여는 기판력이 미치지 않는 것이 원칙이다. 또한 주문에서 판단된 소송물을 특정하기 위하여 판결이유를 참작하는 경우에도 이유 중의 판단 자체에는 기판력이 생기지 않는다.

> 【판례】 기판력의 객관적 범위는 그 판결의 주문에 포함된 것 즉 소송물로 주장된 법률단계의 존부에 관한 판단의 결론 그 자체에만 미치는 것이다. 판결이유에 설시된 그 전제가 되는 법률관계의 존부에까지 미치는 것은 아니다(대판 1987. 6. 9, 86다카2756).

(다) 시간적 범위

기판력은 사실심의 변론종결시를 표준으로 하여 발생한다. 따라서 확정된 종국판결은 그 기판력으로서 당사자가 사실심의 변론종결시를 기준으로 그 때까지 제출하지 않은 공격방어방법은 그 뒤 다시 동일한 소송을 제기하여 이를 주장할 수 없다.

> 【판례】 과세처분무효확인소송의 경우 소송물은 권리 또는 법률관계의 존부 확인을 구하는 것이며, 이는 청구취지만으로 소송물의 동일성이 특정된다고 할 것이고 따라서 당사자가 청구원인에서 무효사유로 내세운 개개의 주장은 공격방어방법에 불과하다고 볼 것이며, 한편 확정된 종국판결은 그 기판력으로서 당사자가 사실심의 변론종결시를 기준으로 그때까지 제출하지 않은 공격방어방법은 그 뒤 다시 동일한 소송을 제기하여 이를 주장할 수 없다(대판 1992. 2. 25, 91누6108).

---

256) 박윤흔, 행정법강의(상), 983면. 서원우 교수는, 취소소송의 청구인용판결의 기판력은 손해배상청구소송에 미치지만, 청구기각판결의 기판력은 그에 미치지 않는다고 하는 기판력 일부긍정설을 취하고 있다. 서원우, 취소소송판결의 국가배상소송에 대한 기판력, 고시계 1987.11, 164면 이하.

(4) 집행력

민사소송에서는 이행소송(예, 전세금의 반환청구소송 등)이 일반적인 형태이므로 이행소송에는 강제집행을 할 수 있는 효력, 즉 집행력이 인정된다. 그러나 행정소송 중 항고소송에서는 아직 의무이행소송이 인정되지 아니하기 때문에 집행력이 인정되지 아니한다. 다만, 행정소송 중 당사자소송은 이행소송의 성격을 띠는 한 그 판결에 집행력이 인정된다.

(5) 간접강제

행정소송법(제34조 제1항)은 "행정청이 처분을 하지 아니하는 때에는 제1심수소법원은 당사자의 신청에 의하여 결정으로써 상당한 기간을 정하고 행정청이 그 기간내에 이행하지 아니하는 때에는 그 지연기간에 따라 일정한 배상을 할 것을 명하거나 즉시 손해배상을 할 것을 명할 수 있다"라고 규정하여 간접강제를 인정하고 있다. 이 손해배상명령은 피고 행정청이 소속하는 국가 또는 공공단체에게도 그 효력이 미친다(제34조 제2항). 또한 부작위위법확인소송에도 준용된다(제38조 제2항).

5. 제3자의 재심청구9

취소판결의 효력은 제3자에게도 미친다(제29조 제1항). 따라서 법원은 소송의 결과에 따라 권리 또는 이익의 침해를 받을 제3자가 있는 경우에는 당사자 또는 제3자의 신청 또는 직권에 의하여 결정으로써 그 제3자를 소송에 참가시킬 수 있다(제16조 제1항). 재심청구는 확정판결이 있음을 안 날로부터 30일, 확정판결이 있은 날로부터 1년 이내에 제기하여야 한다(제31조).

6. 명령·규칙에 대한 위헌·위법 판결의 공고

헌법(제107조 제2항)은 "명령·규칙 또는 처분이 헌법이나 법률에 위반되는 여부가 재판의 전제가 된 경우에는 대법원은 이를 최종적으로 심사할 권한을 가진다"라고 규정하고 있다. 본 조항은 어디까지나 특정 소송사건에서 재판의 전제로 된 경우에 한하여 인정된 심사권이다. 따라서 위헌·위법임을 판단한 경우에도 법원으로서는 당해 사건에 한하여 적용하지 아니함에 그치고, 당해 명령·규칙의 일반적 효력까지를 소멸케 하지는 못한다.

행정소송법은 대법원의 판결에 의하여 위헌·위법임이 확정된 경우에는 대법원은 지체 없이 판결내용을 관보발행업무를 관장하는 행정안전부장관에게 통보하여야 하며, 행정안전부장관은 지체 없이 이를 관보에 게재하도록 규정하고 있다(제6조).[257]

제5관 무효등확인소송

Ⅰ. 개설

1. 의의

무효등확인소송이란 "행정청의 처분 또는 재결의 효력유무 또는 존재여부를 확인하는 소송을 말한다"(제4조 제2호). 처분등의 무효확인소송이 이에 관한 전형적 형태라 할 수 있다. 따라서 무효확인소송 이외에 유효확인소송(생활보호대상자결정유효확인소송), 존재확인소송(조세부과취소처분자존재확인소송), 부존재확인소송(징발처분부존재확인소송), 실효확인소송(부동산중개업영업정지처분실효확인소송)을 생각할 수 있는 바, 행정소송법은 무효확인소송을 대표로 하여 무효등확인소송이라고 규정하고 있다.

2. 성질

무효등확인소송의 성질에 관하여 종래에는 당사자소송인가 항고소송인가에 관하여 견해의 대립이 있었다. 즉 당사자소송설(확인소송설), 항고소송설, 준항고소송설로 나누어 진 바 있었다. 그러나 현행법은 이를 항고소송의 일종으로 규정하였다.

---

257) 제6조(명령·규칙의 위헌판결등 공고) ① 행정소송에 대한 대법원판결에 의하여 명령·규칙이 헌법 또는 법률에 위반된다는 것이 확정된 경우에는 대법원은 지체없이 그 사유를 행정안전부장관에게 통보하여야 한다.
　② 제1항의 규정에 의한 통보를 받은 행정안전부장관은 지체없이 이를 관보에 게재하여야 한다.

Ⅱ. 재판관할

취소소송에 관한 규정이 준용되어 제1심은 피고 행정청의 소재지를 관할하는 행정법원에 있다. 무효등확인소송이 관할권 없는 법원에 잘못 제기된 경우에 그것이 원고의 고의·과실에 기인한 것이 아니라면 수소법원은 정당한 관할법원에 이송하여야 한다(제8조 제2항).

Ⅲ. 당사자

1. 원고적격

(1) 법률상 이익

무효등확인소송에서의 원고적격은 처분 또는 재결의 효력의 유무 또는 존재 여부의 확인을 구할 법률상 이익이 있는 자가 된다(제35조). 여기서 법률상 이익이란 취소소송에서의 그것과 같은 개념이라는 것이 통설[258]이다. 그러나 취소소송에서는 회복시켜 줄 법률상 이익이 있는지가 쟁점인 데 반하여, 무효등확인소송에서는 성격상 무효 등을 확인받음으로써 원고의 권리 또는 법률상 지위의 불안·위험이 제거될 수 있을 것이 요청되며, 바로 이것이 법률상 이익에 해당한다고 해석하는 것이 타당하다[259]. 대법원은 "당연무효인 건축허가처분에 의하여 건축공사를 완료한 후 준공검사필증까지 받은 사람은 동 허가처분의 무효확인을 받아 건물의 건립을 저지할 수 있는 단계는 이미 지났으므로 무효확인을 구할 법률상 이익이 없다"(대판 1993. 6. 8, 91누11544)고 하였다.

> 【판례】 무효확인소송에 관한 행정소송법(제35조)상의 '확인을 구할 법률상 이익'은 그 대상인 현재의 권리 또는 법률관계에 관하여 당사자 사이에 분쟁이 있고, 그로 인하여 원고의 권리 또는 법률상의 지위에 불안·위험이 있어, 판결로써 그 법률관계의 존부를 확정하는 것이 불안·위험을 제거하는 데 필요하고도 적절한 경우에 인정된다(대판 1992. 7. 28, 92누4352).

---

258) 박윤흔, 행정법강의(상), 988면; 석종현/송동수, 일반행정법(상), 954면.
259) 김남진, "무효 등 확인소송과 법률상 이익", 고시연구, 1991.3, 19면.

(2) 무효등확인소송의 보충성 문제

판례는 일관하여 무효는 누구든지 어떤 소송절차에서도 자유로이 주장하여 권익의 침해를 방지할 수 있다는 점에 근거하여, 민사상 손해배상청구소송 등 실질적으로 권익을 구제받고자 하는 다른 소송을 제기하여 그 소송에서 행정처분의 무효를 주장하여 구제받을 수 있는 이상, 처분의 무효등확인소송을 독립된 소로써 제기할 수 없다고 하고 있다. 따라서 다른 소송으로 구제받을 수 없는 경우에만 보충적으로 무효등확인소송의 제기가 허용된다고 하고 있다.

> **【판례】** ① 공무원면직처분무효확인소송의 원고가 이미 공무원법상의 정년을 초과하거나 사망한 경우 원고가 비록 면직처분의 무효확인을 받더라도 공무원의 신분을 다시 회복할 수는 없고, 단지 정년 때까지 받지 못한 봉급·퇴직금지급청구소송 및 명예침해 등의 민사상 손해배상청구소송에서 그 전제로서 면직처분의 무효를 주장하여 구제받을 수 있는 것이므로, 독립된 소로서 면직처분의 무효확인을 받는 것이 원고의 권리 또는 법률상 지위에 현존하는 불안·위험을 제거하는 데 필요하고도 적절한 것이라고 할 수 없어 무효확인의 이익이 없다(대판 1991. 6. 28. 90누9346).
>
> ② 무효라고 주장하는 과세처분에 따라 세금을 납부하여 그 처분이 이미 집행이 종료되어 버렸다면 그 과세처분이 존재하는 것과 같은 외관이 남아 있음으로써 장차 다가올 법률상의 불안이나 위험은 없다할 것이고, 다만 남아있는 것은 이미 납부한 세금의 반환을 구하는 문제일 뿐이라 할 것인바, 이 경우 과세처분의 무효확인을 구하는 방법은 과세관청이 무효확인판결의 구속력을 존중하여 세금을 환급하여 줄 것을 기대하는 간접적인 방법에 불과할 것이므로, 민사소송으로 부당이득반환청구의 길이 열려있는 이상 과세처분 무효확인의 소는 분쟁해결에 직접적이고도 유효적절한 해결방법이라 할 수 없어 무효확인을 구할 법률상 이익이 없다(대판 1991. 9. 10. 91누3840).

2. 피고적격

무효등확인소송의 피고는 취소소송과 같이 처분청(부존재확인소송의 경우는 처분권한을 가진 행정청)이 된다(제13조·제38조 제1항). 피고의 경정에 관하여도 취소소송의 관계규정이 준용된다(제14조·제38조 제1항).

3. 소송참가

취소소송에서와 같은 취지로 제3자의 소송참가(제16조), 행정청의 소송참가(제17조)가 인정된다(제38조 제1항).

Ⅳ. 소송제기

1. 소송의 대상

무효등확인소송의 소송대상은 행정청의 처분 또는 재결 등의 무효성·유효성 또는 존재·부존재 등이다. 처분 및 재결의 개념은 취소소송에서 설명한 것과 같다(제19조 및 제38조 제1항).

2. 행정심판전치주의 및 제소기간의 적용배제

무효인 처분은 처음부터 당연히 아무 효력이 없는 것이므로 굳이 행정청에게 반성·시정의 기회를 부여할 필요가 없다. 또한 언제든지 무효임을 주장할 수 있는 것이므로 행정심판전치주의와 제소기간이 적용되지 아니한다. 다만 무효선언을 구하는 의미에서의 취소소송의 형태로 제기하는 경우에 이들 규정의 적용 여부에 관하여는 견해가 대립되어 있다.

3. 집행부정지의 원칙 및 가처분의 문제

(1) 집행부정지의 원칙과 집행정지의 결정

집행정지제도는 행정심판의 청구나 행정소송의 제기의 당부에 관한 확정이 있기 전에 처분의 집행을 잠정적으로 정지시키는 제도이다. 무효인 처분에는 집행력이 없으나, 무효인 경우에도 외견상의 효력을 가지고 있다. 따라서 당연무효인 처분이라 하더라도 실제상 확정판결이 있기 이전에는 행정청이 유효한 처분으로 주장하여 강제집행할 가능성이 있기 때문에 이에 대비하기 위해서는 취소소송에서 인정되는 집행정지제도를 무효등확인소송에도 준용하도록 하고 있는 것이다(제38조 제1항·제23조·제24조). 판례도 "행정처분의 집행정지는 행정처분의 무효확인소송인 경우에도 허용된다"(대판 1966. 10. 4, 66두7)고 함으로써 같은 입장을 취하고 있다.

(2) 가처분

현행 행정소송법은 처분등의 집행정지는 규정하고 있으나 가처분에 관해서는 아무런 규정이 없다. 집행정지라고 하는 보전처분만으로써는 목적을 달성할 수 없는 경우가 많이 있으므로 민사소송법상의 가처분에 관한 규정이 취소소송이나 무효등확인소송에도 적용될 수 있는가에 관해서 소극설과 적극설이 대립하고 있다.

4. 관련청구의 이송 · 병합 및 소의 변경

무효등확인소송도 관련 청구소송의 이송 · 병합을 인정하고 있다(제10조 및 제38조 제1항). 예컨대 항고소송인 공무원파면무효확인소송에 당사자소송인 공무원 보수 · 연금지급청구소송의 이송 또는 병합의 경우이다. 또한 취소소송이나 당사자소송으로의 소변경(제37조) 또는 원처분의 변경으로 인한 소변경도 인정된다. 다만, 취소소송으로 변경함에는 행정심판전치주의와 제소기간의 요건이 갖추어져야 한다(제21조 · 제22조 및 제38조 제1항). 예컨대 과세처분무효확인소송을 과세처분취소소송으로 변경할 경우 등이다.

V. 심리

1. 직권증거조사주의

무효등확인소송은 취소소송과 마찬가지로 변론주의를 원칙으로 하나, 보충적으로 직권탐지주의를 채택하고 있다. 즉, 법원이 필요하다고 인정할 때에는 직권으로 증거조사를 할 수 있다. 무효등확인소송도 취소소송과 마찬가지로 소송의 결과가 공공복리와 밀접한 관련이 있으므로 실체적 진실발견의 견지에서 직권심리주의를 가미하고 있는 것이다(제26조 · 제38조 제1항).

2. 입증책임

입증책임에 관하여는 학설이 대립되고 있다. 즉, ① 취소소송의 입증책임과 같다고 하여 처분의 권한발생은 이를 주장하는 피고 행정청이, 반대로 처분의 권한발생의 저지는 이를 주장하는 원고가 진다는 민사소송법상 입증책임분배설과[260] ② 무효등확인소송은 취소소송과 달리 중대하고 명백한 하자가 있음을 이유로 하므로 누구나 쉽게 입증할 수 있다는 점 등을 들어 원고에게 입증책임이 있다는 행정소송법 독자분배설[261]로 나누어진다. 판례는 행정소송법 독자분배설의 입장을 취한다.

> **【판례】** ① 행정처분의 당연무효를 구하는 소송에 있어서는 그 무효를 구하는 사람(원고)에게 그 행정처분에 존재하는 하자가 중대하고 명백하다는 것을 주장·입증할 책임이 있다(대판 1984. 2. 28, 82 누 154).
> ② 행정처분의 무효확인을 구하는 행정소송에 있어서는 원고에게 그 행정처분이 무효인 사유를 주장·입증할 책임이 있다(대판 1992. 3. 10, 91누6030).

Ⅵ. 판결

1. 위법성판단의 기준시

통설과 판례는 항고소송을 처분에 대한 사법적 사후심사로 보아 처분시의 법령과 사실상태를 기준으로 위법 여부를 판단하여야 한다고 한다.

2. 사정판결의 적용배제

무효 또는 부존재인 처분은 존속시켜 줄 효력이 처음부터 없기 때문에 사정판결을 할 수 없으며(제38조 제1항), 판례도 같은 견해를 취하고 있다. 대법원은 "자동차운송사업의 면허를 얻고자 하는 자의 면허신청과 주무관청의 그 면허기준에 대한 심사는 자동차운송사업 면허처분의 중요하고도 불가결한 전제조건이라 할 것이므로 위 신청과 기준심사 없이 내린 위 사업

---

260) 이상규, 신일반행정법론(상), 874면.

261) 박윤흔, 행정법강의(상), 992면; 서원우, 현대행정법(상), 851면.

면허는 무효이고, 이와 같이 당연무효의 행정처분을 소송목적물로 하는 행정소송에서는 사정판결을 할 수 없다"(대판 1985. 5. 26, 84누380)라고 판시하여 그 적용을 배제하고 있다.

그러나 ① 무효와 취소의 원인은 상대적인 차이밖에 없으며, ② 무효인 경우에도 이미 이루어진 결과를 존중할 필요가 있을 수 있고, ③ 사정판결에 의하더라도 손해배상 등의 방법으로 피해가 구제되므로 반드시 원고에게 불리한 것은 아니라는 점 등을 이유로 사정판결을 인정하는 견해도 있다.[262]

3. 판결의 효력

무효등확인소송도 준형성소송이므로 형성력과 대세적 효력이 인정되며, 기속력과 기판력이 인정됨은 물론이다. 따라서 제3자의 소송참가와 재심청구도 인정되며, 당사자인 행정청과 그 밖의 행정청을 구속하므로 관계행정청은 반복금지효와 재처분의무가 있다(제16조 · 제29조 · 제30조 · 제31조 및 제38조 제1항).

Ⅶ. 선결문제

1. 의의

선결문제란 민사소송에 있어서 본안에 대한 판단의 전제가 되는 처분등의 효력유무 또는 존재여부에 관한 다툼을 말한다. 예컨대 조세부과처분이 무효임을 전제로 한 과오납세금반환소송(본안소송)에서 나타나게 되는 조세부과처분의 효력유무 또는 존재여부에 관한 다툼이나 토지소유권확인을 구하는 민사소송에서 토지수용처분의 무효를 주장하는 것 등이 그에 해당한다. 선결문제는 공법상 당사자소송 또는 형사소송에서도 제기될 수 있으며, 행정소송법은 민사소송에서의 선결문제에 관하여만 명문의 규정을 두고 있다(제11조 제1항).

---

262) 김철용, 사정판결, 월간고시, 1987. 4.

2. 선결문제의 심판권의 소재

선결문제에 관한 심리 · 판단권은 처분등이 무효 또는 부존재인 경우에는 민사법원에 있고, 처분등의 하자가 취소사유에 불과한 경우에는 당해 민사법원도 그 처분등의 공정력에 의한 기속을 받으며, 그 취소 · 변경은 별도의 행정소송(항고소송)의 절차에 의하여 한다는 것이 종래 판례의 일반적 경향이었다.263) 그러나 판례는 국가배상사건의 경우에는 수소법원은 처분등의 하자가 단순위법으로 취소사유에 그치는 경우에도 그 위법을 확인할 수 있다고 한다.264)

> 【판례】 국세 등의 부과 및 징수처분과 같은 행정처분이 당연무효임을 전제로 하여 민사소송을 제기한 때에는, 그 행정처분이 당연무효인지의 여부가 선결문제이므로, 법원은 이를 심사하여 그 행정처분의 하자가 중대하고 명백하여 당연무효라고 인정된 경우에는, 이를 전제로 하여 판단할 수 있으나, 그 하자가 단순한 취소사유에 그칠 때에는 법원은 그 효력을 부인할 수 없다 할 것이다(대판 1973. 7. 10, 70 다 1439).

3. 심리절차

민사법원이 행정처분의 무효 또는 부존재를 선결문제로서 심리하고자 하는 경우에 이는 성격상 무효등확인소송과 유사하기 때문에 무효등확인소송에 관한 조항을 준용하도록 한다(제11조 제1항). 동시에 처분청에게 소송참가의 기회를 부여하기 위하여 선결문제로 된 사실을 통지하도록 하고(제11조 제2항), 처분청의 소송참가를 인정하고 있다.

선결문제의 심리에 있어 준용되는 조항은 직권증거조사주의(제11조 제1항, 제26조) 및 행정심판기록제출명령제도(제11조 제1항, 제25조) 등이다. 그러나 처분의 무효 · 부존재 확인에는 행정심판전치주의가 적용되지 아니하기 때문에 이를 거치지 아니할 것이므로 행정심판기록제출명령제도가 실제로 적용될 여지는 없다고 하겠다.

---

263) 대판 1964. 6. 2, 63 다 941.
264) 대판 1974. 3. 12, 73 다 228.

제6관 부작위위법확인소송

Ⅰ. 개설

1. 의의

부작위위법확인소송은 행정청이 당사자의 신청에 대하여 상당한 기간 내에 일정한 처분을 하여야 할 법률상 의무가 있음에도 불구하고 이를 하지 아니한 경우에 법원이 행정청의 부작위가 위법하다는 것을 확인하는 소송을 말한다(제2조 제1항 제2호·제4조 제3호).

> **【판례】** 행정소송법 제4조 제3호에 규정된 부작위위법확인의 소는 행정청이 당사자의 법규상 또는 조리상의 권리에 기한 신청에 대하여 상당한 기간 내에 신청을 인용하는 적극적 처분 또는 각하하거나 기각하는 등의 소극적 처분을 하여야 할 법률상 응답의무가 있음에도 불구하고 이를 하지 아니하는 경우 부작위가 위법하다는 것을 확인함으로써 행정청의 응답을 신속하게 하여 부작위 또는 무응답이라고 하는 소극적 위법상태를 제거하는 것을 목적으로 하는 제도이다(대판 1993. 4. 23, 92누17099).

2. 성질

부작위위법확인소송은 행정청의 소극적인 태도(부작위)에 의하여 형성된 위법한 법상태의 제거를 목적으로 하는 것이므로 항고소송의 일종이라 하겠으며, 행정소송법도 항고소송의 하나로 규정하였다(제4조 제3호). 그러나 행정청의 부작위로 인하여 외부화되고 현실화된 법상태의 위법함을 확인 받으려는 점에서 성질상 확인소송의 일종이다. 따라서 부작위위법확인소송은 행정청에게 적극적으로 어떤 처분을 할 것을 명하는 이행소송도 아니고, 법률관계의 직접적인 발생·변경·소멸을 가져오는 형성소송도 아니다.

Ⅱ. 재판관할

부작위위법확인소송의 재판관할은 취소소송에 관한 규정이 준용되어 제1심 관할법원은 피고인 행정청의 소재지를 관할하는 행정법원으로 한다. 다만 중앙행정기관 또는 그 장이 피고인 경우의 관할법원은 대법원 소재지의 행정법원으로 한다(제9조·제38조 제2항). 관할권 없는 법원에 잘못 제기된 때에는 원고의 고의나 과실로 인한 경우가 아닌 한 법원의 결정으로 정당한 관할권 있는 법원에 이송하여야 한다(제8조 제2항·민사소송법 제34조 제1항).

Ⅲ. 당사자

1. 원고적격

행정소송법(제36조)은 부작위위법확인소송의 원고적격에 관하여 "부작위위법확인소송은 처분의 신청을 한 자로서 부작위의 위법의 확인을 구할 법률상 이익이 있는 자만이 제기할 수 있다"라고 규정하고 있다. 여기서 법률상 이익의 의미는 취소소송의 경우와 같다. 그리고 공동소송이 인정되는 것도 취소소송의 경우와 같다(제15조·제38조 제2항).

부작위위법확인소송의 원고적격은 법률상 이익이 침해되었다고 주장하는 자(즉 신청권이 있는 자)에게 인정된다고 말할 수 있으므로 소송의 심리의 결과 실제로 그러한 권리를 가지지 않음이 드러나게 되면 청구가 기각될 수밖에 없을 것이다.[265]

---

265) 김남진, 행정법I, 849면.

【판례】① 시장 인근의 공터에 설치된 위법 가설점포건물로 인하여 시장영업에 장애가 있다는 사실만으로는 직접적이고 구체적인 불이익을 받았다고 볼 수 없을 뿐만 아니라, 위법 건축물 철거의 근거법령인 건축법(5·7의3·42 등)의 규정도 원고의 영업상 이익을 보호하기 위한 규정이라고는 할 수 없다(대판 1989. 5. 23, 88누8135).

② 행정청이 국민으로부터 어떤 신청을 받고서도 그 신청에 따르는 내용의 행위를 하지 아니한 것이 항고소송의 대상이 되는 위법한 부작위가 된다고 하기 위하여는 국민이 행정청에 대하여 그 신청에 따른 행정행위를 해 줄 것을 요구할 수 있는 법규상 또는 조리상의 권리가 있어야 하며, 이러한 권리에 의하지 아니한 신청을 행정청이 받아들이지 아니 하였다 해서 이 때문에 신청인의 권리나 법적 이익에 어떤 영향을 준다고 할 수 없다(대판 1990. 5. 25, 89 누 5788).

2. 피고적격

부작위위법확인소송도 행정청의 처분의 적부를 다투는 것이므로, 즉, 부작위(처분)의 적부를 다투는 것이므로 부작위의 행정청이 피고로 된다. 행정청을 피고로 하는 것이 소송제기에 편리하고, 적절한 방어방법을 강구하는데도 합목적적이기 때문이다. 피고의 경정에 관한 취소소송의 규정도 준용된다(제38조 제2항).

3. 소송참가

부작위위법확인소송에 있어서도 취소소송에 적용되고 있는 행정청의 소송참가(제17조), 제3자의 소송참가(제16조)에 관한 규정이 준용된다(제38조 제2항).

Ⅳ. 소송제기

1. 소송의 대상

소송의 대상은 부작위이다. 부작위란 "행정청이 당사자의 신청에 대하여 상당한 기간내에 일정한 처분을 하여야 할 법률상 의무가 있음에도 불구하고 이를 하지 아니하는 것을 말한다"(제2조 제1항 제2호). 행정청의 부작위에 대하여 행정심판을 제기하고 재결청에 의하여 기각재결을 받은 경우 이에 불복하여 그 재결의 취소소송을 제기하는 경우에도 원처분주의를 취하였다(제19조 후단 · 제38조 제2항).

2. 예외적 행정심판전치주의

부작위에 대하여도 행정청에 반성 · 시정의 기회를 주기 위하여 예외적 행정심판전치주의의 적용을 받도록 하였다(제18조 · 제38조 제2항). 이 때의 행정심판은 취소심판이 아닌 의무이행심판임에 유의하여야 한다.

3. 제소기간

예외적으로 행정심판전치주의가 적용되는 경우에 있어서는 행정심판재결서의 정본의 송달을 받은 날로부터 90일 이내에 제기하여야 한다(제20조 제1항 · 제38조 제2항). 그리고 처분이 있음을 안 날로부터 90일, 처분이 있은 날로부터 1년이라는 제소기간 제한규정은 부작위가 계속될 것을 요건으로 하는 부작위위법확인소송에서는 적용될 여지가 없다.

4. 집행정지 및 가처분의 문제

(1) 집행정지

행정소송법상의 집행부정지원칙과 집행정지결정은 처분의 존재를 전제로 하는 것이므로 행정청의 부작위가 계속되는 한 부작위위법확인소송의 경우에는 집행정지는 그 성질상 생각할 수 없다.

(2) 가처분

취소소송에서와 마찬가지로 부작위위법확인소송에서도 가처분제도를 적용할 수 있는가에 관하여 견해가 대립되고 있다. 부작위위법확인소송은 본안소송 자체가 부작위가 위법함을 확인하는데 그치고 적극적인 의무이행소송이 아니므로 당해 처분을 임시로 명할 수 있는 가처분은 허용되지 않는다 할 것이다.

5. 관련청구의 이송 · 병합 및 소의 변경

부작위위법확인소송도 취소소송에서 설명한 것과 같은 취지로 관련청구소송의 이송 · 병합을 허용하고 있다(제10조 및 제38조 제2항). 또한 부작위위법확인소송을 취소소송 또는 당사자소송으로 변경할 수 있다(제37조). 예컨대 소송계속 중에 행정청이 일정한 처분을 한 경우에 그 처분에 대한 취소소송으로 변경하는 경우와 부작위위법확인소송을 손해배상청구소송으로 변경하는 경우이다.

V. 심리

1. 직권증거조사주의

부작위위법확인소송도 소송의 결과가 공공복리와 밀접한 관련이 있으므로 취소소송에서와 마찬가지로 직권증거조사에 관한 규정이 준용된다(제38조 제2항 · 제26조).

2. 행정심판기록의 제출명령

행정소송법은 취소소송에 있어서의 행정심판기록의 제출명령에 관한 규정을 부작위위법확인소송에도 준용하도록 하고 있다(제38조 제2항 · 제25조). 이는 실체적 진실발견의 견지에서는 물론이고 소송자료를 풍부하게 하여 원고의 입증을 용이하게 하려는 것이다.

3. 심리권의 범위

부작위위법확인소송의 심리권이 신청의 실체적 내용에까지 미치는가에 관하여는 학설이 대립되어 있다.

(1) 소극설

부작위위법확인소송은 의무이행확인소송과는 달라서 방치된 신청에 대하여 어떤 내용의 처분이든간에 응답의무를 지우는데 있고 신청대로의 처분을 하여야 한다는 확인을 구하는 것이 아니다. 따라서 법원의 심리는 부작위의 위법성 여부를 확인하는데 그칠 뿐, 행정청이 행할 처분의 내용까지 행할 수는 없다고 본다.[266]

(2) 적극설

부작위가 위법함을 단순히 확인함에 그치지 아니하고 나아가서 신청의 실체적 내용이 타당한 것인가도 심리하여 판결이유에 행정청이 행하여야 할 처분의 방향을 시사할 수 있다고 하는 견해이다.[267]

(3) 결어

행정소송법은 의무이행소송을 인정하지 아니하고 확인소송인 부작위위법확인소송만 인정하고 있기 때문에 기능상 의무이행소송으로 운영하여 국민의 권리구제를 온전하게 하려는 점에서는 긍정적인 측면이 있다. 그러나 입법적으로 해결할 일을 법운영의 묘로서 해결해 보려는 것은 무리가 있다 할 것이므로 소극설이 타당하다고 본다. 판례도 소극설의 입장을 취하고 있다.

---

266) 김동희, 행정법 I , 776면; 박윤흔, 행정법강의(상), 1003면; 석종현/송동수, 일반행정법(상), 970면.

267) 김도창, 일반행정법론(상), 836면; 이상규, 신행정쟁송법, 421면.

> **【판례】** 부작위위법확인소송의 심리권의 범위
>
> 부작위위법확인소송은 그 부작위의 위법함을 확인함으로써 행정청의 응답을 신속하게 하여 부작위 내지 무응답이라는 소극적인 위법상태의 제거를 목적으로 하는 것이고, 나아가 당해 판결에 기하여 행정청이 처분을 하게 하고 다시 당해 처분에 불복이 있는 때에는 그 처분을 다투게 함으로써 최종적으로는 국민의 권익을 보호하려는 제도이다(대판 1 992. 7. 28, 91누7361).

Ⅵ. 판결

1. 위법성판단의 기준시

취소소송은 위법성판단의 기준시를 처분시로 하지만, 부작위위법확인소송은 판결시(구두변론종결시)를 기준으로 판단하여야 한다. 왜냐하면, 법원은 원고가 소를 제기하기 이전에 행해진 행정처분의 위법성을 판단하는 것이 아니라, 원고로부터 신청된 피고의 법률상 의무에 관해 판단하는 것이다. 또한 원고는 과거에 있어서의 사실을 기초로 해서가 아니라 판결시의 그것을 기초로 한 판결을 구하는 것으로 보아야 하기 때문이다.

2. 사정판결의 적용배제

사정판결제도는 행정청의 적극적인 처분이 있는 것을 전제로 하여 공익적 견지에서 위법한 처분이다. 하지만 아무런 처분이 없는 소극적인 부작위상태의 위법의 확인을 목적으로 하는 부작위위법확인소송에는 사정판결의 적용이 있을 수 없다(제38조 제2항·제28조).

3. 판결의 효력

부작위위법확인소송의 판결은 처분 행정청에 대한 기속력과 제3자에 대한 대세적 효력이 인정되며, 그 외에 판결의 일반적 효력인 기판력이 인정됨은 물론이다.

한편, 부작위위법확인소송은 형성소송이 아니므로 형성력은 없다. 판결의 기속력에는 취소판결과 같이 반복금지효와 재처분의무가 인정되며, 나아가서 간접강제제도에 의하여 이행소송이 인정되지 아니한 데 대한 결함을 보완하도록 하였다(제30조 제2항·제34조 및 제38조 제2항).

제7관 당사자소송

I. 의의

행정소송법(제3조 제2호)은 당사자소송을 "행정청의 처분등을 원인으로 하는 법률관계에 관한 소송 기타 공법상의 법률관계에 관한 소송으로서 그 법률관계의 한쪽 당사자를 피고로 하는 소송"이라고 규정하고 있다. 요컨대 당사자소송은 대등 당사자 간의 공법상의 권리 또는 공법상의 법률관계 그 자체를 소송물로 하는 실질적 당자사소송과 처분이나 재결을 원인으로 하는 법률관계에 관한 소송으로서 법률관계의 원인이 되는 처분등에 불복하여 소송을 제기하면서 처분청을 피고로 하는 것이 아니라 그 법률관계의 한쪽 당사자를 피고로 하는 형식적 당사자소송이 있다.

공법상의 신분·지위 등의 확인소송이 전형적인 실질적 당사자소송이며(대판 1996. 2. 15, 94다31235), 토지보상법상 보상금 증감청구소송은 전형적인 형식적 당사자소송이다(대판 1991. 11. 26, 91누285).

II. 종류

1. 실질적 당사자소송

행정소송법이 말하는 공법상의 법률관계에 관한 소송은 실질적 당사자소송을 의미하며, 이는 처분을 원인으로 하는가의 여부에 따라 다음의 2종류로 구분된다.

(1) 처분등을 원인으로 하는 법률관계에 관한 소송

이러한 당사자소송의 예로는 ① 과세처분의 무효를 전제로 이미 납부한 세금의 반환을 구하는 소송(부당이득반환청구소송), ② 공무원의 직무상 불법행위로 인한 손해배상청구소송, ③ 공무원의 면직처분의 무효를 전제로 한 공무원 보수·연금청구소송, ④ 토지수용 등 적법한 공권력 행사를 원인으로 하는 손실보상청구소송 등을 들 수 있다.

이러한 소송은 처분 그 자체가 아니라 처분으로 인하여 발생한 법률관계를 소송물로 하는 소송이다.

(2) 기타 공법상의 법률관계에 관한 소송

처분등을 원인으로 하지 아니하고도 발생할 수 있는 공법상의 법률관계에 관한 소송이 이에 해당한다. 예컨대 ① 공법상 계약에 관한 소송, ② 공법상 금전지급청구소송(후술하는 형식적 당사자소송에 의한 경우를 제외한 공법상 손실보상청구소송, 공법상 사무관리비용지급청구소송, 파면 등 행정처분이 없이 공무원보수·연금의 지급을 받지 못한 경우의 그 청구소송 등), ③ 공법상 결과제거청구소송, ④ 공무원 등 공법상의 신분·지위 등의 확인소송 등이 있다.

2. 형식적 당사자소송

(1) 의의

형식적 당사자소송은 실질적으로는 행정청의 처분등을 다투는 소송이면서 형식적으로는 행정청을 피고로 하지 않고, 그 대신 처분등으로 인하여 형성된 법률관계를 다투기 위해 그 법률관계의 일방당사자를 피고로 하여 제기하는 소송을 말한다. 이 소송은 현실적으로 당사자가 다투고자 하는 분쟁의 내용을 중시하여 이러한 분쟁의 실질적인 이해관계자만을 소송당사자로 하고 행정청을 배제함으로써 신속한 권리구제를 도모하고 소송절차를 간소화하려는 데에 그 필요성이 있다고 할 수 있다.

(2) 성질

형식적 당사자소송은 형식적으로 보면 법률관계의 당사자인 토지소유자와 사업시행자 간의 당사자소송에 해당되지만, 실질적으로 보면 토지수용위원회의 재결의 위법을 다투는 항고소송으로서의 성질을 함께 가지고 있다. 이러한 의미에서 이를 형식적 당사자소송이라고 부른다.

(3) 인정 여부에 관한 학설

토지보상법과 같은 특별한 근거규정이 없더라도 행정소송법을 근거로 하여 이러한 형식적 당사자소송을 인정할 수 있을 것인가에 관하여는 견해가 대립되어 있다.

1) 부정설

재결도 행정행위이므로 공정력을 가지는바, 공정력 있는 처분의 효력은 다투지 않고 이를 원인으로 하는 보상금청구권이라는 법률관계만을 판단하는 것은 공정력에 반한다고 한다.[268]

2) 긍정설

행정소송법(제3조 제2항)이 말하는 "처분등을 원인으로 하는 법률관계에 관한 소송으로서 그 법률관계의 한쪽 당사자를 피고로 하는 소송"에 이러한 형식적 당사자소송이 포함되며, 이론상으로도 공정력 있는 처분을 그대로 둔 채 형식적 당사자소송을 제기하고 이에 대한 판결이 있으면 이것을 재결처분에 우선시키는 데 문제가 없다는 견해이다.[269]

3) 결어

본래 형식적 당사자소송은 일본에서 유래한 것으로, 일본의 행정사건소송법(제4조)에서 개별법에 근거가 있는 경우에 한하여 형식적 당사자소송을 제기할 수 있는 것으로 규정하고 있는 것이다. 그러나 토지보상법 제85조는 "…보상금의 증감에 관한 소송인 경우 당해 소송을 제기하는 자가 토지소유자 또는 관계인인 때에는 사업시행자를, 사업시행자인 때에는 토지소유자 또는 관계인을 각각 피고로 한다"[270]고 규정하였다.

---

268) 김남진, 행정법Ⅰ, 846면; 김동희, 행정법Ⅰ, 778면; 박윤흔, 행정법강의(상), 1015면; 석종현 /송동수, 일반행정법(상), 980면.

269) 종전의 김도창 교수의 견해였으나 현재는 입장표명을 유보하고 있음. 김도창, 일반행정법론 (상), 813면.

Ⅲ. 특수성

당사자소송은 항고소송과 비교하여 다음과 같은 특수성이 인정된다.

1. 당사자적격

당사자 소송의 원고는 공법상의 법률관계에 관하여 권리보호의 이익이 있는 자가 되며(제8조 제2항에 의거 민사소송법이 준용되는 관계로), 피고는 위 법률관계의 한쪽 당사자인 국가·공공단체 기타의 권리주체(예, 조세원천징수권자 등)가 된다(제39조.). 이는 피고가 행정청이 아닌 권리주체라는 점에서 항고소송과 구별된다. 피고가 국가인 경우에는 '국가를 당사자로 하는 소송에 관한 법률'(제1조)에 의거하여 법무부장관이, 지방자치단체인 경우에는 지방자치법(제101조)에 의거하여 당해 지방자치단체의 장이 각각 이를 대표한다. 한편, 이해관계 있는 제3자 또는 법률관계의 원인이 되는 처분등을 행한 행정청도 각각 소송에 참가하는 소송참가제도도 인정되고 있다(제16조·제17조 및 제44조).

2. 재판관할

당사자소송의 제1심은 항고소송과 같이 피고의 소재지를 관할하는 행정법원이 된다. 다만, 피고가 국가 또는 공공단체인 경우 원활한 심리를 위하여 관계 행정청의 소재지를 피고의 소재지로 본다(제40조).

---

270) 제85조(행정소송의 제기) ① 사업시행자, 토지소유자 또는 관계인은 제34조에 따른 재결에 불복할 때에는 재결서를 받은 날부터 60일 이내에, 이의신청을 거쳤을 때에는 이의신청에 대한 재결서를 받은 날부터 30일 이내에 각각 행정소송을 제기할 수 있다. 이 경우 사업시행자는 행정소송을 제기하기 전에 제84조에 따라 늘어난 보상금을 공탁하여야 하며, 보상금을 받을 자는 공탁된 보상금을 소송이 종결될 때까지 수령할 수 없다.
② 제1항에 따라 제기하려는 행정소송이 보상금의 증감에 관한 소송인 경우 그 소송을 제기하는 자가 토지소유자 또는 관계인일 때에는 사업시행자를, 사업시행자일 때에는 토지소유자 또는 관계인을 각각 피고로 한다.

3. 제소기간

당사자소송의 제소기간은 취소소송의 제소기간에 관한 규정은 준용되지 아니한다. 따라서 당사자소송의 제소기간의 제한은 원칙적으로 없다. 다만, 다른 법령에서 제소기간이 정하여져 있는 때에는 그에 따른 제한을 받게 되며, 이 경우의 제소기간은 불변기간으로 한다(제41조[271]).

4. 행정심판전치주의의 적용 배제

당사자소송은 처분등에 대한 불복이 아닌 시심적 쟁송이기 때문에 행정심판전치주의가 적용되지 않는다.

5. 관련청구소송의 이송·병합

당사자소송도 사실심의 변론종결시까지 관련청구소송을 병합하거나 피고외의 자를 상대로 한 관련청구소송을 취소소송이 계속된 법원에 병합하여 제기할 수 있다(제10조 제2항·제44조 제2항).

6. 소의 변경

법원은 항고소송을 당사자소송으로 변경하는 것을 허가할 수 있는 것과 마찬가지로, 당사자소송을 항고소송으로 변경함을 허가할 수 있다(제21조 및 제42조). 또한 당사자소송의 원인이 되는 처분등을 행정청이 변경한 때에도 항고소송에서와 마찬가지로 처분변경으로 인한 당사자소송의 소변경이 허용된다(제22조 및 제44조 제1항).

---

[271] 제41조(제소기간) 당사자소송에 관하여 법령에 제소기간이 정하여져 있는 때에는 그 기간은 불변기간으로 한다.

7. 행정심판기록의 제출명령

당사자소송에서도 법원은 필요하다고 인정할 때에는 직권으로 증거조사를 할 수 있고, 당사자가 주장하지 아니한 사실에 대하여도 판단할 수 있다(제25조 및 제44조 제1항).

8. 입증책임

당사자소송에서는 행정소송법독자분배설이 적용되는 항고소송과는 달리, 대등한 당사자 간의 관계이므로 민사소송법상의 입증책임분배원칙이 적용된다고 하겠다.[272]

9. 직권증거조사

당사자소송도 원칙적으로 변론주의가 적용된다. 하지만, 당사자소송도 항고소송에서와 같은 공익성이 있으므로 직권증거조사주의에 의하여 보충할 수 있도록 하였다(제26조 및 제44조).

10. 판결의 효력

취소판결의 효력 중 기속력(제30조 제1항 및 제44조)과 기판력은 인정된다. 그러나 형성력과 대세적 효력, 행정청의 재처분의무 및 간접강제는 성질상 항고소송의 판결에만 고유한 효력이므로 인정될 수 없다.

한편, 당사자소송 중 ① 이행소송의 성격을 띤 것(부당이득반환·손해배상·손실보상·연금지급청구소송 등)은 의무이행소송이 인정되지 않는 항고소송과 달리 형성력 대신 집행력이 인정되며, ② 공법상 법률관계의 존부의 확인만을 구하는 확인소송의 성격을 띤 것은 문제의 법률관계의 존부를 공적으로 확인·선언하는 효력밖에 없다(예, 연금지급청구권·공무원신분 등의 존재확인청구소송).

---

272) 석종현/송동수, 일반행정법(상), 983면.

11. 가집행선고

이행소송형태의 당사자소송에 있어서의 인용판결의 효력으로서 집행력이 인정되는바, 집행력을 담보하기 위하여 민사소송에서 널리 인정되는 가집행선고제도는 무한한 변제능력이 있는 국가에 대하여는 적용할 필요가 없다는 이유로 행정소송법(제43조)은 "국가를 상대로 하는 당사자소송에는 가집행선고를 할 수 없다"고 하고 있다.

제8관 객관적 소송

Ⅰ. 민중소송

1. 의의

민중소송이란 "국가 또는 공공단체의 기관이 법률에 위반되는 행위를 한 때에 직접 자기의 법률상 이익과 관계없이 그 시정을 구하기 위하여 제기하는 소송"(제3조 제3호)이다. 민중소송은 개인의 권리구제가 아니라 행정법규의 적정한 집행을 보장하기 위하여 일반인이 소송을 제기할 수 있도록 하는 예외적인 행정소송으로서, 법률이 정한 경우에 법률이 정한 자만이 제기할 수 있는 특수한 소송이다(제45조).

2. 종류

(1) 선거법상의 민중소송

'공직선거법'에 의하면, 대통령선거·국회의원선거의 효력에 이의가 있는 선거인은 대법원에 선거소송을 제기할 수 있으며(제222조 제1항),[273] 지방자치단체의 장 및 지방의회의원선거의 효력에 관하여 이의가 있는 선거인은 시·도 선거관리위원회 또는 중앙선거관리위원

---

273) 제222조(선거소송) ① 대통령선거 및 국회의원선거에 있어서 선거의 효력에 관하여 이의가 있는 선거인·정당(후보자를 추천한 정당에 한한다) 또는 후보자는 선거일부터 30일 이내에 당해 선거구선거관리위원회위원장을 피고로 하여 대법원에 소를 제기할 수 있다.

회(시·도지사 선거의 경우)에 선거소청을 제기한 후 그 결정에 불복할 경우에 고등법원 또는 대법원(시·도지사 선거의 경우)에 선거소송을 제기할 수 있으며(제219조·제222조 제2항), 국민투표의 효력에 관하여 이의가 있는 투표인은 투표자 10만인 이상의 찬성을 얻어 대법원에 국민투표무효의 소송을 제기할 수 있다(국민투표법 제92조).

(2) 국민투표법상의 민중소송

국민투표의 효력에 관하여 이의가 있는 투표인은 투표인 10인 이상의 찬성을 얻어, 선거일부터 20일 이내에 대법원에 제소할 수 있다(국민투표법 제92조).

3. 특수성

(1) 원고적격

법률이 특별히 정한 자가 된다. 즉, 선거인·후보자·정당 또는 투표인(국민투표의 경우)이 된다.

(2) 피고적격

역시 법률에 의하여 중앙선거관리위원회위원장 또는 선거구선거관리위원회위원장이 된다.

(3) 재판관할

대법원이 되며, 기초자치단체의 장 또는 지방의회의원선거의 경우는 고등법원이 된다.

(4) 제소기간

선거법상의 제소기간은 10일(국민투표는 20일) 등으로 법정되어 있다.

(5) 행정심판전치주의

시심적 쟁송이므로 행정심판전치주의가 적용될 여지가 없다(그러나 종전의 지방자치법에 의한 민중소송은 처분등에 대한 항고쟁송의 의미를 가지므로 도지사·국무총리에 대한 소청전치주의를 택하였다).

(6) 심리

민중소송의 심리에 관하여는 각 개별법의 규정에 따르되, 규정이 없는 경우에는 ① 처분 등의 취소를 구하는 것이면 그 성질에 반하지 아니하는 한 취소소송의 규정을 준용하고, ② 처분등의 무효·부존재 여부나 부작위의 위법확인을 구하는 것이면 그 성질에 반하지 아니하는 한 각각 무효등확인소송 또는 부작위위법확인소송의 규정을 준용하고, ③ 기타의 경우에는 그 성질에 반하지 아니하는 한 당사자소송에 관한 규정을 각각 준용한다(제46조).

(7) 입증책임

민중소송이 항고소송의 성격이면 행정소송법독자분배의 원칙이, 당사자소송의 성격이면 민소법상의 입증책임분배의 원칙이 각각 적용된다고 볼 수도 있다. 그러나 민중소송의 특수성에 비추어 볼 때 각 민중소송 제도의 취지·입증의 난이도·증거에의 접근가능성 등을 종합적으로 고려하여 개별적으로 판단하여 합리적으로 책임을 분배함이 타당하다고 하겠다.

Ⅱ. 기관소송

1. 의의

기관소송이란 "국가 또는 공공단체의 기관 상호간의 권한의 존부 또는 그 행사에 관한 다툼이 있을 때에 이에 대하여 제기하는 소송"을 말한다(제3조 제4항). 기관소송은 국가면 국가, 또는 공공단체면 공공단체라는 동일한 행정주체에 소속하는 기관 상호간의 권한쟁이에 관한 소송만을 의미한다. 따라서 상이한 행정주체간(예, 국가와 지방자치단체 간) 또는 상이한 행정주체에 소속하는 기관 간의 소송은 제외된다.

2. 종류

(1) '지방자치법'상의 기관소송

① 지방의회의 의결이 법령에 위반하거나 공익을 현저히 해한다고 판단될 때에 지방자치단체의 장이 지방의회에 재의를 요구하고, 재의결된 내용 역시 법령에 위반(공익위반은 제외)된다고 판단될 때에는 재의결일로부터 20일 이내에 대법원에 제소할 수 있으며, 이 경우 재의결의 집행을 정지하게 하는 집행정지결정을 신청할 수 있다(제172조).[274]

② 지방자치단체의 장은 자치사무에 관한 명령·처분에 대하여 감독청(각 업무를 주관하는 중앙행정기관의 장)이 행한 취소 또는 정지에 대하여 이의가 있는 경우에 그 취소 또는 정지처분의 통보를 받은 날로부터 15일 이내에 대법원에 제소할 수 있다(제169조).[275]

(2) '지방교육자치에 관한 법률'상의 기관소송

시·도의회 또는 교육위원회의 의결이 법령에 위반하거나 공익을 현저히 해한다고 판단될 때에는 교육감은 재의를 요구하고, 재의결된 내용 역시 법령에 위반(공익위반은 제외)된다고 판단될 때에는 교육과학기술부장관에게 이를 보고하고 재의결일로부터 20일 이내에 대법원에 제소할 수 있으며, 이 경우 재의결의 집행을 정지하게 하는 집행정지결정을 신청할 수 있다(제28조).[276]

---

274) 제172조(지방의회 의결의 재의와 제소) ① 지방의회의 의결이 법령에 위반되거나 공익을 현저히 해친다고 판단되면 시·도에 대하여는 주무부장관이, 시·군 및 자치구에 대하여는 시·도지사가 재의를 요구하게 할 수 있고, 재의요구를 받은 지방자치단체의 장은 의결사항을 이송받은 날부터 20일 이내에 지방의회에 이유를 붙여 재의를 요구하여야 한다.
② 제1항의 요구에 대하여 재의의 결과 재적의원 과반수의 출석과 출석의원 3분의 2 이상의 찬성으로 전과 같은 의결을 하면 그 의결사항은 확정된다.
③ 지방자치단체의 장은 제2항에 따라 재의결된 사항이 법령에 위반된다고 판단되면 재의결된 날부터 20일 이내에 대법원에 소를 제기할 수 있다. 이 경우 필요하다고 인정되면 그 의결의 집행을 정지하게 하는 집행정지결정을 신청할 수 있다.

275) 제169조(위법·부당한 명령·처분의 시정) ① 지방자치단체의 사무에 관한 그 장의 명령이나 처분이 법령에 위반되거나 현저히 부당하여 공익을 해친다고 인정되면 시·도에 대하여는 주무부장관이, 시·군 및 자치구에 대하여는 시·도지사가 기간을 정하여 서면으로 시정할 것을 명하고, 그 기간에 이행하지 아니하면 이를 취소하거나 정지할 수 있다. 이 경우 자치사무에 관한 명령이나 처분에 대하여는 법령을 위반하는 것에 한한다.
② 지방자치단체의 장은 제1항에 따른 자치사무에 관한 명령이나 처분의 취소 또는 정지에 대하여 이의가 있으면 그 취소처분 또는 정지처분을 통보받은 날부터 15일 이내에 대법원에 소를 제기할 수 있다.

3. 특수성

(1) 원고적격
지방자치단체의 장 또는 교육감이 된다.

(2) 피고적격
지방의회 또는 교육위원회가 된다.

(3) 재판관할
대법원이 제1심이며 최종심이 된다.

(4) 제소기간
각 법률이 재의결일 등으로부터 20일 등으로 하여 분쟁의 신속한 해결을 도모하고 있다.

(5) 심리
상술한 민중소송의 경우와 같다(제46조).

(6) 입증책임

기관소송은 고도의 공익적 요구에 따라 인정되는 객관적 소송이기 때문에 주관적 소송인 항고소송에 관한 입증책임이 그대로 적용될 수는 없다. 그러나 현행 행정소송법은 기관소송에 대하여 그 성질에 반하지 않는 한 ① 취소소송에 관한 규정, ② 무효등확인소송 또는 부작위위법확인소송에 관한 규정, ③ 당사자소송에 관한 규정을 준용한다고(제46조 제1항~제3

---

276) 제28조(시·도의회 등의 의결에 대한 재의와 제소) ① 교육감은 교육·학예에 관한 시·도의회의 의결이 법령에 위반되거나 공익을 현저히 저해한다고 판단될 때에는 그 의결사항을 이송받은 날부터 20일 이내에 이유를 붙여 재의를 요구할 수 있다. 교육감이 교육부장관으로부터 재의요구를 하도록 요청받은 경우에는 시·도의회에 재의를 요구하여야 한다.
　② 제1항의 규정에 따른 재의요구가 있을 때에는 재의요구를 받은 시·도의회는 재의에 붙이고 시·도의회 재적의원 과반수의 출석과 시·도의회 출석의원 3분의 2이상의 찬성으로 전과 같은 의결을 하면 그 의결사항은 확정된다.
　③ 제2항의 규정에 따라 재의결된 사항이 법령에 위반된다고 판단될 때에는 교육감은 재의결된 날부터 20일 이내에 대법원에 제소할 수 있다.

항) 규정하고 있기 때문에, 그 입증책임의 문제는 제기되는 기관소송의 성질에 따라 종합적으로 판단하여 적용하여야 할 것이다.

찾아보기

ㄱ

가중적 제재처분 / 346
가중처분 / 169
가집행선고 / 411
가처분 / 367
각하재결 / 313
간접강제 / 389
간접민주형 / 22
감봉 / 88, 118
감사기관 / 30
감사원 / 55
감시권 / 45
강임 / 87
개발이익의 배제 / 260
개발이익의 환수 / 260
개별적 수권의 원칙 / 140
거리제한 / 149
거부처분 / 288
견책 / 118
결과제거청구권 / 272
겸직금지 / 106
경력직공무원 / 74
경업자소송 / 341
경찰 / 130
경찰강제 / 171
경찰공공의 원칙 / 150
경찰권 / 134
경찰벌 / 176
경찰상 강제집행 / 171
경찰상 대집행 / 172
경찰상 손해배상 / 224
경찰상 조사 / 175
경찰상 즉시강제 / 173
경찰상의 강제징수 / 173
경찰질서벌 / 177

경찰책임의 승계 / 154
경찰책임의 예외 / 154
경찰책임의 원칙 / 152
경찰하명이 / 160
경찰허가 / 163
경찰형벌 / 176
계선기관 / 28
계속적 허가 / 165
고등경찰 / 136
고지 / 193
고지제도 / 317
고충심사청구권 / 96
공공시설의 설치행위 / 350
공공의 안녕 / 132
공공의 영조물 / 242
공공의 질서 / 132
공권력적 사실행위 / 350
공권력행사 / 288
공권설 / 272
공기업기관 / 31
공동소송 / 336
공무담임 / 77
공무원 / 72, 229
공무원관계의 변경 / 85
공무원관계의 소멸 / 88
공법상의 법률관계에 관한 소송 / 406
공청회 / 194, 197
공표 / 192
과실책임주의 / 234
관련청구의 병합과 분리 / 312
관치행정형 / 22
광의의 공무원 / 72
구상 / 248
구술심리 / 310
구체적 사건성 / 352
국가경찰 / 137
국가공무원 / 73
국가정보원 / 57
국가지방행정조직 / 67
국무총리 / 59
국무회의 / 58
국참사원 / 226
권력분산형 / 21

권력통합형 / 21
권리회복설 / 339
권한감독 / 44
권한분권 / 21
권한불변경의 원칙 / 33
권한의 귀속주체 / 34
권한의 내부위임 / 39
권한의 대리 / 33
권한의 위임 / 39
권한의 한계 / 31
권한쟁의결정권 / 48
권한쟁의심판 / 48
권한존중관계 / 49
금전적 제재 / 177
급부하명 / 161
기각재결 / 314
기각판결 / 380
기관소송 / 413
기관쟁송 / 278, 279
기속력 / 316, 384
기속행위 / 164
기판력 / 387

ㄴ

내부위임 / 34

ㄷ

다수자책임 / 153
당사자소송 / 279, 405, 406
당연퇴직 / 88
당연퇴직의 인사발령 / 89
대결 / 35
대리인 / 301
대물적 처분 / 344, 353
대물적 허가 / 165
대심주의 / 310
대위책임설 / 237
대인적 허가 / 165
독임제 / 24
독임형 / 22
ㅁ

매수보상 / 265
면직 / 90
명령적 행위 / 163
목적위배설 / 256
무과실책임 / 241
무효등확인소송 / 390
무효등확인심판 / 285
무효등확인재결 / 314
문서열람권 / 188
물권적 청구권 / 273
민간위탁 / 42
민사관계불간섭의 원칙 / 151
민소법상의 입증책임분배설 / 378
민중소송 / 411
민중쟁송 / 278, 279

ㅂ

반복금지효 / 385
반사적 이익 / 163
방침규정설 / 250
배상심의회 / 239
법규성설 / 46
법령준수의무 / 103
법령해석 / 353
법률상 이익 / 326, 391
법률상이익구제설 / 339
법률유보의 원칙 / 140
법정대리 / 37
변상책임 / 121
별정직공무원 / 75
병역사항신고의무 / 112
보수청구권 / 97
보안경찰 / 135
보조기관 / 28
보좌기관 / 28
보통경찰 / 137
보통지방행정기관 / 67
보통행정관청 / 32
보호가치 있는 이익구제설 / 340
보호가치설 / 255
복대리 / 38
복종의무 / 103

복종의무의 한계 / 104
복직 / 86
본안심리 / 309, 374
본안판결 / 380
부속기관 / 30
부작위 / 289, 401
부작위위법확인소송 / 398
부작위하명 / 161
불가항력 / 245
불고불리의 원칙 / 309, 374
불고지 / 320
불이익금지의 원칙 / 309
불확정개념 / 164
비공개주의 / 310
비례의 원칙 / 154
비밀엄수의무 / 107
비상경찰 / 137

ㅅ

사권설 / 272
사무의 촉탁 / 50
사물관할 / 32, 333
사법경찰 / 135
사생활불가침의 원칙 / 150
사실행위 / 327
사업손실보상 / 263
사적 효용설 / 255
사전통지 / 193
사정재결 / 315
시정판결 / 381
사주소불가침의 원칙 / 150
상당보상설 / 257
상당성의 원칙 / 156
상당인과관계 / 236
상태책임 / 153
상호협력관계 / 49
상황구속설 / 256
서리 / 37
서면심리 / 310
선결문제 / 396
선물신고의무 / 111
선서의무 / 101

성실의무 / 101
성적제 / 76
성적주의 / 78
소비자소송 / 343
소속 상관 / 103
소송참가 / 337
소송판결 / 380
소의 변경 / 359
소익 / 338
소장 / 358
소청 / 93
소청심사위원회 / 93
수권대리 / 36
수용유사침해 / 267
수용적 침해 / 269
수인하명 / 162
수인한도설 / 255
승진 / 85
신고 / 195
신고의무의 이행 / 195
신분보유권 / 95
신분보장 / 78
실비변상적 보상 / 262
실비변상청구권 / 100
실질적 권한 / 32
실질적 당사자소송 / 405
실질적 의미의 경찰 / 131
심리권 / 297
심판청구기간 / 302
쌍방심리주의 / 310

ㅇ

역무과실책임 / 226
연금청구권 / 98
열기주의 / 287
엽관제 / 76
영리업무 / 106
영조물 / 241
예규 / 47
예방경찰 / 136
예방적 부작위청구소송 / 329
예외적 행정심판전치주의 / 369

예외적 허가 / 164
옴부즈만 / 182
완전보상설 / 257
외형설 / 233
요건심리 / 309, 374
원고적격 / 335, 339
원고책임설 / 377
원처분주의 / 317
위법성 / 291
위법한 직무명령 / 104
위임대리 / 36
위탁 / 42
위헌무효설 / 250
유추적용설 / 250
의결기관 / 29
의무이행명령재결 / 317
의무이행소송 / 328
의무이행심판 / 286
의무이행재결 / 315
의원면직 / 90
이유부기 / 192
이행강제금 / 172
이행의 소 / 330
이행판결 / 380
인가승인권 / 48
인공공물 / 242
인용재결 / 314
인용판결 / 380
인인소송 / 342
일반적 수권조항 / 141
일반조항 / 141
일반직공무원 / 74
일방적 면직 / 91
일시적 허가 / 165
일실손실보상 / 262
일응추정의 법리 / 234, 247
일일명령 / 47
임명 / 79
임용 / 79
임의대리 / 36
임의적 결정전치주의 / 239
입증책임 / 377

ㅈ

자기완결적(自己完結的) 행위 / 195
자기책임설 / 237
자문기관 / 30
자연공물 / 242
자유공물 / 242
자치분권 / 21
자치행정형 / 22
작위의무확인소송 / 329
작위하명 / 161
잘못된 고지 / 320
재결 / 312
재량권의 0으로의 수축이론 / 157
재산등록 및 공개의무 / 110
재심판청구의 금지 / 317
재처분의무 / 386
적법성보장설 / 340
적법절차조항 / 186
전보 / 86
전직 / 86
정공무원 / 75
정무직공무원 / 74
정직 / 88, 118
정치운동금지 / 106
정치적 중립성 / 78
제3자의 재심청구 / 389
제복착용권 / 96
제소기간 / 358
종국판결 / 380
주권면책 / 226
주장책임 / 377
준공무원 / 75
준법률행위적 행정행위 / 350
준직무범 / 123
중간단계의 행위 / 354
중간설 / 237
중간판결 / 380
중앙집권형 / 21
중앙행정관청 / 61
지방분권주의 / 23
지방분권형 / 21

지방자치단체경찰 / 137
지시 / 47
지정대리 / 37
직권면직 / 92
직권심리주의 / 310
직권증거조사주의 / 376
직명사용권 / 96
직무명령 / 103
직무명령의 경합 / 105
직무범 / 123
직무전념의무 / 105
직무집행권 / 96
직무집행행위 / 230
직업공무원제도 / 77
직위분류제 / 79
직위해제 / 87
직장이탈금지 / 105
직접강제 / 172
직접민주형 / 22
직접효력설 / 250
진압경찰 / 136
진정 / 283
집단소송 / 344
집단행동금지 / 106
집행기관 / 29
집행력 / 389
집행부정지의 원칙 / 307, 361
집행정지결정의 요건 / 362
징계면직 / 92
징계벌 / 113
징계위원회 / 119
징계종류 / 117
징계책임 / 113

ㅊ

참가인 / 301
채권보상 / 264
처분 / 288, 347
처분법령 / 326, 352
처분시설 / 384
처분의 방식 / 192
처분이유의 추가·변경 / 360

청 / 66
청구의 기초 / 359
청구인 / 297
청구인적격 / 298
청렴의무 / 109
청문 / 194
총리령 / 32
출원 / 166
취소·변경명령재결 / 316
취소·정지권 / 48
취소심판 / 284
취소재결 / 314
친절·공정의무 / 107

ㅌ

타유공물 / 242
타인 / 236
탈경찰화 / 136
토지관할 / 333
통제허가 / 164
특별지방행정기관 / 68
특별한 희생 / 254
특별행정관청 / 32
특수경력직공무원 / 74
특정직공무원 / 74

ㅍ

파면 / 117
판결시설 / 384
평등의 원칙 / 157
평시경찰 / 137
품위유지의무 / 109
피고적격 / 336
피고책임설 / 378
피청구인적격 / 299
필요성의 원칙 / 155

ㅎ

하자 있는 훈령 / 47
합의형 / 22

항고쟁송 / 279
해임 / 117
행소법 독자분배설 / 378
행위책임 / 152
행정각부 / 61
행정경찰 / 135
행정관청 / 28
행정관청의 권한 / 31
행정권한의위임및위탁에관한규정 / 40
행정기관 / 26, 28
행정상 손실보상 / 249
행정상 입법예고 / 196
행정심판 / 281·
행정심판의 심리 / 308
행정심판전치주의 / 322
행정예고 / 189, 197
행정위원회 / 66
행정응원 / 50
행정의 자기통제 / 278
행정절차 / 184
행징질차의 하자 / 199
행정조직법정주의 / 23
행정형벌 책임 / 124
현물보상 / 264
현업기관 / 31
협의의 공무원 / 73
협의의 법정대리 / 37
협의의 소익 / 345
협의의 행정경찰 / 135
협의의 훈령 / 47
형성력 / 316, 386
형성의 소 / 330
형성판결 / 380
형식적 당사자소송 / 406
형식적 의미의 경찰 / 131
혼합적 허가 / 165
확인을 구할 법률상 이익 / 298
확인의 소 / 331
확인판결 / 380
환경소송 / 343
회복되는 법률상 이익 / 345
훈령 / 45
훈령의 경합 / 47

휴직 / 86
희생보상청구권 / 270

참고문헌

■ 국내 단행본

강구철, 강의행정법Ⅰ, 학연사, 1990.

김남진, 경찰행정법, 경세원, 2002.

_____, 행정법Ⅰ, 법문사, 2000

_____, 행정법Ⅱ, 법문사, 2002.

_____, 행정법의 기본원리, 법문사, 1994

김남진/김연태, 행정법Ⅰ, 법문사, 2008.

김도창, 일반행정법론(상), 청운사, 1993

김동희, 행정법Ⅰ, 박영사, 2008.

_____, 행정법Ⅱ, 박영사, 2008.

김성수, 행정법Ⅰ, 법문사, 1998

김철용, 행정법Ⅰ, 박영사, 2009

_____, 행정법Ⅱ, 박영사, 2009.

류지태/박종수, 행정법신론, 박영사, 2009.

박균성, 행정구제법, 박영사, 2000.

_____, 행정법강의, 박영사, 2008.

_____, 행정법론(상), 박영사, 2009.

변재옥, 행정법강의Ⅰ, 박영사, 1991.

서원우, 현대행정법론(상), 박영사, 1983.

석종현/송동수(상), 일반행정법(상), 삼영사, 2009

유상현/설계경, 행정법총론, 법률출판사, 2012.

윤세창, 행정법(상), 박영사, 1985.

이상규, 신행정법론(상), 법문사, 1994.

조연홍, 한국행정법원론(상), 형설출판사, 2000.

최영규, 경찰행정법, 박영사, 2004.

홍정선, 경찰행정법, 박영사, 2007.

_____, 행정법원론(상), 박영사, 2009.

_____, 행정법원론(하), 박영사, 2009.

홍준형, 행정구제법(제2판), 오래, 2012.

■ 일본

長谷部恭男, 憲法 第2版, 新世社, 2001.

原田尙彦, 行政法要論, 學陽書房, 2000.

藤田宙靖, 行政法 I · II, 靑林書院, 2000.

鹽野宏, 行政法 I · II, 有斐閣, 2000.

E. Forsthoff, Lehrbuch des Verwaltungsrechts, 2 Bd., Allgemeiner Teil, 10. Aufl.

Friauf, Polizei-und Ordnungsrecht, in: von Münch/Schmidt-Aβmann(Hrsg.),
    esonders Verwaltungsrecht, 9. Aufl. 1992.

Ossenbühl, Zur Außenwirkung von Verwaltungsvorschriften in Verwaltungsgericht
    zwischen Freiheit, Teilhabe und Bindung, 1998.

저자약력

설 계 경
한국외국어대학교 졸업(법학석사, 법학박사)
영산대학교 법과대학 부학장
영산대학교 공직인재아카데미 위원장
영산대학교 경찰행정학과 교수
한국안전연구학회 회장
경상남도행정심판위원회 위원
5급 승진시험출제위원

주요논저
행정법학(상) 공저, 법률출판사
행정법학(하) 공저, 법률출판사
행정법강의, 법률출판사
행정법요론, 법률출판사
경찰법학의 이해 공저, 법률출판사
경찰행정법 Ⅰ, 법률출판사

경찰작용의 하자와 국가배상제도에 관한연구
국가배상법 제6조의 배상책임자
경찰조사와 구제문제
환경행정소송의 원고적격에 관한 소고
해양경찰의 법적지위에 관한 고찰

경찰행정법 Ⅱ

2019년 2월 18일 1판 1쇄 인쇄
2019년 2월 28일 1판 1쇄 발행

지은이 설계경
펴낸이 김용성
펴낸곳 법률출판사
주소 서울시 동대문구 이문로 58(휘경동) 오스카빌딩 4층
전화 02) 962-9154
팩스 02) 962-9156
등록번호 제1-1982호
ISBN 978-89-5821-341-3 03360
홈페이지 www.lnbpress.com
이메일 lawnbook@hanmail.net

※ 본 교재는 2018년도 영산대학교 교내연구비 지원에 의하여 출판되었음.